中世エジプトの土地制度とナイル灌漑

熊倉和歌子
Kumakura Wakako

東京大学出版会

Nile Irrigation and the Land System in Medieval Egypt

Wakako KUMAKURA

University of Tokyo Press, 2019
ISBN 978-4-13-026160-9

目次

凡例

アラビア語の語彙は、本文中でカナ表記をし、索引にてラテン文字転写を掲載した。ただし、特殊用語や便宜上必要な箇所には、本文中であってもラテン文字転写を掲載した。アラビア語のラテン文字転写は次のように表記した。

- 母音をa、i、u、長母音をā、ī、ū、二重母音をay、awとした。
- 定冠詞のカナ表記については、「アル」と表記するが、太陽文字が続く場合には「アッ」もしくは「アン」とした。ただし、語頭の定冠詞はカナ表記では省略した。
- 語頭のハムザと語末のターマルブータは転写しないが、属格による限定（イダーファ）および長音の後のターマルブータは例外としてtと転写し、トと表記した。
- 語中の母音を伴わないハムザとアインのラテン文字転写およびカナ表記は慣例に従った。

本文中での日付は西暦で表記した。史料からの引用等においてヒジュラ暦で表記した場合は、続く丸括弧内に西暦を併記した。

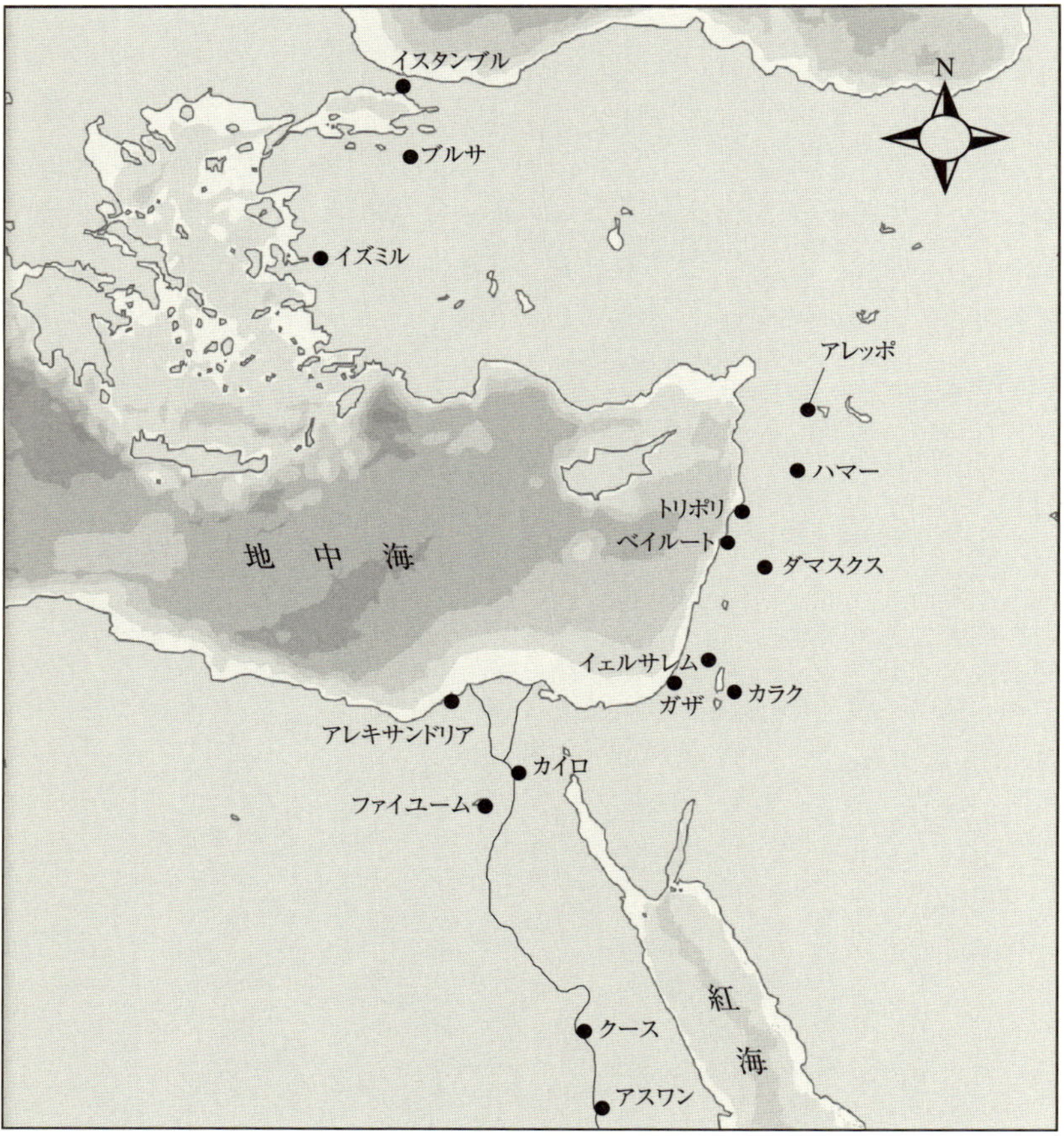

図 1-1 エジプトとその周辺地域

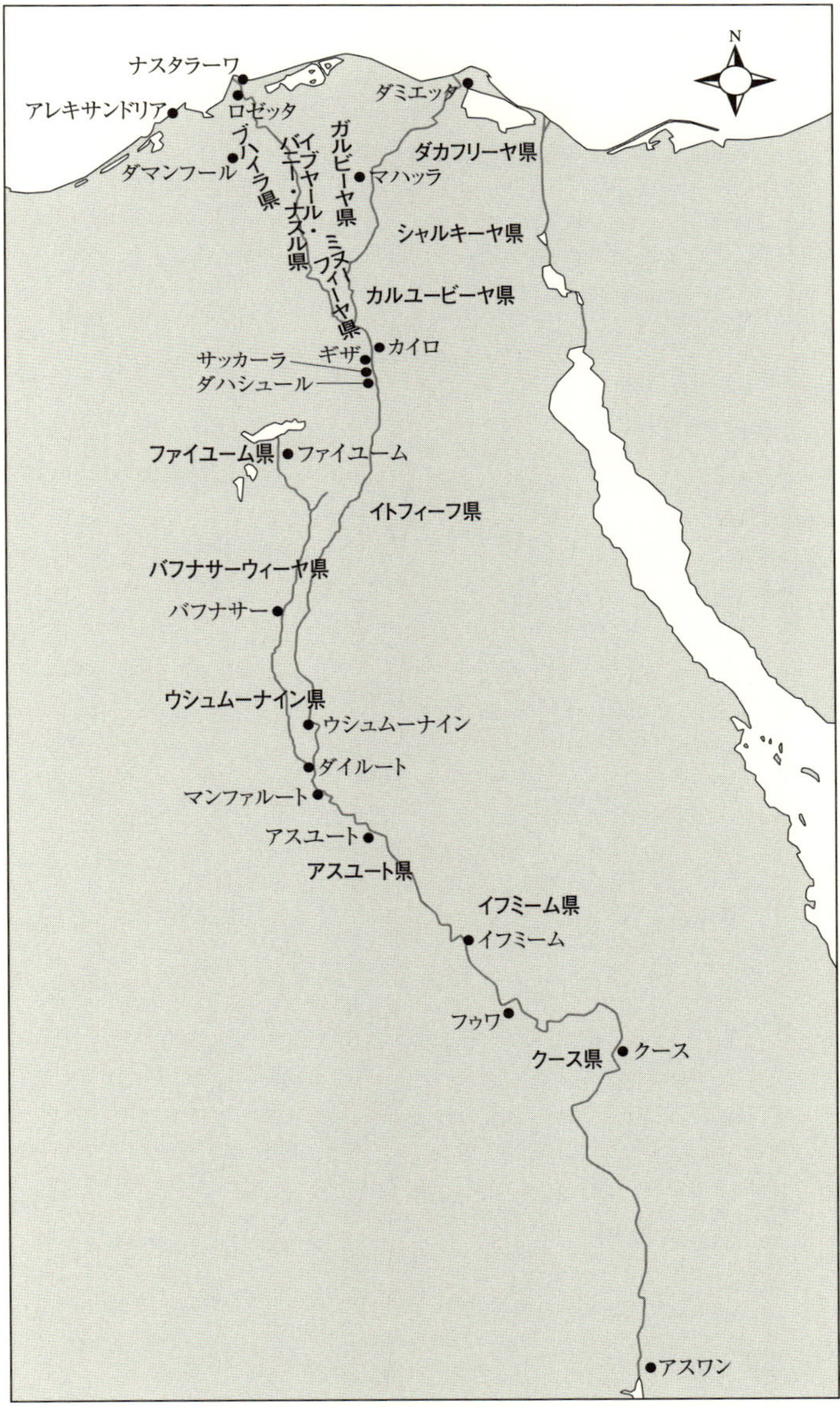

図 1-2　オスマン朝期エジプトの行政県

序章　支配の移行期の連続的な理解に向けて

第一節　本書の対象とする時代

本書の考察対象は、チェルケス・マムルーク朝（一三八二―一五一七、以下チェルケス朝と略記）の時代からオスマン朝（一三世紀末―一九二二）の統治に移行する一六世紀半ばまでのエジプトとする。本書は、このような支配の移行期において、土地制度やその基底にある灌漑の維持管理にどのような変化が生じ、またどのような連続性が見られたかを明らかにすることにより、チェルケス朝からオスマン朝への統治体制の移行を究明していく。

一般的に、マムルーク朝は前期と後期に分けられ、前期をバフリー・マムルーク朝（一二五〇―一三八二、以下バフリー朝と略記）、後期をチェルケス朝、あるいはブルジー・マムルーク朝と呼ぶ。このような時代区分は、チェルケス朝期の歴史家たちによってすでに認識されていたものであるが、区分の根拠は支配階層であるマムルーク（奴隷身分出身の軍人）の出自であり、バフリー朝はテュルク系が、チェルケス朝はチェルケス系（現在のコーカサス地方の出身者）が、それぞれ支配の中核をなしていたことによる。他方、このような根拠に加え、政治体制の側面から見ても、両者の間には大きな違いがある。バフリー朝は、第八代スルターン＝カラーウーン al-Manṣūr Qalāwūn（在位一二七九―九〇）以降、その子孫が次々とスルターン位を継承した。これに対し、チェルケス朝では、スルターンの死後、その時点での最有力のアミール（部隊長）が最終的にスルターン位に就くことが通例となり、結果として三代以上にわたってスルターン位が血縁者に継承される事例は見られなかった。このような歴代スルターンの経歴の違いが支配層内部の構造的な相違に基づくものであったことを考慮すれば、本書の考察において、バフリー朝期とチェルケス朝期を分けて論じるのは妥当なことと思われる。したがって、本書は、チェルケス朝期からオスマン朝統治の初期である一六世紀半ばまでを扱う。また、これ以後に「マムルーク朝」という場合は、バフリー朝とチェルケス朝の両方をまとめて指すこととする。(1)

筆者が冒頭に述べたテーマを選択した背景には二つの目的がある。第一に、チェルケス朝期の社会経済史研究に土地制度や灌漑の維持管理の問題から貢献することがあげられる。チェルケス朝期については、長らく、ナースィル・ムハンマド al-Nāṣir Muḥammad の第三治世（一三一〇―四一）が創出したバフリー朝期の隆盛に対し、政治的・経済的「衰退期」として一括する見方が根強くあった。(2) これに対し、近年の研究は、マムルーク軍人を中核とするスルターン軍団の強化と維持のための政庁の再編や、王朝の財政難に対応した財政政策などの政府による施策の一面、また、生活基盤となる新たな財源を希求するマムルーク軍人の行動を明らかにした。これにより、チェルケス朝期は、財政難やそれに根ざすスルターン権力の弱体化に苦しみながらも、状況に応じて施策を講じる為政者や、従来のシステムを再編しながら生活を維持しようとするエリートたちの対応が見られた時代として、その見方が修正されてきている。(3) しかし、そのような状況においてもなお、主として史料の少なさにより、当時の社会の基盤にあった土地制度や灌漑の維持管理といった問題については未だに十分に研究が進んでいない。そこで本書は、これまで十分に利用されてこなかった史料や未使用の史料を駆使し、この問題に挑戦する。

第二の目的は、チェルケス朝からオスマン朝への支配の移行期を通時的に理解することである。一三二二年にイルハン朝との間に和平条約が締結された後、域外の王朝の脅威に晒されることがなかったバフリー朝期に対し、チェルケス朝期には再び周辺諸勢力の動きが活発となった。(4) その中でもチェルケス朝の最大の脅威となったのがオスマン朝である。一五一六年、チェルケス朝は、マルジュ・ダービクの戦いにおいてオスマン朝軍に大敗を喫し、自ら軍隊を率いたスルターン＝カーンスーフ・アルガウリー al-Ashraf Qānṣūh al-Ghawrī（在位一五〇一―一六）も戦時に落命した。これによりアレッポ、ダマスクスを占領し、勢いを増したオスマン朝軍は進軍を続け、その翌年、セリム一世 Selīmshāh（在位一五一二―二〇）は首都カイロを奪ったのであった。

これによって開始されるオスマン朝によるエジプト統治は、統治王朝の交替という出来事以上の意味を持つ。それは、エジプトという地域の政治的な位置の変化である。ファーティマ朝（九〇九―一一七一）による統治以降、五〇〇年以上の間イスラーム圏の中心地の一つであったエジプトは、広大な領域を誇るオスマン朝の一属州となった。これにより、以後、エジプトは、オスマン朝の統治体制に組み込まれ、その政治・行政・軍事・司法は、オスマン朝政府によって再編されることとなったのである。

このようなドラスティックな変化は、少なからずこの時代を対象とする研究にも影響を与えている。マムルーク朝からオスマン朝への移行を主題とする研究は、論集こそあれど、専論はなく、二つの王朝の間には、理解を阻む大きな溝がある[5]。近年、この状況は少しずつ解消され始めてはいるものの、研究の余地は未だに多く残されている。本書が扱う時代は、依拠する史料の関係上、あくまでもチェルケス朝期以降がメインとなるが、それでも本書がこの溝を少しでも埋め、中近世エジプト史の通時的理解の一助となることを願う。

第二節　中世エジプトにおける土地制度の展開

それでは、本書が着目する土地制度とは、歴史的にどのような意味を持っていたのであろうか。この問題について、制度の展開を概観しながら見ていこう。チェルケス朝期に施行されていた土地制度はイクター制と呼ばれるものであり、その誕生はブワイフ朝（九三二―一〇六二）のバグダード入城（九四六）にまで遡ることができる。この事件を受けて、ときのアッバース朝カリフ＝ムスタクフィー al-Mustakfī bi-llāh（在位九四四―四六）は、ブワイフ家のアフマドにムイッズ・アッダウラ Muʿizz al-Dawla（王朝の強化者）の称号を与えて大アミール職に任じた。これによりイラク地方の統治を委譲されたムイッズ・アッダウラは、その年の収穫を目前に控えた三月、イラク中部の穀倉地帯の土地を対象に、イクター（徴税権）を配下の軍人たちに授与したのであるが、これがその後展開するイクター制の嚆矢と理解されている。(6) 従来のアッバース朝は、王朝の官吏が徴税を行い、税収の中から現金給与を支給するアター制を採っていたが、イクター制の導入により、土地の徴税権を直接軍人に授与するようになったのである。そして、土地の徴税権を握った君主は、この特権を授与することによって、政権の基礎固めを行うとともに、敵対勢力に対しては融和策を講じたのであった。(7)

その後、イクター制は、セルジューク朝（一〇四〇―一一九四）、イルハン朝、ザンギー朝（一一二七―一二五一）といった後継の諸王朝に引き継がれ、前近代のイスラーム王朝の統治の基盤をなした。(8) この制度がエジプトに導入されたのは、ザンギー朝から独立してアイユーブ朝（一一六九―一二五〇）を創始したサラーフ・アッディーン Ṣalāḥ al-Dīn（サラディン、在位一一六九―九三）によってであった。(9) イクター制は、続くバフリー朝に引き継がれ、フサーム検地（一二九八）とナースィル検地（一三一三―一五）という二度の検地を経て段階的に整備されていった。とりわけナースィル検地では、一つの土地に掛かっていた複数の税が整理され、土地と徴税権が一対一の関係で結ばれた。この税制改革を経て、ナースィル・ムハンマドは、職階と官職に準じたイクターを軍人に再分配し、スルターンを頂点とするヒエラルキカルな軍人支配体制を確立したのであった。(10)

ナースィル・ムハンマドの死後、彼の子孫が幼少ながらもスルターンとして擁立されたが、その実態は有力アミールらによる合議制に基づく政権運営と政権争いであった。その中で頭角を現したバルクーク al-Ẓāhir Barqūq（在位第一治世、一三八二—八九。第二治世、一三九〇—九九）は、カラーウーン家による統治に終止符を打ち、チェルケス朝が開始される。[11] このような度重なる政権交代を経験した時代においても、イクター制は、黒死病（一三四七）が引き起こした人口減少、農業生産の低下、経済活動の停滞の影響を受けながら、[12] 制度としては存続し、チェルケス朝に引き継がれていったのである。

しかし、チェルケス朝期に入ると、イクター制をめぐる状況は大きく変化していった。この時期にイクター制を揺るがす問題として度々議論の的となったのが、私有地やワクフ（寄進）地の拡大による土地財源の減少と国庫の逼迫である。この問題に対処するために、一五世紀半ば以降、様々な財源をスルターン直轄財源（ザヒーラ）として一元的に集中させて、各政庁において不足している財源をそこから補塡するという財政政策が採られるなど、政庁運営の仕組みに大きな変化が見られた。他方、軍人たちの間では、不安定なイクター収入を補塡するために、自身を受益者とするワクフを設定してワクフからの収入を得る動きが加速化していったのであった。[13]

一五一七年、エジプトの統治を開始したオスマン朝は、イクター制を廃止し、エジプト州の収入の一部を帝室私庫の収入としてイスタンブルに送金し、残りをエジプト州政府の収入とした。[14] 徴税は、政府が派遣する徴税吏（アミーン）によって担われていたと見られるが、一七世紀までには順次イルティザーム制（徴税請負制度）に取って代えられ、遅くとも一七世紀後半までには全面的にイルティザーム制に切り替えられていった。イクター制を継承した制度であるティマール制が採用されたシリア地方においても、一七世紀以降、イルティザーム制が採られていき、ティマール制は形骸化していった。このように、一〇世紀後半に始まりその後の諸王朝で展開されたイクター制やそれに類する制度は、一四世紀に頂点を迎え、一七世紀中葉には徴税権の授与が国家と軍人の関係を規定する役割を果たさなくなり、イルティザーム制などの他の制度に切り替えられていったのである。[15]

イクター制と一口にいっても、その形態は時代や地域によって様々であった。中でもバフリー朝は、軍事・行財政の基盤として同制度を体系的かつ階層的な形態に整えたという点で際立っている。そして、バフリー朝やチェルケス朝において、イクター制に基づいて王朝の支配層を構成したのは、域外から奴隷商人によってもたらされるマムルークであった。スルターンと呼ばれる君主――これもまたマムルーク出身の軍人、あるいはその子供たちによって占められた――がマムルークを購入すると、彼らを兵舎に住まわせて、必要な武術とアラビア語とイスラームの教養を身につけさせた。一通りの課程を修了したマムルークたちは奴隷身分から解放されてスルターン軍団に編入された(16)。その後、彼らの中で能力を認められた者は、アミールとして、十騎長、四十騎長、百騎長の順番で昇進していくこととなった(17)。例えば、十騎長位に叙位されると、戦時に一〇騎の騎兵を引率して従軍することが義務づけられたが、位階の授与とともに、その分の兵力を日頃から養うためのイクターが授与されたのである。また、彼らは軍事や行政に関わる武官職に任命されることもあったが、その場合もその職の遂行に必要な分のイクターが授与された。イクターを授与された軍人たちは、基本的には都市に居住し、イクターの財務や農地管理に関わる業務を担当する者を雇い、アミールの政務所（ディーワーン・アルアミール）を置いて、家政としてイクターの経営に当たったのである(18)。

このように、イクター制を通じ、スルターンが配下の軍人にその職階と官職に応じたイクターを授与することによって支配層内部を序列化し、その一方で、イクター保有者となった軍人はスルターンに対して軍事奉仕をするとともに、イクター経営を通じて管轄域にある農地や灌漑の維持管理や治安維持に携わったのである。佐藤次高は、このような「マムルーク出身の軍人が国家の枢要部を占め、イクター保有を通じて農村と都市を支配する体制」を「マムルーク体制」と呼び、この体制がナースィル検地によって確立されたとした(19)。

この体制において、イクター制は単なる土地制度以上の意味を持っていた。すなわち、イクターの授与により、支配層内部の関係を規定するとともに、軍事と行政を成立させたのである。さらに、都市と農村の関係に着目すれば、同制度は都市に居住する支配層に村落社会の維持と管理を担わせるとともに、地方で生産された農産物やそこから得られる富を都市にもたらした。また、その過程で生じる輸送や換金、売買といった副次的な行為が村落社会の経済を活性化させた。このようにして、イクター制は狭義の土地制度としてだけでなく、軍事・行政・経済の面においても大きな役割を果たした。このことから、同制度は統治体制の基盤的役割を果たしたといえるのである。

第三節　本書の着目する三つの要素

イクター制が果たした複合的な役割ゆえに、その論じ方には様々な切り口がある。その中でも、本書は次の三つの要素に焦点を当てて論じていきたい。

第一の要素は、イクター制に関わる文書行政である。イクター制は行財政の破綻によって維持できなくなったアター制に代わって導入されたと説明されるが、この制度もまた、土地記録の管理を必要とし、マムルーク体制を維持するための官僚機構と文書行政を要したに違いない。マムルーク朝期のエジプトに駐屯していた軍隊は、スルターン子飼いのマムルーク軍人によって構成されるスルターン軍団、アミールが率いる部隊、マムルークの子孫であるアウラード・アンナース（以後、アウラードと略記）を中心とするハルカ騎士団から構成され、スルターン軍団の総数は、諸説あるものの、チェルケス朝期においては、四〇〇〇人から一〇〇〇〇人であったと見られる。[20] この数に、アミールやその配下の軍人たち、またハルカ騎士団の騎士たちの数を加えれば、軍人支配層の給与やイクターに関わる事務仕事は膨大な量に上ったと想像することは難しくない。

マムルーク朝の統治機構は、軍事部門、文書・財務部門、司法および宗教部門に大分され、各部門は、概ね、軍事部門を軍人が、文書および財務部門を文民と軍人が担い、司法部門をイスラーム法の知識を習得したウラマーと呼ばれる法学者が担った。[21] このうち、文書行政を担当したのは文書・財務部門であったが、中でも軍とイクターに関わる記録の管理をしていたのは、軍務庁（ディーワーン・アルジャイシュ）と呼ばれた政庁であり、軍務庁長官（ナーズィル）を筆頭として、副長官（サーヒブ）、財務官（ムスタウフィー）、書記官（カーティブ）によって構成されていた。

軍務庁の中の官僚組織や記録管理の体系については、これまで本格的に扱われることがなかったため、未だに不明な点が多い。そもそもマムルーク朝の政庁や官僚組織の研究は十分とはいえず、官僚のキャリアパターンやネットワークを考察したC・F・ピートリーの研究、そして代々官僚を輩出した名家の情報をまとめたB・マルテル＝トゥミアンによる研究以降、議論を大きく動かすような研究は発信されていない(22)。文書行政の研究については、イクターを授与される者に対して発行された文書を整理したI・トゥルハーンの研究や、政庁において管理されていた土地台帳の存在を指摘したH・ラビーの研究があるが、いずれも叙述史料の断片的な記述に基づいており、多くがその訳出に留まる(23)。統治のメカニズムや社会の構図を描くためには政庁の運営がどのように行われていたかという点や、政庁が記録管理をしていた範囲はどこまでかという点をも視野に入れる必要があるが、この点については研究の余地が多く残されている。

また、文書行政の問題は、チェルケス朝からオスマン朝へと支配が移行する段階で、土地記録がどのようにしてオスマン朝へと移管されたのかという問題にも関わる。この問いに答えるためには、チェルケス朝の土地記録の管理者とその管理のあり方を明らかにする必要があるであろう。これを検討することにより、統治の移行期における文書行政の連続と非連続を捉えることが可能になる。

第二の要素は、イクター制に変化が見られた時代において、誰が、どのような形態でイクターを保有していたかを究明することである。マムルーク朝のイクター制の先駆的研究としてA・N・ポリアク、トゥルハーン、ラビーがあげられる(24)。これらの研究をさらに押し進め、イクター制の展開過程におけるナースィル検地の意義を明らかにしたのが佐藤の研究である。佐藤は、フサーム検地とナースィル検地の内容と目的を分析して、ナースィル検地によってイクター制とそれを基盤とするマムルーク体制の確立を明らかにし、国家の形成過程における両検地の位置づけを提示した[25]。ここまでの先行研究の主眼はバフリー朝期におけるイクター制確立までの過程にある。

二〇〇〇年以降の研究では、確立後のイクター制が、その後どのような変化を遂げたのかという点が議論の中心に据えられてきた。その草分けは、I・アブー・ガーズィーである。彼は、オスマン朝の土地台帳を用いて、そこに転記されたチェルケス朝期における国庫（バイト・アルマール）の土地売却記録に基づき、様々な社会階層の人々によって国庫から土地が購入され、それが私有地やワクフ地の拡大に結びついたことを示した[26]。その後、五十嵐大介は、財政危機が露呈し、イクター制が機能不全に陥っていたチェルケス朝期において、ワクフ制度がイクター制を補完する役割を果たすようになったことを論じた[27]。このように、チェルケス朝期のイクター制については、私有地やワクフ地の拡大や、ワクフ制度が果たした役割といった観点から論じられている。

それでは、紆余曲折を経ながらも、チェルケス朝末期まで存続したイクター制の中身はどのように変化していたのであろうか。イクター保有者の顔ぶれや、保有の形態、世襲についてはどのような状況であったのか。そして、それが国有地の私有化やワクフ化の進展とどのように結びついていたのであろうか。この問題に関わるものとして、U・ハールマンの研究がある。彼は、バフリー朝期とチェルケス朝期それぞれの土地概要記録（後述）を比較して、チェルケス朝期にアウラードの土地保有が減少したことを示し、アウラードの衰退を論じた[28]。その後、彼は別の論考において、アウラードが没落したと思われる時期においても彼らの経済活動が維持されていたことに目を向け、衰退論の修正を図った[29]。彼の研究は実証的ではあるが、しかし、一方の分析では衰退を示し、もう一方の分析では積極的な経済活動を示していた矛盾をどう説明するかについては、明快な答えを提示しえていない。

中世のエジプトやその他のイスラーム王朝においては、領内の土地の徴税権は国庫に属するという法的原則を前提とし、政府はその徴税権を分与することによって統治体制を築いた[30]。このことを考慮すれば、一四世紀末からチェルケス朝末期にかけて見られる土地保有の変化は、王朝の統治体制の変化を反映しているると考えられるのである。本書では、イクター保有者や保有形態の分析を通じてイクター制の実態に迫り、チェルケス朝期においてイクター制にいかなる変化が起きていたかについて検討していきたい。

第三の要素は、灌漑の維持管理の問題である。エジプトでは、ナイルの水位が低下し始める時期が冬作物の播種期と重なり、ナイルが増水する前にその収穫を迎えた。この自然条件により、冬作物を中心とする二毛作が営まれ、主食となる小麦や大麦などを安定的に生産・供給することができた。農業生産力は人口の増加を促し、多様な労働形態の住民が集住する都市を築くことを可能にした。このような自然条件によって、エジプトは、古代より文明の中心地に位置してきたのであり、そこにおいて政治体制・食糧生産・技術革新・芸術文化が発達してきたのである。しかし、エジプトが一つの文明の中心に位置しえたのは、単に、「ナイルの賜物」であったためではなかろう。ナイルやそれによって潤わされる土地を利用し、再編し、管理する人為的要因が伴わなければ、一定量の農業生産を維持することは不可能であったに違いない(31)。

先に述べたように、イクター制においては、イクター保有者には徴税権という権益が授与されただけでなく、農地や灌漑の維持管理が負託された。農地を十分に灌漑するためには、灌漑設備の整備は不可欠であった。エジプトにおける基本的な灌漑設備は、灌漑土手や水路、水車などであったが、中でも決定的な役割を果たしたのが灌漑土手であった。同時代の史料において、農地と灌漑の維持管理、すなわち勧農を、アラビア語で「イマーラ（建設・再建すること）」といったが、これは灌漑土手の再建を第一に意味していると考えられ、このことからも、徴税の前提にある農業生産のためには、灌漑土手を始めとする灌漑設備の維持管理が不可欠であったことを、統治者の側も認識していたことがわかる。

イクター保有者による農地や灌漑の維持管理の重要性に気づき、それを明らかにしようと試みた最初の研究者は佐藤であった。彼は、灌漑の維持管理を農村社会における農業生活の一過程に定位し、政府による水利行政や、村落における灌漑の維持管理や農業生産をも含めた包括的な議論の重要性を主張した(32)。彼の研究は、実際的な作業や灌漑の維持管理に関わる仕組みなどを提示したが、地理的条件が灌漑のあり方に与える変化や、灌漑土手の位置などの地理的な問題については明らかにしていない。それ以降の研究においても、水利・灌漑の問題を扱うものは見られるものの、灌漑設備や維持管理体制についての説明は理念的なものに留まっている(33)。そのため、灌漑の物理的構造が規定する地域社会の枠組みや、灌漑の維持管理を担う人々の間に取り結ばれる社会関係については、これまで十分に扱われてこなかったといえる。その最大の理由は、伝世する同時代の史料から得られる情報が限られるためであるが、対象をオスマン朝まで広げてみるとその状況は一変する。本書では、一六世紀前半に編纂された灌漑の維持管理に関わる台帳を参照にしながら、この問題を究明していきたい。

第四節　本書の史料

本書の特徴の一つとして、一六世紀にオスマン朝が編纂した土地に関わる文書記録を主史料として使用する点があげられる。先述のように、チェルケス朝期のイクター制に関わる諸問題は十分に解明されていないといえるが、その第一の要因は、同時代の史料、特に土地に関する記録を収めた文書史料や土地台帳がまとまった形で伝世していないことにある。ところが、対象とする史料をオスマン朝期のものにまで広げると、その状況は大きく異なる。実は、オスマン朝治下のエジプトにおいて編纂された台帳の中には、マムルーク朝の土地台帳を参照して編纂されたものがあり、それはこれまで得られなかったような貴重な情報を与えてくれるのである。本書は、後世の台帳に転記されたマムルーク朝の記録を利用することで、マムルーク朝の史料上の空白を埋めることができると考え、オスマン朝の台帳を最大限に活用する。一六世紀前半のオスマン朝統治の初期に編纂された諸台帳は、オスマン朝がエジプトの統治を確立していく過程で編まれたものであり、そこには、マムルーク朝からの連続性と非連続性が立ち現れてくるに違いない。

本書では、耕地面積や税収高、その土地の権利者といった記録を土地記録、租税の内訳や金額についての記録を徴税記録、灌漑の維持管理などに関わる記録を水利記録と呼ぶこととし、ここではこの分類に準じて使用する文書史料の概要を説明していきたい。

本書の主史料となるオスマン朝の諸台帳は、カイロに所在するエジプト国立文書館に所蔵されている。まず、土地記録を収めた『軍務台帳 *Daftar Jayshī*』と呼ばれるオスマン朝の土地台帳があげられる。これは、オスマン朝が編纂した土地台帳でありながら、マムルーク朝の土地記録の一部を転載しており、この点において稀有な史料である。従来の研究において、マムルーク朝の土地記録が得られるのは、エジプトの村々の土地概要記録と土地売買文書やワクフ文書といった個別の文書史料に限られていた(34)。一九九〇年代後半以降、N・ミシェルや、アブー・ガーズィーによって、『軍務台帳』と、それと対にして編纂された『慈善台帳 *Daftar Aḥbāsī*』を用いた実証的研究が出されるようになり、それらが持つ記録の概要や研究にとっての有用性が知られるようになった(35)。これらの台帳の成立過程については、『慈善台帳』を分析したミシェルの研究で詳しく説明されているが、その重心は『慈善台帳』に置かれており、一方の『軍務台帳』についてはは考察の余地が残されている。したがって、本書では、『軍務台帳』の解題を行い、その成立過程、記録内容、史料としての課題などを十分に検証し、記録の分析を行っていく。

次に、本書が利用する徴税記録として、ヒジュラ暦九三三年（西暦一五二七—二八年）にエジプトにおいて実施された検地の記録をまとめた『一五二七—二八年の検地台帳 *Daftar al-Tarbīʿ*』がある。これは、その他の台帳と同様に、県ごとにまとめられているが、現在伝世しているのは、デルタ地域西部のブハイラ県と、上エジプト地域のファイユーム県のものに限られる。ファイユーム県に関しては、その翌年度の記録をまとめた『一五二八—二九年の検地台帳』も存在する。その内容は、村ごとにまとめられており、村の耕地面積、栽培作物別の耕地面積、そこから得られた税収、そこから差し引かれた経費、最終的な政府収入が記載されている。本書では、ファイユーム県を対象とした考察において、この台帳を用いる。

水利記録については、アラビア語で「ジスル」と呼ばれた灌漑土手に関する一六世紀前半の調査報告をまとめた『ジスル台帳 *Daftar al-Jusūr*』がある。この台帳については、デルタ地域の一部を除いて、大部分の記録が残存している。現在、三冊が確認されているが、このうちの二冊はデルタ地域を対象としたもので、上エジプト地域は一冊に収められている。これらの台帳には、各県に所在する灌漑土手の設置と管理の状況に関する記録がまとめられている。

このほか、水利記録には、ファイユーム県の各村に割り当てられた運河からの取水権を記録した『ファイユーム県のユースフ運河の分配量に関するユースフ運河の取水台帳 *Daftar Irtifāʿ al-Miyāh bi-Baḥr Sayyid-nā Yūsuf ʿan al-Qabḍa al-Yūsufīya Tābiʿ Wilāyat al-Fayyūm*』（以後、『ユースフ運河の取水台帳』と略記）もある。この記録からは、当該地域における水分配の状況が明らかになる。

以上が本書で用いるオスマン朝期の文書史料である。各史料に関するより具体的な解説は、適宜、本書の中で加えていく。そして、これらに加えて、次にあげる「カーヌーンナーメ」やマムルーク朝期の土地記録も利用する。

前述の文書史料のほかに、本書で用いるオスマン朝時代の史料としては、法規定に類する史料があげられる。それが、一五二五年に制定された「エジプト州のカーヌーンナーメ *Ḳānūnnāme-i Mıṣır*」（以後、「カーヌーンナーメ」と略記）と、一五五二—五三年に制定された「新規定」である。前者は、エジプト征服後、オスマン朝が初めて制定した法令集であるが、土地権利の処分に関する規定や、土地管理に関わる諸規定が明文化され、本書が追究する土地管理に関わるオスマン朝の姿勢を読みとることができる。[36]「新規定」は、一六世紀半ばにまとめられた土地権利の処分規定であり、「カーヌーンナーメ」と比較することによって、土地権利の処分に対するオスマン朝の姿勢の変化を見ることができるであろう。

チェルケス朝期の土地保有やイクター制の研究に利用されてきた史料として、イブン・ドゥクマーク（一四〇六年没）による『諸都市の中心にある勝利の書 *Kitāb al-Intiṣār li-Wāsiṭa ʿIqd al-Amṣār*』（以後、『勝利の書』と略記）や、ヤフヤー・ブン・アルジーアーン（一四八〇年没）による『エジプトの村々の名前についての輝かしき至宝の書 *Kitāb al-Tuḥfa al-Sanīya bi-Asmāʾ al-Bilād al-Miṣrīya*』（以後、『至宝の書』と略記）があげられる。これらは、エジプト全土の村々の耕地面積・税収高（イブラ）・村にある土地権利の種類・その権利者についての土地概要記録である[37]。とりわけ後者は、記録の欠如が多い前者に対して、一五世紀後半の税収高や土地保有に関する情報を網羅的に提供するという点で、本書にとって不可欠な史料の一つとなる。

他方、これらはあくまでも各村の概要記録であり、特定の記録項目が一定の書式で記されるリストであるため、利用には限界がある。また、これらに収録された情報の出典は何であるのか、なぜエジプトの土地記録が叙述史料という形で残されたのかという点については明らかにされておらず、史料としての位置づけを明らかにする必要がある。こうした問題は、本書の考察の中で解決されていくことになるであろう。

他方、現在に至るまでマムルーク朝期エジプトの徴税記録は発見されておらず、徴税記録が得られるのは先述の『一五二七—二八年の検地台帳』以降の時代に限定されていた。しかし、筆者は、オスマン朝統治初年の一五一七年の日付を持つファイユーム県の一部の村々の徴税記録を発見した。そこで、本論の中で史料解題を行い、記録の来歴や内容について十分に検証していく予定である。この記録は、チェルケス朝からオスマン朝の統治の移行がどのように行われたかを解く鍵を提供してくれるに違いない。

本書では、以上にあげた土地記録や徴税記録、水利記録が議論の「主原料」となるが、これを補強するために、年代記、行政指南書、百科全書、地誌といった叙述史料を用いる。以下に、主要なもののみをあげる。

まず、年代記であるが、チェルケス朝期からオスマン朝統治初期について知ることができるものとしては、時代順に、マクリーズィー al-Maqrīzī（一四四二年没）による『諸王朝の知識の旅 *Kitāb al-Sulūk li-Maʻrifat Duwal al-Mulūk*』、イブン・タグリー・ビルディー Ibn Taghrī Birdī（一四七〇年没）による『フスタートとカイロの諸王朝の輝ける星 *al-Nujūm al-Ẓāhira fī Mulūk Miṣr wal-Qāhira*』、イブン・イヤース Ibn Iyās（一五二四年以降没）による『日々の事件における花の驚異 *Badāʼiʻ al-Zuhūr fī Waqāʼiʻ al-Duhūr*』があげられる。また、占星術師としてセリム一世率いるオスマン朝軍に随行したイブン・ズンブル Ibn Zunbul（一五五二年以降没）による『スルターン＝ガウリーとオスマン朝セリム一世の戦い *Wāqiʻat al-Sulṭān al-Ghawrī maʻ Salīm al-ʻUthmānī*』は、チェルケス朝とオスマン朝の戦いと、征服の様子を知ることのできる史料である[38]。

次に、土地管理に関する行政面の事柄を知るために必須となるのが、行政指南書や百科全書の類である。バフリー朝期、チェルケス朝期ともにマムルーク朝の行政指南書は複数伝世しているが、本書が対象とする土地管理に関わる情報を得る上で有用なのは、ヌワイリー al-Nuwayrī（一三三三年没）による『学芸の究極の目的 *Nihāyat al-Arab fī Funūn al-Adab*』と、カルカシャンディー al-Qalqashandī（一四一八年没）による『文書術における夜盲の黎明 *Ṣubḥ al-Aʻshā fī Ṣināʻat al-Inshāʼ*』（以後、『夜盲の黎明』と略記）である。また、アイユーブ朝時代の行政指南書であるイブン・マンマーティー Ibn Mammātī（一二〇九年没）の『政庁の諸規則の書 *Kitāb Qawānīn al-Dawāwīn*』も有用であるが、いずれも、時代的な差異に注意しながら慎重に使用する。

このほかに、地域の地理的情報を得るために、適宜、マクリーズィーによる『地誌と遺跡の叙述による警告と省察の書 *al-Mawāʻiẓ wal-Iʻtibār fī Dhikr al-Khiṭaṭ wal-Āthār*』（以後、『警告と省察の書』と略記）などの地誌的史料を用いる。

第五節　本書の構成

本書は、二部構成をとり、先に述べた三つの論点を順に考察していく。

第一部では、本書の主史料の一つである『軍務台帳』の成立過程を追究し、その考察の過程で得られる情報に基づいて、チェルケス朝期の土地に関する文書行政のあり方と、それがいかにしてオスマン朝に移管されたかについて論じる。第一章では、『軍務台帳』が編纂された背景を追う。その際、オスマン朝のエジプト征服後のイクター制の廃止に至る一連の過程、その中で露呈した私有地やワクフ地の問題、それに対するオスマン朝の姿勢を明らかにする。これらのことは、チェルケス朝からオスマン朝への統治の移行がどのように進められたかを知る上で重要な情報を提示すると考える。第二章では、オスマン朝がいかにしてチェルケス朝の土地記録を得たかという問題について考察する。これにより、土地記録を引き渡した人物と、その人物がチェルケス朝の文書行政において果たした役割が判明するであろう。続く第三章では、チェルケス朝からオスマン朝に渡った一連の土地台帳群を明らかにし、それらがどのような記録を持つものであったかについて各台帳の復元を試みる。これにより、チェルケス朝の土地文書行政における記録体系の一面が明らかになるであろう。そして、第四章では、マムルーク朝の土地記録を収録する『至宝の書』が、前章で明らかになった記録体系の中にどのように位置づけられるものであるかについて考察するとともに、チェルケス朝期における記録管理のあり方を追究する。以上の考察を踏まえ、第一部は『軍務台帳』とそれに関わる様々な土地記録が提起する問題に答えながら、文書行政の連続性と非連続性について論じることになるであろう。

第二部では、『軍務台帳』やそのほかのオスマン朝の土地台帳から得られる記録を分析し、イクター保有と灌漑の維持管理の実態について論じていく。第五章では、『軍務台帳』の記録を分析し、イクター制の衰退期として捉えられているチェルケス朝期におけるイクター保有の問題を扱う。これによって、なぜチェルケス朝期に、私有地やワクフ地の拡大が進んだかという問いへの解を見いだす。また、イクター制にどのような質的変化が起こっていたかについても議論することになる。第六章では、灌漑の構造とそれを維持する管理体制について考察し、土地の授与や徴税の前提にある農業生産の維持と管理を介する村落社会の人々の関係や、また政府の役割を描出する。第七章では、村落社会の人々が、徴税や灌漑といった事柄において、どのような役割を果たしていたかについて検討を加えていく。これにより、土地や灌漑の維持管理における土地権利者と村落社会の人々の間の関係性の一端が明らかとなり、土地保有の変化が農地の維持管理に与えた影響を検証することが可能になるであろう。第八章では、オスマン朝による統治の展開を、村落社会における灌漑の維持管理の観点から論じていく。

そして終章では、第一章から第八章までの考察を踏まえ、チェルケス朝期におけるイクター制の変化とその変化をもたらした社会のあり方について検討するとともに、チェルケス朝からオスマン朝への支配の移行期において統治体制にいかなる変化が見られたかについて論じる。

序章を閉じる前に、本書がなぜエジプトを対象にするかという点について説明を加えておきたいと思う。マムルーク朝はバフリー朝、チェルケス朝を通じて、エジプトのカイロに首都を置き、シリア地方、ヒジャーズ地方をその支配領域とした。しかし、実質的な支配はメッカのシャリーフ政権が担っていたヒジャーズ地方はもとより、シリア地方とスルターンのお膝元であるエジプトの間には、スルターン権力の介入の強弱の違いだけでなく、明確な行政上の区分が存在した(39)。王朝の統治体制全体を主題とするのであれば、これらの地方を含めて検討すべきであるが、本書は、次に述べる理由から、エジプトのみを対象とすることとしたい。シリア地方とエジプトの間には、そもそも自然環境とその条件のもとで営まれる農業やその基礎にある灌漑の形態が大きく異なるという事実がある。そして、それはエジプトの場合、水源をほぼ全面的にナイルに依存するという非常に単純な構造を持っていたのである。しかし、自然環境としてのナイルの単純さとは対照的に、エジプトでは複雑な行政制度が発展してきた。本書が扱うイクター制やその礎にある灌漑の維持管理の体制はまさにそうした制度の一つである。

エジプト近現代史を専門とする加藤博は自身の研究の対象をエジプトに設定する理由として、次のように述べている。いくぶん過激な表現のようにも聞こえるが、本書も基本的には同じ考えに立つ。

エジプトを考えるとき、わたしの脳裏には「実験室」という言葉が去来する。それは、ナイルの水という限られた資源のもとで、そしてすべてを融合させる坩堝のような環境の中で展開されるエジプトの社会生活が、自然科学と異なり、人間を扱う社会科学では許されない、「実験」という分析手段を思い起こさせるからである。(40)

ここで、すでに繰り返し述べてきた「エジプト」を、本書がどのように定義しているのか、その地理的範囲について明らかにしておく必要があろう。本書が対象とするマムルーク朝時代からオスマン朝時代にかけてのエジプトは、既述のように、首都を置くマムルーク朝の中心地から、オスマン朝の属州の一つに変化した。しかし、マムルーク朝の史料においてエジプト地域（al-diyār al-Miṣrīya）というときも、エジプト州（Eyalet-i Mısırı）というときも、その語が指し示す地理的範囲には、大きな変化はなかったと考えてよいであろう。その範囲とは、北辺を地中海、南辺をアスワン以北とし、東は紅海、西は西方砂漠地域に存在するオアシス都市を含む。ただし、南部、とりわけクース以南の地域に関しては、政権の弛緩に乗じて度々その地域に拠点を持つアラブ部族が反乱を企てたため、中央の統治がおよぶ範囲は伸び縮みすることがあった。本書が対象とする地理的範囲は、このうちオアシス地域を除く地域である。本書が文献史学的手法に基づく限り、どうしても史料が残る地域のみを対象とせざるをえないため、オアシス地域は本書の考察から外した。しかし、先に述べたように、ナイルによって灌漑される地域を歴史の「実験室」とし、支配の移行を論じようとする本書の見方からすれば、オアシス地域を含まない考察は、むしろ妥当であろう。

（1）時代区分については、五十嵐大介『中世イスラーム国家の財政と寄進——後期マムルーク朝の研究』（刀水書房、二〇一一）、一〇—一三、Daisuke Igarashi, *Land Tenure, Fiscal Policy, and Imperial Power in Medieval Syro-Egypt*（Chicago, 2015）, 10–14を参照。また、バフリー朝からチェルケス朝にかけての支配層内部の変化については、Amalia Levanoni, "The Mamlūks in Egypt and Syria: the Turkish Mamlūk Sultanate（648–784/1250–1382）and the Circassian Mamlūk Sultanate（784–923/1382–1517）," in *The New Cambridge History of Islam, Part 2: Egypt and Syria*（*Eleventh Century until the Ottoman Conquest*）, ed. Maribel Fierro（Cambridge, 2010）, 237–284において明快にまとめられている。

（2）David Ayalon, "Some Remarks on the Economic Decline of the Mamlūk Sultanate," *Jerusalem Studies in Arabic and Islam* 16（1993）: 108–124.

（3）チェルケス朝期の財政政策や、マムルーク軍人の財政対策については、五十嵐『中世イスラーム国家の財政と寄進』、Igarashi, *Land Tenure* を参照。また、従来の研究において腐敗と捉えられてきた賄賂を徴税の一形態と捉え、財政政策の面からの解釈を提示した三浦徹「マムルーク朝末期の都市社会——ダマスクスを中心に」『史学雑誌』九八—一（一九八九）、一—四七、Toru Miura, *Dynamism in the Urban Society of Damascus: The Ṣāliḥīya Quarter from the Twelfth to the Twentieth Centuries*（Leiden, 2015）, 111–135がある。他方、B・ショシャンや長谷部史彦らによるモラルエコノミー研究やポピュラーカルチャー研究は、チェルケス朝における政権と民衆の間の巧みな交渉のあり方を具体的に描き出し、同時期を対象とする社会経済史研究を推し進めた。Boaz Shoshan, "Grain Riots and the "Moral Economy:" Cairo, 1350–1517," *Journal of Interdisciplinary History* 10, no. 3（1980）: 459–478; idem, *Popular Culture in Medieval Cairo*（Cambridge, 1993）; 長谷部史彦「一四世紀末—一五世紀初頭カイロの食糧暴動」『史学雑誌』九七—一〇（一九八八）、一—五〇、同「イスラーム都市の食糧騒動——マムルーク朝時代カイロの場合」『歴史学研究』六一二（一九九〇）、二二—三〇、同「カイロの穀物価格変動とマムルーク朝政府の対応（国家と社会経済システム）」歴史学研究会編『ネットワークのなかの地中海』（青木書店、一九九九）、一四四—一七一、同「アドルと「神の価格」——スークのなかのマムルーク王朝（公正——秩序の考えかた）」三浦徹・岸本美緒・関本照夫編『比較史のアジア　所有・契約・市場・公正（イスラーム地域研究叢書４）』（東京大学出版会、二〇〇四）、二四五—二六三、Amina Elbendary, *Crowds and Sultans:*

Urban Protest in Late Medieval Egypt and Syria (Cairo & New York, 2015).

（4）一四世紀末には勢力範囲を拡大したティムール朝（一三七〇―一五〇七）と領土を接するようになり、シリア地方への侵入と同地域の中心都市であるダマスクスが一時占領されるなどした。また、一五世紀後半に入ると、カラコユンル朝（黒羊朝、一三七五頃―一四六九）とティムール朝を破って東部アナトリアからイラン西部を勢力範囲に収めたアクコユンル朝（白羊朝、一三七八頃―一五〇二頃）との軍事衝突や、ドゥルカドゥル侯国（一三三七―一五二二）との戦争が勃発した。Beatrice F. Manz, "Tīmūrids," *EI 2*; Faruk Sümer, "Ḳarā-Ḳoyunlu," *EI 2*; Vladimir Minorsky, "Aḳ Ḳoyunlu," *EI 2*; Johannes H. Hordtmann, "Dhu'l-Kadr," *EI 2*; Carl F. Petry, *Protectors or Praetorians? The Last Mamlūk Sultans and Egypt's Waning as a Great Power* (New York, 1994), 29–71; Shai Har-El, *Struggle for Domination in the Middle East: The Ottoman-Mamluk War 1485–91* (Leiden, 1995); Michael Winter, "The Ottoman Occupation," in *The Cambridge History of Egypt, vol. 1: Islamic Egypt, 640–1517*, ed. Carl F. Petry (Cambridge, 1998), 490–504; Levanoni, "The Mamlūks in Egypt and Syria," 263–265, 267, 270–271, 273; 五十嵐『中世イスラーム国家の財政と寄進』一二九、Igarashi, *Land Tenure*, 151–152; Cihan Yüksel Muslu, *The Ottomans and the Mamluks: Imperial Diplomacy and Warfare in the Islamic World* (London & New York, 2014), 4–9, 124–125, 130–132.

（5）S・ハンフリーズは、マムルーク朝政治史研究の回顧と展望を論じた中で、マムルーク朝とオスマン朝の連続性と変化の両面について明らかにすることの重要性を主張している（Stephen Humphreys, "The Politics of the Mamluk Sultanate: A Review Essay," *MSR* 9, no. 1 (2005): 221–231）。また、次の論集がある。Benjamin Lellouch and Nicolas Michel (eds.), *Conquête ottomane de l'Égypte (1517): Arrière-plan, impact, échos* (Leiden, 2013); Stephan Conermann and Gül Şen (eds.), *The Mamluk-Ottoman Transition: Continuity and Change in Egypt and Bilad al-Sham in the Sixteenth Century* (Bonn, 2017).

（6）イクター制成立の事情については、Tsugitaka Sato, *State and Rural Society in Medieval Islam: Sultans, Muqtaʿs and Fallahun* (Leiden, 1997), 19–20を参照。ブワイフ朝の統治体制を研究した橋爪烈の最新の研究では、イクター制がイラク地方に導入される以前に、すでにファールス地方で開始されていた可能性があるとの見方が示されている。橋爪烈『ブワイフ朝の政権構造――イスラーム王朝の支配の正当性と権力基盤』（慶應義塾大学出版会、二〇一六）、一一一。

（7）Sato, *State and Rural Society*, 28–33.

（8）Claud Cahen, "Iḳṭāʿ," *EI 2*.

（9）アイユーブ朝期におけるイクター制の導入については、森本公誠『初期イスラム時代エジプト税制史の研究』（岩波書店、一九七五）、三〇八―三一一を参照。また、アイユーブ朝期のイクター制については、Hassanein Rabie, *The Financial System of Egypt, A.H. 564–741/A.D. 1169–1341* (London, 1972); Sato, *State and Rural Society*, 42–76を参照。

（10）Sato, *State and Rural Society*, 124–161.

（11）ナースィル・ムハンマドの死後に見られた政治抗争の実態とその位置づけについては、Amalia Levanoni, *A Turning Point in Mamluk History: The Third Reign of al-Nāṣir Muḥammad Ibn Qalāwūn 1310–1341* (Leiden, 1995); Jo Van Steenbergen, "Mamluk Elite on the Eve of al-Nāṣir Muḥammad's Death (1341): A Look behind the Scenes of Mamluk Politics," *MSR* 9, no. 2 (2005): 173–199; 五十嵐『中世イスラーム国家の財政と寄進』、二〇―三六、Igarashi, *Land Tenure*, 23–46.

（12）エジプトで黒死病（ペスト）の流行が最初に確認されたのは、一三四七年の秋、アレキサンドリアでのことであった。ペスト禍は、翌年にはカイロに到達し、多くの死者を出した。その際の人口変動については諸説あるが、中東地域における黒死病研究の第一人者であるM・ドルズは、黒死病によってエジプト全人口の四分の一から三分の一が減少したと推計している。また、アブー＝ルゴドは、黒死病到来前のカイロの人口を五〇万人と見積もり、黒死病によってそのおよそ四割が死亡したと考える（Michael Dols, *The Black Death in the Middle East* (Michigan, 1977), 218; idem, "The General Mortality of the Black Death in the Mamluk Empire," in *The Islamic Middle East, 700–1900: Studies in Economic and Social History*, ed. A. L. Udovitch (Princeton & New Jersey, 1981), 397–428; Janet L. Abu-Lughod, *Before European Hegemony: The World System A.D. 1250–1350* (New York & Oxford, 1989; Repr. New York, 1991), 237–238; J・L・アブー＝ルゴド著、佐藤次高・斯波義信・高山博・三浦徹訳『ヨーロッパ覇権以前――もうひとつの世界システム』（岩波書店、二〇〇一。［岩波人文書セレクション］岩波書店、二〇一四）下、三六―三七）。黒死病による人口減少に関するその他の論考として、Abraham N. Poliak, "The Demographic Evolution of the Middle East," *Palestine and Middle East* 10, no. 5 (1938): 201–205; David Ayalon, "Regarding Population Estimates in the Countries of Medieval Islam," *JESHO* 28, no. 1 (1985): 1–19; Elbendary, *Crowds and Sultans*, 22–24; 拙稿「砂糖から穀物へ――マムルーク朝期のファイユームにみられた栽培作物の転換（特集：環境・農業生産・記録管理――文書史料に基づくエジプト環境史の構築）」『イスラーム地域研究ジャーナル』九（二〇一七）、六九（註二〇）などがある。また、エジプトにおいてペスト禍が社会に与えた影響については、William Tucker, "Natural Disasters and the Peasantry in Mamlūk Egypt," *JESHO* 24, no. 2 (1981): 215–224; 長谷部史彦「一四世紀エジプト社会と異常気象・飢饉・疫病・人口激減」『シリーズ歴史への問い1　歴史における自然』（岩波書店、一九八九）、五七―八二を参照。

(13) 五十嵐『中世イスラーム国家の財政と寄進』、Igarashi, *Land Tenure*.

(14) 清水保尚「オスマン朝の財政機構――一六―一七世紀を中心に」鈴木董編『オスマン帝国史の諸相』（山川出版社、二〇一二）、二二七―二二八。

(15) しかし、仕組みは異なるが、土地の徴税権が経済的権益（収入）として取引の授受の対象となっている点においてはイルティザーム制もイクター制の本質を引き継いでおり、その意味ではイルティザーム制とイクター制を連続的に捉えることは可能である。このような見方については、三浦徹「市場社会とイスラム――イスラム史を見なおす」『神奈川大学評論叢書第六巻 イスラーム世界の解読』（御茶の水書房、一九九五）、一八二。一方、イラン地域では一四世紀半ば以降一般化したソユールガールが維持された。ソユールガールは軍事奉仕の見返りとして授与されたという点においてイクターと共通するが、軍人には不輸不入の権利が与えられた点で異なる。ソユールガールはイクターの継承形であるトゥユールと並んでサファヴィー朝（一五〇一―一七三六）に継承され、一時的な徴税権であるトゥユールはカージャール朝（一七七九―一九二五）まで続いた。Ann Lambton, *Landlord and Peasant in Persia: A Study of Land Tenure and Land Revenue Administration*, repr. (London, 1969), 105–150; Sato, *State and Rural Society*, 9–10. イクター制の展開については、Sato, *State and Rural Society*, 1–17 において先行研究の状況とともにまとめられている。

(16) スルターンによるマムルークの購入と教育や、スルターン軍団の編成については、David Ayalon, "Studies on the Structure of the Mamluk Army—I," *BSOAS* 15, no. 2 (1953): 203–228; 佐藤次高『マムルーク――異教の世界からきたイスラムの支配者たち』（東京大学出版会、一九九一）、一二一―一二九を参照。

(17) このほかに、五騎長位のアミールも少ないながら存在した。アミールの序列については、David Ayalon, "Studies on the Structure of the Mamluk Army—II," *BSOAS* 15, no. 3 (1953): 467–471 を参照。

(18) Sato, *State and Rural Society*, 87–91.

(19) Sato, *State and Rural Society*, 146.

(20) 例えば、バルクークが購入したマムルークは五〇〇〇人であった。また、マルジュ・ダービクの戦い前夜のスルターン子飼いのマムルークは七〇〇〇人であったと伝えられる。Jean-Claude Garcin, "The Regime of the Circassian Mamlūks," in *The Cambridge History of Egypt, vol. 1: Islamic Egypt, 640–1517*, ed. Carl F. Petry (Cambridge, 1998), 305. マムルーク朝軍隊の構成については、Ayalon, "Studies on the Structure of the Mamluk Army—I"; idem, "Studies on the Structure of the Mamluk Army—II."

(21) マムルーク朝の統治機構の全体像については、佐藤次高編『(新版世界各国史8) 西アジア史Ⅰ』(山川出版社、二〇〇二)、三一三―三一七を参照。

(22) Carl F. Petry, *The Civilian Elite of Cairo in the Later Middle Ages* (Princeton, 1981); Bernadette Martel-Thoumian, *Les civils et l'administration dans l'État militaire mamlūk, 9e/14e siècle* (Damascus, 1991). ただし、近年、特定の個人に焦点を当てた研究が蓄積されつつあり、官僚のキャリアパターンや社会的役割に関する研究は前進している。五十嵐大介「後期マムルーク朝の官僚と慈善事業――ザイン・アッディーン・アブドゥルバースィトの事例を中心に」中央大学人文科学研究所編『アフロ・ユーラシア大陸の都市と国家』(中央大学出版部、二〇一四)、四八九―五三七、太田(塚田)絵里奈「後期マムルーク朝有力官僚の実像――ザイン・アッ=ディーン・イブン・ムズヒルの家系と経歴」『史学』八三―二／三(二〇一四)、一六三―二〇七、同「後期マムルーク朝有力官僚の実像(2)――ザイン・アッ=ディーン・イブン・ムズヒルの公務と慈善」『史学』八四―一／二／三／四(二〇一五)、一三五―一八〇。

(23) Ibrāhīm Ṭurkhān, *al-Nuẓum al-Iqṭāʿīya fī al-Sharq al-Awsaṭ fī al-ʿUṣūr al-Wusṭā* (Cairo, 1968), 115–139; Rabie, *The Financial System*, 39–41. バフリー朝を対象とした研究の中には、アイユーブ朝からバフリー朝における徴税のプロセスとそれに付随する台帳について丹念にまとめたR・クーパーの研究がある。これは、徴税業務に関わる台帳を扱っており、イクター制に関わる記録管理の問題を理解する上で重要である。ただし、ここでの台帳は、徴税の現場で記録管理されていたものであり、政庁で管理されていた台帳を扱ったものではない。Richard S. Cooper, "The Assessment and Collection of Kharāj Tax in Medieval Egypt," *JAOS* 96, no. 3 (1976): 365–382.

(24) ポリアクは、エジプト・シリアで施行されたイクター制を、ヨーロッパ封建制との比較の観点から論じた。彼の研究は、叙述史料に基づき、イクター制に関する情報を体系的にまとめた点で初の本格的なイクター制研究として位置づけられるが、西洋封建制の概念を軸にしてイクター制を考察する姿勢は、後の研究において批判の対象となった。トゥルハーンの研究はイクター授与や保有についての基本情報をまとめるとともに、個別の事例を豊富に提示する。西洋封建制の概念を用いずにイクター制を分析しようとしたラビーは、アイユーブ朝期からナースィル検地までのイクター制の展開を丹念に追うとともに、フサーム検地とナースィル検地でなされた諸改革について整理し、それぞれの位置づけについて考察した。Abraham N. Poliak, *Feudalism in Egypt, Syria, Palestine, and the Lebanon, 1250–1900* (London, 1939); Ṭurkhān, *al-Nuẓum al-Iqṭāʿīya*; Rabie, *The Financial System*.

（25） Sato, *State and Rural Society*. この研究は、一九八六年に出版された佐藤次高『中世イスラム国家とアラブ社会――イクター制の研究』（山川出版社、一九八六）を元にしているが、英語版は新たな史料や研究文献を補い、全面的に増補・改訂を加えているため、本書では基本的に英語版を用いる。日本語版と英語版の内容の異同については、三浦徹「Sato Tsugitaka, *State & Rural Society in Medieval Islam: Sultans, Muqta's & Fallahun*」『法制史研究』四八（一九九八）、二六九―二七四を参照。

（26） Imād Badr al-Dīn Abū Ghāzī, *Taṭawwur al-Ḥiyāza al-Zirāʿīya Zaman al-Mamālīk al-Jarākisa: Dirāsa fī Bayʿ Amlāk Bayt al-Māl* (Cairo, 2000). この研究の概要については、五十嵐大介「アブー・ガーズィー著『チェルケス・マムルーク朝期における農地所有の展開――国庫の土地売却の研究』」『東洋学報』八三―四（二〇〇二）、四七三―四七九、Daisuke Igarashi, "ʿImad Badr al-Din Abu Ghazi, *Tatawwur al-Hiyazah al-Zira'iyah fi Misr Zaman al-Mamalik al-Jarakisah*," *MSR* 7, no. 1 (2003): 254–257 を参照。

（27） 五十嵐『中世イスラーム国家の財政と寄進』、Igarashi, *Land Tenure*.

（28） Ulrich Haarmann, "The Sons of Mamluks as Fief-holders in Late Medieval Egypt," in *Land Tenure and Social Transformation in the Middle East*, ed. T. Khalidi (Beirut, 1984), 141–168.

（29） Ulrich Haarmann, "Joseph's Law: the Careers and Activities of Mamluk Descendants before the Ottoman Conquest of Egypt," in *The Mamluks in Egyptian Politics and Society*, eds. Thomas Philipp and Ulrich Haarmann (Cambridge, 1998), 55–84.

（30） 土地が国庫に帰属すると考える国家的土地所有論については、これまでに様々な見解が提示されてきた。その研究史と問題点については、清水和裕『軍事奴隷・官僚・民衆――アッバース朝解体期のイラク社会』（山川出版社、二〇〇五）、脚注頁四二、註一、五十嵐、前掲書、脚注頁八八、註一を参照。

（31） ナイルをめぐっては、様々な神話的ステレオタイプが存在するが、その代表的なものがヘロドトスによる「エジプトはナイルの賜」という表現であろう。ヘロドトスの言説については、加藤博「ナイルをめぐる神話と歴史」水島司編『環境と歴史学――歴史研究の新地平』（勉誠出版、二〇一〇）、一一三―一二三を参照のこと。

（32） 佐藤次高「一二―一四世紀のエジプト農村社会と農民――ファッラーフーンの農業生産と農業生活の様式」『東洋文化研究所紀要』五九（一九七三）、一―一〇七。

（33） Stuart J. Borsch, "Nile Floods and the Irrigation System in Fifteenth-Century Egypt," *MSR* 4 (2000): 131–145; idem, "Environment and Population: The Collapse of Large Irrigation Systems Reconsidered," *Comparative Studies in Society and History* 46, no. 3 (2004): 451–468; idem, *The Black Death in Egypt and England: A Comparative Study* (Austin, 2005); 吉村武典「バフリー・マムルーク朝

後期のナイル治水事業——ジスル・マンジャク建設の経緯を中心に」『史滴』三二（二〇一〇）、一四七—一六二、同『マムルーク朝時代のエジプト統治に関する研究——ナイル治水と地方行政を中心に』（博士論文、早稲田大学、二〇一四）。

（34）マムルーク朝期エジプトの文書史料は、現在までのところ、エジプト国立文書館とワクフ省が所蔵するワクフ文書や土地売買文書群、およびセントカトリーナ修道院が所蔵する文書群が確認されているが、土地台帳や徴税台帳の存在は確認されていない。Imād Badr al-Dīn Abū Ghāzī, "Egyptian Archives and the Rewriting of the Mamluk's History,"『イスラーム地域研究ジャーナル』一〇（二〇一八）、五—一六を参照。また、エジプト国立文書館およびワクフ省所蔵の文書群については、Muḥammad Amīn, *Catalogue des documents d'archives du Caire* (Cairo, 1981) とその日本語訳である菊池忠純『中世イスラム時代アラビア語文書資料——研究文献目録1』（アラブ語センター、一九八八）を参照。また、セントカトリーナ修道院所蔵文書については、松田俊道『聖カテリーナ修道院文書の歴史的研究』（中央大学出版部、二〇一〇）、Donald S. Richards, *Mamluk Administrative Documents from St Catherine's Monastery* (Leuven, 2011) を参照。

（35）Nicolas Michel, "Les rizaq iḥbāsiyya, terres agricoles en mainmorte dans l'Égypte mamelouke et ottoman. Étude sur les Dafātir al-aḥbās ottomans", *AI* 30 (1996), 105–198; Abū Ghāzī, *Taṭawwur*.

なお、両台帳の呼称についてであるが、アブー・ガーズィーは、エジプト国立文書館において両台帳は「リザク（rizaq）」の分類名で知られるとし、両台帳を、『軍事リザク台帳 *Dafātir al-Rizaq al-Jayshīya*』・『慈善リザク台帳 *Dafātir al-Rizaq al-Iḥbāsīya* (*al-Aḥbāsīya*)』と呼ぶ。しかし、この分類名や台帳の呼称は、当該史料の成立過程や内容を根拠とするものではない。そのため、本論文では台帳の表紙に記載されている題名に従い『軍務台帳』および『慈善台帳』と呼ぶことにする。Imād Badr al-Dīn Abū Ghāzī, "Dafātir al-Rizaq al-Iḥbāsīya wal-Jayshīya wa Ahammīyat-hā al-Arshīfīya wal-Tārīkhīya," *al-Ruznāma* 2 (2004): 3-4.

（36）オスマン朝の法令集である「カーヌーンナーメ」の概説については、Halil İnalcık, "Ḳānūnnāme," *EI* 2; 澤井一彰「カーヌーンナーメ（法令集）Kanunname」（オンライン「オスマン帝国史料解題」、ＮＩＨＵプログラム・イスラーム地域研究公益財団法人東洋文庫研究部イスラーム地域研究資料室（ＴＢＩＡＳ）、http://tbias.jp/ottomansources/kanunname）を参照。

（37）この二つの史料については、その記録を村ごとにまとめたＨ・ハルムの研究がある。Heinz Halm, *Ägypten nach den mamlukischen Lehensregistern*, 2 vols. (Wiesbaden, 1979–82).

（38）この作品の手稿本にはヴァリアントがあり、冠せられているタイトルもそれぞれ異なるが、イブン・ズンブルは別の作品の中で、この作品のタイトルを『現王朝の断絶とオスマン家の王朝の継続の書 *Kitāb Infiṣāl Dawlat al-Awān wa Ittiṣāl Dawlat Banī*

ʻUthmān』であると述べている。イブン・ズンブルについては不明な点も多く、当該作品をめぐっては、史料として使えるか、あるいは小説と見なすかで研究者の評価は分かれる。現時点で筆者には決定的な判断を下すことはできないが、少なくとも著者がその時代の目撃者であったことを評価し、本書の史料として使う。歴史叙述としての価値を評価する研究として、Benjamin Lellouch, "Ibn Zunbul, un égyptien face à l'universalisme ottoman（seizième siècle）," *Studia Islamica* 79（1994）: 143–155; idem, *Les Ottomans en Égypte: Historiens et conquérants au XVIe siècle*（Leuven, 2006）がある。他方、小説であるとの見方として、Robert Irwin, "Ibn Zunbul and the Romance of History," in *Writing and Representation in Medieval Islam: Muslim Horizons*, ed. Julia Bray（London, 2006）, 3–15がある。

（39）　チェルケス朝は、ヒジャーズ地方に影響力を持つメッカのシャリーフ政権を通じて同地方を間接統治した。シャリーフ政権とマムルーク朝を含む周辺王朝との政治的関係性については、Keiko Ota, "The Meccan Sharifate and Its Diplomatic Relations in the Bahri Mamluk Period," *AJAMES* 17, no. 1（2002）: 1–20に詳しい。シリア地方は、バフリー朝期からチェルケス朝期まで、ダマスクス、アレッポ、トリポリ、ハマー、サファド、ガザ、カラクを州都とする七つの州に分割されていた。各州にはスルターンが任命する州総督（ナーイブ）が派遣され、実質的な行政権を行使した。また、各州の行政機構はいわば中央政府の縮小版であり、財政は基本的には独立採算制を採って別個に機能していた。シリア地方の行財政については、William Popper, *Egypt and Syria under the Circassian Sultans 1382–1468 A.D.: Systematic Notes to Ibn Taghri Birdi's Chronicles of Egypt*, 2 vols.（Berkeley, 1955–57; repr. New York, 1977）, 1:13–18, 103–110; 五十嵐『中世イスラーム国家』、一四三—一五三を参照。

（40）　加藤博『ナイル——地域をつむぐ川』（刀水書房、二〇〇八）、五—六。

第一部　記録管理の連続と非連続

エジプト国立文書館には、「ダフタル・ジャイシー（軍務台帳）」という題字が冠せられた台帳が複数所蔵されている。これらはオスマン朝が一六世紀半ば頃に作成したエジプト州の土地台帳である。注目すべき点は、この台帳の中に、マムルーク朝時代の土地記録が残されていることである。マムルーク朝時代に政庁で使用されていた土地台帳は、一部の簡易な記録を除いて伝世が確認されていない。したがって、オスマン朝の台帳に写しとられたこれらの記録は、マムルーク朝の土地制度に関わる研究にとっては、第一級の価値がある。

しかし、この記録を目にした者は、すぐさま疑問を抱くであろう。なぜ、マムルーク朝の記録がオスマン朝の台帳に写しとられたのか？　この疑問には、二つの意味がある。第一に、オスマン朝政府は、どのようにしてマムルーク朝期の土地記録を入手したのかという問い。第二に、なぜオスマン朝は自らの土地台帳の中にマムルーク朝期の土地記録を写したのかという問いである。本書の第一部は、筆者が初めてこの台帳を手にとったときに抱いた、これらの疑問から出発する。

第一章 『軍務台帳』の成立

第一部の主史料となる『軍務台帳』については、早くはオスマン朝の行政文書の史料学的研究において使用され、近年ではミシェルやアブー・ガーズィーによって取り上げられてきた(1)。特に、ミシェルの研究は、『軍務台帳』とそれと対になる『慈善台帳』の成立過程、文書史料特有の書体で筆記される文字やスィヤーク数字と呼ばれる特殊数字の解読といった史料の基本事項を包括的にまとめており、実用性を備えている。しかし、その主眼は『慈善台帳』に置かれているため、ここでは『軍務台帳』に的を絞って情報を整理する。本章では『軍務台帳』の編纂の目的と過程、および記録内容を整理し、史料としての有用性についての検討を加えたい。

第一節 オスマン朝の土地政策と『軍務台帳』

『軍務台帳』は、一九九〇年代にエジプトの首都カイロの城塞の敷地内にある公文書館（Dār al-Maḥfūẓāt al-ʻUmūmīya）から国立文書館（Dār al-Wathāʼiq al-Qawmīya）に移管された史料の一つであり、財務行政に関わる文書を集めたルーズナーマ・コレクション（Dīwān al-Rūznāma）に分類されている(2)（表1）。これらの台帳は、エジプト州の行政県（ウィラーヤ）別にまとめられ、記録の分量が多い県は、分冊されている。本書では、これらの台帳の総称として『軍務台帳』や『慈善台帳』という名称を用い、そのうちの特定の県の台帳を指す場合は「ファイユーム県の『軍務台帳』」のように

表1　エジプト国立文書館所蔵の『軍務台帳』

略号	台帳名	旧請求番号	請求コード	記入葉数	白紙	葉数
DJ 4616	*Daftar Shībīn al-Kūm Jayshī*	1094, 4616, 1	3001–000101	144	2	146
DJ 4621	*Daftar Wilāyat Ibyār wa Jazīra Banī Naṣr Jayshī*	5049, 4621, 7	3001–000107	143	3	146
DJ 4622	*Daftar Khāmis Wilāyat al-Gharbīya Jayshī*	5090, 4622, 8	3001–000102	302	18	320
DJ 4625	*Daftar Awwal Wilāyat al-Ushmūnayn Jayshī*	5060, 4625, 11	3001–000103	206	14	220
DJ 4626	*Daftar Awwal Wilāyat al-Gharbīya Jayshī*	81/3, 4626, 12	3001–000026	244	6	250
DJ 4632	*Daftar Thānī Wilāyat al-Bahnasāwīya Jayshī*	85/3, 4632, 18	3001–000108	199	11	210
DJ 4633	*Daftar Wilāyat al-Qūṣīya Jayshī*	5056, 4633, 19	3001–000111	102	8	110
DJ 4634	*Daftar Thānī Wilāyat al-Minūfīya Jayshī*	5057, 4634, 20	3001–000109	221	1	222
DJ 4638	*Daftar Thānī Wilāyat al-Buḥayra Jayshī*	5050, 4638, 24	3001–000104	161	9	170
DJ 4639	*Daftar Wilāyat al-Iṭfīḥ Jayshī*	83/3, 4639, 25	3001–000105	118	2	120
DJ 4641	*Daftar Awwal al-Sharqīya Jayshī*	5040, 4641, 27	3001–000112	156	14	170
DJ 4645	*Daftar Wilāyat al-Fayyūm Jayshī*	4997, 4645, 31	3001–000106	125	1	126
DJ 4652	*Daftar Awwal Thaghr Dimyāṭ Jayshī*	4998, 4652, 38	3001–000110	233	27	260
DJ 1206	*Daftar al-Sharqīya Jayshī*	1206	不明		*	

註）調査時，所在不明で閲覧できなかったため，正確な葉数が把握できなかった．

表記することとする。

『軍務台帳』と『慈善台帳』の基本的な構成は、目次（フィフリスト）と行政村（ナーヒヤ）ごとの記録からなる。村の記録は、最初に、村の土地利用に関する概要（以後、概要記録と呼ぶ）が掲載され、次に土地片ごとの詳細な記録（以後、詳細記録と呼ぶ）が続く。後述する例外を除き、いずれの巻においてもこの構成が貫かれている。

記録内容については、『軍務台帳』と『慈善台帳』の間に次のような異同がある。まず、いずれの台帳も概要記録については共通の記録内容を持つ。しかし、それに続く詳細記録については、『軍務台帳』が軍事リザク地、イクター、ワクフ地、私有地の記録を収録するのに対し、『慈善台帳』は慈善リザク地の記録に特化している。両台帳の編纂過程を知るためには、これらの土地権利のうち軍事リザク地と慈善リザク地について知っておく必要がある。そこでまずはこのリザク地という土地権利の分類について説明したい。

リザク地とは、慈善目的などの特定の名目のために政府によって割り当てられた土地であり、軍事リザク地（リザク・ジャイシーヤ）、慈善リザク地（リザク・アフバースィーヤ）、そして村のリザク地に分類することができる。軍事リザク地は、その税収が恩給として軍関係者に授与される土地であり、老齢や障害のあるアミールや退役軍人、アミールの寡婦や孤児、アウラードなどに対して授与された。他方、慈善リザク地は、その収益が宗教的活動に充てられた土地であり、モスクやマドラサ（学院）、ザーウィヤ（修道場）といった宗教関連施設や、法学者や聖者、彼らの子孫といった宗教的役割を担う個人に対して授与されていた。(3) また、村のリザク地は、村政を担う村の名士や、大工や鍛冶職人といった村落において必要不可欠な職種にある職人に対して割り当てられていた村の公益地であった。(4) 一般的に、村のリザク地の管理は各村に委ねられていたが、軍事リザク地と慈善リザク地は政府の管理下に置かれていた。本章で問題とするのは、政庁の管理下に置かれていたこれら二種類のリザク地である。

マムルーク朝では、財務行政は政庁を単位とし、土地財源の管理は各々の土地権利を管轄する政庁に委ねられていた。例えば、軍関係者に授与された軍事リザク地は軍務庁の管轄であり、宗教・慈善関係の施設や個人の財源となった慈善リザク地は、慈善庁（ディーワーン・アルアフバース）の管理下に置かれていた。(5) すなわち、軍事リザク地についての記録を含む『軍務台帳』の記録は、マムルーク朝の軍務庁が管理していた記録に基づいており、一方の慈善リザク地についての記録を含む『慈善台帳』はマムルーク朝の慈善庁が管理していた記録に基づいているということになる。台帳の名称は、記録を管理していた政庁の名称に由来しているのである。

それでは、なぜ、マムルーク朝期において二つの政庁でそれぞれ管理されていた記録が、オスマン朝期に『軍務台帳』と『慈善台帳』として再編纂されることになったのであろうか。また、『慈善台帳』が収録するのが慈善リザク地のみであるのに対して、なぜ『軍務台帳』は軍事リザク地やイクターのみならず、ワクフ地や私有地の記録を含むのであろうか。実は、これらの問題はマムルーク軍人を始めとする旧勢力の排除と国庫財源の拡充を目指したオスマン朝の土地・財政政策と深く関わっている。そこでまずは、チェルケス朝末期の土地権利保有の状況とオスマン朝政府の対応について見ていきたい。

(1)　ワクフ地とリザク地の拡大

マムルーク軍人を王朝支配の中心に据えるべく整えられたイクター制とそれに基づくマムルーク体制は、ナースィル検地完了直後から、職人や小商人などの民衆がイクターを保有するようになるなど、早くも、原則と矛盾する状況が現れていた。(6) そのような矛盾の中でも、王朝の財政との関わりにおいて問題となったのがワクフ地の増加であった。バフリー朝期においても、スルターンや有力アミールが私有地を獲得し、宗教施設や商業施設の財源としてそれを寄進する行為は珍しいものではなかったが、チェルケス朝期には、寄進者自身とその子孫を寄進の対象とするタイプの寄進が飛躍的に拡大した。(7) 原則として、一旦寄進された土地は半永久的にワクフ地として存続することになるため、このようなワクフ地の拡大は土地権利を固定し、王朝の土地財源の減少をもたらしたのである。例外として、王朝の財政難に際しては、これらのワクフ地の一部が解消されて再び政庁財源に戻されるということもあったが、それには限界もあり、ワクフ地増加については王朝の財政問題において常に議論の的となっていた(8)。

そして、ワクフ地と同様に、度々問題視されてきたのがリザク地であった。慈善リザク地や軍事リザク地は、原則として免税地であったため、リザク地の増加もまた王朝の土地財源の減少に直結した。このため、ナースィル検地以降、とりわけ王朝が財政危機に直面した際には、ワクフ地の増加と並んでリザク地の増加と処分をめぐる議論がなされ、課税策が採られるなどしてきた(9)。このことは、リザク地が政庁の管理下にあるとはいえ、実質的には権利者らの既得権益となっており、たとえスルターンであってもそれを自由に取り上げることができなかったことを示唆している(10)。

このような状況は、マムルーク朝末期に至るまで解消されることはなく、問題はオスマン朝に引き継がれることになった。エジプト統治開始期のオスマン朝政府にとって、マムルーク朝期に確立された既得権益の状況を把握し、対策を講じることは、統治基盤の構築と土地財源の拡充のために不可欠であったことはいうまでもない。かくして、オスマン朝政府は、リザク地やワクフ地の権利者を対象とした土地権利の審査と、既得権益化した土地の接収を断行していったのである。他方、審査によって認可された土地権利は登記されることとなったが、認可されたリザク地やワクフ地が登記されたのが『軍務台帳』と『慈善台帳』であった。次に、この二つの台帳が編纂されるまでの道のりを、軍事リザク地および慈善リザク地の処分をめぐる経緯を軸にして見ていきたい。

(2)　オスマン朝によるワクフ地とリザク地の処分

セリム一世率いるオスマン朝軍がカイロに入城した後の一五一七年一月二四日、カイロとフスタートにおいて、金曜日の集団礼拝のフトバ（説教）がセリム一世の名の下に行われた。(11) これによって名実ともにエジプトの統治者となったセリム一世は、その翌日から、スルターニー・ジスル（政府管理の灌漑土手）のカーシフ（監督官）等を任命し、土地調査、灌漑の維持管理、徴税業務に当たらせた。(12) カーシフらによる一連の任務は、およそ半年間かけて行われ、灌漑土手の再建とハラージュ（地租）の徴収をもって一五一七年七月に終了した。(13)

他方、都市部においては、私有地やワクフ地の権利者を対象に、土地権利を証明する文書の書面調査が実施された。権利者には、各自が所持する権利証書の提出が命じられたのであるが、このとき、権利者が現れなかった私有地は、「スルターン所有の私有地となり、スルターン直轄財源（ザヒーラ）に接収」されることとなった。(14)

他方、セリム一世は、アウラードによるイクターからの受給を不当とし、彼らが保有するイクターの接収に着手した。(15) アウラードは、元来ハルカ騎士団に属したが、ナースィル検地以降に進められたマムルーク軍人を中心とする体制づくりにより、それまで支配の一角を担ってきたハルカ騎士団は凋落の一途を辿り、彼らの軍事的重要性は薄れていった。詳しくは第四章で論じる予定であるが、チェルケス朝に入ると、その状況は一層明らかなものとなっていた。(16) セリム一世が最初にメスを入れたのは、そのようなアウラードたちの土地権利であった。

一五一七年八月一九日、セリム一世は、マムルーク朝のアミールであったハーイルバク Khāyrbak（在任一五一七—二二）をエジプト州総督に任命した。(17) 同年九月一〇日には、オスマン朝の主力メンバーがイスタンブルに引き上げ、新たなハラージュ年度の開始とともに、ハーイルバクによる実質的な統治が開始された。(18) ハーイルバクの統治初年の特徴は、イクター、リザク地、ワクフ地といった既存の土地権利の接収と課税を強硬に行った点にある。その対象となったのは、アウラードや女性の権利者であった。ハーイルバクは、彼らが保有する軍事リザク地を権利証書の有無にかかわらず無効にし、ワクフ地についてもそこからの収益を徴収するなどした。(19)

ハーイルバク統治の末期になると、軍人への月給支払いによる支出の増加などにより、マムルーク軍人への月々の現金給与の支払いが滞りを見せはじめた。[20] このためハーイルバクは、マムルーク軍人やアウラードを一〇〇〇人規模で削減し、[21] マムルーク軍人や障害のあるアミールなどの現金給与を半分にカットするなどの支出削減策を講じたが、いずれも財政が安定するほどの成果はあがらなかった。[22] そこで、さらなる財源の確保のために、リザク地・ワクフ地・私有地を再び王朝の財源に戻す政策が大規模に実施されたのであった。一五二一年一一月一八日、ハーイルバクは、ジャマール・アッディーン・ユースフ・ブン・アブー・アルファラジュを軍事リザク地調査官（ムファッティシュ）に任命し、軍事リザク地の権利者たちの権利証書の審査を始めたのであったが、その状況は次の通りであった。

名士たちは、彼（ジャマール・アッディーン）の門前に、自分たちの文書や軍事リザク地の権利証書（ムラッバアート）を持ってやってきた。彼がそれを読み上げると、それに穴をあけ、彼らに対し「これの原本とさらにその原本を見せよ」といい、それができないときは、彼らをハナフィー派法官の家へ送った。法官は、彼らの所持する文書や授与証において、彼らに［軍事リザク地を保有する］権利がないことや、［そこからの収入を］受給する資格がないことを証言し、彼らから文書や権利証書を取り上げたので、彼らは落胆した。彼らの文書や授与証は、州総督の下に届けられた。[23]

このように、ハーイルバクは軍事リザク地調査官という特別職を設け、軍事リザク地の没収を推し進めた。右の引用では、軍事リザク地が没収となる条件は、証書類の原本が揃わない場合であったが、そのリザク地が元々イクターであった場合なども没収の対象とされた。[24] 一連の書面調査においては、チェルケス朝期からの有力官僚が政庁財源である土地を売却して利益を得ていたことが告発され、チェルケス朝期に行われていた軍事リザク地の取引をめぐる問題が露呈するなどした。[25]

他方、慈善リザク地に対しては、より強硬に処分が進められていった。一五二二年六―七月、スルターン直轄財源の顧問を務めたファフル・アッディーン・ブン・イワドが上エジプト地域の測量を行った際に、証書類の有無にかかわらず、すべての慈善リザク地をスルターン直轄財源として没収した。このときに没収された慈善リザク地は、一八〇〇件におよんだという(26)。没収されたリザク地は、ハーイルバクが死亡する直前（一五二二年一〇月二日）に元の権利者たちに返還されたもの(27)、慈善リザク地の権利が保護されていたマムルーク朝期の状況と比較すると、一変してそれらの権利は不安定なものとなった。

ワクフ地もまた、リザク地と同様に強圧的に処分されていった。ハーイルバクは、アリー・アルウスマーニーをワクフ地調査官に任命し、土地や住宅などのワクフ地の権利者に対して証書類の提出を義務づけた。アリー・アルウスマーニーは、提出にやってきた権利者たちに対し、ワクフにかかる支出や毎年の収入についての質問をした後、権利者やその下僚に対して多額の支払いを請求した。そして、その支払いに応じた者にだけ、その人物の文書に「提出済み」と記入し、支払いに応じない者には、さらに支払いが不可能な金額を請求したという(28)。

このように、ハーイルバク統治期は、オスマン朝の一属州としてのエジプト州の予算の枠組みが明らかになる中で、財政を蝕む原因として問題視されてきたリザク地、ワクフ地、私有地を国庫に取り戻す方策が試みられた時期であった。これは同時に、逃亡したマムルーク軍人や実質的な軍事力を持たないアウラードから既得権利を取り上げ、旧勢力を整理する狙いも兼ねていた。他方、権利確定の可否は、軍事リザク地調査官やワクフ地調査官といった政策の実行に当たる担当官の裁量に委ねられた。このため、担当官が私腹を肥やすなどの状況が現出したのである。

(3)「カーヌーンナーメ」の制定と検地の実施

ハーイルバクの死後、エジプト州総督はイスタンブルから任期つきで派遣されるようになった。新たなエジプト州総督ムスタファ・パシャ Mustafa Paşa（在任一五二二—二三）がエジプトに到着すると、バフナサウィーヤとファイユーム県のカーシフであったジャーニム Jānim とガルビーヤ県のカーシフであったイーナール Īnāl による反乱が発生した。この反乱はオスマン朝軍による鎮圧の末、ジャーニムの死とイーナールの逃亡をもって終結した[29]。しかし、翌年の一五二四年には、ムスタファ・パシャに代わってエジプト州総督に派遣されたアフメト・パシャ Ahmed Paşa（在任一五二三—二四）が、オスマン朝に対して叛意を抱くマムルーク軍人やアラブ部族と手をむすび、自らをマンスール・アフマド al-Manṣūr Aḥmad と称してスルターンに即位したことを宣言し、オスマン朝からの独立を企図した[30]。この独立の動きもまた、オスマン朝軍によって鎮圧されたが、エジプトに反乱の火種があることに危機を抱いたスレイマン一世 Süleymān（在位一五二〇—六六）は、大宰相イブラヒム・パシャ İbrahim Paşa（在任一五二五—二六）をエジプト州総督に任命し、エジプトの状況を調査させた。イブラヒム・パシャは二ヶ月間カイロに滞在し、一五二五年、エジプト州統治の基本指針を示した法令集「カーヌーンナーメ *Ḳānūnnāme-i Mıṣır*」を公布した[31]。これは、エジプト州駐屯軍の体制を定め、各種役人の職務からアラブ遊牧民、商人、農民に至るまでの社会的責務を示した。加えて、ワクフ地やリザク地などの土地権利の処分方法も示された。その中で、これまで設けられてこなかったリザク地の処分に関わる規定が、初めて明文化されたのであった[32]。

「カーヌーンナーメ」における軍事リザク地に関する規定は次のように要約される[33]。

① 権利者が提示する権利証書が偽造であると見なされた場合、その軍事リザク地は没収され、パーディシャー（オスマン朝君主[34]）の財庫のリザク地となる。

② 現権利者が死亡した場合、共同権利者や子孫や近親者の権利の継続は認められず、州財源となる。

次に、慈善リザク地に関しては、次のように規定された[35]。

① 慈善目的のために機能している場合は、現状維持とする。

② 慈善リザク地の収益が規定と見合わない場合は、規定に見合う代わりの土地を割り当てる。この規定に沿って、権利の確定を受けた者には、土地権利についての詳細を登記することが義務づけられ、その記録の写しはエジプト州とイスタンブルに保管されることが定められた(36)。

このように、オスマン朝政府は、「カーヌーンナーメ」において、慈善リザク地に関しては保護・継続の方針を採ったが、軍事リザク地に関しては、権利の継続を認めず、廃止の方針を明らかにしたのであった。このほか、政府は、境界が不明瞭であるワクフ地、リザク地、私有地を測量し、余剰地が出た場合は、それを接収することも定めた(37)。これらの土地権利処分の規定には、財源の増大を企図する政府の一貫した姿勢を捉えることができる。

このように、オスマン朝政府は、「カーヌーンナーメ」の制定によって、一定の基準のもとに土地権利を処分する方針を打ち出した。しかし、権利証書の合法性の基準は、証書が真正なものであるか偽造であるかを判断するという曖昧なものにすぎず、その判断は担当官の裁量に任されていたのである。土地権利処分の問題において「カーヌーンナーメ」が制定されたことの意義は、オスマン朝の土地権利処分の規定が明文化されたという点にあるが、その方法に客観性が担保されるようになるには、次の「新規定」の制定を待たなくてはならなかった。

「カーヌーンナーメ」制定後の一五二七―二八年、エジプト州の検地が行われた。この検地記録は、オスマン朝初のエジプト州の総合的な記録として位置づけられ、以後、基礎情報として参照されていくこととなった(38)。この検地の記録をまとめた台帳が、序章にて本書の史料の一つにあげた『一五二七―二八年の検地台帳』である。後に見るように、この検地記録は、『軍務台帳』や『慈善台帳』にも基礎情報として再録されていったのである。

(4) 『チェルケス台帳』の発見と「新規定」の制定

「カーヌーンナーメ」制定以降、リザク地の処分規定に大きな変更が加えられたのは、一五五二―五三年に制定された新たな土地権利処分の規定（以後、「新規定」と呼ぶ）においてである。[39] この規定の特徴は、チェルケス朝の土地台帳に収録された土地記録を照合することによって、土地権利の合法性を審査する方法が採られた点にある。「新規定」の序文によれば、征服時の混乱によってチェルケス朝の土地台帳が失われ、政府は村の公証人や案内役の報告書を参照して土地記録を収集することを余儀なくされていたという。しかし、その後、チェルケス朝の土地台帳の多くが発見された。[40] このような状況を背景にして、一五五〇年、エジプト州総督アリー・パシャ'**Ali Paşa Semiz**（在任一五四九―五三）は、リザク地・ワクフ地・私有地の審査方法を新たに制定するために審議会を開き、その結果「新規定」が制定された。[41]

「新規定」は序文と二〇項の条項から構成され、各条項では事例別の判定が示される。その判定において重要な役割を果たすことになったのが、「新規定」の中で『チェルケス台帳 *Çerākise Defteri*』と呼ばれるチェルケス朝の土地台帳であった。各条項では、『チェルケス台帳』と照合する際の審査基準について具体的に示されているが、これらを分類すると次のようになる。

① 審査対象の土地権利が、『チェルケス台帳』においても同じ土地権利として確認できる場合の審査基準（第二、三項）

② 審査対象の土地権利が、『チェルケス台帳』において、軍事リザク地やイクターとして登記されていた場合の審査基準（第四〜一〇、一四、一七、一八項）

③ 審査対象の土地権利が、『チェルケス台帳』において、慈善リザク地として登記されていた場合の審査基準（第一一、一三項）

これらの内容を見ると、「新規定」は、ワクフ地や私有地の処分について次のように規定している。

① 審査対象の土地権利が、マムルーク朝期から継続的にワクフ地や私有地であった場合、権利者が変わっていて

も、その確認がとれれば現状維持となる（第二、三項）。

② マムルーク朝期に軍事リザク地やイクターであった土地が、征服後にワクフ地や私有地となっていた場合については、次のように処分される。

(ア) 『チェルケス台帳』において、イクターや軍事リザク地として登記されていた場合、これを征服後にワクフ地化、私有化することは認められない。したがって、その土地は一度国庫に戻され、法官たちによってその合法性が審議される（第五項）。

(イ) セリム一世の統治期に発行されたワクフ文書は無効である。これらのワクフ地は国庫に戻される（第六項）。

(ウ) 権利者が、国庫から合法的に土地を購入したことを証明する文書を持たない場合（第七、八項）や、ワクフ地や私有地の証書に記載された日付と『チェルケス台帳』に記載された日付に整合性がない場合（第九項）、それらの土地は国庫に戻される。

(エ) 征服当初、トゥーマーン・バーイ al-Ashraf Ṭūmān Bāy（在位一五一六―一七）の統治期に発行された私有地の証書については、その統治期が短命かつ混乱した時代であり、国庫から土地を売却する権限はなかったとして無効とされた。しかし、「新規定」では『チェルケス台帳』に記載されている私有地に限り、その権利は見直される（第一〇項）。

③ 他方、マムルーク朝期に慈善リザク地であった土地が、征服後にワクフ地や私有地となっていた場合については次のように規定された。

(ア) マムルーク朝期に慈善リザク地として登録されていた土地がワクフ地となっていた場合、その土地は接収され、困窮しているモスクや貧困に苦しむ人々に配分される（第一一項）。

(イ) ただし、慈善リザク地であっても、『私有地とワクフ地台帳』に記録されていた場合や、『チェルケス慈善台帳』において国庫から法的に購入したものであることがわかる場合、また私有地やワクフ地の証書の写しが『チェルケス慈善台帳』に転載されていた場合は、追認される（第一三項）。

このように、「新規定」では、個別の事例に応じた判定が明示され、土地権利の合法性を判断する基準が大幅に見直された。例えば、過去に無効とされたチェルケス朝最末期に設定された土地権利を、合法のものとして回復させるという措置を採ったことや、翻って、オスマン朝最初期に設定された土地権利を無効と見なすことなどは、「カーヌーンナーメ」やそれ以前の審査基準には見られなかったものである。

さらに、マムルーク朝の土地台帳を審査基準の一つにしたことも「新規定」の特徴である。「新規定」では、審査時に依拠する記録は、第一に『チェルケス台帳』の記録、第二にオスマン朝が編纂した土地台帳であり、この二つで確認がとれない土地権利については、文書と署名が付されている会計書類の提示や、地方の法官による証言も有効とされた（第一項）。また、『チェルケス台帳』に必要な情報が記載されていない場合は、マムルーク朝の『慈善台帳 *Iḥbâs Defterleri*』を参照することが示された（第一三項）。これには、慈善リザク地の元々の状態や、国庫からの購入を通じて流出した土地について記されており、ワクフ地や私有地の文書の記載内容も転載されていたという。さらに、「新規定」は、マムルーク朝期から残る台帳として、『私有地とワクフ地台帳 *Emlâk ve Evqâf*』をあげている。これは、エジプト全村をカバーするものではないものの、ワクフ設定者の名前や土地に関する詳細な記録を持っていた（第一三項）。

以上の規定に沿って、各種の記録と権利者が所持する証書の記載内容が照合され、一定の基準を満たした者には、国有地放出確定証書が発行された。他方、審査の結果が保留となった者には、有効期限つきの証書が発行された。また、国有地の徴税を請け負う責任者に対しては、担当する地域のワクフ地を登記するとともに、担当する村の法官の下に使者を送り、国有地放出確定証書を持つ者の名前や一時的権利者の名前、また法官の監督下にある者の名前を収録した台帳を作成することが命じられた（第一五項）。

このように『チェルケス台帳』の記録と照らし合わせ、より厳しく明確な判断基準を設けることによって、征服以後に国庫から流出した土地が回復されることとなった。ここで注目すべきは、以前に書類不備などの理由で権利を剝奪されていた者がその権利を回復することを可能にした点である。ここに、オスマン朝の土地政策における法制化を見ることができる。

以後、オスマン朝政府は、「新規定」に従い、土地権利の審査とその結果を記録する台帳の編纂を進めた。この過程において、『軍務台帳』にはマムルーク朝期に軍務庁が管理していた土地のうちワクフ地や私有地として確定された土地の記録が、『慈善台帳』には慈善リザク地として確定された土地の記録がそれぞれ記入され、『軍務台帳』と『慈善台帳』という二つの台帳が成立した。「新規定」の審査方法は、一六〇七—〇八年にエジプト州総督メフメト・パシャ Öküz Mehmed Paşa（在任一六〇七—一一）によって終了されたが、[42]『軍務台帳』と『慈善台帳』は、適宜記録の追加や修正が加えられながら、[43]一九世紀前半まで使用されたと見られる。

以上、『軍務台帳』と『慈善台帳』編纂の経緯を説明してきたが、次節では、実際に『軍務台帳』の形態や構成、記録内容や伝世状況を見ていこう。

第二節　史料としての『軍務台帳』

(1) 形態と台帳名

台帳の大きさは、およそ四二×一五（センチメートル）であり、厚紙をこげ茶色の革で覆った表紙で綴じられ、その表紙の中心には、植物をモチーフにしたデザインが型押しされている。用紙は比較的柔軟なクリーム色の紙で、縦方向に約二〇から三〇ミリメートル幅の透かし筋が入っている。

台帳の名称についてであるが、表紙には「軍務台帳（ダフタル・ジャイシー）」と、スルスィー書体のアラビア文字で書かれている。ミシェルは、『慈善台帳』の表紙に書かれている題名がムハンマド・アリー期に書かれたものと見ているが、『軍務台帳』の題字の筆致が『慈善台帳』のものと似ていることから、『軍務台帳』の題字も同時期に書かれたと考えられる。[44]

これまで本書では、表紙の題字を頼りにして、この台帳を『軍務台帳』と呼んできたが、実は表紙以外の場所には「軍務台帳」という語が見当たらない。このため、この台帳の本来の名称については検討の余地が残る。例えば、シャルキーヤ県の『軍務台帳』第一巻の目次の冒頭には、「この祝福された台帳は『国有地放出確定台帳 *Jarā'id al-Ifrājāt*』の第一巻である」と記されている。その目次はその後の内容に対応しているため、確かにこの台帳のものと認められる。(45] この記述に従い、これらの台帳の名称は、本来、『国有地放出確定台帳』だったと推測することは、前節で見てきた『軍務台帳』の成立の経緯と矛盾しない。ただし、本来の名称を決定づけるための材料はこれ以上ないため、この問題については追究せずに、両台帳を『軍務台帳』、『慈善台帳』と呼ぶことにして、考察を進めたい。

(2) 目次

『軍務台帳』は、目次から始まる。そこには、収録される村々の名前が、アルファベット順に並べられ、その下欄に、葉番号が算用数字で記されている。目次は、ミヌーフィーヤ県の第二巻、ダミエッタ港湾部の第一巻、シャルキーヤ県の台帳（***DJ* 1206**）の三冊を除くすべての台帳に綴じられている。

目次の冒頭には、例えば、「ヒジュラ暦八九一年ジュマーダーI月末日（西暦一四八六年六月三日）付チェルケス朝時代の古い『要約台帳 *Daftar al-Ijmāl*』の順序に従った、ガルビーヤ県の村々の名前の目次」という文言が記されている。このように一四八六年の『要約台帳』の順序に従ったという文章は、ガルビーヤ県の第五巻、ウシュムーナイン県の第一巻、イトフィーフ県、ファイユーム県、ブハイラ県の第二巻、バフナサーウィーヤ県の第二巻においても確認できる。ミシェルは、この『要約台帳』を、財務行政上の実務のためにまとめられたものと見ている[46]。『要約台帳』の詳細については第三章で検討するが、ミシェルの見立てが正しければ、オスマン朝の行政単位は、基本的に、カーイトバーイ al-Ashraf Qāytbāy 期(在位一四八六—九六)の区分に基づいているといえるであろう。

他方、目次は付されているものの、一四八六年の『要約台帳』を基礎にした旨が記載されていない目次を持つ台帳もある。例えば、イブヤールとジャズィーラ・バニー・ナスル県の目次には、「イブヤールとジャズィーラ・バニー・ナスル県の村々の名前についての目次」とのみ記載されている。また、シャルキーヤ県の第一巻については先述の通りである。興味深いのは、クース県の目次で、これには「エジプト、イスラームの高貴なる王朝におけるアスユート県、イフミーム県、クース県の上エジプト地域の村々の名前の目次——アッラーがその王朝の支配を永遠のものにし給え、そして公正なる王朝の基礎を築き給え……——この記録はヒジュラ暦九六三年(西暦一五五五—五六年)のものである」(……は判読できなかった箇所)と記されており、この台帳に収録された記録が一五五五—五六年のものであることが確かめられる。それは、「新規定」が制定されてからおよそ三年後であり、「新規定」以降にこの台帳が作成されたことを裏づけるものである。このほか、特異な例としてはシービーン・アルクーム村の台帳があげられるが、これはほかの台帳とは完全に異なる記録を持つ台帳であるので、別途後述する。

(3) 各村の概要記録

目次の次からは、村ごとの記録が始まる。各村の記録の最初の頁には、その村の土地利用の概況がまとめられる(図2)。その記載方法には一定の書式がある。まず、用紙の最上部に大きい文字で紙幅いっぱいに村名が記され、その下に村の四方位の境界が記される。その後は、紙を縦半分に割り、右半分には『古い台帳に基づくチェルケス台帳 *Daf-*

バンダラー村

全体

四方位

西　東　北　南

1527–28年の検地

耕地面積　全体

786+1/2　5ヒッサ

政庁地

269+15/24+1/72　2+16/24ヒッサ

…

101+1/2

ワクフ地

131+20/24+2/72　2+8/24ヒッサ

ワクフ地
シリア総督
Qaṣrūh
1/2ヒッサ

ワクフ地
Uzbak al-Atābakī …
その兄弟、孫
1ヒッサ

ワクフ地
Alā'ī b. Ṭūghān
1/3ヒッサ

ワクフ地
Tānībak al-Ghawrī …
その妻Shukraと解放奴隷
1/2ヒッサ

リザク地

97

リザク地
礼拝の呼びかけ
3

リザク地
説教
10

リザク地
公共の水場
4

リザク地
大工
7

リザク地
駄馬
1

リザク地
公証人
4

リザク地
シャイフ
12

リザク地
警備
18

リザク地
村の監督
8

リザク地
両聖都へのワクフ
30

分与地

288

『古い台帳に基づくチェルケス台帳』

耕地面積

993　内リザク地の面積 35

全体　ウシュル

リザク地　4/10

ワクフ地　1/10

イクター　5/10

図2 『軍務台帳』の概要記録

註）…は判読できなかった部分.

出典） *DJ* 4626, 79r.

tar al-Jarākisa min al-Jarā'id al-Qadīma』から引用したマムルーク朝期の記録、左半分には一五二七―二八年の検地記録が記され、一目でマムルーク朝期とオスマン朝初期の土地利用の状況とその変化を把握することができるようになっている。ここでマムルーク朝期の記録の典拠となっている『古い台帳に基づくチェルケス台帳』というのは、その名称から、「新規定」の条文に『チェルケス台帳 *Çerâkise defteri*』として記載された台帳と一致すると考えられる。以後、この台帳を『チェルケス台帳』と呼ぶことにする。

左右の欄の記録内容について見ていくと、マムルーク朝期の記録欄には、最初に、その村の耕地面積（ミサーハ）とリザク地の面積がファッダーン[47]単位の実数で示される。数字には、スィヤーク数字という簿記で用いられる特殊数字が使用されている[48]。次に、土地利用の概況が、二四分の一（キーラート）、一〇分の一（ウシュル）、九分の一（トゥスウ）、七分の一（スブウ）、五分の一（フムス）などの比率によって示される。この比は、税収高の配分率と考えられるが、これについてはここでは立ち入らず、第五章で詳述したい。これらの耕地面積等の記録、土地利用の概況と税収の配分率が基本項目であるが、このほかに、土地の権利者の名前や、国庫から土地を購入した日付などの個別の記録が記載されていることもある。

他方、イトフィーフ県の『軍務台帳』の概要記録は、その他の県とは異なる記録項目を持つ。当該県における概要記録に記載される記録項目は、税収高と土地権利者である。税収高は実数で示され、変化があった場合には、過去の記録とナースィリー・ムハンマド・ブン・カーイトバーイ al-Nāṣirī Muḥammad b. Qāytbāy（在位一四九六―九八）の時代の税収高が併記される。なぜ、イトフィーフ県の台帳だけ記録項目が異なるかについては、第三章で述べる。

次に、左欄に記載されるオスマン朝期の記録を見ていこう。この欄には、マムルーク朝期の記録欄と同様に、村の耕地面積が実数で記載される。マムルーク朝期の記録欄と異なる点は、続く各土地権利の耕地面積についても実数で示されている点である。例えば、図2はガルビーヤ県バンダラー村の概要記録であるが、左側の記録欄に記された一五二七―二八年の検地記録によれば、村全体の耕地面積は七八六＋二分の一ファッダーンであり、その内の二六九＋二四分の一五＋七二分の一ファッダーンが政府財源に、一三一＋二四分の二〇＋七二分の二ファッダーンがワクフ地に、九七ファッダーンが村のリザク地に、二八八ファッダーンが分与地〔カティーア〕に利用されていたことがわかる。また、村のリザク地と分与地以外の土地権利に関しては、税収高の配分率が「ヒッサ」で表され、ワクフ地に関してはワクフ地の権利者名と税収高の配分率が記されている。このような表記の違いは、おそらく徴税方法の違いに由来するものであろうが、これについてはさらなる検討を要するので、推論はここまでで留めておきたい。

以上が村の概要記録の書式と項目であるが、これらの記録のうちマムルーク朝期の項目が、『勝利の書』や『至宝の書』と類似していることは注目すべき点である。『勝利の書』や『至宝の書』においては、税収の配分率は記載されないなどの相違点はあるものの、『軍務台帳』の概要記録内のマムルーク朝期の記録は、『勝利の書』や『至宝の書』と同系統の記録であることが推測される。これについては第三章で詳しく見ていきたい。

(4)　各村の詳細記録

次に、ワクフ地と私有地に関する詳細記録が始まる。詳細記録では、村にあるワクフ地と私有地が土地片ごとに列記されるのであるが、それがどのように記載されるかについては、ファイユーム県のカフル・ウンム・ナッジャーリーン村の詳細記録〔図3〕を例にして解説していこう。

まず、紙幅いっぱいに、認可を受けた土地権利の種類が記され〔図3中①〕、その下にその権利者の名前が記されるが、それによればこのワクフ地は先述のエジプト州総督ハーイルバクのワクフ地として認可されたことがわかる〔図3中②〕。ここで取り上げている例は権利者の名前のみが記されるに留まっているが、この部分には権利者の名前とともに、権利証書が発布された日付と証書の紙質の種類について簡潔に記されることも多い[49]。その下には、税収高の配分

ワクフ ——— ①

故、大アミール＝ハーイルバク——エジプトにおける高貴なる王朝の守護者

——アッラーよ、ご慈悲によって彼を守り給え——— ②

その村の税収高（qadr）のヒッサ

4ヒッサの内の3ヒッサ ③

1527–28年の検地 ———

1520–21年のハラージュ税収 ———

ファイユーム県カフル・ウンム・アン

ナッジャーリーン村

その全体

ワクフ地———

そのすべて

4ヒッサ

ワクフ地———

以下に記す者

1ヒッサ

ʻĪsāの子孫

1/2ヒッサ

Bardbakの子孫

1/2ヒッサ

ワクフ地———

ハーイルバク

3ヒッサ

以前は、

Bardbakの子

1ヒッサ

Yūnis

1ヒッサ

荒廃していた土地

1ヒッサ

『古い台帳に基づくチェルケス台帳』— ④

ナッジャーリーン村として知られる

カフル・アルハンマーム村

全体

4ジュズウ

イクター ———

以下に記す者

Yūnus b. Tānībak

al-Muḥammadī

以前はAḥmad・・・

1ジュズウ

Surūr al-Sayfī

Jarbāsh

以前はTanam

al-Sayfī Jarbāsh

1/2ジュズウ

Tānībak al-Muḥammadī

とYūsuf

以前はBardbak al-Ḥaṣarī

1ジュズウ

Sayfī Bardbak, Ibrāhīm

とAḥmad（Muḥammad b.

Bardbakの子供），そして

死亡した者

以前はMuḥammad b.

Sūdūn al-ʻAlāʼī

1/2ジュズウ

支払い　支払い

1/4　1/4

残りのイクター保有者たち

1ジュズウ

図3　『軍務台帳』の詳細記録

註）…は判読できなかった部分.

出典）*DJ* 4645, 16r.

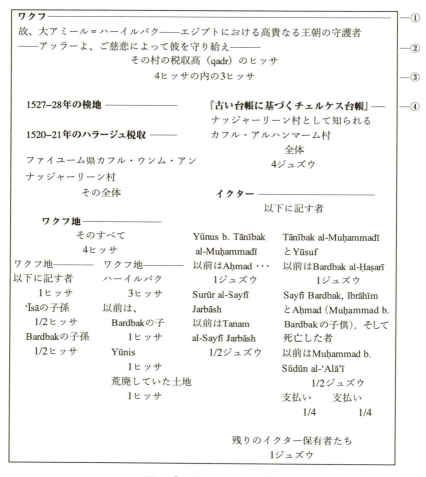

率がヒッサで示される（図3中③）。

次に中央を縦に二分割して、右側に『チェルケス台帳』から転記したマムルーク朝期の記録、左側に一五二七―二八年の検地記録が記される（図3中④）。例においては、『チェルケス台帳』からの記録は記載があるものの、一五二七―二八年の検地記録については空欄になっており、その下に「一五二〇―二一年のハラージュ税収（イルティファーウ）」と記され、村においてワクフ地が占める割合と各ワクフ地の権利者について記載されている。おそらく、一五二七―二八年の検地記録にはこの村に関する記録がなく、代わりに一五二〇―二一年の税務記録が引用されたのであろう。さて、その税務記録によれば、一五二〇―二一年時点ではこの村はすべてワクフ地となっており、その内の四分の三はハーイルバクのワクフ地であり、残りはイーサーの子孫とバルドバクの子孫のワクフ地であった。また、村の四分の三を占めたハーイルバクのワクフ地に関しては、ハーイルバクのワクフ地となる前の権利者（バルドバクの子：一ヒッサ、ユーニス：一ヒッサ、荒廃していた土地：一ヒッサ）に関する情報も得られる。

次に『チェルケス台帳』からの引用記録に目を向けると、この村はすべてイクターとして登記されていたことがわかる。そして、イクター保有者たちが列記されている。さらに、先ほどオスマン朝期の記録において見たように、ここでも各イクターの以前の保有者に関する情報を得ることができる。このようなイクター保有者の履歴は、一代前のみならず、二代前、三代前に遡れることも珍しくない。また、ここでは記載されていないが、各保有者がイクターの授与を受けた日付が記載されることも多い。加えて、イクターが私有地やワクフ地などに転換されていた場合、そのイクターが国庫から購入された日の日付や購入者の記録が記載されることもある。同様に、個人間の売却等によって保有者が変わった場合には、その記録が残されたのである。

このような書式で一つの村のワクフ地や私有地がすべて列挙されると、次の村の概要記録が始まり、以下同様の形式で記録が続いていく。以上が『軍務台帳』の基本的な構成である。この形式は全一四冊ある『軍務台帳』のうち、シービーン・アルクーム村の台帳を除くすべての台帳に当てはまる。そこで、次はこの例外的な台帳について詳しく見ていくことにしよう。

(5) シービーン・アルクーム村の台帳の特異性

シービーン・アルクーム村の台帳は、ミヌーフィーヤ県に所在する村の名前を題名として台帳が綴じられている特殊な例である。この台帳を開いて最初の葉の冒頭には、「シービーン・アルクーム村」と書かれ、続いてその他の台帳に見られるのと同様の書式でシービーン・アルクーム村の記録が収録される。その記録が終わり、次の葉の冒頭には『私有地とワクフ地台帳』の第七巻の目次」と題された目次が収録されている。この目次は村名ごとに並べられる『軍務台帳』の一般的な目次とは異なり、ワクフ地と私有地の権利者の名前がアルファベット順に並び、名前の下には対応する葉番号が記されている。

目次の後からは記録が始まるが、これまで見てきたように各村の概要記録と詳細記録が続くのではなく、目次の通りに権利者の名前が記され、当該権利者のワクフ地や私有地が収録される。その書式は、まず、ワクフ地ないしは私有地といった土地権利の種類が書かれ、その下に権利者の名前と権利証書の日付が記される。そしてその下欄には、その土地がどの県のどの村にあるのかといった地理的情報に加えて、税収高の配分率が記される。土地権利が、複数の飛び地からなる場合は、それぞれの土地片の記録が併記される。ここに記載される土地は、特定の県に限定されたものではなく、エジプト全土におよぶ。このようにしてこの台帳には、名前がヌーン（ن）から始まる権利者三九名、ハー（ه）から始まる権利者八名、ワーウ（و）から始まる権利者二三名、ラー（لا）から始まる権利者二名、ヤーウ（ي）から始まる権利者二〇七名の計二七九名分のワクフ地・私有地の情報が含まれているのである。

このように、シービーン・アルクーム村の台帳は、その他の台帳と同じく濃茶色の革表紙で綴じられているものの、収録されている記録内容が異なることから、『軍務台帳』とは異なる台帳として考えるべきであろう。目次冒頭の記載内容に依拠すれば、『私有地とワクフ地』台帳の第七巻が何らかの間違いで、『軍務台帳』に収録されていたシービーン・アルクーム村の概要記録と一緒になり、一つの台帳として綴じられたことが推測される。そう考えると、『軍務台帳』が現在の革表紙に製本されたのは、ミシェルが指摘するように、台帳が実際に編纂された時代よりも後であったことは確かである。

『私有地とワクフ地台帳』は、「新規定」の第一三項において、『チェルケス台帳』に記載されていない情報を確認する際の資料としてあげられていた台帳と同じ名称と記録内容を持つ。「新規定」によれば、その台帳は、最初にワクフ設定者の名前が書かれ、その下にワクフ地などの詳細が記されたものであった(50)。この記録内容と書式は、シービーン・アルクーム村の台帳と一致する。このことから、シービーン・アルクーム村の台帳は、マムルーク朝から伝わった『私有地とワクフ地台帳』に基づいて、オスマン朝期に再編纂されたものであろう。それが人を基本とした台帳であることから、各権利者がどのワクフ地や私有地を保有していたかを検索するためのインデックスとして利用されていたに違いない。

第三節　小　結

本章では、『軍務台帳』の成立過程を追いながら、オスマン朝の土地処分に関わる法整備の段階と、それに基づく既得権益の処分方法の変化を見てきた。小結として、『軍務台帳』を史料として利用する際の問題点について検討したい。まず、伝世する『軍務台帳』の記録量は、全体のどの程度を占めるのであろうか。また、地域による記録量の差はどの程度あるのであろうか。例えば、ガルビーヤ県のように、伝世している第一巻と第五巻の間には、本来、第二

表2　伝世する『軍務台帳』の記録量

地方名	『至宝の書』に収録される村数	『軍務台帳』に収録される村数	『至宝の書』の村数に対する『軍務台帳』の村数の割合
カイロ近郊	26	0	0%
カルユービーヤ地方	59	0	0%
シャルキーヤ地方	385	114	30%
ダカフリーヤ地方	214	40	19%
ダミエッタ港近郊	14	0	0%
ガルビーヤ地方	449	185	41%
ミヌーフィーヤ地方	132	39	30%
イブヤールとジャズィーラ・バニー・ナスル地方	47	6	13%
ブハイラ地方	252	86	34%
アレキサンドリア港近郊	14	0	0%
ギザ地方	159	1	1%
イトフィーフ地方	51	44	86%
ファイユーム地方	102	84	82%
バフナサーウィーヤ地方	155	31	20%
ウシュムーナイン地方	104	58	56%
マンファルート地方	65	0	0%
クース地方	43	40	93%
計	2271	728	32%

註）村の上位の行政区分は，『至宝の書』では「地方（アマル）」，『軍務台帳』では「県（ウィラーヤ）」である．この地方と県が包含する範囲は異なる場合があるが，その場合は『至宝の書』における地方を基準としてカウントした．例えば，『軍務台帳』におけるダミエッタ港湾部の村々は『至宝の書』においてはダカフリーヤ地方に分類されているので，ダカフリーヤ地方の村としてカウントされている．

巻から第四巻が存在していたはずである。またウシュムーナイン県の第一巻の目次の最後には、第二巻があることを示唆する文章が記されており、このことからも「〇〇県の第一巻」と題されている台帳には、本来二巻以降が存在していたと考えられる。また、クース県の『軍務台帳』の目次には、アスユート県とイフミーム県の台帳の目次も併録されており、このことから、これら二県の台帳も本来は存在していたことが推測される。

そこで、徴税対象となっていたエジプトの村を網羅していると考えられる『至宝の書』と、伝世する『軍務台帳』それぞれが収録する県ごとの村数を比較してみた（表2）。この比較から、『軍務台帳』が収録する村数は、『至宝の書』の村数の三割強にすぎないことがわかる。

県別では、カイロ近郊、カルユービーヤ地方、ダミエッタ港近郊、アレキサンドリア港近郊、マンファルート地方の情報が完全に欠落している。また、シャルキーヤ地方（三〇％）、ダカフリーヤ地方（一九％）、イブヤールとジャズィーラ・バニー・ナスル地方（一三％）、バフナサーウィーヤ地方（二〇％）は、いずれも『至宝の書』が収録する村数の三割以下である。他方、ガルビーヤ地方（四一％）、ブハイラ地方（三四％）は三割以上、ウシュムーナイン地方（五六％）は五割を超え、ファイユーム地方（八二％）、イトフィーフ地方（八六％）は八割以上、クース地方（九三％）に関しては九割を超えている。このように、記録量には県ごとにかなりのばらつきが見られ、理由は不明ではあるが、比較的上エジプト地域の伝世状況がよいことがわかる。

史料として利用するには、この事実を踏まえた上で、分析方法に問題がないか検討する必要がある。例えば、ある事柄に関して定量分析を行い、県別に比較するような方法を採る場合は、伝世する記録量が少ない県から得られる量的データと多い県から得られる量的データをどう評価するかが問題になる。また、現在までに確認されている『軍務台帳』を史料とした場合、エジプト全体やあるいは特定の県の全体を描くには注意を要するが、特徴や傾向を抽出することは、可能と考える。これらの点に留意すれば、『軍務台帳』はこれまで得られなかったような土地記録の宝庫といえる。

（1）　これらの台帳の存在自体は以前から知られており、ʿAbd al-Raḥīm ʿAbd al-Raḥmān ʿAbd al-Raḥīm, *al-Rīf al-Miṣrī fil-Qarn al-Thāmin ʿAshar*（Cairo, 1986; repr. Cairo, 2004）; Ibrahim El-Mouelhy, *Etude documentaire organization et fonctionnement des institutions Ottomanes en Egypte*（*1517–1917*）（Ankara, 1989）; Muḥammad ʿAfīfī, *al-Awqāf wal-Ḥayāt al-Iqtiṣādīya fī Miṣr fil-ʿAṣr al-ʿUthmānī*（Cairo, 1991）において言及されていたが、実際に主史料として利用し、史料の有用性を示したという点においてミシェルやアブー・ガーズィーの研究は画期をなしている。Michel, "Les rizaq iḥbāsiyya"; Abū Ghāzī, *Taṭawwur*.

（2）　Abū Ghāzī, "Dafātir al-Rizaq al-Iḥbāsīya wal-Jayshīya," 1-4. ただし、本書の脱稿前に、筆者が『軍務台帳』の所蔵状況を確認したところ、二冊の欠損が認められた。エジプト国立文書館では、筆者が『軍務台帳』の調査を終えた二〇〇七年以降に、所蔵資料の電子検索システムが導入され、各資料に新たな請求番号が付与された。おそらく、何らかの理由によって一部が検索システムに登録されていない状態になっているのではないかと思われる。

（3）　Poliak, *Feudalism*, 32–34; Muḥammad Muḥammad Amīn, *al-Awqāf wal-Ḥayāt al-Ijtimāʿīya fī Miṣr 648–923 A.H./ 1250–1517 B.C.: Dirāsa Tārīkhīya Wathāʾiqīya*（Cairo, 1980）, 108–110; Takao Ito, "Aufsicht und Verwaltung der Stiftungen im mamlukischen Ägypten," *Der Islam* 80（2003）: 55–61.

（4）　Nicolas Michel, "Les «services communaux» dans les campagnes égyptiennes au début de l'époque ottoman," in *Sociétés rurales ottomanes*, eds. Mohammad Afifi, Rachida Chin, Brigitte Marino, Nicolas Michel et Isik Tamdogan（Cairo, 2005）, 19–46. このような土地は、アイユーブ朝時代の土地調査記録においても確認できるが、さらに遡れば、村落の維持費に充てられる土地を非課税として課税対象から除外したビザンツ時代（三九五―六四二）の徴税方式にも認められる。森本『初期イスラム時代エジプト税制史の研究』（岩波書店、一九七五）、四八、Sato, *State and Rural Society*, 183–188.

（5）　Poliak, *Feudalism*, 32–34; Amīn, *al-Awqāf wal-Ḥayāt al-Ijtimāʿīya*, 108–110.

（6）　検地後、イクター経営が立ち行かなくなったハルカ騎士がイクターを放棄、あるいは売却し、それに乗じてイクターを手に入れる者が現れるなどした。さらに、黒死病の流行はこの状況に拍車をかけた。Poliak, *Feudalism*, 28–29; Ayalon, "Studies on the Structure of the Mamluk Army—II," 453; Rabie, *The Financial System*, 56; Sato, *State and Rural Society*, 159–160.

（7）　このようなワクフとして、ワクフ設定者自身を受益者に含める「自己受益ワクフ」や、ワクフ設定者の子孫を受益対象とする「家族ワクフ」などがある。五十嵐『中世イスラーム国家の財政と寄進』、一六八―一八七。

（8）　ワクフを解消するには法学者の判断が必要であったが、判断を下す法学者自身がワクフからの第一の受益者であり、その実現は容易ではなかった。たとえスルターンであっても、法学者の見解を無視してワクフ地の接収をすることはできなかったためである。Amīn, *al-Awqāf wal-Ḥayāt al-Ijtimāʿīya*, 322–338; Kosei Morimoto, "What Ibn Khaldūn Saw: The Judiciary of Mamluk Egypt," *MSR* 6 (2002): 115–119; 愛宕あもり「マムルーク朝時代におけるワクフ解消に関する一考察」『四天王寺大学紀要』五五（二〇一二）、三七―四六、五十嵐『中世イスラーム国家の財政と寄進』、一六二―一六三。五十嵐は、一五世紀後半以降、スルターンや有力アミールは自身が管財人となっているワクフを財政基盤として、そこから生み出される収入を、イクターからの収入に代わる財源とし、自らの家政を維持する状況へと変化していたことを明らかにしたが、この状況はイクター制の最終局面として位置づけられる。五十嵐、『中世イスラーム国家の財政と寄進』、一八八―二〇八、Igarashi, *Land Tenure*, 177–211.

（9）　一三三九年、慈善リザク地の総面積は一一三万ファッダーンにおよび、その受益者の多くは受益資格を持たない者であった。これを受けて、ナースィル・ムハンマドは慈善リザク地からの徴税を決定した（al-Maqrīzī, *al-Mawāʿiẓ wal-Iʿtibār fī Dhikr al-Khiṭaṭ wal-Āthār*, ed. Ayman Fuʾād Sayyid, 5 vols.（London, 2002–04）, 4:175–176; idem, *Kitāb al-Sulūk li Maʿrifat Duwal al-Mulūk*, eds. Muḥammad Muṣṭafā Ziyāda et al., 4 vols.（Cairo, 1939–73）, 2:473; Ibn Taghrī Birdī, *al-Nujūm al-Ẓāhira fī Mulūk Miṣr wal-Qāhira*, eds. Fahīm Muḥammad Shaltūt et al., 16 vols.（Cairo, 1963–72）, 9:131）。またジャクマク al-Ẓāhir Jaqmaq（在位一四三八―一五三）期の一四四〇―四一年、ギザやカイロ近郊の慈善リザク地および軍事リザク地が課税されるなど（al-Maqrīzī, *Sulūk*, 3:1221; Ibn Taghrī Birdī, *al-Manhal al-Ṣāfī wal-Mustawfī baʿda al-Wāfī*, ed. Muḥammad Muḥammad Amīn, 12 vols.（Cairo, 1985–2006）, 12:82; idem, *Nujūm*, 15:346）、国家の経済状況に応じて課税措置が採られた。マムルーク朝期における慈善リザク地の増加については、Michel, "Les rizaq iḥbāsiyya," 176–185 を参照。

（10）　リザク地の没収の際にも、ワクフ地の場合と同様に、法学者の見解が重視されたと見られる。受益者は、自分にとって有利な見解を提示する法学者からファトワーを獲得し、それをもってリザク地の権利を維持しようと努めた。五十嵐、『中世イスラーム国家の財政と寄進』、一五九―一六一。

（11）　フトバとは、金曜日の正午の礼拝や二大祭（イード）の際に、礼拝に先立って行われる説教のことである。フトバは形式化されており、最初に神を讃え、次に預言者ムハンマドに神の祝福が求められ、その後に支配者の祝福が求められた。この中で名前を読まれた支配者は、礼拝に参加した地域住民にその支配を認められたこととなり、反対にその名が読まれなければ、支配が承認されないことを意味した。佐藤次高『イスラームの国家と王権』（岩波書店、二〇〇四）、一五九―一六二。

(12) Ibn Iyās, *Badāʾiʿ al-Zuhūr fī Waqāʾiʿ al-Duhūr*, ed. M. Muṣṭafā, 5 vols.（Wiesbaden, 1960–75）, 5:149, 161–162; Ibn Zunbul, *Wāqiʿat al-Sulṭān al-Ghawrī maʿ Salīm al-ʿUthmānī*, ed. ʿAbd al-Munʿim ʿĀmir（Cairo, 1997）, 179.

(13) Ibn Iyās, *Badāʾiʿ*, 5:189–190.

(14) Ibn Iyās, *Badāʾiʿ*, 5:188–189. ザヒーラとは、一般名詞としては財宝や蓄えを意味する語であるが、この文脈においてはスルターン直轄財源を指す。スルターンは、政庁の財源とは別に、自身の私的財産であるザヒーラを蓄えていた。一五世紀半ば以降、王朝の経済危機に際して、政庁ごとの独立採算制では経営が立ち行かなくなると、スルターンは、様々な財源をザヒーラの下に集約し、そこから政庁の赤字を補塡した。したがって、チェルケス朝末期においては、ザヒーラはスルターンの私的財産という枠を越えて、王朝の財政の中枢に位置づけられる。五十嵐『中世イスラーム国家の財政と寄進』、九二―一一四、Igarashi, *Land Tenure*, 115–145。

(15) Ibn Iyās, *Badāʾiʿ*, 5:162, 194.

(16) Poliak, *Feudalism*, 29; Ayalon, "Studies on the Structure of the Mamluk Army—II," 448–459; Sato, *State and Rural Society*, 159–160; 五十嵐『中世イスラーム国家の財政と寄進』、五九―六一、Igarashi, *Land Tenure*, 69–71.

(17) Ibn Iyās, *Badāʾiʿ*, 5:202. ハーイルバクは、チェルケス朝末期にアレッポ総督であったとき、セリム一世と内応し、ハマー総督ジャーンビルディー・アルガザーリーと手を組んでマムルーク朝を軍事的敗北に追い込んだ人物である。セリム一世は、カイロに入城した際、彼らを側近として従えていた。Halil İnalcık, "Selīm I," *EI2*; 鈴木董「セリム一世の対マムルーク朝遠征と征服地における支配体制組織化の過程――トプカプ宮殿付属古文書館所蔵D九七七二号文書の再検討によせて」『オリエント』三〇―一（一九八七）：九九、熊谷哲也「オスマン・エジプト初期における軍事勢力について――ハーイル・ベクの統治期間を中心に」『イスラム世界』二九・三〇（一九九八）、二一―二二。

(18) ハラージュ年度は、年度始めをコプト暦の年始とした財務暦である。年はヒジュラ暦の年に対応するように調整された。コプト暦は、トウト月（グレゴリオ暦の九月一一日から一〇月一一日にあたる）を第一月とする太陽暦である。太陰暦であるヒジュラ暦は、一年がコプト暦に比べておよそ三三分の一短く、季節とのずれが生じるため、小麦を中心とする穀物からなるハラージュはコプト暦に従って徴収され、記録された。Poliak, *Feudalism*, 21; Rabie, *The Financial System*, 133.

（19） Ibn Iyās, *Badā'i'*, 5:292–293.

（20） 一五二一年の記述によると、月給の支払いにかかる支出は年間一六〇万ディーナールであった。他方、アレキサンドリアをはじめとするエジプト州の地中海沿岸およびジッダなどの港湾都市から得られる税収は、イスタンブルに運ばれた。このため、軍人に支払う月給は、デルタ地域のシャルキーヤ県、ガルビーヤ県、ブハイラ県や上エジプト地域のハラージュで賄わなければならなかった。Ibn Iyās, *Badā'i'*, 5:408–410.

（21） Ibn Iyās, *Badā'i'*, 5:429.

（22） Ibn Iyās, *Badā'i'*, 5:457, 458.

（23） Ibn Iyās, *Badā'i'*, 5:420–421.

（24） ジャマール・アッディーンは、ナースィル・ムハンマド・ブン・ハーッスバクの二片の軍事リザク地は元々イクターであったとしてそれらの証書類を没収した。同様にして、八〇件以上の軍事リザク地が没収されたという。Ibn Iyās, *Badā'i'*, 5:424–425.

（25） 秘書長官シハーブ・アッディーン・アフマド・ブン・アルジーアーンは、国庫からの購入証明書を偽造して、軍務庁からイクターや軍事リザク地を取得し、それらをおよそ二万ディーナールで人々に売却した嫌疑をかけられ、召喚された。同様の疑いで、軍務庁財務官であったザイン・アッディーン・アブー・バクル・アルマラキーも召喚された。Ibn Iyās, *Badā'i'*, 5:424.

（26） Ibn Iyās, *Badā'i'*, 5:465–466.

（27） Ibn Iyās, *Badā'i'*, 5:480.

（28） Ibn Iyās, *Badā'i'*, 5:425.

（29） カーシフの乱については、Peter M. Holt, *Egypt and the Fertile Crescent 1516–1922*（New York, 1966）, 47–48; Michael Winter, *Egyptian Society under Ottoman Rule 1517–1798*（London & New York, 1992）, 14; idem, "The Ottoman Occupation," 514 を参照。

（30） アフメト・パシャの乱については、David Ayalon, "The End of the Mamluk Sultanate: Why Did the Ottomans Spare the Mamlūks of Egypt and Wipe Out the Mamlūks of Syria?" *Studia Islamica* 65（1987）: 141–143; Holt, *Egypt and the Fertile Crescent*, 48–51; Winter, "The Ottoman Occupation," 514–515 を参照。

（31） Holt, *Egypt and the Fertile Crescent*, 51; Doris Behrens-Abouseif, *Egypt's Adjustment to Ottoman Rule. Institutions, Waqf and Architecture in Cairo*（*16th and 17th Centuries*）（Leiden, 1994）, 35–38; Winter, "The Ottoman Occupation," 515–516.

（32） 'Afīfī, *al-Awqāf wal-Ḥayāt al-Iqtiṣādīya*, 34–39; Michel, "Les rizaq iḥbāsiyya," 120–122. オスマン朝の土地政策における「カー

ヌーンナーメ」の位置づけについては、多田守「エブッスウド以前におけるオスマン朝の土地政策――カーヌーン＝ナーメの記述を通して」『立命館文学』五五〇（一九九七）、四五―七三を参照。

（33）Ömer Lütfi Barkan, *XV ve XVIinci Asırlarda Osmanlı İmparatorluğunda Ziraî Ekonominin Hukukî ve Malî Esasları, vol.1: Kanunlar* (Istanbul, 1943)（以後、*Ḳānūnnāme-i Mıṣır* と表記）, 384–385.

（34）オスマン朝君主の呼称については、岩本佳子「「スルタン」から「パーディシャー」へ――オスマン朝公文書における君主呼称の変遷をめぐる一考察」『イスラム世界』八八（二〇一七）、二九―五六を参照。

（35）*Ḳānūnnāme-i Mıṣır*, 385.

（36）*Ḳānūnnāme-i Mıṣır*, 385.

（37）*Ḳānūnnāme-i Mıṣır*, 374–375.

（38）‘Afīfī, *al-Awqāf wal-Ḥayāt al-Iqtiṣādīya,* 39–40.

（39）「新規定」の手稿本は、フランス国立図書館に所蔵されている（"Recueil de décisions juridiques, réparties sous vingt chefs, prises en 956 (1549), par ʿAli Pacha, grand vizir de Soleïman I, relativement à la reconstitution des états de la propriété et des registres des finances de l'empire égyptien, lesquels avaient disparu lors de la destruction des livres de l'administration des Mamlouks, à l'époque de la conquête de ce pays par Selim Ier, en 923," Paris, Bibliothèque nationale de France, MS turc 114; Edger Blochet, *Catalogue des manuscrits turcs*, 2 vols. (Paris, 1932–33), 1:46–47)。古くはS・ドゥ・サシが、これをオスマン語の原文を併記する形で一部をフランス語に訳している（Silvestre de Sacy, *Bibliothèque des Arabisants Français, première série*, 2 vols. (Cairo, 1923), 2:66–69（第八項）、71–72（第一八項）、110–112（第一七項）、121–123（序文））。S・ショウは、全文をラテン文字に転写し、英語に翻訳した。彼はこの規定を「土地法 The Land Law」と呼んでいるが、当該史料にはそれに対応するオスマン語ないしはアラビア語の名称は見られない（Stanford Shaw, "The Land Law of Ottoman Egypt (960/1553): A Contribution to the Study of Landholding in the Early Years of Ottoman Rule in Egypt," *Der Islam* 38 (1963): 118–126（ラテン文字転写部分）、126–137（英訳部分））。他方、B・ヨハンセンは、これを「カーヌーンナーメ」と呼んでいるが、条項には、一五二五年の「カーヌーンナーメ」の規定を踏襲している内容が見受けられる（第一七項）ことや、これらが勅令（フェルマーン）として布告されているという事実から、この呼び方には一定の妥当性が認められる。Barber Johansen, *The Islamic Law on Land Tax and Rent. The Peasants' Loss of Property Rights as Interpreted in the Hanafite Legal Literature of the Mamluk and Ottoman Periods* (London, 1988), 86. 本書では、一五二五年の

「カーヌーンナーメ」より詳細かつ厳密な審査方法を提示したものと考え、「新規定」と呼ぶことにする。

（40）Shaw, "The Land Law," 106–108, 126–127.

（41）ショウは、この規定は一五五三年に制定されたと見ているが、正確には、審議会が開かれたのが一五五〇年五月一八日であり、「新規定」は、一五五二年五月二一日と一五五三年六月一二日の二度に分けて制定された。Shaw, "The Land Law," 126, 134, 136.

（42）al-Bakrī, *al-Minaḥ al-Raḥmānīya fīl-Dawla al-'Uthmānīya wa Dhayl-hu al-Laṭā'if al-Rabbānīya 'alā al-Minaḥ al-Raḥmānīya*, ed. *Laylā al-Ṣabbāgh*（Damascus, 1995）, 315; idem, *al-Tuḥfa al-Bahīya fī Tamalluk Āl 'Uthmān al-Diyār al-Miṣrīya*, ed. 'Abd al-Raḥmān 'Abd al-Raḥīm 'Abd al-Raḥmān（Cairo, 2005）, 131; De Sacy, *Bibliothèque des Arabisants Français*, 119; 'Afīfī, *al-Awqāf wal- Ḥayāt al-Iqtiṣādīya*, 52–54. その後、慈善リザク地・ワクフ地・私有地の権利審査は、法官の証言のみに依拠するようになり、両台帳には地方のシャリーア法廷での裁決が登記されるようになった。このようにして、一九世紀初頭のムハンマド・アリーによる改革まで、両台帳は使用され続けた。Michel, "Les rizaq iḥbāsiyya," 122, 125.

（43）ショウによれば、一五七六年のデルタ地域の土地調査の完了をもって、台帳の改訂がなされたという。上エジプト地域では、アラブ部族の抵抗により土地調査の進行が阻まれ、一七世紀初頭まで土地調査が完了しなかったが、リザク地に関しては、一五七七年、カーディー・ムスタファ・チェレビーが、上エジプト地域の調査を遂行し、台帳の編纂を完了したと見られる。Stanford Shaw, *The Financial and Administrative Organization and Development of Ottoman Egypt 1517–1798*（Princeton, 1962）, 19; 'Afīfī, *al-Awqāf wal- Ḥayāt al-Iqtiṣādīya*, 50–51.

（44）Michel, "Les rizaq iḥbāsiyya," 127.

（45）「イフラージュ（ifrāj）」という語の原義は、解放や放出という意味であるが、オスマン朝の行政においては国庫からその徴税権を「放出する」ことを意味し、各種文書の審査をもって徴税権の私有を認めることや、それによって作成される確定証書のことを指して用いられた。Ibn Iyās, *Badā'i'*, 5:188–189; Shaw, "The Land Law," 115, 127.

（46）Michel, "Les rizaq iḥbāsiyya," 168–169.

（47）一ファッダーンは六三六八平方メートルに相当する。Clifford E. Bosworth, "Misāḥa," *EI2*.

（48）『軍務台帳』に記載される数字表記には、基本的にはこのスィヤーク数字が用いられている。スィヤーク数字（またはディーヴァーン数字ともいう）は、アラビア語の数詞に由来する。髙松洋一「緒言――本書刊行の経緯と「イラン式簿記術」の特徴」

髙松洋一編・渡部良子・阿部尚史・熊倉和歌子訳『マーザンダラーニー著（一四世紀）簿記術に関するファラキーヤの論説 *Risāla-yi Falakīya dar 'Ilm-i Siyāqat*』（共同利用・共同研究拠点イスラーム地域研究東洋文庫拠点、二〇一三）、vi。スィヤーク数字については、Husayn Kazem Zade, "Les chiffres siyak et la comptabilite persane," *Revue du Monde Musulman* 130 (1915): 1–51; İsmail Otar, *Muhasebede Siyakat Rakamlari* (Istanbul, 1991) を参照。特に、『軍務台帳』と『慈善台帳』を読む際には、『慈善台帳』に記載されるスィヤーク数字の特徴をまとめた Michel, "Les rizaq iḥbāsiyya," 130 が参考になる。

（49）記載される紙の種類には、ダマスクス紙（ワラク・シャーミー）、ハマー紙（ワラク・ハマウィー）、皮紙（ラック）があった。偽造文書を見抜くために、紙質についての情報が記載されたと考えられる。紙の種類については、al-Qalqashandī, *Ṣubḥ al-A'shā fī Ṣinā'at al-Inshā'*, 14 vols. (Cairo, 1913–22; repr. 1985), 2:487; 近藤真美「紙商人心得――マムルーク朝期のエジプトの場合」『Mare Nostrum』一一（一九九九）、三三―三五。

（50）Shaw, "The Land Law," 122–123, 132–133.

第二章　王朝から王朝へ――土地記録の移管とその管理者

前章では『軍務台帳』や『慈善台帳』が編纂された経緯について見てきたが、「新規定」の制定から両台帳の編纂に至るまでの道筋をつけた事件として、マムルーク朝の土地台帳の「発見」があったことを思い出されたい。この発見があったからこそ、オスマン朝は新たな審査基準を設け、それに則って既得権益を処分していくことができたのである。チェルケス朝からオスマン朝へと渡った土地台帳の存在は、文書行政の連続と非連続を考える上で重要な鍵となるに違いない。

この事件については、すでに二つの研究の中で扱われているので、まずはそれらを紹介したい。管見の限り、最初にマムルーク朝の土地台帳がオスマン朝に移管されたことについて論じたのは、「新規定」を紹介したショウの論文である。(1) 彼はこの論文の中で、マムルーク朝の台帳がオスマン朝に移管された経緯についてまとめており、その内容はこれまで特に異論なく受け入れられてきたといえる。しかし、彼の示した説明の中には明らかな誤認がある。それは、「新規定」の序文の中で登場するマムルーク朝の土地台帳をオスマン朝に移管する役割を果たしたアブド・アルカーディルなる人物を、一四七三年に没したはずのザイン・アッディーン・アブド・アルカーディル・イブン・アルジーアーン Zayn al-Dīn ʿAbd al-Qādir ibn al-Jīʿān と同定している点である。

この誤認は、ショウの研究以降長く放置されていたが、改めて土地台帳の移管の問題を取り上げたミシェルによって指摘されることとなった。しかし、ミシェルはショウの説の矛盾を指摘しつつも、マムルーク朝の土地台帳をオスマン朝に移管した人物は誰かという問題に対する答えを示すには至らなかった(2)。これは、彼の関心が、このような細かな問題よりも、近代において浮上した「オスマン朝征服時にチェルケス朝の台帳は焼失した」という伝説と歴史的事実の相違を描き出そうとする点にあったためである。したがって、未だにアブド・アルカーディルという人物の素性は明らかになっていない。

確かに、彼が何者かという問題は些末であるように見えるかもしれない。しかし、先に述べたように、オスマン朝へ移管されたチェルケス朝の台帳の存在によって、オスマン朝が統治における新たな局面を迎えることになったのであるならば、台帳の移管に携わった人物は支配の移行におけるキーパーソンである。また、この人物を特定することによって、チェルケス朝期において誰が・どのように王朝の土地記録を管理していたのかという問題に結びつく。そこで本章では、チェルケス朝の土地台帳をオスマン朝に移管したのは誰かという問いに答えていきたい。

第一節　『チェルケス台帳』の移管

最初に、ショウの論文に依拠しながら、マムルーク朝の台帳が移管された経緯について見ていこう。まず、征服から五年を経た一五二二年、征服期の混乱によって消失していたマムルーク朝の土地台帳の一部がオスマン朝の官僚によって発見された。それらの台帳は、チェルケス朝の書記官の家に保管されていたという(3)。さらに、一五二三年、エジプト州総督ムスタファ・パシャによって、マムルーク朝の土地台帳の提出と金庫の捜索が命じられたが、ほとんど成果が得られなかったという(4)。その翌年の一五二四年、エジプト州総督アフメト・パシャがオスマン朝からの独立を企てると、反乱に加わったチェルケス朝時代の書記官たちはアフメト・パシャに土地台帳を手渡した。アフメト・パシャは、反乱に要する資金を集めるためにこの台帳を用いたという。この反乱は大宰相イブラヒム・パシャ率いるオスマン朝軍によって鎮圧されることとなったが、その結果、マムルーク朝の土地台帳はオスマン朝の金庫に保管されることとなり、一五二七─二八年に行われた検地の際には、主要な資料として利用されたという。(5)

ここまでが征服後約一〇年の間に起こった出来事である。この後、一六世紀半ばに制定された「新規定」の序文では、ジーアーン家の一員であるアブド・アルカーディルにチェルケス朝の土地台帳の捜索が命じられ、その結果多くの台帳が発見されたことが記されている。(6) このアブド・アルカーディルこそ、ショウによってザイン・アッディーン・アブド・アルカーディル・ブン・アブド・アッラフマーン・ブン・アルジーアーンと誤認された人物である。(7)

以上がショウの研究によって明らかにされた移管の流れである。ただし、「新規定」の序文には、アブド・アルカーディルがいつ台帳を発見したかについて明記されていないため、この事件がどの段階での出来事であるかははっきりしない。しかし、検地後に保管先が不明となっていたマムルーク朝の台帳を発見し、「新規定」の制定に至ったと考えるのが最も妥当ではないかと思う。

次に、ジーアーン家のアブド・アルカーディルとは一体誰なのかについて検討を進めていきたい。この問いを明らかにするためには、叙述史料に戻って、征服期にマムルーク朝の土地台帳がオスマン朝に渡った状況を見直す必要がある。そこで、イブン・イヤースの『日々の事件における花の驚異』とイブン・ズンブルの『スルターン＝ガウリーとオスマン朝セリム一世の戦い』の中に見られるチェルケス朝の土地台帳に関わる記述を辿ってみよう。

〈記述1〉イブン・イヤース『日々の事件における花の驚異』

一五一七年二月一七日、財務長官（ダフタルダール）はシャラフィー・ユーヌス・アルウスターダールに金の装飾が施されたビロードの衣を授与し、シャルキーヤ県の村々の諸財源担当顧問に任命した。これは村々を測量し、チェルケス人マムルークたちのイクターやリザク地、ワクフ地を調査するためであった。このため、顧問はジーアーン家から目録（qawāʾim）を受け取って、シャルキーヤ県へと向かった。[8]

〈記述2〉イブン・ズンブル『スルターン＝ガウリーとオスマン朝セリム一世の戦い』
（一五一七年）スルターン（セリム一世）は、アミールであるハーイルバクに、「私はエジプトの収入源と、毎年の税収高を知りたい」といった。（ハーイルバクは、）「王よ、そのことを知るのはジーアーン家の一員である法官アブー・バクル・ブン・アルジーアーン Abū Bakr b. al-Jīʿān しかおりません」といった。そこでスルターンは彼を召喚した。アブー・バクルが到着すると、ハーイルバクは、アブー・バクルに、「スルターンがエジプトに見込まれる一年間の税収をおぬしに報告してもらいたいそうである」といった。これに対してアブー・バクルは、「明日その報告をお持ちしましょう」と応えた。すると彼は、持ってきていた台帳（dafātir）を献上して去った。その翌日、アブー・バクルは征服時のエジプトのハラージュがすべて記された報告書を持参した。[9]

これらの記述から、征服直後、「目録」や「台帳」が、官僚やセリム一世に手渡されていたことがわかる。〈記述1〉の「目録」は土地調査を行うために官僚が得たものであり、〈記述2〉の「台帳」は、セリム一世がエジプトの税収の状況を知るために提出を命じたものである。〈記述1〉および〈記述2〉の土地記録が複写であったか、原本であったかは記述からは明らかではないが、いずれもセリム一世がエジプトの財源調査を行った時期に該当する。[10]

しかしながら、オスマン朝にもたらされたこれらの記録は、不完全なものであったに違いない。[11] 例えば、第七章で取り上げる一五一七年のファイユーム県の徴税記録においては、マムルーク朝の土地台帳が参照された形跡は見られず、このことは一五一七年の時点ではファイユーム県に関する土地台帳が移管されていなかったことを示唆する。[12] さらに、一五二三年四月三日、ムスタファ・パシャはジーアーン家に対し、城塞に台帳を持参して、ティマール（ここではイクターを意味する)、ワクフ地、そして私有地の台帳を編纂するよう命じた(13)。この出来事は、少なくともムスタファ・パシャが下した命令以前においては、マムルーク朝の台帳の大部分は未だにオスマン朝の管理下に置かれていなかったことを示している。

一五二五年、アフメト・パシャの乱後、エジプトに派遣されたイブラヒム・パシャは、「カーヌーンナーメ」を公布し、マムルーク朝期に設定された土地権利の処分規定を示したが、第一章で見たように、土地権利の合法性を審査する方法は、マムルーク朝の土地台帳との照合を伴うものではなかった。また、伝世している『一五二七―二八年の検地台帳』においては、マムルーク朝の土地記録が参照された形跡を確認することはできない。これらのことから、一五二三年のムスタファ・パシャの命令以後も、オスマン朝が獲得した土地記録は実用には十分でなかったことが窺える。

これらの事実を合わせると、オスマン朝の土地文書行政において、マムルーク朝の土地台帳が本格的に使用されるようになったのは、「新規定」の発布以降のことであったと見てよいであろう。すると、その環境を用意したとされるアブド・アルカーディルの役割は、ますます重要性を帯びる。この人物の正体に迫るために、「新規定」の序文に立ち戻ってみたい。

〈記述3〉「新規定」の序文

チェルケス朝期の台帳群の原本は征服時に散逸していたが、ジーアーン家の一員で、マムルーク朝の歴代スルターンのもとで、軍の土地の書記官を務めたアブド・アルカーディルという人物が貴顕の人々の前に召喚された(14)。そして(アブド・アルカーディルの)努力と執念、そして多大なる忍耐をもって、散失していた台帳の多くは発見された(15)。それらのほとんどは、カイロの金庫に保管されていたほかの台帳の中にまぎれていたことがわかった。

まさに灯台下暗しというべき出来事であるが、この記述に登場する名前の人物については大きな問題が残る。ショウが同定したザイン・アッディーンを除くと、ジーアーン家で該当する名前の人物はいないのである。さらに、「新規定」の第一三項に目を移すと、この人物は、アブド・アルカーディル・イブン・アルマラキーという名前で記されている。かの人物はジーアーン家の一員であると明記されているにもかかわらず、その名前に「ジーアーン裔（イブン・アルジーアーン）」ではなく、「マラキー裔（イブン・アルマラキー）」がつけられているのである。[16]

この謎を解く鍵は、ジーアーン家にあるに違いない。ジーアーン家の成員は、〈記述1〉においても、〈記述2〉においても、土地記録の移管に関わっているのである。[17] また、一五二三年にムスタファ・パシャの命を受けてマムルーク朝の土地台帳を城塞に持参したのも、ジーアーン家の人物であった。このように、マムルーク朝の台帳に関係するすべての出来事にジーアーン家は関わっており、少なくとも、オスマン朝によるエジプト征服時、そしてその後の数年間において、マムルーク朝の土地記録の管理に関与していたことが推察されるのである。

第二節　ジーアーン家

ジーアーン家は、チェルケス朝期エジプトにおける名家である。その祖先は、コプト教会のキリスト教からイスラームに改宗し、同家は多くの官僚を輩出した。とりわけムアイヤド・シャイフ al-Mu'ayyad Shaykh（在位一四一二―一二一）統治期において、存在感を示すようになり、チェルケス朝を通じて有力家系としてあり続けた。[18] ジーアーン家についてイブン・イヤースは次のように述べている。

ジーアーン家はこれまで一七人のスルターンに仕えてきた。彼らは軍務庁やスルターン私金庫の書記官をバルスバーイ al-Ashraf Barsbāy（在位一四二二―三八）の時代の最初から務めてきた。彼らが知られるようになったのは、ムアイヤド・シャイフの時代の始めのことである。以後、約一二〇年間、軽視されることもなく、幽閉され鞭打ちにあうこともなく、財産没収にあうこともなく、憂き目にあうこともなかった。彼らはどの時代においても有力者であり、優遇され、軽視されることもなく、（一五二二年に）ジーアーン家のアフマドの身に起きたようなことは彼らにはなかった。歴代のスルターンはこれ以上にないほど彼らを重用し、それはカーンスーフ・アルガウリーの時代まで続いた。[19]

他方、バフリー朝期におけるジーアーン家は、年代記に、「国家の財務官（ムスタウフィー）であるジーアーン家」（一三三九―四〇年）として言及されている例[20]や、ジーアーン家の者が厩舎管理長官職（ナーズィル・アルイスタブル）に就いていた記録（一三五二年）[21]が見られるが、チェルケス朝期ほどの存在感は観察されない。

チェルケス朝期においても、年代記の中にジーアーン家に関わる詳細な情報が出てくることはほとんどないが、サハーウィー al-Sakhāwī（一四九七年没）による人名録『ヒジュラ暦九世紀の名士たちの輝かしき光 *al-Ḍawʾ al-Lāmiʿ li Ahl al-Qarn al-Tāsiʿ*』では、ジーアーン家の項目が設けられており、ジーアーン家に属する人物、職歴、婚姻に関する簡潔な情報を得ることができる。[22]マルテル＝トゥミアンは、この情報をもとに、ジーアーン家の家族構成・職掌・婚姻をまとめており、[23]これによってチェルケス朝期におけるジーアーン家の全体像を把握することができる（図4）。

図4から、ジーアーン家の人物のうち、1、5、14、33、35、48、58番の七名は軍務庁の財務官（mustawfī Dīwān al-Jaysh）に就いていたことがわかる。同家では、三男であったムハンマド（35番）が同職に就くまで、代々長子が軍務庁の財務官職を引き継いでいた。例外として、三男であったムハンマドが財務官に就任した例があるが、この背景には次のような事情があった。一四九七年、先代の財務官アブー・アルバカー（33番）は、ある日、マムルークたちの急襲

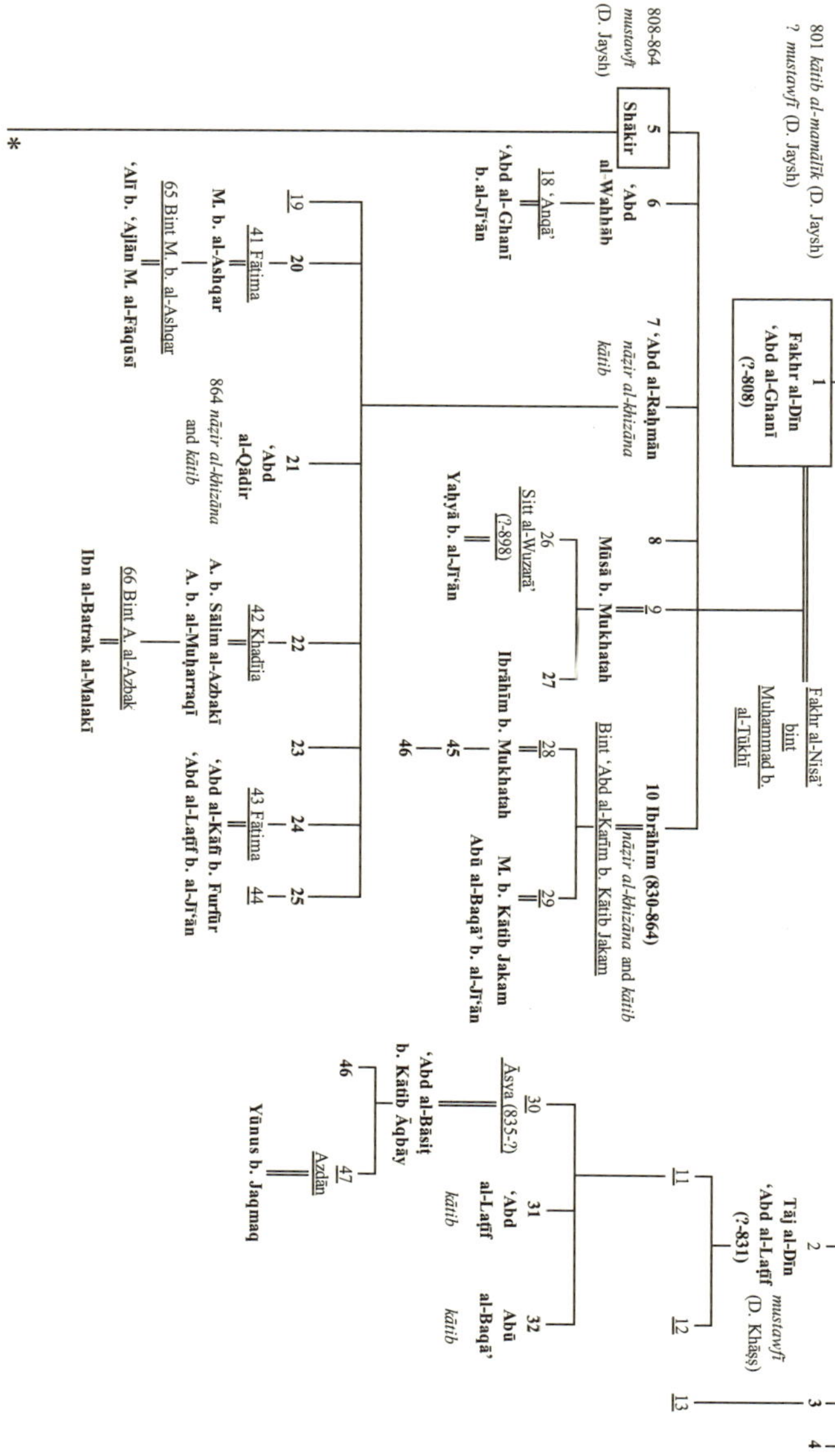
Ya'qūb
'Abd al-Wahhāb
Shākir
1 Fakhr al-Dīn 'Abd al-Ghanī (?-808)
801 kātib al-mamālīk (D. Jaysh)
? mustawfī (D. Jaysh)
Fakhr al-Nisā' bint Muḥammad b. al-Tūkhī
2 Tāj al-Dīn 'Abd al-Laṭīf (?-831)
mustawfī (D. Khāṣṣ)
3
4
5 Shākir
808-864 mustawfī (D. Jaysh)
6 'Abd al-Wahhāb
18 'Anqā'
'Abd al-Ghanī b. al-Jī'ān
7 'Abd al-Raḥmān
nāẓir al-khizāna kātib
8
9 Mūsā b. Mukhatah
10 Ibrāhīm (830-864)
nāẓir al-khizāna and kātib
Bint 'Abd al-Karīm b. Kātib Jakam
11
12
13
19
20
41 Fāṭima
M. b. al-Ashqar
65 Bint M. b. al-Ashqar
'Alī b. 'Ajlān M. al-Fāqūsī
21 'Abd al-Qādir
864 nāẓir al-khizāna and kātib
22
42 Khadīja
A. b. Sālim al-Azbakī
A. b. al-Muḥarraqī
66 Bint A. al-Azbak
Ibn al-Baṭrak al-Malakī
23
24
43 Fāṭima
'Abd al-Kāfī b. Furfūr
25
44
'Abd al-Laṭīf b. al-Jī'ān
26 Sitt al-Wuzarā' (?-898)
Yaḥyā b. al-Jī'ān
27
Ibrāhīm b. Mukhatah
45
46
28
29
M. b. Kātib Jakam
Abū al-Baqā' b. al-Jī'ān
30 Āsya (835-?)
'Abd al-Bāsiṭ b. Kātib Āqbāy
46
47 Azdān
Yūnus b. Jaqmaq
31 'Abd al-Laṭīf
kātib
32 Abū al-Baqā'
kātib
*

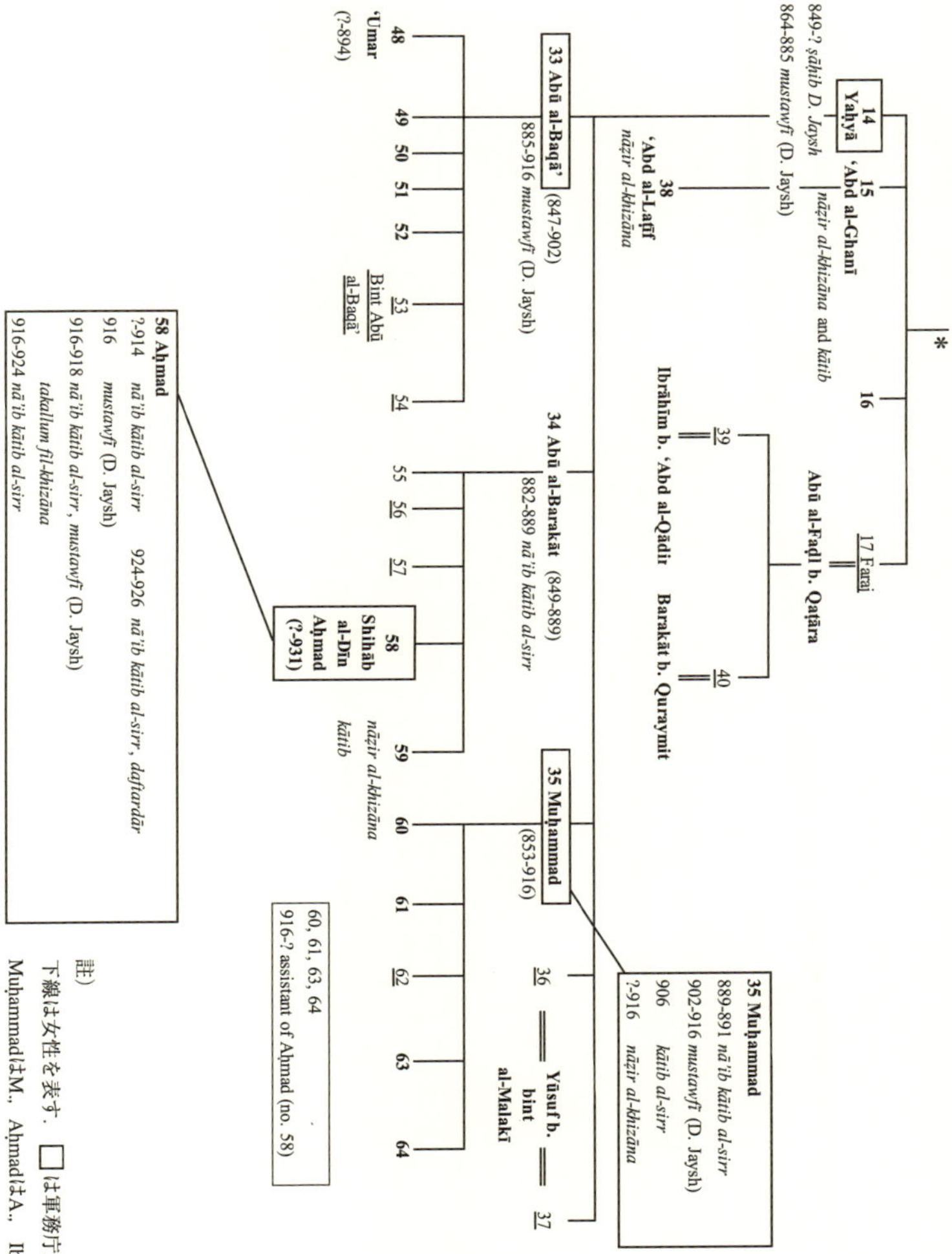

図 4　ジーアーン家系図

註）
下線は女性を表す．□は軍務庁財務官に任命された人物を表す．
MuḥammadはM.，AḥmadはA.，Ibnはb.，DīwānはD.と略記する．

を受けて突然この世を去ることとなった。彼の死後、本来であれば、後継者であるアブー・アルバカーの長男ウマル（48番）が父親を継いで財務官となるはずであったろうが、ウマルは一四八九年にすでに他界していたのであった。[24]また、アブー・アルバカーの弟にあたるアブー・アルバラカート（34番）も他界していたため、[25]ムハンマドに白羽の矢が立ったものと見られる。[26]ムハンマドは一五一〇年に死去するまで財務官を務めた後、彼の甥であるアフマド（58番）が財務官とスルターン私金庫の顧問（takallum fil-khizāna）に任命され、ムハンマドの子供たち（60、61、63、64番）がその補佐役に任命されたのであった。[27]このような経緯を合わせると、長子が軍務庁財務官職に就くという、ジーアーン家のキャリアパターンの特徴を指摘することができる。このことは、ジーアーン家にとっての同職の重要性を示している。

ジーアーン家のキャリアパターンの第二の特徴として、二男以下（7、10、15、21、35、38、58、59番）がスルターン私金庫の監督官職（nāẓir al-khizāna）やその書記官職（kātib）に就いたことがあげられる。スルターン私金庫の監督官は、金庫の会計業務を担ったが、チェルケス朝期において、スルターン私金庫はスルターン直轄の財源として自由度の高い運用が可能であり、国家財政における重要性が増していた。[28]そのため、その監督官やその書記官といった職は、国家財政の重要な財源の管理を担う実務職であったと捉えられる。

他方、軍務庁は、その中心的な業務として、イクター保有者の管理やイクターに関わる土地記録の管理などがあり、[29]イクター制の財務管理部門を担ったのが軍務庁の財務官であった。図4では、チェルケス朝期に、ジーアーン家が代々、軍務庁の財務官職を引き継いでいたことが確認されたが、その他の名家で軍務庁の財務官を輩出した家はなく、ジーアーン家が軍務庁の財務官職を独占していた。[30]先に見た、「そのこと（エジプトの収入源と毎年の税収高）を知るのは、ジーアーン家の一員である法官アブー・バクルしかいない」というハーイルバクの発言は、ジーアーン家が王朝の土地記録の管理を独占的に担っていたことを端的に表している。

第三節　マラキー家

前節において、ジーアーン家が、マムルーク朝の土地記録の管理をしていたことが明らかになったが、ここである問題に直面する。ジーアーン家の系図の中に、マムルーク朝期の土地記録をセリム一世に提出したとされるアブー・バクルと、「新規定」の序文に登場するアブド・アルカーディルの名が見当たらないのである。すなわち、この系図が依拠する叙述史料には、彼らに関する情報がないということになる。しかし、この問題を解決する糸口が本書の主史料の一つである『軍務台帳』の記録の中にある。『軍務台帳』のある村のマムルーク朝期の記録の典拠を示す際に、「アブド・アルカーディル・アルマラキーの手による『チェルケス台帳』(*Daftar al-Jarākisa* bi khaṭṭ ʻAbd al-Qādir al-Malakī)」と記されているのである。[31] この一文は、『チェルケス台帳』が、アブド・アルカーディル・アルマラキーによって編纂されたことを裏づけるものである。

この人物は、一五一六年、ジーアーン家に代わって軍務庁の財務官として、年代記に登場する。[32] 彼はオスマン朝征服後も継続して当該官職を務めたが、一五一七年から一五二二年までのおよそ五年間、イスタンブルに連行されていた。[33] また、アブド・アルカーディルがマラキー家の人物であったとすると、ハーイルバクの発言の中に登場するアブー・バクルは、アブド・アルカーディルの兄弟であり、彼とともに軍務庁の財務官を務めたザイン・アッディーン・アブー・バクル・アルマラキーだと考えるのが妥当であろう。[34] すると、ここでもマラキー家の人間がジーアーン家の一員と見なされていることになる。アブー・バクルに関しては、イブン・ズンブルがその名を、アブー・バクル・ブン・アルジーアーンと記してさえいるのである。

なぜ、史料はマラキー家の人物をジーアーン家の人物として言及したのであろうか。この問いに対する最も筋の通った見方は、ジーアーン家とマラキー家が姻戚関係にあったということであろう。両家の姻戚関係を示す事例には、図4のジーアーン家の女性（37、38、66番）がマラキー家に嫁いだ例がある。

マラキー家のユースフ・ブン・ビント・アルマラキーは、ジーアーン家の女性36番および37番と結婚した。このユースフは、ユースフ・ブン・ヤフヤー・ブン・ビント・アルマラキー **Yūsuf b. Yaḥyā b. ʻAbd Allāh al-Jamāl b. al-Sharaf b. Saʻd al-Dīn b. Bint al-Malakī**（没年不明）のことである。彼の父親のヤフヤー（一四三八年没）は軍務庁副長官（サーヒブ・ディーワーン・アルジャイシュ）を務めた官僚であった。(35) 彼はユースフがまだ幼い頃に他界したため、軍務庁副長官職をユースフと兄弟のイブラーヒーム、そしてヤフヤーの兄弟でユースフの叔父にあたるアブド・アルガニー（一四四四年没）の三人がともに務めることになった。(36) 彼らは、ジーアーン家と同様に、先祖の代にイスラームに改宗した元コプト教会の信徒の家系であった。また、サハーウィーは、彼らの祖先はナースィル・ムハンマドの第三治世期に国家の財務官や私財庁長官を務めたナシュー **al-Sharaf ʻAbd al-Wahhāb b. Faḍl Allāh**（一三三九年没）であったとしている。(37) ジーアーン家の66番の女性はマラキー家のイブン・バトラクと婚姻関係にあったが、夫の人物像に関しては不詳である。なお、ここであげた人物の中には、マラキーのニスバを持つ人物と、イブン・ビント・アルマラキーとして知られる人物がいるが、彼らの姻戚関係に関しての詳しい情報はないものの、そのニスバが示すように、父系の子と母系の子ということであろう。(38)

『軍務台帳』では、ジーアーン家とマラキー家の関係について、より詳しい情報を得ることができる。イトフィーフ県イトフィーフ村にある私有地の一つに、マラキー家のアブド・アルカーディルと思われる人物による私有地購入の記録が残されている。それによれば、私有地を購入したのは「イブン・アルマラキーとして知られるアブド・アルカーディル・ブン・アルジャマーリー・ユースフ・ブン・ヤフヤー」であり、この人物は一五〇六—〇七年にムハンマド・ブン・カーニーバーイとその息子であるアブド・アルバースィトからこの私有地を購入した。(39) さて、このアブド・

アルカーディルは、その名から父親がユースフ、祖父がヤフヤーであり、かつ「マラキーの子」として知られている人物である。すると、この人物の父親のユースフは、ジーアーン家の女性（36、37番）と結婚したユースフ・ブン・ヤフヤー・ブン・ビント・アルマラキーの名前とほぼ一致する。これが誤りでなければ、アブド・アルカーディルはマラキー家の父親ユースフとジーアーン家出身の母親の間に生まれた子供であり、ジーアーン家のシハービー・アフマド（58番）とは従兄弟にあたる関係である。またアブド・アルカーディルの兄弟であるアブー・バクルも同様にアフマドの従兄弟ということになる。

ジーアーン家のアフマド、そしてマラキー家のアブド・アルカーディルとアブー・バクルの三人は、同時代人であり、年代記からも彼らの深いつながりを読みとることができる。先述のように、チェルケス朝期を通じて、ジーアーン家の長子は軍務庁財務官の職に就いてきたが、ジーアーン家のアフマド（58番）がマムルーク朝末期に秘書副長官（ナーイブ・カーティブ・アッスィッル）に任じられると、アフマドに代わって財務官職を引き継いだのはアブド・アルカーディルとアブー・バクルの兄弟であった[40]。両家の関係は、次のような叙述からも窺うことができる。イブン・イヤースは、一五一六年の対オスマン朝遠征に出発する際の軍事パレードの様子を次のように描写している。

パレードの先頭は三頭の象であり、それらは御旗で飾られていた。次に、垂れ幕や布で飾った常勝軍、そして楽隊長のアミールたちが杖で観衆を割って、道をつくりながら続いた。次に、四十騎長のアミールたち、十騎長のアミールたちが続いた。その後は、官職に就いている官僚たちが続いた。それは、高貴なる秘書長官（カーティブ・アッスィッル）であるムヒッブ・アッディーン・マフムード・ブン・アジャー・アルハラビー、軍務庁長官ムヒー・アッディーン・アブド・アルカーディル・アルカスラーウィー、私財庁長官（ナーズィル・アルハーッス）アラー・アッディーン・アルイマーム、秘書副長官兼高貴なる文書庁の財務官（ムスタウフィー・ディーワーン・アルインシャー）シハーブ・アッディーン・アフマド・ブン・アルジーアーン、高貴なる宰相庁長官（ナーズィル・アッダウラ）、兼常勝軍の書記官（カーティブ・アルアサーキル・アルマンスーラ）シャラフ・アッディーン・スガイヤル、高貴なるヒスバ庁長官、兼ザヒーラ庁のウスターダール（財務長官）バラカート・ブン・ムーサー、シリアの軍務庁長官でかつてエジプトのウスターダールであったシャラフィー・ユーヌス・アンナーブルスィー、高貴なる廐舎管理長官アブー・アルバカー、高貴なる私金庫の書記官たちであるジーアーン一族の者たち、軍務庁財務書記官および武器書記官たちであるマラキー一族の者たち、そしてそのほかの官職を持つ官僚たち、常勝軍の執達吏（ナキーブ）であるシャラフィー・ユーヌスであった(41)。

このパレードでは、秘書長官、軍務庁長官、私財庁長官、秘書副長官兼文書庁財務官であったアフマド・ブン・アルジーアーンなどの主要な官僚に続いて、ジーアーン家とマラキー家の者たちが参列した。ほかの参列者が個であるのに対し、ジーアーン家とマラキー家は各種の書記官職に就いていた家の者たちがまとまって参列していた様子を見てとることができる。さらに、ジーアーン家の後にマラキー家が続くという様子からは、両家の関係性の密接さと、ジーアーン家のマラキー家に対する優位性をも読みとることができる。おそらく、両家の役割や関係性は、このパレードを通じて、それを見学していた人々の目に焼きつけられたことであろう。両家は姻戚関係にあったことから、アブド・アルカーディルとアブー・バクルは母系で見ればジーアーン家の子孫であり、父系で見ればマラキー家の子孫であった。また、かつてジーアーン家が独占していた軍務庁財務官職が、マラキー家に引き継がれたという点においても、両家の親密性が窺える。両家は、おそらく、業務の遂行にあたっては協働の関係にあったことであろう(42)。

第四節　小　結

本章の考察により、マムルーク朝の土地台帳のオスマン朝への移管に関わった人物は、チェルケス朝末期から軍務庁財務官職に就いていた、マラキー家のアブド・アルカーディルとアブー・バクルであることが明らかとなった。そして、チェルケス朝期においては、ジーアーン家とその姻戚関係にあったマラキー家が軍務庁財務官職を独占し、両家によって土地記録が管理されてきたことも示された。このように、チェルケス朝の行財政の一端は、血縁と婚姻によって結ばれた特定の家が担っていたのであった。

彼らはチェルケス朝の官僚機構において、政治の表舞台で政策決定をするような有力官僚ではなく、そのような人々に基礎的資料や助言を与えるような実務官僚であったろう。それゆえ、政策決定などの変化が生じた際に記録が残る年代記のような史料では、彼らに関する記述の多くは断片的なものでしかないのである。

さて、新たな支配者となったオスマン朝は、彼らをどのように処遇したのであろうか。ハーイルバクが一五一七年にエジプト州総督として統治を開始したとき、彼はアフマド・ブン・アルジーアーンを秘書副長官に再任した(43)。翌年、アフマドは秘書長官に任命され、官僚の頂点に昇りつめたのであった(44)。新たな政治体制の下での彼の地位は磐石ではなかったものの、オスマン朝初期には、秘書長官や財務長官のような重職に就いた(45)。しかし、アフメト・パシャの乱が起こると、彼はそれに加わった嫌疑をかけられ、極刑による最期を迎えたのであった。

アフマドの死後、ジーアーン家は、歴史の表舞台からすっかり姿を消してしまった。他方、マラキー家については、一五一七年にアブー・バクルが軍務庁財務官職に就き、兄弟のアブド・アルカーディルは五年間イスタンブルへ連行された。アブド・アルカーディルがマムルーク朝の土地台帳の捜索を命じられたのは、おそらくカイロに戻った後のことであったに違いない。それ以後は、彼らもまた、叙述史料から姿を消してしまう。

チェルケス朝期に流星の如く行政の一端を担うまでに昇りつめたジーアーン家と、彼らの役割を引き継いだマラキー家は、時代の荒波に揉まれ、その役割を新政府の官僚たちに譲り渡すこととなった。他方、マラキー家の兄弟によってオスマン朝に移管された土地記録は、『軍務台帳』や『慈善台帳』といったオスマン朝の土地台帳に転載され、一九世紀に至るまで参照され続けたのであった。このように、彼らの軌跡はオスマン朝の土地台帳に残されることになったわけであるが、それでは、彼らがオスマン朝に手渡した土地台帳とは一体どのようなものであったのであろうか。次章では、オスマン朝に移管されたマムルーク朝の土地台帳について見ていきたい。

（1） Shaw, "The Land Law."
（2） Nicolas Michel, "Les Circassiens avaient brûlé les registres," in *Conquête ottomane de l'Égypte* (*1517*) *: Arrière-plan, impact, échos*, eds. Benjamin Lellouch and Nicolas Michel（Leiden, 2013）, 225–268. 著者は、註においてショウが示したアブド・アルカーディルの人物特定の真偽について疑義を呈している。Michel, "Les circassiens," 244, n. 64.
（3） Shaw, "The Land Law," 107. ただし、ここでショウがあげている典拠（al-Diyārbakrī, "Nawādir al-Tawārīkh," Istanbul, Millet Library, MS Ali Emiri Tarih 596, 426v）には、該当する記述が見られない。
（4） Shaw, "The Land Law," 107–108.
（5） Shaw, "The Land Law," 108.
（6） Shaw, "The Land Law," 118–119, 127.
（7） Shaw, "The Land Law," 127, n.4. この人物に関しては、Ibn Iyās, *Badā'i'*, 3:91を参照。また、図4の21番がこの人物に該当する。
（8） Ibn Iyās, *Badā'i'*, 5:161.
（9） Ibn Zunbul, *Wāqi'a*, 180.

（10）　この調査については、Ibn Iyās, *Badā'i'*, 5:149, 161–162を参照。

（11）　Michel, "Les circassiens," 248. マムルーク朝の土地台帳は焼失したわけではなく、既存の機構の中で保管されていたと見られる。すなわち、それは、エジプト征服直後において、マムルーク朝の土地台帳の管理に積極的に関与しようとしなかったオスマン朝政府の姿勢を示しているといえる。

（12）　当該徴税記録においては、マムルーク朝の土地記録に言及する代わりに、調査団に対してなされた証言等に基づく記録が含まれている。これについては、スィーナルー村の記録を参照のこと。

（13）　al-Diyārbakrī, "Tarjamat al-Nuzha al-Sanīya fī Fikr al-Khulafā' wal-Mulūk al-Miṣrīya," London, British Library, MS ADD. 7846, 288r, 288v; Nicolas Michel, "Disparition et persistance de l'iqṭā' en Égypte après la conquête ottomane," *Turcica* 41（2009）: 259; idem, "Les circassiens," 233–234.

（14）　ドゥ・サシは、原文のḥuẓūr şerîflerineを「州総督の御前に」と訳し、「新規定」を公布したアリー・パシャの時代と解釈した（De Sacy, *Bibliothèque des Arabisants Français*, 122）。ショウの解釈も同じである（Shaw, "The Land Law," 127）。しかし、これについては判断がつかないので、本書の訳文においては直接的な訳語を当て、「貴顕の人々の前に」と訳した。

（15）　De Sacy, *Bibliothèque des Arabisants Français*, 122–123; Shaw, "The Land Law," 118–119, 127.

（16）　Shaw, "The Land Law," 132; Michel, "Les circassiens," 244, n. 64.

（17）　ただし、〈記述2〉に登場するアブー・バクルという人物に関しても、年代記や人名録の中から、ジーアーン家の中で同定できる人物を見つけることはできない。Martel-Thoumian, *Les civils et l'administration*, 312–314.

（18）　Martel-Thoumian, *Les civils et l'administration*, 295.

（19）　Ibn Iyās, *Badā'i'*, 5:454–455.

（20）　al-Shujā'ī, *Tārīkh al-Malik al-Nāṣir Muḥammad b. Qalāwūn al-Ṣāliḥī wa Awlādi-hi*, ed. Barbara Schäfer（Wiesbaden, 1978）, 65.

（21）　al-Maqrīzī, *Sulūk*, 2:881.

（22）　al-Sakhāwī, *al-Ḍaw' al-Lāmi' li Ahl al-Qarn al-Tāsi'*, 12 vols.（Cairo, 1934–37）, 11:241–242.

（23）　Martel-Thoumian, *Les civils et l'administration*, 295–319.

（24）　al-Sakhāwī, *Ḍaw'*, 6:135.

（25）　al-Sakhāwī, *Ḍaw'*, 11:3–4; Ibn Iyās, *Badā'i'*, 3:209.

(26) al-Sakhāwī, *Ḍaw'*, 3:363. この任命で、ムハンマドは財務官職と秘書副長官職（ナーイブ・カーティブ・アッスィッル）を兼任した。

(27) al-Sakhāwī, *Ḍaw'*, 4:181. この任命で、アフマドは秘書副長官、財務官、私金庫の顧問職を一度に兼任することになった。

(28) 五十嵐『中世イスラーム国家の財政と寄進』、一〇八、Igarashi, *Land Tenure*, 127–129.

(29) al-Nuwayrī, *Nihāyat al-Arab fī Funūn al-Adab*, 31 vols.（(vol. 1–18) Cairo, 1923–55;（vol. 19–31）Cairo, 1975–1992）, 8:200–213; al-Maqrīzī, *Khiṭaṭ*, 3:706–707; Poliak, *Feudalism*, 20–21; Donald S. Richards, "A Mamlūk Petition and a Report from the Dīwān al-Jaysh," *BSOAS* 40（1977）: 1–14.

(30) チェルケス朝期において各政庁の主要ポストを担う官僚を輩出している名家であるハイサム家、フハイラ家、サッファーフ家、ナスル・アッラー家、アブー・アルファラジュ家、クワイズ家、バーリズィー家、ムズヒル家、カーティブ・ジャカム家を見ても、軍務庁財務官を輩出している家はない。Martel-Thoumian, *Les civils et l'administration*, 189–294.

(31) *DJ* 4622（Reg. 3001–000102）, 242v.

(32) Ibn Iyās, *Badā'i'*, 5:5.

(33) Ibn Iyās, *Badā'i'*, 5:187, 230, 398, 457.

(34) Ibn Iyās, *Badā'i'*, 5:5.

(35) ユースフについては、al-Sakhāwī, *Ḍaw'*, 10:336–337、父親のヤフヤーについては、Ibn Ḥajar al-'Asqalānī, *Inbā' al-Ghumr bi Abnā' al-'Umr*, eds. Muḥammad 'Aba al-Mu'īd et al.（Beirut, 1967）, 9:30; al-Sakhāwī, *Ḍaw'*, 10:230 を参照。

(36) al-Sakhāwī, *Ḍaw'*, 4:251.

(37) al-Sakhāwī, *Ḍaw'*, 4:251. ナシューについては、al-Ṣafadī, *A'yān al-'Aṣr wa A'wān al-Naṣr*, eds. 'Alī Abū Zayd et al., 6 vols.（Damascus and Beirut, 1998）, 3:200–204; Ibn Ḥajar al-'Asqalānī, *al-Durar al-Kāmina fī A'yān al-Mi'a al-Thāmina*, ed. Muḥammad Sayyid Jūd al-Ḥaqq, 5 vols.（Cairo, 1966–67）, 3:42–44; Ibn Taghrī Birdī, *Manhal*, 7:390–393; idem, *al-Dalīl al-Shāfī 'alā al-Manhal al-Ṣāfī*, 2 vols., ed. Fahīm Muḥammad Shaltūt（Cairo, 1998）, 1:434; idem, *Nujūm*, 9:323; Amalia Levanoni, "The al-Nashw Episode: A Case Study of "Moral Economy," *MSR* 9, no. 1（2005）: 207–220.

(38) このほかにも、マラキーというニスバを持つ人物を見つけることができる。例えば、ナシューと同名の人物で、宰相や軍務庁長官（ナーズィル・ディーワーン・アルジャイシュ）を歴任したタージュ・アッディーン・アブド・アルワッハーブ・アルナシュー・アルマラキー（一三八〇—八一年没）(al-Maqrīzī, *Sulūk*, 3:407; Ibn Iyās, *Badā'i'*, 1-2:281）や、軍務庁の財務官を務めたカリーム・アッディーン・アクラム・ブン・シャイフ・アルマラキー（没年不明）(al-Maqrīzī, *Sulūk*, 2:879）がいる。また、宰相や財務長官、スルターニー・ジスルのカーシフを歴任したアブー・アルファラジュ家のタージュ・アッディーン・アブド・アッルッザーク・ブン・アビー・アルファラジュ・ブン・ニクラー・アルアルマニー・アルアスラミーは、当初マラキーのニスバを持っていたが、彼の息子の時代からアブー・アルファラジュ家として知られていき、マラキーのニスバで呼ばれることはなくなったという (al-ʻAsqalānī, *Inbā'*, 3:182; Ibn Taghrī Birdī, *Manhal*, 7:314–318; idem, *Dalīl*, 1:420; idem, *Nujūm*, 14:152; al-Ṣayrafī, *Nuzhat al-Nufūs wal-Abdān fī Tawārīkh al-Zamān*, ed. Ḥasan Ḥabashī, 4 vols. (Cairo, 1970–94), 2:432)。アブー・アルファラジュ家については、Martel-Thoumian, *Les civils et l'administration*, 227–237 を参照。

(39) *DJ* 4633（3001–000111), 8r.

(40) Ibn Iyās, *Badā'i'*, 5:5.

(41) Ibn Iyās, *Badā'i'*, 5:40.

(42) マラキー家のアブド・アルカーディルとアブー・バクルがギリシャ人商人への支払いの遅延が原因で逮捕されたとき、アフマド・ブン・アルジーアーンが仲裁に入るなど、両家の親密性はこのほかの出来事においても窺える。Ibn Iyās, *Badā'i'*, 5:180.

(43) Ibn Iyās, *Badā'i'*, 5:208–209.

(44) Ibn Iyās, *Badā'i'*, 5:276–277.

(45) Martel-Thoumian, *Les civils et l'administration*, 312.

第三章　移管された土地台帳

第一章において、『軍務台帳』に再録されたマムルーク朝期の記録は、基本的に『チェルケス台帳』に基づいていることを説明した。しかし、『チェルケス台帳』の記録は必ずしも完全なものではなく、すべての村の記録を網羅しているというわけではない。土地記録に欠損があったとき、『軍務台帳』では「～台帳においては（bi Daftar～）」という書き出しで、チェルケス朝から伝わった様々な土地台帳が引用され、情報が補完されている。本章では、このような形で引用される台帳とその記録内容を整理し、オスマン朝に渡った台帳群を把握するとともに、それらの記録がどのように利用されていたかについて検証していきたい。

結論を先に述べてしまうと、『軍務台帳』には『チェルケス台帳』のほかに九種類の土地台帳が引用されていることが確認された。それらの土地台帳は、その記録内容から、村の概要記録をまとめた台帳群と、詳細記録をまとめた台帳群に分類することができる。そこでこの分類に従って、これらの土地台帳について順番に見ていこう。

第一節　「要約台帳」という名の台帳群

『軍務台帳』の中で引用されている台帳群には、「要約台帳（イジュマール）」という名のついた台帳が三種類見られる。まず、それらの台帳の情報を整理していく。

(1)『要約台帳 *Daftar al-Ijmāl*』

『要約台帳』は、『軍務台帳』において、『チェルケス台帳』の次に頻出する台帳である。表3は、『軍務台帳』の中で、『要約台帳』が引用された箇所、『要約台帳』の記録と『チェルケス台帳』の記録の異同、『要約台帳』の記録と『至宝の書』の記録の類似性について、まとめたものである。この表を見ると、『要約台帳』は、5番から19番までイトフィーフ県の『軍務台帳』の概要記録で引用されている。第一章で述べたように、イトフィーフ県の概要記録は、そのほかの県の概要記録と記録項目が異なる。この理由を、『要約台帳』の引用事例の多さと併せて考えると、『軍務台帳』が編纂された当時、この県の概要記録が『チェルケス台帳』から得られなかったためと考えるのが妥当であろう。すなわち、『要約台帳』は、『チェルケス台帳』から得られない概要記録を補完するために引用されたのである。

他方、中には、『チェルケス台帳』の記録と照合するために引用された例も見られる。例えば、表中4番は、シャルキーヤ県ラムラタイン村の概要記録での引用事例であるが、まず、『チェルケス台帳』からの記録として、「リザク地、スードゥーン・アッシャイフーニーの娘サーラ、七八八年ジュマーダー（……）月九日（西暦一三八六年）」とあり、その下欄に『要約台帳』からの記録として、「ワクフ地、アミールであるスードゥーン」とある。ここで引用されている『要約台帳』の記録は、『至宝の書』の「現在」（一五世紀後半）の記録と一致するため、一四世紀末の日付を持つ『チェルケス台帳』の記録よりも新しいものであることがわかる。このことから、この事例において『チェルケス台帳』と『要約台帳』の記録が併記された理由は次のように考えられる。すなわち、『チェルケス台帳』では、この村の記録は一四世紀末の記録までしか得られなかったため、より新しい情報を持つ『要約台帳』が引用されたのである。審査における主資料であった『チェルケス台帳』に、このような欠落が見られたことは注目すべきである。

表3にまとめられた二三件のうち、23番の事例を除くすべての事例が概要記録での引用である。このことから、『要約台帳』は、『軍務台帳』の概要記録に類する記録を収録していたことが推測される。他方、記録項目の違いもある。

表 3 『要約台帳』の引用状況

	史料	引用箇所	『チェルケス台帳』との異同	『至宝の書』との異同
1	*DJ* 4626, 214v	概要記録	『チェルケス台帳』にない情報	土地権利の種類が異なる
2	*DJ* 4626, 231v	概要記録	『チェルケス台帳』の記録なし	一致
3	*DJ* 4652, 199r	概要記録	土地権利の種類が異なる	土地権利の種類が異なる
4	*DJ* 4641, 69r	概要記録	より新しい情報	一致
5	*DJ* 4639, 37r	概要記録	『チェルケス台帳』にない情報	土地権利の種類が異なる
6	*DJ* 4639, 44v	概要記録	『チェルケス台帳』にない情報	一致
7	*DJ* 4639, 45v	概要記録	『チェルケス台帳』にない情報	一致
8	*DJ* 4639, 53r	概要記録	『チェルケス台帳』の記録なし	一致
9	*DJ* 4639, 55r	概要記録	『チェルケス台帳』にない情報	一致
10	*DJ* 4639, 77r	概要記録	『チェルケス台帳』にない情報	一致
11	*DJ* 4639, 78r	概要記録	『チェルケス台帳』にない情報	一致
12	*DJ* 4639, 79r	概要記録	『チェルケス台帳』にない情報	一致
13	*DJ* 4639, 80r	概要記録	『チェルケス台帳』にない情報	一致
14	*DJ* 4639, 81r	概要記録	『チェルケス台帳』にない情報	一致
15	*DJ* 4639, 84v	概要記録	税収高が異なる	一致
16	*DJ* 4639, 85v	概要記録	『チェルケス台帳』にない情報	一致
17	*DJ* 4639, 89v	概要記録	『チェルケス台帳』にない情報	一致
18	*DJ* 4639, 90v	概要記録	『チェルケス台帳』にない情報	一致
19	*DJ* 4639, 91v	概要記録	『チェルケス台帳』にない情報	一致
20	*DJ* 4645, 29v	概要記録	『チェルケス台帳』の記録なし	一致
21	*DJ* 4645, 53r	概要記録	『チェルケス台帳』にない情報	一致
22	*DJ* 4645, 85r	概要記録	『チェルケス台帳』の記録なし	一致
23	*DJ* 4652, 200v	詳細記録	『チェルケス台帳』にない情報	一致

註）「『チェルケス台帳』の記録なし」とは，『チェルケス台帳』の記録が転載されていない場合を指し，「『チェルケス台帳』にない情報」とは，転載された『チェルケス台帳』の記録には含まれない内容が当該台帳から転載されている場合を指す（以下，表 9 まで同様）．

『チェルケス台帳』の記録は数値が小数点以下まで記され、土地権利別の税収高の配分率も記される。これに対して、『要約台帳』の記録は数値が整数で表され、土地権利別の税収高の配分率は記されず、代わりに税収高が示される。このような書式や記録項目は、『至宝の書』や『勝利の書』の書式に類似している。

それでは、『要約台帳』の記録はいつ頃のものなのであろうか。そこで、それらの記録と『至宝の書』の記録を比較すると、一五世紀後半の記録である『至宝の書』の記録と概ね一致する。しかし、1、3、5番など、中には『至宝の書』と記録が一致しない事例もある。このことから、現段階では、『至宝の書』に近い時代の記録であると考えられるものの、正確な時代を特定することは難しい。この問題については、後に振り返りたい。

(2)『ヒジュラ暦八七二年の要約台帳 *Daftar al-Ijmāl sana 872*』

『軍務台帳』には、『ヒジュラ暦八七二年の要約台帳』からの記録の引用が三件見られる。その名の通り、この台帳はヒジュラ暦八七二年（西暦一四六七―六八年）の記録を収録したものと考えられる。この年は、フシュカダム al-Ẓāhir Khushqadam（在位一四六一―六七）が退位し、ヤルバーイ al-Ẓāhir Yalbāy（在位一四六七）、タムルブガー al-Ẓāhir Tamurbughā（在位一四六七）が相次いでスルターンとして即位した後、一四六八年の初めにカーイトバーイが政権の座についた年である。このように目まぐるしく政局が動いた年の土地記録が台帳にまとめられたことは、マムルーク軍人らによる政治や政争と、官僚たちの手によって動かされる行財政には、一定の距離があったことを物語っている。

さて、この台帳についても、先述の『要約台帳』と同様に、記録の概要を表4にまとめた。表中の1番と2番は、村の土地権利や土地権利別の税収高の配分率が引用されている。この二つの事例については、いずれも『チェルケス台帳』から欠落している情報の補完をするために引用されたと考えられる。

一つずつ見ていくと、1番は、シャルキーヤ県マームースィーヤ村の概要記録における引用事例である。『ヒジュラ

表4　『ヒジュラ暦872年の要約台帳』の引用状況

	史料	引用箇所	『チェルケス台帳』との異同	『至宝の書』との異同
1	*DJ* 4641, 135r	概要記録	『チェルケス台帳』の記録なし	一致
2	*DJ* 4626, 86r	概要記録	『チェルケス台帳』の記録なし	一致
3	*DJ* 4652, 189r	詳細記録	『チェルケス台帳』の記録なし	一致

暦八七二年の要約台帳』から引用された記録は、「村のすべて〔の耕地〕を二四キーラートとすると、ワクフ地と私有地、一と三分の二キーラート。イクター、二二と三分の一キーラート」というものである。そこで、同村の『至宝の書』の記録を見ると、「イクター保有者たち〔の土地〕とワクフ地」となっており、配分率こそ記載されていないものの、土地権利については一致している。[1]

次に、2番は、ガルビーヤ県タアバーニーヤ村の概要記録での引用事例である。ここでは、次に述べる『ヒジュラ暦八九一年の要約台帳』の記録も併記され、「ヒジュラ暦八七二年とヒジュラ暦八九一年の要約によれば、〔村の〕すべて、ユースフ・ブン・バルクウのワクフ地」と記される。一方、『至宝の書』の記録では、この村の土地利用については「ワクフ地」とのみ記され、ワクフ地の権利者の名前までは記されていない。[2]

唯一、詳細記録において引用されている3番の事例は、ダミエッタ港湾部ディキルニス村のワクフ地についての記録である。この土地片の冒頭に記された認可の記録によれば、このワクフ地を審査する際に提出された証書には、ワクフ地の権利者であったジャマーリー・アブド・アッラー・アンナースィリーが一四六四—六五年に国庫から土地を購入し、一四六六—六七年にワクフ地とした旨が記されていたという。ところが、『チェルケス台帳』を紐解くと、そのことが裏づけられる記録はなかったと見られ、その右下の欄においては、『チェルケス台帳』の記録として「前述のアミールは記載されていない (lam yarid al-amīr al-madhkūr)」とだけ記されている。

「新規定」では、審査対象の土地が、どの時点でワクフ地化・私有地化したかという点と、証書とマムルーク朝の土地台帳の記録に整合性があるかという点が審査の焦点になった。このため、通常、その土地権利がいつ・誰によって国庫から購入されたか、そしてその後どのような経緯でワクフ地や私有地になったかなどの記録が『チェルケス台帳』から抽出され、『軍務台帳』に書き込まれたのである。前述のワクフ地に関しては、ワクフ地の権利者が提示した証書の内容を『チェルケス台帳』で確認することができなかったため、『ヒジュラ暦八七二年の要約台帳』を参照するに至ったものと見られる。

『チェルケス台帳』から引用された記録の下に書き込まれた記録は、「『ヒジュラ暦八七二年の要約台帳』によれば、（この村は）イクターの保有者たち（の土地）とワクフ地である」というものである。そして、それに続いて、「二つの台帳（つまり、『チェルケス台帳』と『ヒジュラ暦八七二年の要約台帳』）を参照すると、イクターの一つであった」と記載されている。この一文は、権利者の主張と台帳の記載内容に相違があったことを示している。しかしながら、この土地権利は先述のようにジャマーリー・アブド・アッラー・アンナースィリーのワクフ地として最終的に追認されたのであった。その理由は『軍務台帳』において説明されていないが、おそらく、権利者が提出した証書が、審査において決定的な役割を果たしたのであろう。

しかし、なぜ審査官は、詳細記録において、さほど詳細な記録を持っているとは思えない『ヒジュラ暦八七二年の要約台帳』の記録を引用したのであろうか。このことは、オスマン朝に移管された土地台帳群の伝世状況が深く関わっているのではないかと考える。後で見るように、オスマン朝に移管されたマムルーク朝の土地台帳の中には、イクターやワクフ地に関する記録に特化した台帳があり、審査に使用されていたことが『軍務台帳』の記録からも見てとれる。それにもかかわらず、ここでは不足する情報を補うのに最適とは思われない台帳が参照され、審査の材料となっているのである。このことから、オスマン朝に移管されたマムルーク朝の土地台帳は必ずしも完全なものではなく、多くの欠落が見られたという事情があったことが確認されるのである。

(3)『ヒジュラ暦八九一年の要約台帳 *Daftar al-Ijmāl sana 891*』

『軍務台帳』の各台帳の目次が『ヒジュラ暦八九一年の要約台帳』に基づいていることは、すでに第一章で述べたが、目次以外でこの台帳の記録が転載されている事例は五件ある（表5）。表中の3番を除くすべての事例において、この台帳は『チェルケス台帳』から得られない情報を補完するために引用されている。

3番は、ガルビーヤ県マハッラ・マルフーム村の概要記録における引用事例である。ここでは、『チェルケス台帳』の記録と併記する形で『ヒジュラ暦八九一年の要約台帳』から耕地面積の記録が引用されている。それらを見ると、まず、『チェルケス台帳』によれば、この村の耕地面積は三八三ファッダーンであった。一方、『ヒジュラ暦八九一年の要約台帳』によれば、二三八二ファッダーンとなっている。これは、審査官が、『チェルケス台帳』が示す耕地面積の記録があまりにも小さいので、『ヒジュラ暦八九一年の要約台帳』を参照し、妥当と思われる数字を訂正のために転記したものと考えられる。

この台帳から引用されている耕地面積・土地権利の状況・土地権利者の記録と、『至宝の書』の記録は、類似するものの、必ずしも一致するものではない。例えば、表中の4番は、ファイユーム県アフサース・アルアジャミイーン村の概要記録における引用事例であるが、「『ヒジュラ暦八九一年の要約台帳』によれば、耕地面積二五〇〇と二四分の一一［ファッダーン］、私財庁、以前はトゥクトゥバーイ、（ヒジュラ暦）七四七年ラジャブ月一六日（西暦一三四六年一一月二日）付、村のすべて」とある。これは、当該台帳の最新の記録では、この村は私財庁財源となっているが、一三四六年の記録では、トゥクトゥバーイのイクターであったことを示している。他方、この村の『至宝の書』の記録は、「耕地面積二五〇〇ファッダーン、税収高五八〇〇ディーナール、私財庁」とあり、前述の記録とほぼ一致するものの、過去の記録は記載されていない(3)。このほか、『軍務台帳』に転載された事例の中に税収高の記録は見られない点や、耕地面積が小数点以下まで記録されている点も、『至宝の書』と相違する。

表5　『ヒジュラ暦891年の要約台帳』の引用状況

	史料	『チェルケス台帳』との異同	『至宝の書』との異同
1	*DJ* 4641, 101r	『チェルケス台帳』の記録なし	耕地面積の記録、記述内容が異なる
2	*DJ* 4645, 14v	『チェルケス台帳』の記録なし	『至宝の書』より詳しい
3	*DJ* 4622, 81r	耕地面積が異なる	一致
4	*DJ* 4633, 65r	『チェルケス台帳』にない情報	一致
5	*DJ* 4626, 86r	『チェルケス台帳』の記録なし	『至宝の書』より詳しい

以上の三種類の台帳が「要約台帳」という名のつくものである。これまで見てきたように、これらの台帳が引用される箇所のほとんどが村の概要記録においてであり、引用事例に見る記録内容も、耕地面積・土地権利の状況・土地権利別の税収高の配分率・土地権利者といった、『軍務台帳』の概要記録と同様の記録項目を持っていたと考えられる。他方、『至宝の書』との比較では、三種類の台帳の記録はそれと類似するものの、完全には一致しないものであることがわかる。

三種類の台帳のうち、『ヒジュラ暦八七二年の要約台帳』と『ヒジュラ暦八九一年の要約台帳』は、その題名から、各年の概要記録をまとめたものであろう。それでは、『要約台帳』はどのように位置づけられるだろうか。三種類の台帳の書式を比較すると、『要約台帳』においては、数値は整数で表され、土地権利別の税収高の配分率の記録は見られないという特徴がある一方で、『ヒジュラ暦八七二年の要約台帳』や『ヒジュラ暦八九一年の要約台帳』といった各年の要約台帳においては、数値は小数点以下まで表され、土地権利別の税収高の配分率も見られた。『軍務台帳』に残る記録は部分的であり、かつ、各々の記録が『軍務台帳』に転記される段階で、小数点以下の数値や税収高の配分率が省略された可能性を完全に排除することはできないが、各年の要約台帳と『要約台帳』の間には、記録項目や書式において、若干の相違があった可能性がある。項目が異なるということは台帳の使用目的もそれぞれ異なっていたことを意味している。すなわち、各年の要約台帳が、その年の村々の概要記録をまとめたものであったのに対し、『要約台帳』は継続して使用されていた台帳であり、記録が更新され、最新の記録を総覧するための台帳であったことが推測される。

第二節　詳細な記録を持つ台帳群

第一節では、村の概要記録を収録した台帳群を見てきたが、ここでは村にある土地片ごとの記録を収録していると考えられる台帳群について見ていきたい。

(1)『ヒジュラ暦九一九年の土地片台帳 *Daftar al-Aqsāṭ sana 919*』

『軍務台帳』には、『ヒジュラ暦九一九年の土地片台帳』という名の台帳からの記録が一件だけ見られる[4]。それは、ガルビーヤ県ムータマディーヤ村の詳細記録において引用されている記録である[5]。この村には、審査を経て確定されたワクフ地が複数あるが、その内の一つに、ムスタファ・パシャのワクフ地がある。証書の記録によれば、このワクフ地は、一四六八―六九年にバルドバク・アルアフマディーによって設定された。その後、一五二四年二月四日にヤフヤー・ブン・カーニーバーイ・ミン・クジュカールのワクフ地と交換（イスティブダール）され、ヤフヤーがこのワクフ地の権利者となった。次に、一五三〇年八月一三日に、ヤフヤーはこのワクフ地をムスタファ・パシャに売却し、翌年、ムスタファ・パシャがこれをワクフ地とした。

ここで『チェルケス台帳』から引用された記録を見ると、「二つの台帳を対照のこと」とあり、その下に『チェルケス台帳』からの記録として、一四四二年にムハンマド・ブン・フシュカルディーがタナム・アッサーヒビーからこの土地を購入し、私有地としたことが記されている。そしてその下に『ヒジュラ暦九一九年の土地片台帳』からの記録として、「ワクフ地、バルドバク」と記載され、この土地がバルドバクのワクフ地であったことが示されている。

この事例において、『ヒジュラ暦九一九年の土地片台帳』の記録が引用されている理由は、『チェルケス台帳』にはバルドバクがこの土地をワクフ地とする以前の私有化までの記録しか記載されておらず、この私有地がバルドバクによってワクフ地化されたことを証明することができなかったためと考えられる。残念ながら、『軍務台帳』においてこの台帳の引用事例は一件しかなく、転載された記録も極めて簡潔なものであるため、収録されていた記録の全体像を知ることができない。しかし、この台帳も『ヒジュラ暦八七二年の要約台帳』や『ヒジュラ暦八九一年の要約台帳』と同じく、特定の年の記録をまとめたものであったと考えてよいであろう。

(2)『私有地とワクフ地台帳 *Daftar al-Amlāk wal-Awqāf*』

『私有地とワクフ地台帳』は、「新規定」で言及されていたチェルケス朝の土地台帳の一つである『私有地とワクフ地 *Emlāk ve Evqāf*』と同じ題名を持つ。『軍務台帳』における引用事例は、概要記録に一件、詳細記録に一六件ある（表6）。表中の3、4、6、7、12、14、15、16、17番は、『チェルケス台帳』に必要な記録がない場合に『私有地とワクフ地台帳』の記録が転載された事例であり、土地権利の状況や権利者に関する記録を補完するために引用されたと考えられる。

他方、1、2、11、14、16番の事例においては、土地が国庫から法的に購入されたことを証明するために引用されたことがわかる。例えば1番の事例では、『チェルケス台帳』からは、イクターが一五〇八－〇九年にバイバルス・アルムアイヤディーの軍事リザク地として設定され、後にバイバルスが国庫から購入した記録が転載されている。そして、『私有地とワクフ地台帳』からは、バイバルスが国庫からこの土地を法的に購入した記録が転載されている。

このほか、これまで見てきた台帳と同様に、『チェルケス台帳』の記録を更新するために引用された事例も見られる（表中8、9、10、13番）。例えば、9番は、ダミエッタ港湾部シュブラー・アルバフー村の概要記録での引用事例であ

表 6　『私有地とワクフ地台帳』の引用状況

	史料	『チェルケス台帳』との異同	『私有地とワクフ地台帳』の記録転載の理由
1	*DJ* 4626, 54v	一致	情報の補完（国有地の法的購入を証明）
2	*DJ* 4626, 148r	一致	情報の補完（国有地の法的購入を証明）
3	*DJ* 4626, 221v	『チェルケス台帳』にない情報	情報の補完（日付）
4	*DJ* 4626, 245v	『チェルケス台帳』の記録なし	情報の補完
5	*DJ* 4634, 102r	一致	情報の確認
6	*DJ* 4634, 113v	『チェルケス台帳』にない情報	情報の補完
7	*DJ* 4638, 39r	『チェルケス台帳』の記録なし	情報の補完
8	*DJ* 4638, 80v	『チェルケス台帳』より新しい情報	情報の更新
9	*DJ* 4652, 201v	『チェルケス台帳』より新しい情報	情報の更新
10	*DJ* 4652, 276r	『チェルケス台帳』より新しい情報	情報の更新
11	*DJ* 4652, 246v	一致	情報の補完（国有地の法的購入を証明）
12	*DJ* 4641, 19v	『チェルケス台帳』の記録なし	情報の補完
13	*DJ* 4641, 35r	『チェルケス台帳』より新しい情報	情報の更新
14	*DJ* 4641, 37v	『チェルケス台帳』にない情報	情報の補完（国有地の法的購入を証明）
15	*DJ* 4639, 4v	『チェルケス台帳』の記録なし	情報の補完
16	*DJ* 4639, 28v	『チェルケス台帳』にない情報	情報の補完（国有地の法的購入を証明）
17	*DJ* 4633, 40r	『チェルケス台帳』の記録なし	情報の補完

る。『チェルケス台帳』の記録は、この村の税収高を計七アスバーウ（七分の七）とすると、三分の二スブウがミフタール・アルフサーミーのワクフ地、六と三分の二スブウがイクターであり、その内訳は、軍人（ジュンド）とハルカ騎士が三と二四分の五スブウ、アラブ部族（ウルバーン）に二と二分の一スブウ、残りはその他のイクター保有者となっている。この記録の下に、「『私有地とワクフ地台帳』では、国庫からの購入により、バイバルス・アルムアイヤディー（の私有地）、一スブウ、と定められた」と記される。この記録はイクターの一部がバイバルスの私有地になったことを示しているが、『私有地とワクフ台帳』の記録の方が『チェルケス台帳』の記録よりも新しいものであったため、『私有地とワクフ地台帳』の記録が引用されたと考えられる。

同様の事例として、13番があげられる。これは、軍の執達吏であるジャマーリー・ユースフのワクフ地についての記録においてである。マムルーク朝期の記録を見ると、まず『チェルケス台帳』の記録として、ジャマーリー・ユースフがこの土地片をイクターとして保有していたことが示される。次に、『私有地とワクフ地台帳』の記録として、この土地がカーンスーフ・アルガウリーの私有地であったことが示されている。ここでの引用理由も、『私有地とワクフ地台帳』の記録の方が『チェルケス台帳』の記録よりも新しいものであったためと考えられる。おそらく、かつてイクターであったこの土地が、カーンスーフ・アルガウリーの時代にはすでに私有地となっていたことを示すために引用されたのであろう。

以上の記録内容から、『私有地とワクフ地台帳』は、国庫から売却され、個人の私有地となった、あるいはその後ワクフ地となった土地を登記したものであったと考えられる。第一章で述べたように、シービーン・アルクーム村の台帳はこの台帳と同名の題を持つ。『チェルケス台帳』の中で引用されている『私有地とワクフ地台帳』の記録は断片的であるため、確証を得るまでには至らないが、シービーン・アルクーム村の台帳はこの台帳に基づいていると考える。また、この台帳の記録がいつのものであるかについては、表中11番の事例において、「カーンスーフ・アルガウリーの時代の『私有地とワクフ地台帳』」と明記されていることから、ガウリー期の記録までを含んでいることが確かめられる。

(3)　『チェルケス慈善台帳 *Daftar al-Aḥbās Zaman al-Jarākisa*』

『チェルケス慈善台帳』も、『私有地とワクフ台帳』と同様に、「新規定」に登場する。「新規定」によれば、この台帳はリザク地の元々の状態や、国庫からの購入を通じて流出した土地権利についての記録、また、ワクフ地や私有地の文書の写しが収録されたものであった(6)。『軍務台帳』と対で編纂された『慈善台帳』では、マムルーク朝期の記録は

表7　『チェルケス慈善台帳』の引用状況

	史料	引用箇所	『チェルケス台帳』との異同	『チェルケス慈善台帳』の記録転載の理由
1	*DJ* 4645, 59v	概要記録	『チェルケス台帳』の記録なし	情報の補完（面積）
2	*DJ* 4645, 78r	概要記録	土地権利が異なる	情報の参照
3	*DJ* 4625, 48v	概要記録	『チェルケス台帳』の記録なし	情報の補完（面積と土地権利の種類）
4	*DJ* 4625, 210v	概要記録	『チェルケス台帳』にない情報	情報の補完（権利者について詳しい記述）
5	*DJ* 4622, 99v	詳細記録	『チェルケス台帳』の記録なし	情報の補完
6	*DJ* 4634, 109v	詳細記録	『チェルケス台帳』の記録なし	情報の補完
7	*DJ* 4634, 122v	詳細記録	『チェルケス台帳』の記録なし	情報の補完
8	*DJ* 4621, 8r	詳細記録	『チェルケス台帳』の記録なし	情報の補完
9	*DJ* 4625, 59v	詳細記録	『チェルケス台帳』の記録なし	情報の補完
10	*DJ* 4633, 10v	詳細記録	『チェルケス台帳』の記録なし	情報の補完

主として『チェルケス慈善台帳』に依拠していることから、『チェルケス慈善台帳』は『チェルケス台帳』と同様に概要記録と詳細記録の両方を持ち合わせていた台帳であったと考えられる。

『慈善台帳』における『チェルケス慈善台帳』の引用状況を分析したミシェルは、バフナサーウィーヤ県については第二八巻や第三三巻、ガルビーヤ県については第一四六巻からの引用が見られることから、その全体は膨大な量であったと推測している。(7)『軍務台帳』においても、『チェルケス慈善台帳』が引用されている事例は一〇件あるが(8)（表7）、表中4番は『チェルケス慈善台帳ウシュムーナイン県第二九巻 *Daftar al-Aḥbās min al-Jarākisa min al-Jild al-Tāsiʿ wal-ʿIshrīn min al-Ushmūnayn*』、5番は『チェルケス慈善台帳一三八巻 *Daftar al-Jarākisa al-Iḥbāsī min al-Jild 138*』とあり、これらの記録からもその浩瀚さを見てとることができる。ミシェルは、『チェルケス慈善台帳』がこれほどの分量を持つ理由として、慈善リザク地の授与証（タウキーウ）が台帳にすべて書き写されたことや、ナースィル検地以降継続的に使用されてきたことをあげている。(9)

ミシェルによれば、『慈善台帳』に引用される『チェルケス慈善台帳』の記録の中には古いもので一二六一年や一二九一―九二年のものがあり、最も新しい授与証の日付はオスマン朝に征服される直前の一五一六年であるという。さらに、デルタ地域に関しては、この台帳から引用された記録として、一五一八年のスルターニー・ジスルのカーシフによる報告記録も転載されているという。このことから、この台帳にはかなり古い時代からオスマン朝征服後までの記録が継続的に収録されていたことが示唆される。(10) 表7の9番は、一五二二―二三年の慈善リザク地に関する記録であり、この台帳がオスマン朝征服以後もしばらく使われていたことを裏づける。さらに、ミシェルは、『慈善台帳』の中に『リザク目録 *Daftar Mujamma'āt al-Rizaq*』や『慈善リザク要約台帳 *Daftar Ijmāl al-Rizaq al-Aḥbāsīya*』が引用されていることを指摘し、『チェルケス慈善台帳』のほかにも慈善リザク地に関わる類似の台帳が存在していたとしているが、このことは『軍務台帳』においても確認することができる。(11)

この台帳の引用事例を見ていくと、一〇件中四件（1、2、3、4番）が概要記録での引用である。いずれも、面積と土地権利、権利者の記録を示すために引用されているが、4番においては、慈善リザク授与証の内容を転載して権利者についての記録を補っている。(12)

詳細記録での引用事例においては、概ねその土地片が慈善リザク地であったことと、その権利者を示す記録が転記され、情報を補完するために引用されている。例えば、表中5番は、一四六七―六八年にマフムード・ブン・ハイルバクが設定したワクフ地についての記録である。冒頭の認可された記録によると、このワクフ地が設定された経緯は、最初に一四四七―四八年タグリー・ビルディー・アッスードゥーニーがこの土地を国庫から購入し、その後マフムードの所有に移行（インティカール）し、マフムードによってワクフ地に設定された。このワクフ地について、『チェルケス台帳』の記録は引用されず、代わりに『チェルケス慈善台帳』の記録として、この土地が一四三九―四〇年に慈善リザク地としてタグリー・ビルディーに授与されたことが示されている。すなわち、タグリー・ビルディーが国庫から購入する以前の状況が『チェルケス台帳』では得られなかったため、『チェルケス慈善台帳』に依拠したのであろう。おそらくは、『チェルケス慈善台帳』には、この慈善リザク地の最後の権利者としてタグリー・ビルディーの名が記載されていたのではなかろうか。そうであれば、その後慈善リザク地は私有化されたことを暗に示唆することになり、チェルケス朝期の時点ですでに私有地ないしはワクフ地になっていたと確定することができる。この推論が外れていなければ、この事例における『チェルケス慈善台帳』の参照は、慈善リザク地がワクフ地や私有地となった場合、『チェルケス慈善台帳』でそれが国庫から法的に購入されたものであることが証明されれば、その土地権利が追認されるとした「新規定」の第一三項に準じた措置であったと考えられる。[13]

(4)『イクター台帳 *Daftar al-'Iqṭā'āt*』

『イクター台帳』の引用事例は、『軍務台帳』の中に一三件見られる（表8）。これらの事例では、概して、イクターの保有者と保有開始の年が引用されている。中には『チェルケス台帳』の記録と一致するものも見られるが、イクターに関して『チェルケス台帳』よりも新しい記録や詳しい記録を参照したり補完したりする場合に用いられたと考えられる。

表8中2番は、『チェルケス台帳』からの記録を訂正するために『イクター台帳』の記録が引用された事例である。これは、一五四〇―四一年にシハービー・アフマド・ブン・イブラーヒーム・ブン・タグリー・ビルディーが設定したワクフ地の記録である。冒頭の認可内容によれば、ワクフ地に設定されるまでの経緯は、まず一五〇八―〇九年にナースィリー・ムハンマド・ブン・アリー・ブン・カーニーバクが国庫からこの土地を購入して私有地とし、同年、父親のアリー・ブン・カーニーバクに譲渡した。そして、一五四〇―四一年にアリーはこの土地をシハービー・アフマドに売却して、同年アフマドがこれをワクフ地に設定した。

表8『イクター台帳』の引用状況

	史料	『チェルケス台帳』との異同	『イクター台帳』の記録転載の理由
1	*DJ* 4626, 60v	一致	情報の参照
2	*DJ* 4626, 116v	土地権利者が異なる	記録の訂正
3	*DJ* 4626, 158v	一致	情報の補完（日付が明らか）
4	*DJ* 4626, 167r	一致	情報の補完・参照（日付・その後のムクターが明らか）
5	*DJ* 4626, 167v	一致	情報の補完（日付が明らか）
6	*DJ* 4622, 67v	一致	情報の補完（国有地の法的購入を証明）
7	*DJ* 4622, 169r	一致	情報の補完（日付が明らか）
8	*DJ* 4622, 198r	「情報なし」と記録	情報の参照（「情報なし」と記載されているのみ）
9	*DJ* 4622, 198v	一致	情報の補完（日付が明らか）
10	*DJ* 4622, 238v	一致	情報の補完（日付が明らか）
11	*DJ* 4634, 143v	土地権利者が異なる	情報の参照
12	*DJ* 4652, 192r	一致	情報の補完（日付が明らか）
13	*DJ* 4642, 200r	一致	情報の補完（日付が明らか）

このワクフ地についての『チェルケス台帳』の記録は、ナースィリー・ムハンマドとその兄弟であるアフマド・ブン・アリー・ブン・カーニーバクとユースフ・ブン・アリー・ブン・カーニーバクのイクターであったというものである。その後『イクター台帳』から、一四八七―八八年付でアリーと息子ムハンマド、アフマド、ユースフ、彼らの子供たちのイクターであるという記録が転載された。『チェルケス台帳』と『イクター台帳』の記録の違いは、イクターの保有者として父親アリーの名前が記載されているか否かという点である。ここで『イクター台帳』の記録が転載された理由は、おそらく、ナースィリー・ムハンマドの後にこの土地の保有者となったアリーが、かつてこの土地がイクターであったときに保有者の一人として名前を連ねていたことを証明する必要が生じたためであろう。

表8中4番は、ムハンマド・ブン・ジャカムが一五一一―一二年に設定したワクフ地の記録である。『チェルケス台帳』からは、ワクフ地の設定者である

ムハンマドとその兄弟のアフマド・ブン・ジャカムのイクターであったことを示す記録が転載され、『イクター台帳』からは、一四八二―八三年付でムハンマドとアフマドにイクターとして授与されたが、その後一五一二―一三年にカーイトバーイ・ミン・カーンスーフ・ミン・ヤシュバクに授与され、同年、再びムハンマドとアフマドに授与されたという記録が転載されている。『イクター台帳』の記録は、この土地が一五一一―一二年にムハンマドが設定したワクフ地であるとする認可内容と矛盾するものである。認可内容が正しいとすれば、一五一一―一二年にムハンマドがワクフ地の設定をした旨が『イクター台帳』やその他の台帳に登記されなかった可能性や、イクターの授与を受けた年が誤って記録されたなどの記録管理上の誤りが考えられる。

このような事例は、まさに「新規定」の第五項が扱う事態であると考えられる。それによれば、私有地やワクフ地の証書の日付がマムルーク朝の土地台帳に記載されている日付よりも以前のものであった場合、イクターの徴税台帳を用いた二次審査を要するとある。(14) 結果的に、この土地は追認されたが、その判断材料については明らかではない。可能性として、『軍務台帳』の左半分に記される一五二七―二八年の検地記録では、認可内容と同じ記録が記されていたことから、これが決め手となり追認に至った可能性もある。ここで『イクター台帳』の記録が併記されたのは、審査の過程を明らかにしておくためであったと考えられる。

また、先述の『チェルケス慈善台帳』と同様に、私有地やワクフ地となった土地が、国庫から法的に購入したものであることを示すために引用されている事例も見られる（表8、6番）。

以上の事例から、『イクター台帳』はイクターに関する詳細情報を登記した台帳であり、イクターの授与年と保有者の記録、国庫からイクターが売却された際の日付と購入者の記録を持つものであったことがわかる。

(5)『ムラッバウ台帳 *Daftar al-Murabbaʿ*』と『ムラッバアート台帳 *Daftar al-Murabbaʿāt*』

台帳の名称にある「ムラッバウ（複数形はムラッバアート）」とは、元来、正方形や四角形を意味する語である。マムルーク朝期には、スルターンの命により軍務庁長官が作成するイクター授与のための各種文書を受けて、軍務庁の書記官が文書庁に向けて発行したイクター授与文書発給依頼書を、その紙の形状からムラッバウの女性形ムラッバア（複数形はムラッバアート）と呼んだ。[15]

この台帳からの記録は、『軍務台帳』の中に四例ある（表9）。しかし、それぞれ台帳の名称は微妙に異なるため、まずは一つ一つ注意深く見ていこう。

表9中1番の事例は、『チェルケス朝期のムラッバウ台帳 *Daftar al-Murabbaʿ Zaman al-Jarākisa*』からの引用で、転載されているのは耕地面積の記録である。

2番の事例は、『アシュラフ・シャアバーン・ブン・フサインの時代のヒジュラ暦七七七年シャッワール月末日までに決定された事柄についての黄色の革表紙に綴じられているムラッバウ台帳 *al-Daftar al-Murabbaʿ bil-Jild al-Aṣfar ʿammā Istaqarra ʿalay-hi al-Ḥāl ilā Ākhir Shahr Shawwāl Sana 777 ʿan Zaman al-Ashraf Shaʿbān b. Ḥusayn*』からの引用である。ここで引用されている情報は、ザルニーフとクーム・アルシカフ村の権利者についてであるが、それによれば「かつてアミールであるハリール・ブン・タンキズブガーであり、現在は、ムハンマド・ブン・ジャルバーシュ・アルムハンマディー」とある。このように、「かつて」と「現在」の権利者を併記する書式は、『至宝の書』と一致する。そこで、『至宝の書』の記録を見ると、この台帳から引用されている記録は『至宝の書』の記録と完全に一致する。[16]確かに、『至宝の書』の序章には、そこで提示されている税収高の合計額がヒジュラ暦七七七年シャッワール月末日（西暦一三七六年三月二一日）の記録であることが明記されており、『ムラッバウ台帳』の台帳名の中で示されている年と一致するのである。[17] このことから、この台帳は、シャアバーン二世 al-Ashraf Shaʿbān 期（在位一三六三—七七）のヒジュ

表9　『ムラッババウ台帳』と『ムラッババアート台帳』の引用状況

	史料	引用箇所	『チェルケス台帳』との異同	転載の理由	『至宝の書』との異同
1	*DJ* 4626, 222v	概要記録	『チェルケス台帳』の記録なし	情報の補完（面積）	一致
2	*DJ* 4633, 57v	概要記録	『チェルケス台帳』の記録なし	情報の補完（権利者）	一致
3	*DJ* 4622, 237v	詳細記録	『チェルケス台帳』の記録なし	情報の補完（国有地の法的購入を証明）	922 年の記録
4	*DJ* 4625, 30r	詳細記録	『チェルケス台帳』の記録なし	情報の参照（国有地の法的購入を証明）	922 年の記録

ラ暦七七七年と「現在」の記録を持つものであり、『至宝の書』は、この台帳に基づいて編纂されたものであるという仮説が立てられる。この問題については、次章で詳しく検討していきたい。この仮説に準ずれば、この台帳の記録内容は、『至宝の書』と同様に、村全体の概要記録であると考えられ、最初に見た三種類の要約台帳の系統に入るものであろう。

他方、残りの二件は、村の詳細記録で引用されており、いずれも上記の事例とは異なる種類の記録が転載されている。また、台帳の名称についても前述のものとは異なる。表9中3番の事例で引用されている台帳名は、『高貴なる政庁の金庫にあるチェルケス朝期のムラッババアート台帳 *Daftar al-Murabbaʻāt Zaman al-Jarākisa al-Mawjūd bil-Khazāʼin al-ʻĀmira bil-Dīwān al-Sharīf*』とある。この台帳からは、認可を受けたワクフ地の権利者ヤシュバク・アルファキーフ・ミン・ムスタファーが一五一六—一七年に国庫からこの土地を法的に購入したことを証明する記録を転載している。『チェルケス台帳』の記録では、この土地の一部が一四六〇—六一年にクムシュブガー・アルアブー・バクリーの妻であるファーティマ・イブナ・ジャーニバク・アルアラーイーによってワクフ地に設定されたことと、もう片方の土地が同年に慈善リザク地として設定されていることについて記されるに留まっている。そのため、ヤシュバクがこの土地をどのようにワクフ地に設定したのかについて知ることができない。そこで、『ムラッババアート台帳』が引用され、「スルターンの命令書（マルスーム）によれば」

という書き出しで始まり、ヤシュバクがこの土地を購入したことが示されている。

表9中4番の事例で引用されている台帳名は、『ヒジュラ暦九二二年ズー・アルカアダ月一二日（西暦一五一六年一二月七日）付のアシュラフ・トゥーマーン・バーイの高貴なる文書群のうち、金庫にあるチェルケス朝期の高貴なるムラッバアート台帳 *Daftar al-Murabbaʿāt al-Sharīfa Zaman al-Jarākisa al-Mawjūd bil-Khazāʾin al-ʿĀmira fī Jumla Murabbaʿ Sharīf Ashrafī Ṭūmān Bāy Tālīkhi-hi ʿAshar al-Qaʿda Sana 922*』とある。この台帳からは、スルターン軍団の書記官であり宰相庁長官であるシャラフィー・ヤフヤー・アルミスリーが、ウシュムーナイン県イトリーディム村の土地権利の一部を国庫から購入した記録が転載されている。

3番と4番は、その台帳名から同一台帳と見てよいであろう。注意すべきは、1番と2番の台帳名が「ムラッバウ」と単数形であるのに対し、3番と4番は「ムラッバアート」と複数形になっており、異なる点である。また内容を見ても、前者は概要記録の部分で引用され、記録内容も村全体の概要記録に留まるのに対し、後者は『軍務台帳』の詳細記録の部分で引用され、土地片ごとの詳細な記録を有している。台帳の名称が異なるだけでなく、記録内容が異なることから、前者と後者の台帳は系統の異なる台帳であると考えるべきであろう。

3番と4番は、記録内容が詳細であることや、その記録がスルターンの命令書に基づいていることから、台帳の名称の通り軍務庁発行のムラッバアを綴じたもの、あるいはその写しを綴じたものと考えられる。文書庁は、軍務庁からムラッバアを受け取ると、イクター授与証（マンシュール）を発行したが、その後ムラッバアは綴じられ、文書庁に保管された(18)。この文書起草のプロセスを考慮すると、『ムラッバアート台帳』は、軍務庁から受け取ったムラッバアの原本あるいはそこから抜粋した記録を文書庁が保存するための、あるいは発給依頼の記録として軍務庁がその記録内容を保存するための台帳であったと考えられる。

第三節　小　結

本章では、『軍務台帳』の中に引用されているチェルケス朝の土地台帳を抽出し、記録内容を整理してきた。その結果、計一〇種類の土地台帳が、ワクフ地と私有地に関わる審査の際に利用されていたことが明らかとなった。これらの台帳は、記録内容から、大きく二つの系統に分けることができる。一つは概要記録の系統である。これは、各村の耕地面積や土地権利の状況、税収高、権利者に関する概要を把握するための台帳であり、『要約台帳』『ヒジュラ暦八七二年の要約台帳』『ヒジュラ暦八九一年の要約台帳』『ムラッバウ台帳』がこれに分類される。もう一つは、土地片ごとの記録を収めた詳細記録の系統である。この系統には、『ヒジュラ暦九一九年の土地片台帳』『私有地とワクフ地台帳』『イクター台帳』が分類される。

他方、『チェルケス台帳』と『チェルケス慈善台帳』は上記いずれの系統にも属さない台帳であると考えられる。なぜならば、この二つの台帳の特徴は、村に関する概要記録と土地片ごとの詳細記録の両方を併せ持っているためである。すなわち、これらの台帳は、村を基本として編纂された総合的な台帳であり、『チェルケス台帳』の方は、イクター、軍事リザク地、私有地、ワクフ地に関する記録を、『チェルケス慈善台帳』の方は、慈善リザク地に関する記録を収め、いずれも村ごとにその概要記録と詳細記録の両方を含んでいたと考えられるのである。

このような記録体系に準拠すれば、最後に見た『ムラッバアート台帳』は処理済みとなった文書を保管用に綴じたものであり、いずれの系統にも属さない台帳と見なすべきであろう。この台帳は、アクティブに管理・利用されていたとは考え難く、それゆえに、金庫に保管されていたのではないかと思われる。

それでは、『軍務台帳』に転載された記録から復元されたこれらの台帳群は、どの程度チェルケス朝時代の台帳の姿を反映しているのであろうか。ここで忘れてはならないのは、一五二三年にムスタファ・パシャによって、ジーアーン家が土地台帳の編纂を命じられた経緯があったことである。すなわち、この時点で、ジーアーン家がマムルーク朝の土地台帳を再編した可能性が考えられるのである。このことは、『チェルケス台帳』の正式名称が『古い台帳に基づくチェルケス台帳』であることからも推測される。その場合、『チェルケス台帳』がどの程度、「古い台帳」の姿を反映していたかは不明である。例えば、『私有地とワクフ地台帳』については、これと同名の台帳がシービーン・アルクーム村の台帳の中に残されているが、そこで使用されている紙の質や形状は『軍務台帳』のものと同じであることから、少なくともシービーン・アルクーム村の台帳自体はチェルケス朝から移管された土地台帳そのものではなく、その複写、あるいは再編纂されたものであろう。『軍務台帳』に引用された台帳がオスマン朝のもとで再編纂された台帳である可能性を考慮すると、『軍務台帳』に記されている各種台帳の題名についても、オスマン朝時代に整理された際に、『チェルケス台帳』のように、便宜上の名称がつけられた可能性は残る。

本章で見てきた土地台帳が完全にマムルーク朝期の姿を反映していると見なすにはいくつかの留保が必要である。しかし、『軍務台帳』に転載されたマムルーク朝期の記録は、マムルーク朝の土地台帳に基づくものであり、それらがマムルーク朝の土地台帳に記されていたという事実や、概要記録系統と詳細記録系統に分類される記録群があったことに揺るぎはない。

次章では、本章で明らかとなった『ムラッバウ台帳』と『至宝の書』の記録の一致を手がかりとして、チェルケス朝期における記録管理の実態に迫っていきたいと思う。

（1）『至宝の書』では、マアムーナ村 al-Ma'mūna と表記されている。Ibn al-Jī'ān, "Kitāb al-Tuḥfa al-Sanīya bi Asmā' al-Bilād al-Miṣrīya," Oxford, Bodleian Library, MS Huntington 2, fol. 24v; idem, *Kitāb al-Tuḥfa al-Sanīya bi Asmā' al-Bilād al-Miṣrīya*, ed. B.

Moritz (Cairo, 1898; repr. 1974), 22.

（2）Ibn al-Jīʿān, "Kitāb al-Tuḥfa al-Sanīya," 84v; idem, *Tuḥfa*, 66.

（3）Ibn al-Jīʿān, "Kitāb al-Tuḥfa al-Sanīya," 210v; idem, *Tuḥfa*, 151.

（4）台帳名は、*Daftar al-Aqsaṭ* と綴られているが、aqsaṭ は「より正しい」という意味の形容詞であるため、Daftar に定冠詞がつかない場合、文法的に成立しない。このため、名詞 aqsāṭ の書写ミスであると解釈した。aqsāṭ は、qisṭ の複数形であり、「部分、取り分」という意味である。よって、ここでは暫定的に『土地片台帳』と訳した。

（5）*DJ* 4626, 197v.

（6）Shaw, "Land Law," 122–123, 132–133.

（7）Michel, "Les rizaq iḥbāsiyya," 169–170.

（8）引用された台帳の名称を見ると、表7中3、5、6、8番は『チェルケス慈善台帳 *Daftar al-Jarākisa al-Aḥbāsī*』、4番は『チェルケス朝からの慈善台帳 *Daftar al-Aḥbās min al-Jarākisa*』、2、10番は『古い慈善台帳 *Daftar al-Aḥbās al-Qadīm*』、7番は『慈善台帳 *Daftar al-Aḥbāsī*』、9番は『慈善庁からの古い台帳に基づくチェルケス台帳 *Daftar al-Jarākisa min al-Jarīda al-Qadīma min Dīwān al-Aḥbās*』であり、揺れが見られる。情報の類似性から、すべて同一の台帳と見なした。

（9）Michel, "Les rizaq iḥbāsiyya," 169–170.

（10）ただし、ミシェルは当該台帳が収録する記録はナースィル検地以前に遡ることはないとして、それ以前の年を書記官の写し間違いと見なしている。Michel, "Les rizaq iḥbāsiyya," 170–171.

（11）Michel, "Les rizaq iḥbāsiyya," 171. 表7中の10番の事例で引用されている台帳の名称は、『旧慈善台帳とその要約クース県第八巻 *Daftar al-Aḥbāsī al-Qadīm wa min al-Ijmāli-hi min al-Jilda al-Thāmin bil-Qūṣīya*』である。なお、ミシェルは『リザク目録台帳』と『慈善リザク要約台帳』は呼び方が異なるだけで同じ台帳を指すものと推測しているが、これについてはより慎重な検討が必要であろう。

（12）これはウシュムーナイン県ジャズィーラ・ザフラー村の記録である。『チェルケス慈善台帳』の記録では、ジャクマクの息子ウスマーン al-Fakhrī ʿUthmān b. al-Ẓāhir Jaqmaq（在位一四五三年）とその息子ムハンマドとアフマドのために、一四五六年に設定されたリザク地であることが最初に記され、そのリザク地が二つの飛び地からなること、それぞれの土地の四方位の境界が明記されている。

(13)「新規定」第一三項については、本書第一章、第一節(4)を参照。

(14) Shaw, "Land Law," 120–121, 130.

(15) チェルケス朝期の百科全書である『夜盲の黎明』によれば、スルターンの命を受けて軍務庁が発行する文書には、イクター保有者と税収高についての概要を記した謄本（ミサール）や、イクター保有者の死亡や異動、イクター保有者が以前のイクターに戻ることを求める嘆願が記される嘆願書（キッサ）、イクター保有者が退役あるいは逮捕されたときに発行される証明書（イシュハード）の三種類があった。各文書にはスルターンの署名が付され、軍務庁の担当書記官は、軍務庁長官起草の当該文書を自分の下に留め置き、文書庁向けに新たにムラッバアを作成した。このムラッバアを受けて、文書庁からイクター授与証が発行されるという手順が踏まれた。この手順は、バフリー朝期にも同様にして行われており、ヌワイリーは、軍務庁から文書庁に向けて発行される文書を、「第二の謄本（ミサール・サーニー・ムラッバウ）」と呼んでいる。al-Nuwayrī, *Nihāya*, 8:208–210; al-Qalqashandī, *Ṣubḥ*, 6:201–202, 13:153–156; al-Maqrīzī, *Khiṭaṭ*, 3:705–706; Muḥammad Muḥammad Amīn, "Manshūr bi Manḥ Iqṭā' min 'Aṣr al-Sulṭān al-Ghawī," *AI* 19 (1983): 1–23.

(16) Ibn al-Jīʻān, "Kitāb al-Tuḥfa al-Sanīya," 261v; idem, *Tuḥfa*, 193.

(17) Ibn al-Jīʻān, "Kitāb al-Tuḥfa al-Sanīya," 2r; idem, *Tuḥfa*, 3.

(18) al-Nuwayrī, *Nihāya*, 8:209; al-Qalqashandī, *Ṣubḥ*, 6:201–202.

第四章　書き換えられる土地記録

前章では、『アシュラフ・シャアバーン・ブン・フサインの時代のヒジュラ暦七七七年シャッワール月末日までに決定された事柄についての黄色の革表紙に綴じられているムラッバウ台帳』（以後、『ムラッバウ台帳』と略記）の記録と『至宝の書』の記録の一部が一致することが判明した。一五世紀後半にヤフヤー・ブン・アルジーアーンが著したとされる『至宝の書』は、エジプトの村々の土地記録を伝える史料であり、社会経済史研究に必須の史料の一つとして位置づけられる。しかし、その記録の来歴については明らかにされておらず、もっぱらその数量的な記録が抽出され、利用されてきた。[1] そこで本章では、なぜ政庁が管理していた土地記録が『至宝の書』という手稿本として成立するに至ったかについて考察し、チェルケス朝期における記録管理の問題に迫っていきたい。

本考察に用いるのは、伝世する手稿本の中で唯一『至宝の書』の名を冠するオクスフォード大学ボドリアン図書館所蔵の手稿本（以後、ボドリアン図書館手稿本と呼ぶ）であるが、この手稿本の分析に入る前に、『至宝の書』を利用した先行研究と、それが依拠した手稿本を整理し、『至宝の書』の手稿本のヴァリアントとそれらの中におけるボドリアン図書館手稿本の位置づけを明らかにしたい。

第一節　『至宝の書』の研究史と問題点

『至宝の書』は、デルタ地域一三地方、上エジプト地域七地方の村々の土地記録を収録した書である。記録は、地方ごとにまとめられ、各地方の中身は、村名表記のアルファベット順に各村の土地記録が列記される。各村の土地記録の項目は、(1)耕地面積、(2)リザク地の面積、(3)税収高（イブラ）[2]、(4)シャアバーン二世期の土地権利と土地権利者、(5)「現在」の土地権利と土地権利者である。

『至宝の書』を用いた研究史を眺めてみると、一七世紀以降の東洋学者によるものがその嚆矢と見られる。最初の研究は、フランスの神学者、東洋学者であり司書のカトリック教会司祭L・ピケ（一六三七―九九）によるものである。彼は、現在フランス国立図書館に所蔵されている手稿本 MS arabe 2262（以後、フランス国立図書館手稿本と呼ぶ）に基づいて、村名と量的記録を表形式にまとめた[3]。

フランス国立図書館の書誌目録によると、この手稿本（葉数一二〇葉、二七×一八cm、行数二一行）は、『エジプトの地方の村々と各村の税収高、面積について ***Kitāb Dhikr Mā bi Aqālīm Miṣr min al-Buldān wa ʿIbra Kull Baladi-hi wa Kam Misāḥati-hā Faddān***』という書名を冠し、ヒジュラ暦八二七年（西暦一四二三―二四年）に書写されたものとなっている[4]。しかし、筆者がこの手稿本のデジタル画像を確認したところ、表紙の上部に『エジプトの地方の村々について ***Mā bi Aqālīm Miṣr min al-Buldān***』、また表紙の中央には「これは『エジプトの歴史、地方、村々、そしてそれらに続く驚きや不思議についての書』である **hādhā *Kitāb Tārīkh Miṣr wa Aqālīm-hā wa Buldān-hā wa Mā Yalī-hā min al-ʿAjāʾib wal-Gharīb***」と記され、目録に記載された書名は序文の冒頭に記載されていた。書写年代についての記述はなかったが、本文には一四二四年以降においても生存していたアミールの名前が記されているため、書誌目録に記載された書写年代は誤りであろう。著者については、表紙に「大イマームであるマスウーディーによる」とのみ記されている。

ピケの後、フランスの言語学者、東洋学者であるS・ドゥ・サシ（一七五八―一八三八）は、一八一〇年、フランス国立図書館手稿本とその他の手稿本を用いて、量的記録を表にまとめた。ドゥ・サシの関心は、ヒジュラ暦七七七年（西暦一三七六年）の記録と彼の時代の状況とを比較して、「先見の明のない統治の下でこの美しい国が何を失ったのか、そしてよりよい統治の下ではこの国は何を得られるのか」について知ることにあった(5)。したがって、彼が作成した表には、アラビア語およびフランス語の表記による村名と耕地面積・リザク地の面積・税収高の量的記録のみが抽出され、土地権利や土地権利者に関する情報は省除されている。

ドゥ・サシが用いたこのほかの手稿本は、ボドリアン図書館手稿本、オーストリア帝国図書館手稿本、ヴァチカン図書館手稿本 **MS Vaticani Arabi 267**（以後、ヴァチカン図書館手稿本と呼ぶ）である。

ドゥ・サシによれば、ボドリアン図書館手稿本の書名には『至宝の書』の名が冠せられており、著者がヤフヤー・ブン・アルジーアーンであることや、アミールであるセイフィー・ユーシュベイの命で編纂されたことが記されていたという。これらのことからドゥ・サシは、当該手稿本が『至宝の書』の正本であると考えている。しかし、彼はこの手稿本を手にとったことはなく、当時モルダヴィアのオーストリア領事であったM・ハンマーからこの手稿本の抜粋を借りて見たという(6)。その抜粋とは、ドゥ・サシがまとめた表と同様に、村名をアラビア語とフランス語で表記し、耕地面積とリザク地の面積、税収高を表にまとめたものであった(7)。オーストリア帝国図書館手稿本についても同様に、ドゥ・サシは現物を確認することなく、ハンマーから提供された手稿本の抜粋の写しを参照した。これは、『至宝の書』系統の手稿本をカイロの財務省での利用のためにトルコ語に翻訳したものであったという(8)。他方、ヴァチカン図書館手稿本は、エジプトの村々を村名表記のアルファベット順に並べた村名リストであった(9)。

彼は、記録をまとめるにあたって、上記の手稿本を参照しつつも、可能な限りフランス国立図書館手稿本に従い、ほかの手稿本と異なる場合には註を付すという方法を採ったという。[10] このようにして完成した研究は「一三七六年、スルターン・マリク・アルアシュラフ・シャアバーン統治期におけるエジプトの地方と村々の状況」として *Relation de l'Égypte* に収録されている。[11]

ドゥ・サシの研究から約一世紀が経過した一八九八年、東洋学者でありエジプト国立図書館の初代館長（在任一八九八―一九一二）を務めたB・モリッツによって初めて『至宝の書』が校訂された。ピケや植民地支配のためのデータを得るという明確な目標を持っていたドゥ・サシの先駆的研究は、量的記録の抜粋に留まったのに対し、モリッツの校訂本の登場は『至宝の書』を歴史研究のための史料として利用することを可能にしたのであった。

モリッツは、ドゥ・サシが作成した表に加えて、次の三種類の手稿本を参照した。

〈手稿本1〉エジプト国立図書館所蔵 Cairo, Dār al-Kutub al-Qawmīya, MS Geographīya, ʻArabī 316（以後、エジプト国立図書館手稿本と呼ぶ）

葉数一三九葉、二一×一六cm、行数一七行。モリッツによれば、彼の時代から一五〇年ほど前に書写された手稿本だという。書名についてモリッツは『エジプトの税収高、面積とアシュラフ・シャアバーン期におけるヒジュラ暦七七七年シャッワール月末日までに決定された事柄 *ʻIbra Misāḥat al-Diyār al-Miṣrīya wa Mā Istaqarra ʻalay-hi al-Ḥāl ilā Ākhir Shahr Shawwāl 777 fī al-Ayyām al-Ashrafīya*』であるとしているが、筆者がこの手稿本のマイクロフィルムを確認したところ、表紙はなく、書名を知る手がかりは得られなかった。最初の葉には「イブン・アルジーアーンによる『輝かしき至宝』」と書かれているが、これは後世の館員の手によるものである。

〈手稿本2〉アミーン・サーミー所蔵手稿本

葉数八一葉、三三×二〇・五cm、行数二三行。この手稿本は、エジプト人の歴史家アミーン・サーミー（一九四一年没）が所有していたものである。[12] モリッツはこの現物を見ることはできなかったが、写しを参照した。彼によると、その手稿本はかなり古いものを複写したものではないかという。またこの手稿本の書名と著者については、「ナースィル検地の書記であるアフマド・ブン・アルジーアーンが編纂した『エジプトの地方についての輝かしき至宝』（*al-Tuḥfa al-Sanīya fī al-Aqālīm al-Miṣrīya*, jama'a al-faqīr Aḥmad b. al-Jī'ān kātib al-rawk al-Nāṣirī）」であったという。[13] 現在この手稿本の所在は不明である。

〈手稿本3〉M・シェフェル所蔵手稿本 Paris, Bibliothèque nationale de France, MS arabe 5965

葉数一二一葉、二五×一七cm、行数二一行。モリッツは、ヒジュラ暦九〇七年ジュマーダーII月九日（西暦一五〇一年一二月二一日）付の手稿本としているが、このデジタル画像を確認したところヒジュラ暦九七〇年ジュマーダーII月一九日（西暦一五六三年二月一三日）の日付であった。[14] 書名は、モリッツのいう通り『チェルケス台帳 *Daftar al-Jarākisa*』と記されていた。モリッツはこの手稿本とドゥ・サシが参照したMS arabe 2262を混同しており、モリッツ自身はドゥ・サシが参照したことのない手稿本を利用していたことに気づかなかったようである。[15]

なお、モリッツはボドリアン図書館手稿本を実際に手にとることはなく、最初と最後の葉の写真のみを見た。本文中の情報についてはドゥ・サシの作成した表を参照したという。モリッツは、ドゥ・サシがまとめた表と上述の三種類の手稿本の情報を並べ、相違があった場合は、モリッツがより正確であると判断した情報を選び、註を付しながら校訂を行った（表10）。[16]

ここでモリッツの校訂の問題点が浮上する。第一に、底本が定められておらず、情報の取捨選択のための一義的な基準が設けられていなかった。また、そこにおいては、未見のボドリアン図書館手稿本やアミーン・サーミー所蔵手

表10　ドゥ・サシおよびモリッツによって利用された手稿本

	書誌情報								参照の有無	
	手稿本	書名	著者	書写者	書写年代	葉数	サイズ(cm)	行数	ドゥ・サシ	モリッツ
1	フランス国立図書館手稿本 MS. arabe 2262	『エジプトの歴史、地方、村々、そしてそれらに続く驚きや不思議についての書 *Kitāb Tārīkh Miṣr wa Aqālīm-hā wa Buldān-hā wa Mā Yalī-hā min al-'Ajā'ib wal-Gharīb*』	大イマーム・マスウーディー	不明	不明	120	27×18	21	参照	
2	ボドリアン図書館手稿本 MS. Huntington 2	『エジプトの村々の名前についての輝かしき至宝 *Kitāb al-Tuḥfa al-Sanīya bi-Asmā' al-Bilād al-Miṣrīya*』	ヤフヤー・ブン・アルジーアーン	ムハンマド・アルマクタブ	883/1478	264	43×30	15	抜粋を参照	表紙写真を参照
3	ウィーン写本所蔵先不明	不明（トルコ語写本）	不明	不明	不明	不明	不明	不明	抜粋を参照	
4	ヴァチカン図書館手稿本 MS. Vaticani Arabi 267	『エジプトやその他の地域についての祝福された覚書 *Tadhkira Mubāraka bi-'Iddat Aqālīm al-Diyār al-Miṣrīya wa Ghayr-hā*』	不明	不明	不明	38	26×17	15	参照	
5	エジプト国立図書館手稿本 MS. Geographiya Arabi 316	表紙無し・不明	不明	不明	18世紀頃？	139	21×16	17		参照
6	アミーン・サーミー所蔵手稿本	『エジプトの地方についての輝かしき至宝 *al-Tuḥfa al-Sanīya fī al-Aqālīm al-Miṣrīya*』	アフマド・ブン・アルジーアーン	不明	–	81	33×20.5	23		写しを参照
7	シェフェル所蔵手稿本 MS. arabe 5965	『チェルケス台帳 *Daftar al-Jarākisa*』	不明	不明	970/1563	121	25×17	21		参照

稿本、実際に見たエジプト国立図書館手稿本やシェフェル所蔵手稿本が一様に扱われた。第二に、手稿本の相違に対する配慮を欠いていた。実際、モリッツは、数値情報においてエジプト国立図書館手稿本とアミーン・サーミー所蔵手稿本、シェフェル所蔵手稿本とボドリアン図書館手稿本がそれぞれ類似するが、これら二グループ間の数値情報は類似性に乏しいことを指摘していた。しかし、すべての手稿本を『至宝の書』の手稿本として扱った。書式や情報が類似しているというだけで、これらすべてを『至宝の書』の手稿本群と見なすことには留保が必要であろう。以上の問題から、本書では唯一『至宝の書』の書名を持つボドリアン図書館手稿本のみを『至宝の書』の手稿本とし、類似するその他の手稿本群を『至宝の書』系統の手稿本と呼んで区別したい(17)。

第二節　ボドリアン図書館手稿本の成立過程

ボドリアン図書館手稿本は、現在もオクスフォード大学の同図書館に所蔵されており、同大学出身の東洋学者R・ハンティントン（一六三七―一七〇一）が中東を歴訪した一六七一年から一六八一年の間に収集した手稿本群を収めたフォンドに含まれている(18)。筆者が現物を確認したところ、破損や虫食いなどはほとんどなく、保存状態は極めてよい。手稿本は、葉数二六四葉、四三×三〇cmで、折り返しつきの茶色の革張りの表紙で綴じられている。先述のように、ドゥ・サシはこの手稿本がセイフィー・ユーシュベイの命で編纂されたものとしているが、写字生と書写年代については言及していない(19)。またモリッツは、この手稿本がヤシュバク・ミン・マフディーの命によって写字生ムハンマド・ブン・アフマド・アルハサニーが書写したものであることを注記するに留めている(20)。まずは、これらの基本的な情報について、手稿本の記載内容に基づいて整理していきたい。

フォリオ**1r**の中心に配置された円形の飾り枠の中には、「ダワーダール（官房長官）(21)であり、ウスターダール（財務長官）であり、イスラーム諸王朝の指揮官であり、勝利の軍隊の長――彼の勝利が強固であれ――である高貴にして寛大であり、いと高き御方であるヤシュバク・ミン・マフディーの書庫のために」という文章が金インクを用いた美しい飾り字で記されている。アラビア語の手稿本では、スルターンやアミール、知識人が個人の蔵書として手稿本を作らせた場合、表紙にその旨が記されることが多く、「～の書庫のために（bi rasm khizāna～）」という表現は、その際に用いられる典型的な表現の一つである(22)。

この手稿本の作成を命じた人物として登場するヤシュバク・ミン・マフディー（一四八〇年没）は、カーイトバーイ期に軍総司令官（アターバク・アルアサーキル）であるウズバク・ミン・トゥトゥフとともに王朝の統治を支えたスルターンの寵臣の一人で、この時期の財政改革を担った有力アミールである。彼は、一四六八年、すでに就いていたダワーダールに加えて、宰相（ワズィール）および全エジプト地方総督（カーシフ・アルクッシャーフ）、ウスターダールを兼務し、財務に関わる重職を一手に担った。また、彼は度重なる地方遠征を指揮し、上下エジプトで活発化していたアラブ部族の反乱を治め、地方行政に安定をもたらした功績でも知られている。後述するように、手稿本が作成された一四七八年には、彼は武具長官（アミール・シラーフ）にも任じられている(23)。この手稿本はそのような人物が自らの蔵書として作成を命じたものと考えられるわけであるが、このことはフォリオ264rの上部に、「エジプトの官房長官であり、財務長官であり、高貴なる王朝の指導者であり、軍隊の長である崇高かつ知的で優れた貴ヤシュバク・ミン・マフディー――アッラーよ彼の勝利を高め給え――がこれを書くことを命じた」と記されていることからも明らかである。

また、フォリオ264rには、「カスィールとして知られ、その叔父シャイフ・ブルハーン・アッディーン・アルマクタブの生徒であるムハンマド・ブン・アフマド・アルハサニー・アルマクタブがヒジュラ暦八八三年シャアバーン月にこれを書いた」とある。ここから、この手稿本はヒジュラ暦八八三年（西暦一四七八年）にムハンマド・ブン・アフマド・アルハサニー・アルマクタブなる写字生によって作成されたことがわかる。この写字生については不詳であるが、エジプト国立図書館には、この手稿本と同様に、ヤシュバクの命で一四七八年に同一の写字生が作成したオスマン語の手稿本が所蔵されている。このことから、この人物は、ヤシュバク御用達の写字生の一人であった可能性がある。[24]

以上のことから、ボドリアン図書館手稿本は、有力アミールに献呈されたものであることが確かとなったが、このことを如実に示すべく、手稿本の作りは実に手が込んでいる。各地方の始まりの頁には青い糸が、デルタ地域と上エジプト地域の始まりの頁には黄色い糸が栞として縫いこまれており、表紙を閉じた状態でもそれぞれの最初の頁がすぐに引けるよう、実用的な工夫を凝らしたものになっている。

この手稿本の著者については、ヤフヤー・ブン・アルジーアーンとすることで先行研究は一致している。このことは、フォリオ1rに「卓越した世界のイマームの長であるシャラフ・アッディーン・ヤフヤー・ブン・故アルアラミー・ブン・アルジーアーンが編纂した」とあることからも明らかである。この人物は、その名が示す通り第二章で詳述したジーアーン家のメンバーであり、『至宝の書』が作成された当時に軍務庁の財務官を務めていた人物である。[25] すなわち、著者は政庁が管理する台帳である『ムラッバウ台帳』にアクセスできる人物であり、それに基づいて『至宝の書』を編纂したと考えられるのである。

『至宝の書』の成立時期については、これまでJ・CガルサンとH・ハルムが校訂本の記録内容から推測している（ただし、彼らは手稿本を見ていない）。ガルサンは「現在」の土地保有者として記載されているアミールとその官職から、「現在」の情報はヒジュラ暦八八〇年ジュマーダーI月（西暦一四七五年九月）からヒジュラ暦八八五年シャッワール月（西暦一四八〇年一二月）までの記録としている。またハルムは、ヒジュラ暦八七二年（西暦一四六八年）からヒジュラ暦八八五年（西暦一四八五年）までの間としている。[26] すなわち、これらの時期に成立したボドリアン図書館手稿本は、間違いなく『至宝の書』の正本であると考えられる。

表11　校訂と各手稿本における税収高値の比較

	地方	校訂	ボドリアン図書館手稿本	シェフェル所蔵手稿本	フランス国立図書館手稿本	エジプト国立図書館手稿本
A	下エジプト総額	**6,228,455**	**6,228,455**	6,128,450	**6,228,455**	6,228,055
1	カイロ郊外	**153,075**	**153,075**	**153,075**	**153,075**	**153,075**
2	カルユービーヤ地方	**419,850**	**419,850**	419,058	419,058	**419,850**
3	シャルキーヤ地方	**1,411,875**	**1,411,875**	**1,411,875**	**1,411,875**	**1,411,875**
4	ダカフリーヤ地方	596,071	**596,571**	596,071	596,071	596,071
5	ダミエッタ港近郊	11,100	**11,600**	11,100	11,100	**11,600**
6	ガルビーヤ地方	1,844,080	**2,144,080**	1,144,080	1,144,080	1,844,080
7	ミヌーフィーヤ地方	574,629+1/3	**574,629+2/3**	574,629+1/3	574,629+1/3	574,629+1/3
8	イブヤール、バニー・ナスル地方	100,232	**114,132**	100,132	100,132	100,232
9	ブハイラ地方	741,294+2/3	**741,294(1/6)**	741,294+2/3	741,294+2/3	741,294+2/3
10	フッワ、ムザーヒミーヤタイン地方	**56,846+1/2**	**56,846+1/2**	**56,846+1/2**	**56,846+1/2**	**56,846+1/2**
11	ナスタラーワ地方	**43,500**	**43,500**	**43,500**	**43,500**	**43,500**
12	アレキサンドリア港近郊	**11,000**	**11,000**	**11,000**	**11,000**	**11,000**
13	ギザ地方	62,000	—*	62,000	62,000	62,000
	下エジプト小計	6,025,553+1/2	6,278,453+1/3	5,324,661+1/2	5,324,661+1/2	6,026,053+1/2
	誤差（A-下エジプト小計）	202,901+1/2	(-)49,998+1/3	803,788+1/2	903,793+1/2	202,002+1/2
B	上エジプト総額	**3,355,808+5/6**	**3,355,808+5/6**	**3,355,808+5/6**	**3,355,808+5/6**	**3,355,808+5/6**
1	イトフィーフ地方	**143,997+1/2**	**143,997+1/2**	143,997	**143,997+1/2**	**143,997+1/2**
2	ファイユーム地方	**164,050**	**164,050**	—**	**164,050**	**164,050**
3	バフナサーウィーヤ地方	**1,302,642+1/2**	**1,302,642+1/2**	**1,302,642+1/2**	**1,302,642+1/2**	1,301,642
4	ウシュムーナイン地方	**762,040**	**762,040**	**762,040**	**762,040**	**762,040**
5	アスユート地方	**323,920**	**323,920**	**323,920**	**323,920**	**323,920**
6	イフミーム地方	**243,925+1/3**	**243,925+1/3**	**243,925+1/3**	**243,925+1/3**	243,625+1/3
7	クース地方	414,663+1/2	**414,633+1/2**	n/a	**414,633+1/2**	414,663+1/2
	上エジプト小計	3,355,238+5/6	3,355,208+5/6	n/a	3,355,208+5/6	3,353,938+1/3
	誤差（B-上エジプト小計）	570	600	n/a	600	1,870+1/2

註）葉の欠損により解読，あるいは計算不可能であった場合，n/a とした．太字で表されている数値は，ボドリアン図書館手稿本と同じ数値を意味する．* 未記入．** イトフィーフ地方の村数とファイユーム地方の村情報が脱落．

それでは、正本であるこの手稿本と、それ以外の『至宝の書』系統の手稿本の間にはどの程度の異同が見られるのであろうか。そこで、表11に、序章に記される各地方の税収高の総額について、モリッツ校訂、ボドリアン図書館手稿本、シェフェル所蔵手稿本、フランス国立図書館手稿本、エジプト国立図書館手稿本の数値をまとめた。シェフェル所蔵手稿本とフランス国立図書館手稿本は、二二項目のうち異なる項目が二つだけであり、多くの場合において一致している。他方、ボドリアン図書館手稿本とエジプト国立図書館手稿本は、ほかの手稿本との類似性に乏しく、かつこの二手稿本の間も類似性に乏しいことがわかる。ここでは表11において手稿本間で数値が異なる理由を追究しないが、手稿本によって数値が異なる以上、史料としては正本であるボドリアン図書館手稿本を選択するべきであろう(27)。

第三節　『至宝の書』の記録年代

次に、『至宝の書』が収録する記録がいつの時代のものであるかについて検討を進めていきたい。『至宝の書』の序文では、「私はアシュラフ・シャアバーンの治世に決定された諸地方の税収高を述べ、村の税収高に変化があったときは現在の税収高を述べる」とあり、税収高の記載ルールを明記しているが、地積数についての言及はない(28)。またシャアバーン二世期の税収高の記録とは、ナースィル検地の結果を反映したものなのであろうか。この問題に関して、先行研究は次のような見解を示している。

ガルサンは、『勝利の書』と『至宝の書』の記録を比較することによってこの問題を明らかにしようとした。彼は、『勝利の書』を一三九七年に始まった土地調査の記録、『至宝の書』の耕地面積の記録を一三七六年の記録と見なし、これらの記録に相違が見られることから、耕地面積の記録は一三七六年以降も管理・更新されていたという仮説を提示した。また税収高については、基本的には一三七六年の記録であり、「(その後)〜に決定された」という見直し後の記録は『至宝の書』が成立した一四七五年から一四八〇年までの記録であるとした。[29] 次にハルムは、『至宝の書』に記載される耕地面積と税収高の記録を一三一五年のナースィル検地の記録、見直し後の記録を一三七六年の記録と推定し、ガルサンとは異なる見解を示した。[30] その後、ミシェルは、『勝利の書』と『至宝の書』に加えて『軍務台帳』を用い、ブハイラ県の耕地面積を対象として、三つの史料の間に見られる数値の相違について比較を行った。この分析により、彼は『軍務台帳』が収録するマムルーク朝期の記録の中に耕地面積が見直された年と見直し後の記録が記載されている事例があることから、ナースィル検地以降も耕地面積の記録が更新されていたことを示すと同時に、耕地面積の一部は更新されているとはいえ、概ねナースィル検地時の記録が維持されていたと結論した。[31] ただし、ミシェルが分析の対象としたのはブハイラ県のみであり、一行政県の傾向を他の行政県にも敷衍できるかについては検討の余地が残る。そこで、その他の県の耕地面積を対象にして『軍務台帳』と『至宝の書』の比較を行ってみたい。

まず、伝世する『軍務台帳』全一四冊の概要記録に収録されたマムルーク朝期の記録を対象として、耕地面積の記録が更新されている事例を調べた結果、ブハイラ県以外の県で、耕地面積が更新された事例は三件あった。

第一に、イトフィーフ県アクワーズ・バニー・バフル村の耕地面積であるが、「ヒジュラ暦七四六年、九二四＋二四分の二一。ヒジュラ暦七四七年、七〇一＋二四分の四＋三八四分の一。ヒジュラ暦七四八年、七〇〇(ファッダーン)」と記載され、ヒジュラ暦七四六年(西暦一三四五—四六年)から、毎年、耕地面積が見直されたことがわかる。[32] その変化は小数点以下に至るまで記録されている。

次の例は、シャルキーヤ県アルド・アルジャミーミー村で、「検地前、七五、(その後)六六＋三分の二に定められた」とある。[33] これは、検地前後の記録を記載している点で興味深い事例である。ここでの検地(ラウク)とはナースィル検地のことであり、ナースィル検地によって耕地面積の記録が見直されたと考えられる。

最後はミヌーフィーヤ県ミリージュ村で、最初に『チェルケス台帳』の記録（一九四一ファッダーン）が記され、続いてナースィル検地の記録（二九九〇＋二四分の二三ファッダーン）が記されている。[34] このことは、耕地面積の記録がナースィル検地以降も、更新されていたことを示していよう。

以上、『軍務台帳』においてナースィル検地後の耕地面積の見直しの証跡は得られたが、ブハイラ県のほかにイトフィーフ県、ミヌーフィーヤ県に一件ずつ確認されたのみであった。加えて、クース県を対象にして、『至宝の書』のボドリアン図書館手稿本と『軍務台帳』に収録されるマムルーク朝期の耕地面積の記録を比較したところ、数値が違ったのは四二村中三村だけであり、その違いもわずかな差異であった。[35] 以上の結果から、ブハイラ県以外でも耕地面積の見直しが行われたと考えられるものの、『至宝の書』の多くの数値はナースィル検地の記録を維持しているとするミシェルの見解の妥当性を証明する結果となった。

それでは、税収高についてはどうであろうか。『至宝の書』には税収高が更新されている事例が多数見られる。例えば、クース県マハーニス村の税収高の記録は、「かつては一五〇〇〇ディーナール、（その後）二五〇〇〇ディーナールに決定された」と記載されているように、通常、税収高に変化があった場合、変更前と変更後の記録が示される。[36] このことから、税収高が見直されていたことは明らかであるが、このような税収高の更新は『軍務台帳』ではどのように扱われたのであろうか。

表12は、『軍務台帳』の概要記録に見られる税収高の見直しを示す記録をまとめたものである。『至宝の書』とは対照的に、『軍務台帳』の中に税収高が記載されることは珍しく、税収高の変化を示す記録が記載されている事例は一四件に留まった。[37] このうち四件（表12中②③⑫⑭）は二回以上記録が更新されており、内三件（表12中②③⑭）は記録の更新日まで記載されている。表中⑭は、先述したマハーニス村の記録である。『チェルケス台帳』から引用された記録では、古い記録（カディーム）、ヒジュラ暦七三二年（西暦一三三二年）の記録、ヒジュラ暦七七九年（西暦一三七七年）の記

表 12　『軍務台帳』に見られる税収高の更新に関する記述

	村名	『軍務台帳』における税収高についての記述	『至宝の書』の税収高	出典
①	ガルビーヤ県 ハッダード村	税収高は 4000, その後 822 年ムハッラム月 7 日/1419 年 2 月 3 日の土地調査（tarbīʻ）で，その半分の 2000 に定められた.	4000	*DJ* 4626, 97r; MS. Hunt 2, 85r.
②	ガルビーヤ県 アムユート村	税収高は 17000，その後 780 年シャッワール月 8 日/1379 年 1 月 28 日に 8500 に定められ，873 年シャッワール月 5 日/1469 年 4 月 18 日付の命令書（marsūm）で 4250 に定められた.	17000 → 4250	*DJ* 4626, 232r; MS. Hunt 2, 92v.
③	イトフィーフ県 イトフィーフ村	税収高は 25000，そして 24400，その後 25000，その後 811 年サファル月/1408 年付の命令書で 12500 1/4 に定められた.	24400 → 12500	*DJ* 4639, 1r; MS. Hunt 2, 206r.
④	イトフィーフ県 アクワーズ・バニー・バフル村	税収高は 12600，その後 3000 に定められた.	12600 → 3000	*DJ* 4639, 30v; MS. Hunt 2, 206r.
⑤	イトフィーフ県 ブルンブル村	税収高は 8000，その後 4000 に定められた.	8000 → 9000	*DJ* 4639, 32r; MS. Hunt 2, 206r.
⑥	イトフィーフ県 ティビーン村	税収高は 3000，その後 2000 に定められた.	3000 → 2000	*DJ* 4639, 35r; MS. Hunt 2, 206r.
⑦	イトフィーフ県 ハイイ・アッサギール村	税収高は 3500，その後 2916 に定められた.	3500 → 2920	*DJ* 4639, 38r; MS. Hunt 2, 206v.
⑧	イトフィーフ県 サーリヒーヤ村	税収高は 2000，その後 1000 に定められた.	2000 → 1000	*DJ* 4639, 47v; MS. Hunt 2, 206v.
⑨	イトフィーフ県 カラービーヤ村	税収高は 1400，その後 700 に定められた.	1400 → 900	*DJ* 4639, 51r; MS. Hunt 2, 206v.
⑩	イトフィーフ県 イスティブル村	税収高は 4000，その後 5000，そして 1250 に定められた.	5000 → 1250	*DJ* 4639, 59r; MS. Hunt 2, 207r.
⑪	イトフィーフ県 ヒルワーン村	税収高は 5000，その後 4166 に定められた.	5000 → 4166	*DJ* 4639, 93r; MS. Hunt 2. 208v.
⑫	ファイユーム県 ザート・アッサファー村	税収高は 24000，その後 15000，その後 5000，そして 2500 に定められた.	5000 → 2500	*DJ* 4645, 75v; MS. Hunt 2, 214r.
⑬	ウシュムーナイン県 バニー・スィラージュ村	古い（qadīm）税収高は 2000，その後 500 に定められた.	2000 → 500	*DJ* 4625, 156r; MS. Hunt 2, 244r.
⑭	クース県 マハーニス村	古い税収高：8000，732 年ラビー II 月 24 日 /1332 年 1 月 24 日：15000，779 年ムハッラム月 23 日/1377 年 6 月 1 日：5000，808年ジュマーダー II 月 4 日/1405 年 11 月 27 日：2500.	15000 → 2500	*DJ* 4633, 94r; MS. Hunt 2, 263r.

録、ヒジュラ暦八〇八年（西暦一四〇五年）の記録とある。ナースィル検地は約二〇年の間に断続的に進められたが、エジプトにおいて検地が実施されたのは一三一五年のことであった。「古い記録」は、次に記される一三三二年の記録よりも古いものであることから、おそらく検地の記録であろう。そして、この村では、その後少なくとも三度、税収高が見直されたのであった。なお、ヒジュラ暦七三二年に書き換えられた記録と『至宝の書』の「かつて」の記録は一致し、ヒジュラ暦八〇八年の記録と、『至宝の書』の書き換えられた記録は一致する。

このように『軍務台帳』の中に見られる更新記録と『至宝の書』の更新記録の一致は、五件（表12中①③⑤⑦⑨）を除いたすべての事例において見られた。また、一致が見られなかった事例でも、その数値の違いはわずかな差であった(38)。中でも、②では、ほかの事例より『至宝の書』の成立に近い一四六九年の記録が反映されていることに注目されたい。このことから『至宝の書』における税収高の「かつて」の記録はヒジュラ暦七七七年（西暦一三七六年）時点での記録であり、「現在」の記録は編纂時の最新の記録であることが確かめられる。

以上の考察から、『至宝の書』の耕地面積は、記録の更新が一部見られるが、基本的にはナースィル検地の記録であること、他方、税収高は基本的には一三七六年の記録だが、それ以降に記録が見直された場合は、『至宝の書』の正本が作成された一四七八年時点での最新の記録が併記されたことが明らかになった。記録方法に着目すると、税収高は記録に変化があった場合、新旧の記録がともに記載されるのに対し、耕地面積は最新の記録のみが記載された。このような記録方法の違いは、政府にとっても軍人にとっても主たる関心が税収高にあったことを示唆している。

第四節　小　結

これまでの考察で、『至宝の書』は、ヤフヤーが『ムラッバウ台帳』の記録に基づいて編纂したものであったことが明らかになった。しかし、それは必ずしも『至宝の書』が『ムラッバウ台帳』の完全なる複写版であったことを意味するわけではない。その表記には相違があると考えられるためである。政庁の管理下に置かれていた台帳においては、数字を表記する際、通常、アラビア文字の数詞を印にしたスィヤーク数字が使用されていたことが推測され、『ムラッバウ台帳』においても同様にスィヤーク数字が使用されていたと推測される。例えば、ヌワイリーは、軍務庁の書記官の職務内容を述べる中で、次のように記している。

> 軍務庁の書記官は以下のことを必要とする。まず、イクター、現金給、現物給を保有する者の名前を整理する。それは様々な位階ごとのアミール、スルターン軍団、ハルカ騎士団、トゥルクマーンやアラブ部族のアミールである。彼らの名前（ノスム）を確認できるように、［それらが］アルファベット順に並べられた台帳を作成する。［その台帳には、まずその人物の］名前と、アミール位もしくは軍人の位が始まった年を太陰暦で記す。それは、彼が然るべきハラージュ暦の穀物を受領するためである。それから、そのイクターが誰からその人物の下に移動したかを記す。そして、各々の名前に対応するように、その人物のイクターの税収高を、わかりにくいように記号（ラムズ）を用いて書き表す。[39]

ここでは、用いられる記号がいかなるものかについての詳細は明らかではないが、重要なのは、税収高の記録を判読困難な形で表記するという決まりごとである。そのように記入された情報は、一部の財務官のみが把握しうるものとなったに違いない。他方、『至宝の書』やその他の『至宝の書』系統の手稿本は、明瞭なアラビア文字数詞で表記されている（図5）。このことは、『至宝の書』が、財務において用いられる特殊な暗号やスィヤーク数字に熟知した財務官僚や書記官ではなく、それを読解することができない読者を対象にしたものであったことをよく表している。

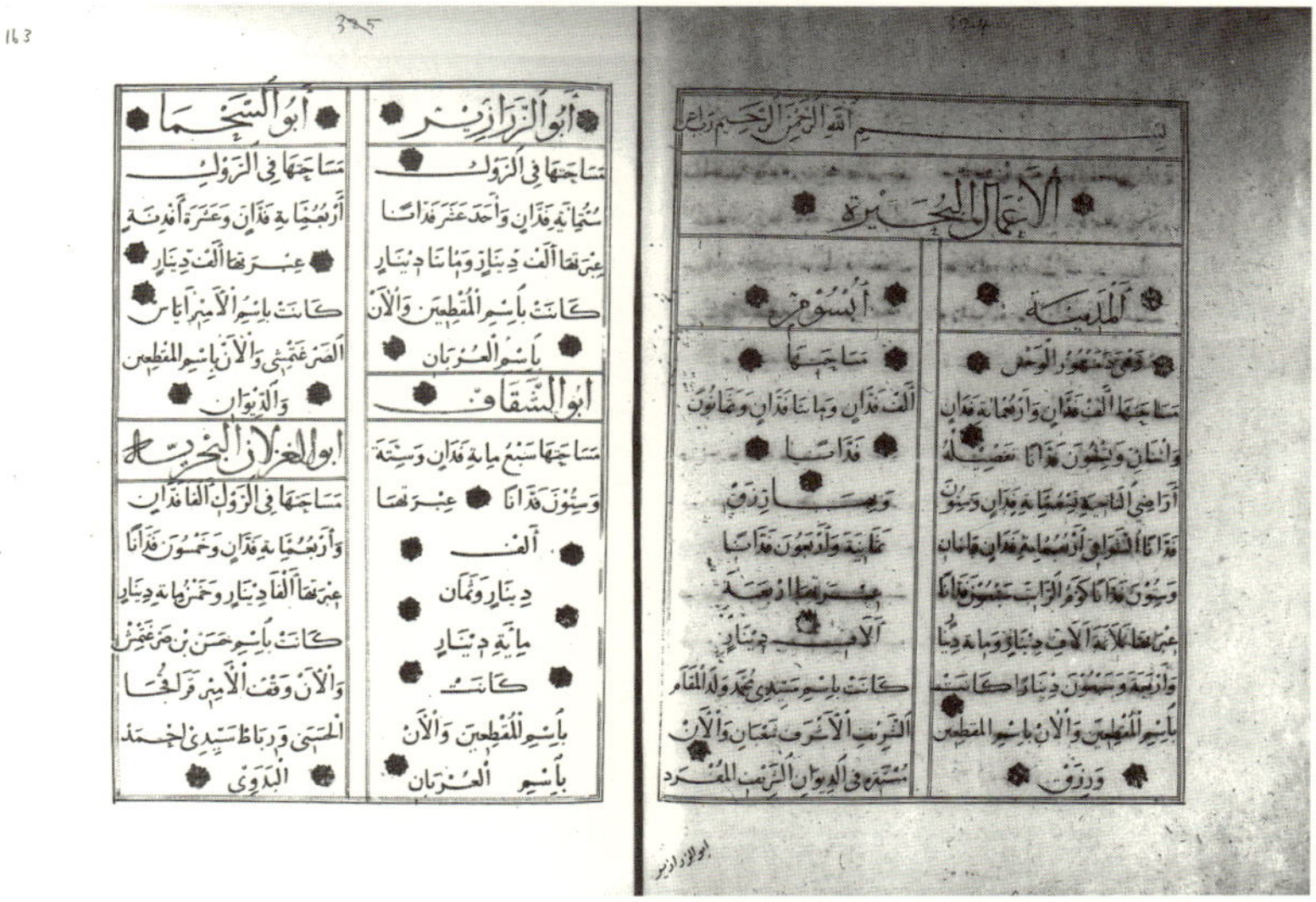

図 5　ボドリアン図書館手稿本

出典）　MS Huntington 2, 162v–163r.

『至宝の書』とその原典である『ムラッバウ台帳』の特徴は、過去と「現在」の記録を併記している点にあり、これにより読者は約一世紀間に起こった各村の税収高や土地権利の変化を一目で知ることができる。シャアバーン二世の時代とは、カラーウーン家の実質的な支配が続いた最後の治世であり、カルカシャンディーは、ナースィル検地によってシャアバーン二世の治世まで続く王朝の基礎が確立されたとして一線を画している[40]。このことから、『至宝の書』は、カラーウーン家の時代から、チェルケス朝の開祖バルククによるムフラド庁（ディーワーン・ムフラド）の創設やザヒーラへのスルターン財源の一元化などの財政機構の変化を経て[41]、エジプトの土地や農業生産がどのように変化したかを知るための資料として編纂されたのであろう。

ヌワイリーによれば、軍務庁の財務官は三年に一度土地調査の実施が任務とされていた。この調査は、耕作地や非耕作地の村の名前、耕作地の面積や休閑地の面積、各種の税についての確認を行い、三年間の各年の収穫とその合計を確定するものであった[42]。また、軍務庁の書記官には、イクターの保有者がほかのイクターへ移動した場合は、速やかに記録を更新することが求められた。税収高に関しても、書記官は行政地区と諸地域の官吏（ムバーシル）たちと三年に一度契約を結び、調査を委嘱した。調査の結果は、書記官が管理する台帳に、調査前後の変化がわかるように転記されたという[43]。この記述から、少なくともこの書が著された一四世紀前半においては定期的に土地の調査が行われていたことが窺えるが、これらの調査の実施についての記録は年代記や伝記集などの叙述史料にはほとんど見られない[44]。ここで軍務庁の書記官が調査を委嘱する官吏とは、イクターや政府財源となっていた土地を管理していた者を指すと考えられる[45]。彼らはナイルの水が耕地に行き届くと、担当する村のシャイフに灌漑文書を作成させ、灌漑地と非灌漑地の耕地面積など、灌漑の状況をまとめた。また、耕地ごとに在村農民や入作農民と耕作契約を取り結び、それによって彼らに一定の納税を負わせたのであった[46]。このように、農業生産の現場では、担当官吏が税に関わる細かい記録を把握したが、中央の軍務庁では、三年に一度、このような官吏たちに税収高に関する報告を依頼し、その報告に基づいて税収高が把握・更新されていたのであった。チェルケス朝期においてそのような作業を取りまとめる中心的な役割を果たしたのがジーアーン家であり、『至宝の書』の編者がジーアーン家の人物であったことも必然であったといえる。

『至宝の書』は、特定の時代のまとまった土地記録であるがゆえに、その後も様々な形で複写された。おそらく、ボドリアン図書館手稿本と『至宝の書』系統の手稿本の間の数値情報の相違は、複写段階での誤記によるものではなかろうか。興味深いことには、オーストリア帝国図書館手稿本のようにオスマン語で複写され、実務に用いられていたものも存在したのであった。さらに一九世紀に入ると、それらの手稿本は植民地支配の正当化のために利用された。一五世紀の財務記録が一九世紀に至るまで実用に供されてきたことは驚くべきことである。そして現在、ジーアーン家が残した土地記録は、貴重な史料として歴史研究に利用されているのである。

（1）代表的なものとして、Halm, *Ägypten* があげられる。

（2）イブラは数年間の税収の平均をとって算出される税収高であり、ディーナール・ジャイシーあるいはディーナール・ジュンディーの単位で表される。ディーナール・ジャイシーは通貨ではなく、あくまでも税収高を表す単位であり、一ディーナール・ジャイシーとディーナールの換算率は時代によって変化した（Sato, *State and Rural Society*, 152–156）。他方、実際の税収を表す語としてはイルティファーウがある（Cooper, "The Assessment and Collection of Kharāj Tax," 370 ed. Fuat Sezgin, repr.）。

（3）Silvestre de Sacy, *Relation de l'Égypte par Abd-Allatif, médecin arabe de Baghdad*, ed. Fuat Sezgin, repr.（Frankfurt am Main, 1992）, 587. ピケがまとめた書は、MS arabe 2263 に所蔵されている（William Mac Guckin de Slane, *Catalogue des manuscrits arabes*（Paris, 1883–95）, 397）。現在、MS arabe 2262 および MS arabe 2263 は、フランス国立図書館が運営するオンラインライブラリーであるガリカにて公開されている（MS arabe 2262: http://gallica.bnf.fr/ark:/12148/btv1b10035163h/f1.image.r=arabe%202262; MS arabe 2263: http://gallica.bnf.fr/ark:/12148/btv1b11002645r/f3.image）。なお、ドゥ・サシの時代には、MS arabe 2262 には旧来の所蔵番号であった MS 693 がふられていたが、本書ではその他の手稿本についても同様に、現在の所蔵番号に統一して記す。

（4）De Slane, *Catalogue des manuscrits arabes*, 396.

（5）De Sacy, *Relation de l'Égypte*, 591.

（6）この人物については不詳であるが、オーストリアの東洋学者ハンマー・プルクシュタル（一七七四—一八五六）と考えられる。*The Encyclopedia Britannica: A Dictionary of Arts, Science, Literature and General Information, 11th edition*（Cambridge, 1910）, 898 を参照。

（7）De Sacy, *Relation de l'Égypte*, 587–588.

（8）この手稿本については、ドゥ・サシは所蔵番号などを記載しておらず、検索の手がかりが得られない状況である。De Sacy, *Relation de l'Égypte*, 588.

（9）De Sacy, *Relation de l'Égypte*, 588; Giorgio Levi Della Vida, *Elenco dei Manoscritti Arabi Islamici della Biblioteca Vaticana, Vaticani Berberiniani Borgiani Rossiani*（Vatican, 1935）, 15. この写本について筆者に情報を提供してくれたフレデリック・ボダン氏に感謝する。

（10）De Sacy, *Relation de l'Égypte*, 589.

（11）De Sacy, *Relation de l'Égypte*, 581–704.

（12）この人物については、Khayr al-Dīn al-Ziriklī, *al-A'lām Qāmūs Tarājim li Ashhar al-Rijāl wal-Nisā' min al-'Arab wal-Musta'ribīn wal-Mustashriqīn*, 8 vols.（Beirut, 2005）, 2:17.

（13）Ibn al-Jī'ān, *Tuḥfa*, II–III. 筆者はこの手稿本の所在を確認できなかった。これと同名の手稿本がヴァチカン図書館に所蔵されている（MS Vaticani Arabi 283）が、書誌情報からアミーン・サーミー所蔵手稿本とは異なるものと見られる。Della Vida, *Elenco*, 18.

（14）Ibn al-Jī'ān, *Tuḥfa*, III; MS arabe 5965, 122v. なおフランス国立図書館の目録によると、書写年は一五六二—六三年となっている。Blochet, *Catalogue des manuscrits arabes*, 150.

（15）Ibn al-Jī'ān, *Tuḥfa*, II–III.

（16）Ibn al-Jī'ān, *Tuḥfa*, II–IV.

（17）ここであげたもの以外にも『至宝の書』系統の手稿本の存在が認められる。ケンブリッジ大学に所蔵されている手稿本（MS Qq. 65）もその1つである。Jo Van Steenbergen, "Tawqīm al-Buldān al-Miṣrīya（C.U.L. MS. Qq. 65）. Identifying a Late Medieval Cadastral Survey of Egypt", in *Egypt and Syria in the Fatimid, Ayyubid and Mamluk Eras IV*, eds. U. Vermeulen and J. Van Steenbergen（Leuven, 2005）, 475–489.

（18）Alastair Hamilton, "Huntington, Robert（bap. 1637, d. 1701）," in *Oxford Dictionary of National Biography*, Oxford University Press, 2004; online edn, Jan 2008 [http://www.oxforddnb.com/view/article/14242, accessed 15 June 2017].

（19）De Sacy, *Relation de l'Égypte*, 587–588.

（20）Ibn al-Jī'ān, *Tuḥfa*, III, n. 2.

（21）ダワーダールはスルターンまたはアミールの側近職である。原義はインク壺の保持者で、チェルケス朝治下ではスルターンやアミールについての報告、諸事の伝達などの重要な政務を司った（al-Qalqashandī, *Ṣubḥ*, 4:19, 5:462; al-Maqrīzī, *Khiṭaṭ*, 3:720–721）。カーイトバーイ期に入ると、ヤシュバクがダワーダール、宰相、ウスターダール、全エジプト地方総督職（カーシフ・アルクッシャーフ）を一度に兼務するようになった。これは当時滞りがちであった徴税を確実に遂行するための措置であったが、これが一定の成果を収め、以後これらの官職は兼務されるようになった。五十嵐『中世イスラーム国家の財政と寄進』、一三三—一三五、Igarashi, *Land Tenure*, 157–160.

（22）Ayman Fu'ād Sa'īd, *al-Kitāb al-'Arabī al-Makhṭūṭ wa 'Ilm al-Makhṭūṭāt*, 2 vols.（Cairo, 1997）, 2:453–472. この中にヤシュバクの命による手稿本の例がある（Saīd, *al-Kitāb al-'Arabī al-Makhṭūṭ*, 2:470）。

（23）al-Sakhāwī, *Ḍaw'*, 10:272–274; Petry, *Protectors or Praetorians?*, 15–18; 五十嵐『中世イスラーム国家の財政と寄進』、一三四―一三五、Igarashi, *Land Tenure*, 153–160. ヤシュバクはシリア遠征も行っており、イブン・アジャー（一四七六年没）がこのときの遠征記を残している。この遠征記は、M・ダフマーンが著書の中で校訂を行っている。Muḥammad A. Dahmān, *al-'Irāk bayna al-Mamālīk wal-'Uthmānīyīn al-Atrāk: ma'a Riḥlat al-Amīr Yashbak min Mahdī al-Dawādār*（Damascus,1986）, 63–177.

（24）Anonymous, "Kitāb Turk Dilinja," Cairo, Dār al-Kutub al-Qawmīya, MS mawā'iẓ, Turkī 16. この手稿本のマイクロフィルムは紛失しており、現物の確認もできなかった。この手稿本に関する最新の状況を調査してくれた荒井悠太氏に感謝する。

（25）ヤフヤー・ブン・アルジーアーンについては、al-Sakhāwī, *Ḍaw'*, 10:229; Ibn Iyās, *Badā'i'*, 3:168 を参照。ヤフヤーが財務官を務めた期間は、一四六〇年から死亡するまでであったと見られる。Ibn Iyās, *Badā'i'*, 2:357.

（26）Jean-Claude Garcin, *Un centre musulman de la Haute-Égypt médiéval: Qūṣ*（Cairo, 1976）, 456; Halm, *Ägypten*, 1:32. ガルサンは、厩舎長官として記載されるキジュマース・アルイスハーキーがこの職に任命された年からヤシュバクが死亡する年までとした。Garcin, *Un centre musulman*, 456, n. 3.

（27）しかし、各手稿本の提示する総額（表中AおよびB）が、各地方の税収高の合計額と合わないことから、いずれの手稿本も数値に誤りを含んでいる。

（28）ほかの手稿本においても同様に記される。Ibn al-Jī'ān, "Kitāb al-Tuḥfa al-Sanīya," 1v; MS arabe 5965, 1v; MS arabe 2262, 1v.

（29）Garcin, *Un centre musulman*, 454, 456.

（30）Halm, *Ägypten*, 1:30–31.

（31）Nicolas Michel, "Villages désertés, terres en friche et reconstruction rurale en Égypte au début de l'époque ottoman," *AI* 36（2002）: 235–240.

（32）*DJ* 4639（Reg. 3001–000105）, 30v.

（33）*DJ* 4641（Reg. 3001–000112）, 33v.

（34）*DJ* 4634（Reg. 3001–000109）, 146v.

（35）違いがあったのは、ジャバライン村（耕地面積の数値は、ボドリアン図書館手稿本、一四五〇。『軍務台帳』、一四五二）。

トゥーフ・ダマヌー村（ボドリアン図書館手稿本、五〇二二。『軍務台帳』、五〇一一）、ファルジュート村（ボドリアン図書館手稿本、一三〇〇〇。『軍務台帳』、一二九九九）。

（36）Ibn al-Jīʿān, "Kitāb al-Tuḥfa al-Sanīya," 263r.

（37）『軍務台帳』の概要記録中に税収高が記載されている事例は五一件である。『軍務台帳』に税収高が記録されなかったのは、『軍務台帳』が私有地やワクフ地の土地権利とその権利者の確定のために編纂された台帳であり、租税関係の台帳ではなかったためと考えられる。

（38）①は、『軍務台帳』ではヒジュラ暦八二二年（西暦一四一九年）に記録が更新されているが、『至宝の書』では更新後の記録は記載されず、古い記録のみを伝えている。この理由として『ムラッバウ台帳』にこの村の更新後の記録が記載されていなかった可能性や、『至宝の書』の編纂の段階で更新された記録が脱落した可能性が考えられるが、ここでは明らかではない。ほかの四件については、③は小数点以下の違い、⑦は一の位のわずかな違いのみで、⑤と⑨は簿記用の特殊数字の読解上の間違いに起因すると考えられる（特殊数字の四〇〇〇と九〇〇〇、七〇〇と九〇〇は似通っている。Michel, "Les rizaq iḥbāsiyya," 130）。

（39）al-Nuwayrī, *Nihāya*, 8:200–201.

（40）al-Qalqashandī, *Ṣubḥ*, 4:14; 五十嵐『中世イスラーム国家の財政と寄進』、一二一—一二五、Igarashi, *Land Tenure*, 25–30.

（41）バルクークは、ムフラド庁を創設して特定のイクターをムフラド庁の財源として編入し、そこからの財源をスルターン軍への月々の現金給与の支給に充てた。五十嵐『中世イスラーム国家の財政と寄進』、三七—六六、九二—一二四、Igarashi, *Land Tenure*, 47–81.

（42）al-Nuwayrī, *Nihāya*, 8:297.

（43）al-Nuwayrī, *Nihāya*, 8:202–203.

（44）一三九七年に測量（ミサーハ）が行われた記述がある（Ibn al-Furāt, *Taʾrīkh al-Duwal wal-Mulūk*, ed. Q. Zurayq, vol. 7–9 (Beirut, 1936–42), 9:461; al-Maqrīzī, *Sulūk*, 3:876）。また、佐藤は、ナースィル検地以降マムルーク朝末期までに少なくとも二回（一三八九年と一三九六年）、検地実施の記録があることを指摘している（Sato, *State and Rural Society*, 145）。

（45）Sato, *State and Rural Society*, 193.

（46）al-Nuwayrī, *Nihāya*, 8:247–250; Sato, *State and Rural Society*, 192–193.

第二部　土地制度と灌漑における連続と非連続

第一部では、チェルケス朝期において土地記録がどのように管理され、そして後の時代に継承されていったかという問題を論じてきた。第二部では、第一部で見てきた土地記録を実際に利用し、当時の土地制度や灌漑の維持管理の仕組みを解き明かしていきたい。

一四世紀前半のナースィル検地後に行われたイクターの再分配によって、マムルーク軍人は政治および軍事において優位を占めることが確実となった。そして、彼らにはイクター経営を通じて村落社会を監督することも求められたのである。他方、マムルーク軍人の下位に位置づけられたハルカ騎士は、受給額の少ないイクターを割り当てられて困窮し、維持できなくなったイクターを売却する者まで現れるほどであった。これにより、ナースィル検地の直後から、本来的にはイクター保有の資格がないはずの民衆がイクターを保有するなどの状況が生じていた。さらに、チェルケス朝期に入ると、ワクフ地や私有地の増加が顕著となったが、その受益者もまたマムルーク軍人に限らない人々であった。

このような状況において、イクター制の内部にはどのような変化が生じていたのであろうか。そして、それは、土地の維持管理や村落社会に何らかの変化をもたらしたのであろうか。第二部では、これらの問題を解くことによって、政府・土地権利者・村落社会の関係を描いていく。

第五章　イクター保有の実態

第一部では、記録管理の観点から『軍務台帳』を扱ってきたが、本章では、その記録内容を分析していく。そこで、最初に、『軍務台帳』の概要記録と詳細記録に収録される記録の解題から始める。そして、そこから得られる記録を用いて、概要記録と詳細記録が示すイクター保有の状況について考察を進めていく。

第一節　『軍務台帳』に記載された記録の解題と利用

(1)　概要記録

概要記録においてマムルーク朝の台帳から転載される基本的な記録項目は、耕地面積、リザク地面積、土地権利ごとの税収高の配分率である。例えば、第一章で示した図2では、「耕地面積、九九三（ファッダーン）。内リザク地面積、三五」と面積の記録が記された後、全体を一〇分の一〇として、「リザク地、一〇分の四。ワクフ地、一〇分の一、イクター、一〇分の五」と記されている。ここでは次の三つの点について明らかにしておきたい。第一に、上記のように示される「リザク地面積」は、慈善リザク地、軍事リザク地、村のリザク地の合計なのであろうか。第二に、土地権利ごとの税収高の配分率が記される際に「全体」とされるものは、上記の「リザク地面積」を含む耕地面積全体を指すのか、それとも村の総面積からリザク地の面積を引いた残りの面積を指すのであろうか。第三に、これまで、このように示される比を税収高の配分率としてきたが、それは正しいのであろうか。

これらの問題を解決する手がかりとなるのが、『軍務台帳』の中に残るナースィル検地の記録である。(1) 図6は、ブハイラ県カーフィラ村の概要記録である。(2) 最初に『チェルケス台帳』に基づく耕地面積の記録が示されるが、向かって右側の数字が、リザク地の面積一二〇＋二四分の二〇とあり、左側の数字三七八四は、リザク地の面積を含む村の総耕地面積と考えられる。続いて、「ヒジュラ暦七一九年におけるナースィル検地の面積」が引用され、最初に、「その地域全体の面積、四七八四」が示され、その下部の向かって右側には右上がりに「耕作地（マズラウ）、二八〇〇」、左側には左上がりに「非冠水地（シャラーキー）、一九八四」と記載される。非冠水地とは、ナイルが増水した際に、水が行き届かなかった土地のことである。(3) つまり、この欄には、村の耕地面積のうち、ナイルの増水によって灌漑された土地と灌漑されなかった土地の地積数がそれぞれ明記されている。(4)

次に、内訳の下に「リザク地（の面積）、一二〇＋二四分の二〇」が示され、さらにその下欄に、右上がりの文字列で「慈善リザク地、三三＋二四分の八」、左上がりの文字列で「イクター、八七＋二分の一」と記載されている。最後に「差、四六六三」とあり、村の総面積からリザク地を引いた面積（四七八四－（一二〇＋二分の一））が示される。(5) この記録によれば、「リザク地」の内訳として、「慈善リザク地」と「イクター」が示されているが、果たして、ここでリザク地に内包されているイクターは、軍事奉仕の対価としてのイクターを意味しているのであろうか。

第一章において説明したように、リザク地には慈善庁が管轄する慈善リザク地と、軍務庁が管轄する軍事リザク地、そして村のリザク地がある。ミシェルは、『慈善台帳』のナースィル検地の記録の写しから、リザク地の中に分類されているイクターは、村のコミュニティ維持のためのリザク地を指し、エジプトの各村には、村の維持のために一定の土地を割り当てられていたことを示している。(6) この指摘は、『軍務台帳』においても当てはまる。ミヌーフィーヤ県アシュマ村の概要記録に示される検地記録には、「リザク地、五八。うち慈善リザク地、一八。イクター、四〇」とあ

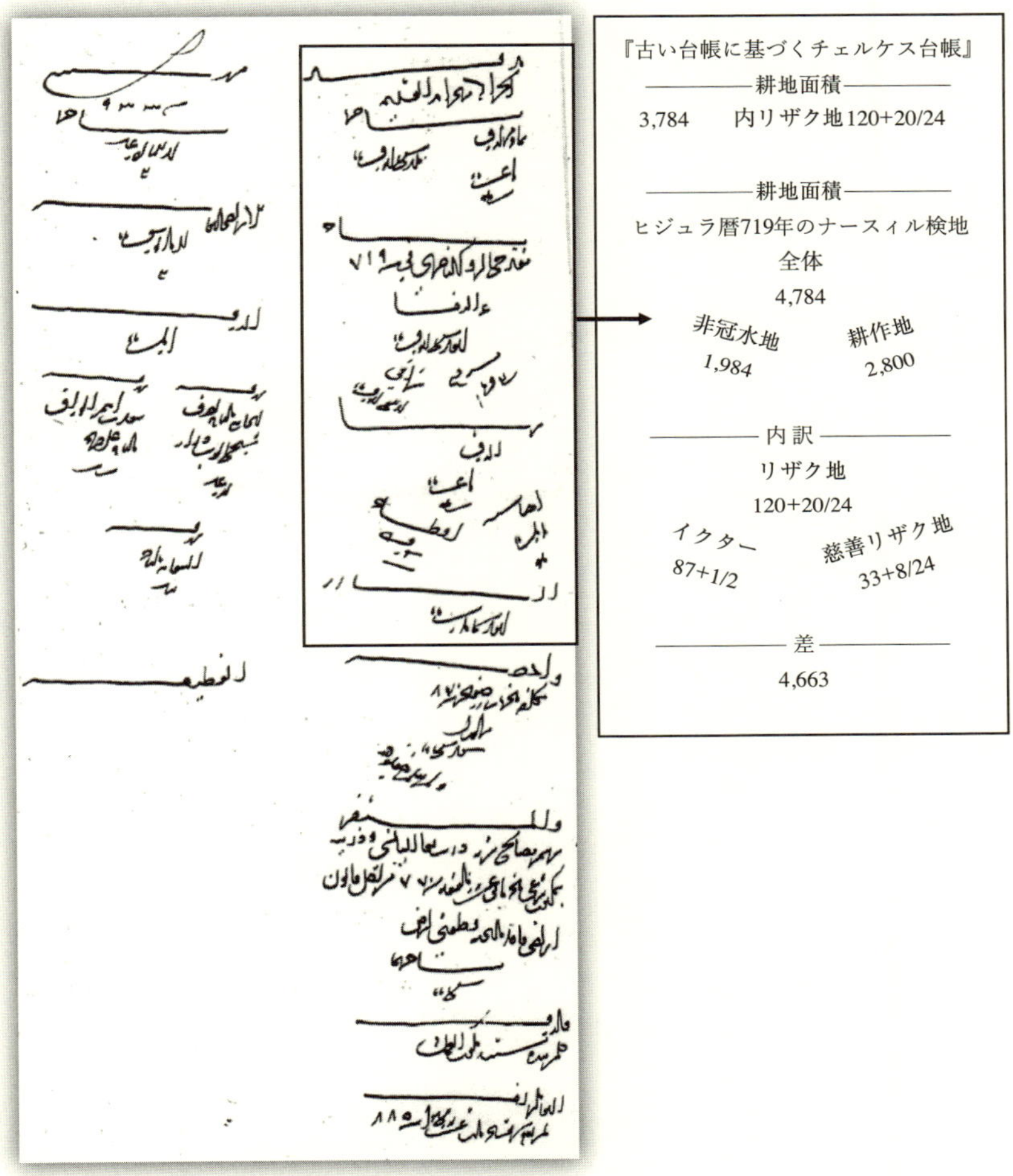

図 6　ブハイラ県カーフィラ村の概要記録

事例1：ガルビーヤ県マハッラ・アビー・アルハイサム村

耕地面積：4,280、内リザク地面積：181

ヒジュラ暦816年の税収高
全体を24キーラートとする
私有地とワクフ地：4,800　　リザク地：23
イクター：12,975
註：この村の税収高はMS Huntington2によれば16,800である。

事例2：ガルビーヤ県ミンヤ・バハール村

耕地面積：270、内リザク地面積：10

リザク地とイクター：税収高は10分の10
イクター：1+3/4
軍事リザク地：8+1/4

図7　税収高の配分率が明記された概要記録の例

り、さらに「イクター」の下に、「警備、三五。大工、五」との内訳が記されている。また、ダミエッタ港湾部シャーワ・サラント村の記録では、「イクター、二六」の下に「警備、一六。シャイフ職、一〇」との内訳がある。これらの事例から、リザク地の内訳として記されるイクターは、村のコミュニティ維持のためのリザク地であると解釈できる。

次に、これまで税収高の配分率としてきた土地権利ごとに記載される比について確認しよう。ガルビーヤ県マハッラ・アビー・アルハイサム村の概要記録では、通常、比が記される箇所に、ヒジュラ暦八一六年（西暦一四一三―一四年）の税収高の内訳が実数で記載されている（図7、事例1）[7]。また、ガルビーヤ県ミンヤ・バハール村の概要記録では、税収高全体を「一〇分の一〇」と明記した上で、イクターの税収高を一＋四分の三、軍事リザク地の税収高を八＋四分の一としている（図7、事例2）[8]。このように、税収高を比で表す表記方法は、紙葉の左側に書かれるオスマン朝期の検地記録においても踏襲されており、面積が実数で表されるのに対し、税収高は比で表されている。以上のことから、『軍務台帳』において記載された比は、各土地権利の税収高の配分率であると考えられる。

また、図7、事例2では税収高の配分率の箇所の「リザク地」が軍事リザク地であることが明記されている。このことから、面積記録の欄のリザク地が慈善リザク地と村のリザク地の合計面積を示すのに対し、土地権利とその税収高の配分率の部分のリザク地は軍事リザク地のみを指すことが判明する。すなわち、税収高の「全体」は、耕地面積から慈善リザク地と村のリザク地の面積を差し引いた部分を指すと考えられる。慈善リザク地と村のリザク地の税収高を記載しない書式は、一五二七―二八年の検地記録においても踏襲されている。

以上の事柄をまとめると、概要記録から得られる記録は以下の通りである。

① 村全体の耕地面積、および慈善リザク地と村のリザク地の面積の合計

② 耕地面積から慈善リザク地と村のリザク地の面積を差し引いた土地の土地権利ごとの税収高の配分率

これらに加えて、村のイクター保有者の名前や、村にあるワクフ地と寄進者について簡潔に記されることがある。

以上を踏まえて、『軍務台帳』の概要記録と、『至宝の書』の記録項目を比較してみると、次のような異同を見いだすことができる。『至宝の書』では、税収高が記載されるのに対して、『軍務台帳』では、イトフィーフ県を除いて税収高は記載されない。また、村にある土地権利について記載される点は共通であるが、各土地権利の税収高の配分率は『至宝の書』には記載されない。このように、『軍務台帳』の概要記録と『至宝の書』の記録項目は完全に一致するものではないが、両方の記録を組み合わせることで、各村における土地利用の状況をある程度把握することは可能であろう。

(2) 詳細記録

詳細記録は、各村において確定された私有地やワクフ地について、土地片ごとの記録が記される。第一章の図3を例にして、その記録の中身を確認しよう。この例は、オスマン朝時代のエジプト州総督ハーイルバクのワクフ地として確定された土地の記録である。右側の『チェルケス台帳』に基づく記録には、「ナッジャーリーン村として知られるカフル・アルハンマーム村、その全体は四ジュズウ、イクター、以下に記す者」とある。ジュズウとは、「部分、取り分」を意味する語であり、ここでは「等分」と訳すことができる。つまり、村全体を四等分とし、そのすべてがイクターであることが示されている。さらにその下には、次の五名の保有者が記される。

ユーヌス・ブン・ターニーバク・アルムハンマディー、以前はアフマド……、一ジュズウ
ターニーバク・アルムハンマディーとユースフ、以前はバルドバク・アルハサリー、一ジュズウ
スルール・アッサイフィー・ジャルバーシュ、以前はタナム・アッサイフィー・ジャルバーシュ、二分の一ジュズウ
サイフィー・バルドバクとムハンマド・ブン・バルドバクの二人の息子であるイブラーヒームとアフマド、そして死亡した者、以前はムハンマド・ブン・スードゥーン・アルアラーイー、二分の一ジュズウ
残りのイクター保有者たち、一ジュズウ

このように、現役のイクター保有者に加えて、「以前は」に続く形で前イクター保有者の名が記され、各々の税収高の配分率が明記される。この記録によれば、この村は、チェルケス朝期には、村全体がこれらの人々によって保有されるイクターであったが、その後、その四分の三がハーイルバクのワクフ地として寄進された。残念ながら、この村の概要記録は空欄になっており、記録が得られない。そこで、『至宝の書』を参照すると、この村には一八〇五ファッダーンの耕作地があり、六〇〇〇ディーナール・ジャイシーの税収が望める村であったことがわかる。[9] 試みとして、この数値を当てはめると、この村の税収高六〇〇〇ディーナール・ジャイシーすべてがイクター保有者たちに分配されたと考えられる。各々のイクター保有者には二分の一から一ジュズウが分配されたので、各々の税の取り分は七五〇から一五〇〇ディーナール・ジャイシーということになる。

以上のように、詳細記録から得られる記録は、土地権利、現役の権利者、以前の権利者、税収高の配分率である。これらの記録からイクター保有者の情報を抽出することによって、イクター保有の分析は可能となるであろう。

ただし、詳細記録は、村全体の概況をまとめた概要記録とは異なり、「新規定」の審査基準に従って、ワクフ地ある

いは私有地として確定された土地のみ記載されたことを忘れてはならない。つまり、詳細記録に記載されている土地片は、村全体がワクフ地として確定された場合を除き、村の一部の記録に留まるのであり、その背後にはワクフ地や私有地にならなかったイクターや軍事リザク地、あるいは政庁財源、さらには審査によって追認されなかった私有地やワクフ地が存在する可能性がある。よって、『軍務台帳』の詳細記録を利用する場合、その記録の分析結果をどこまで一般化して論じることができるかについては慎重に検討する必要がある。

第二節　土地権利分布の俯瞰的把握

前節で見たように、『軍務台帳』と『至宝の書』の記録を組み合わせることで、各村の土地権利別の税収高を把握することが可能となる。そこで、チェルケス朝期におけるイクターや軍事リザク地、政庁財源や私有地とワクフ地といった土地権利の分布状況について検討してみたい。

マクリーズィーによれば、ナースィル検地後、エジプトの土地は一〇キーラート（二四分の一〇）をスルターン領、残りの土地はアミールやその他の軍人のイクターに割り当てられた。このときスルターン領とされたのは、ギザとその地方一帯、フゥワ、カウム・アルアフマル、マンファルート、マルジュ、フスースなどであり、これらはかつてスルターン＝ナースィルと敵対していたアミールたちが保有していたイクターであった[10]。その後、チェルケス朝期を通じて、バルクークによるムフラド庁の創設、スルターン直轄財源が国家財政の中心的役割を担っていくなど、スルターン財政に改変が加えられていくとともに、国有地の私有地化やワクフ地化の問題が顕在化していく中で、一〇対一四という配分は変化し、土地利用の状況は大きく変化していったに違いない。このような変化は、『至宝の書』において、一四世紀後半にイクターであった土地が、一五世紀後半には私有地やワクフ地となっている事例が数多く認められることからも明らかである。

そこで、『軍務台帳』の概要記録における税収高の配分率と『至宝の書』から得られる税収高の値を利用し、各土地権利の地理的分布を把握する。『軍務台帳』の概要記録で示される税収高の配分率がどの時点での記録かについては不明であるが、後に表14で見るように、『軍務台帳』の概要記録に記載されるイクター保有者の中に、ガウリー期に厩舎長官を務めたカーニーバーイ・ミン・ワリー・アッディーン（在任一四九七―一五一五）やカーンスーフ・アルガウリーの王子であるナースィリー・ムハンマド（在任一五一五―一六）の名前が確認されることから、『チェルケス台帳』から引用されるイクター保有者の記録はチェルケス朝最末期のものを含むと見られる。[11] このことから、税収高の配分率も、ガウリー期のものと見てよいと考える。したがって、この分析では、カーイトバーイ期の税収高とガウリー期の税収高の配分率を組み合わせることになる。第四章で見たように、税収高は、カーイトバーイ期とガウリー期で相違する可能性があるが、大きな変化はないと見てよいであろう。

土地権利ごとの税収高の算出は次のように行った。イクター、軍事リザク地、私有地とワクフ地の比率が$x:y:z$であった場合、イクターの税収高＝村の税収高÷$(x+y+z)\times x$となる。同様に、軍事リザク地の税収高、私有地とワクフ地の税収高を算出し、土地権利別の税収高を求めた。次に、村の税収高と土地権利別の内訳を、円グラフを用いて表し、地図上にプロットした。[12] ただし、第一章で確認したように、『軍務台帳』はエジプト全土の村々の情報を網羅しているわけではないので、得られる情報はエジプトの一部の村に留まる。しかし、一定量のサンプルが得られれば、地域別に比較することも可能であろう。

この要領で作成した地図の地域別の特徴を見ると、デルタ地域西方に位置するブハイラ県はナイルの支流や運河に沿って税収高が五〇〇〇ディーナール・ジャイシー未満のイクターが並ぶ（図8）。次に、地中海に注ぐダミエッタ支流とロゼッタ支流の間に位置するデルタ中央部に目を転じると、税収高が一〇〇〇〇ディーナール・ジャイシーを超

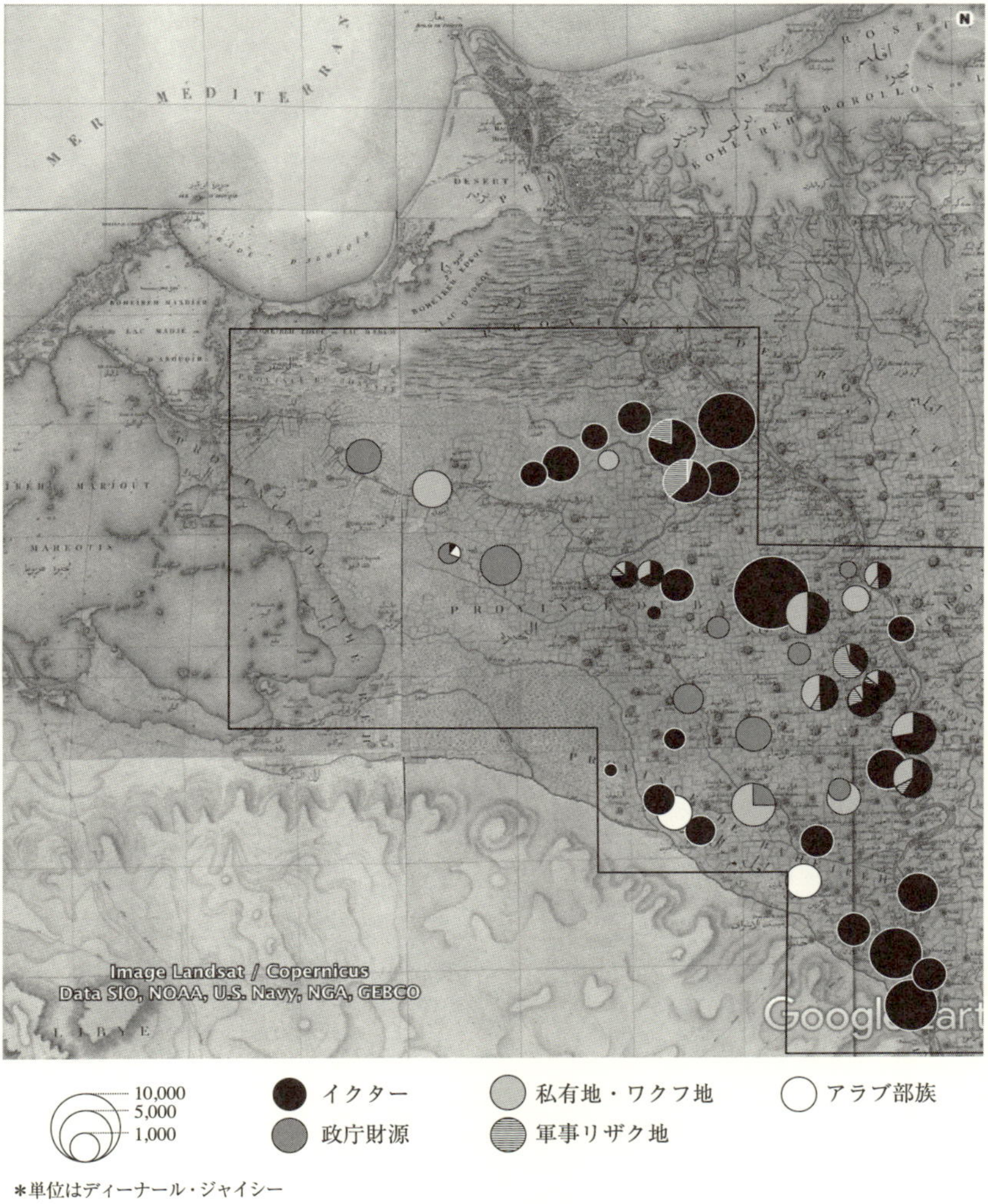

図8　デルタ西部ブハイラ県における土地権利の分布

註）背景の地図は，ナポレオン遠征により制作されたもの．図9，図10も同様．地図データは，*David Rumsey Map Collection* から取得した．

えるイクターの村が見られるが、同時に、村の一部あるいは全体がワクフ地である村が多く見られる（図9）。他方、アフリカ大陸とシナイ半島を結ぶエジプト北東部のシャルキーヤ県は、南西部では税収高が比較的少ない村が多い。北部や南東部の辺境地域ではアラブ部族が保有するイクターが多く見られるのが特徴的である。

上エジプト地域のファイユーム県を見てみると、税収高が一〇〇〇〇ディーナール・ジャイシーを超える村々が目につく（図10）。エジプトの中南部に位置するウシュムーナイン県も、ナイルと、それと平行に走る水路沿いに税収高が多い村が並び、豊かな穀倉地帯であることが窺える。また、他の地域に比べて、税収高の多い村が政庁財源になっていることからも、この地域が上エジプト地域における国家の重要な収入源であったことが推測される。

イクターの分布については、税収高の規模の差はあるものの、特定の県や地域に偏ることなく分布していることがわかる。他方で、政庁財源の分布は、地図から明らかなように、上エジプト地域のファイユーム県やウシュムーナイン県などの穀倉地帯において、比較的税収高が多い村に分布している。これらの政庁財源も、イクターと同様に、特定の県や地域が割り当てられたわけではなく、イクターである村々のなかに分布していることがわかる。一つの政庁財源の規模は、多くの場合、一村の税収高全体であるが、まれに一村の税収高の一部である例も見られた(13)。

次にイクター、軍事リザク地、私有地・ワクフ地の分布についてであるが、一村の税収高全体がイクター、あるいは私有地やワクフ地という村がある一方で、一つの村に複数の土地権利が様々な配分率で存在するという村は珍しくない。それでは、よりミクロに見たとき、村内部にあるイクター・私有地とワクフ地・軍事リザク地の土地権利はどのように構成されていたのであろうか。『軍務台帳』の詳細記録から、村には、単一の土地権利からなる村から、複数の土地権利からなる村まであったことがわかる。一つのイクターや軍事リザク地からなる村の場合、その土地権利の一部が売却され、寄進されれば、村の一部がワクフ地となり、イクターや軍事リザク地、ワクフ地や私有地が村内部に同時に存在することとなった。また、単一のイクターや軍事リザク地の全体が売却され、ワクフ地化すれば、村全

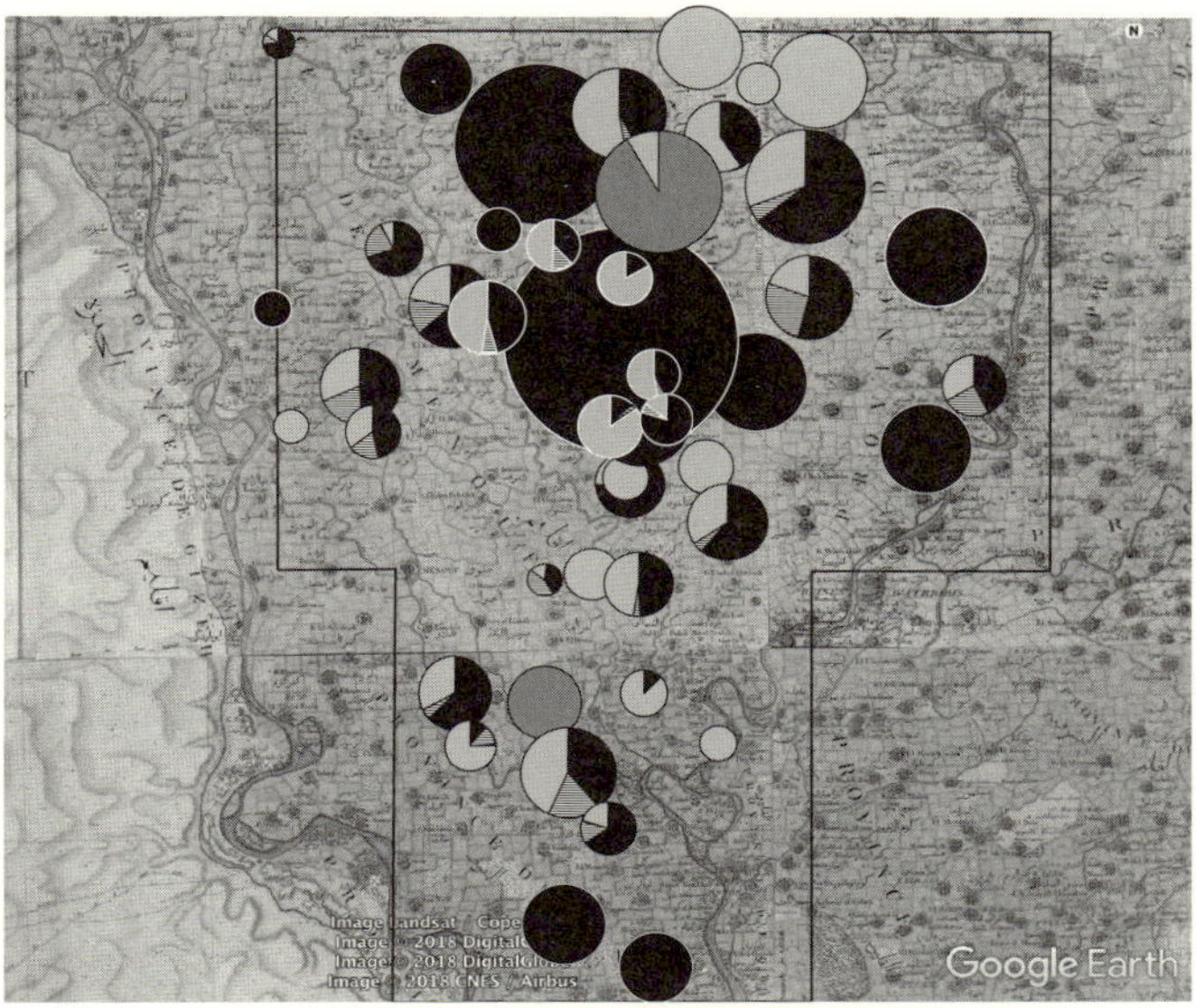

図 9　デルタ中央部における土地権利の分布

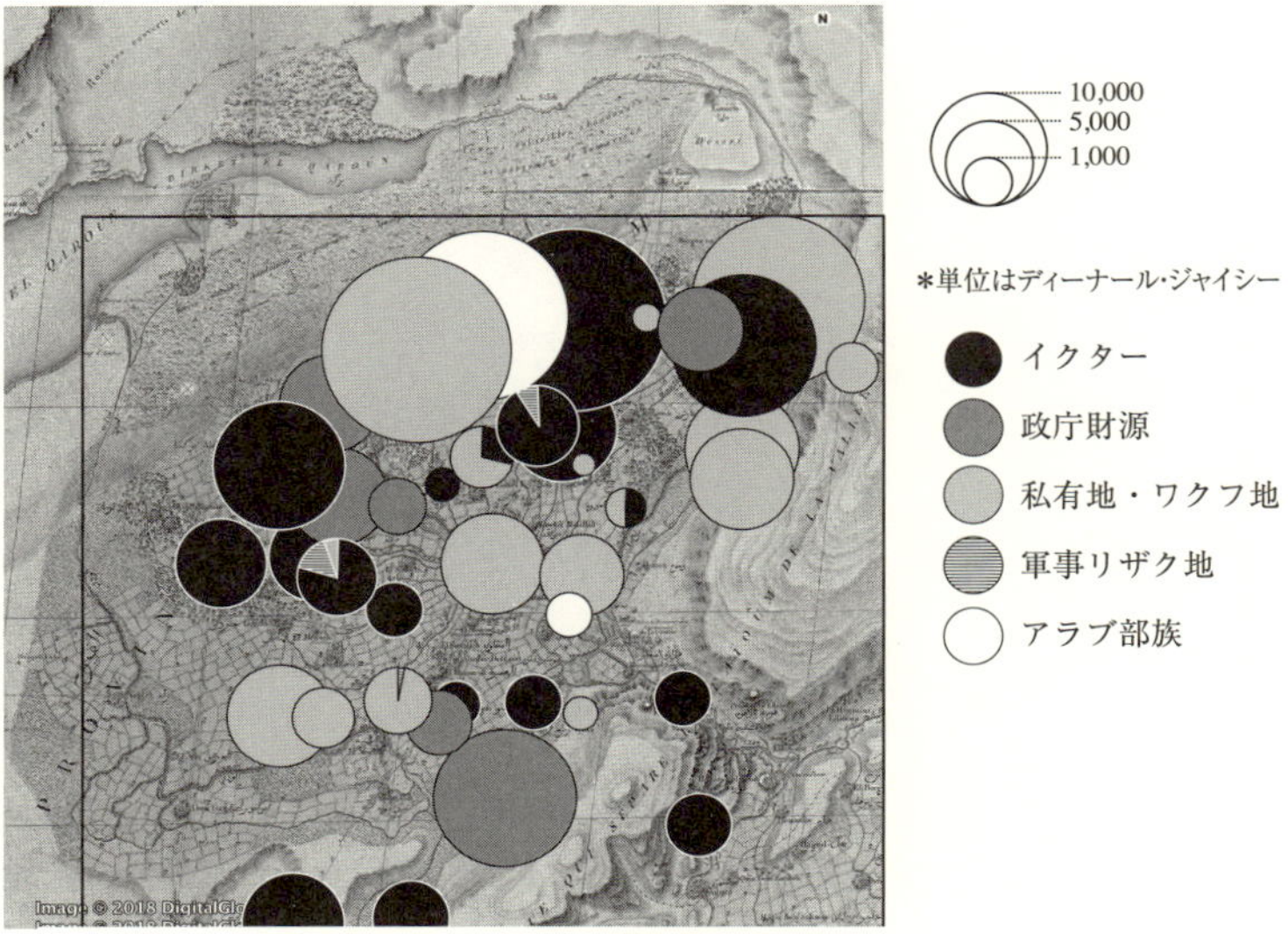

図 10　ファイユーム県における土地権利の分布

体がワクフ地となった。また、複数の土地権利からなる村の場合でも、村にある各イクターや軍事リザク地が私有地化あるいはワクフ地化すれば、村全体が私有地あるいはワクフ地となったのである。

第三節　概要記録に見るイクター保有

それでは、一つの村が様々な土地権利に分割されている状況において、イクターはどのように授与されていたのであろうか。ナースィル検地では、職階と官職に応じたイクターの税収高が明確に定められ、イクター授与の序列化が進められ、イクターが再配分された（表13）[14]。このとき、イクター保有者に対しては、一箇所にまとまった土地が授与されたのではなく、分散する複数の土地が授与された[15]。また、特定の職階と官職にはそれに対応するイクターが用意されており、マムルーク体制のヒエラルヒーに基づいて授与されていた。例えば、上位の職階と官職が空けば、その下の職階と官職にある者が順送りにその職階と官職に就くことになったが、これとともに、その職階と官職に対応するイクターが授与されることとなった[16]。

このことは、『軍務台帳』の概要記録においても確認することができる。概要記録において、村の税収高全体が一つのイクターとして登記されている村は一八村ある。これらを対象として、概要記録に記載された新旧の保有者と、『至宝の書』に記録された一三七六年と一五世紀後半の同村の土地権利とその保有者を時代順に並べ、彼らの職階と官職を括弧内に付した（表14）。この表においてチェルケス朝期以降の保有者の職階と官職が一致しているのは、③と④（百騎長・軍総司令官）、⑥（百騎長・厩舎長官）、⑩（百騎長・厩舎長官）である。他方で、百騎長のイクターが四十騎長に授与されている例（⑧、⑨、⑮）や、政庁の財源であった土地がイクターになった例（①、⑤、⑰）、ワクフ地がイクターになった例（⑭）など、一部で土地権利の種類が変化した例も見られる。

次に、イクター保有者の継承経路について見ると、③と④はウズバク・ミン・トゥトゥフ→カイト・アッラジャビー→クルクマース・ミン・ワリー・アッディーンという継承経路が一致する。⑧と⑨と⑮、⑪と⑫、⑬と⑯も同様に保有者の継承経路が一致している。このことから、職階と官職に応じた複数のイクターは、切り分けられることな

表 13　ナースィル検地で定められた税収高

職階	軍人 1 人あたりの額*
百騎長	
(a) 現スルターンのマムルーク軍出身者	100,000
(b) 前スルターンのマムルーク軍出身者	85,000
総督	100,000
宰相	100,000
四十騎長	
(a) 現スルターンのマムルーク軍出身者	40,000
(b) 前スルターンのマムルーク軍出身者	30,000
カーシフ	20,000
ワーリー（地方長官）	15,000
十騎長	
(a) 現スルターンのマムルーク軍出身者	10,000
(b) 前スルターンのマムルーク軍出身者	7,000
ワーリー	5,000
マムルーク軍団長（ムカッダム・アルママーリーク）	1,200
ハルカ騎士団長（ムカッダム・アルハルカ）	1,000
千人隊長	400
スルターンのマムルーク軍	
(a) 400 人	1,500
(b) 500 人	1,300
(c) 500 人	1,200
(d) 600 人	1,000
ハルカ騎士団	
(a) 1,500 人	900
(b) 1,350 人	800
(c) 1,350 人	700
(d) 1,300 人	600
(e) 1,300 人	500
(f) 1,100 人	400
(g) 1,320 人	300

註）＊単位はディーナール・ジャイシー.
出典）Sato, *State and Rural Society*, 154.

表 14　概要記録におけるイクター授与の事例と『至宝の書』の比較

	村名	税収高 (dīnar jayshī)	権利者			
			(1)『軍務台帳』に記載されている最新の権利者	(2)(1)以前の権利者	(3)『至宝の書』編纂時（ヒジュラ暦 880 年代前半）	(4)ヒジュラ暦 777 年
①	ブハイラ県シシュト、ハウド・アルムワースィリー村	3,500	Āqbāy min Qānṣūḥ（百騎長）	不明	ムフラド庁	Sūdūn Jarkas（四十騎長）
②	ブハイラ県タラムスース村	1,000	Ṭuqṭbāy al-ʻAlāʼī（百騎長：城塞長官、巡礼隊長等）	不明	Lājīn al-Ẓāhirī（百騎長：カーシフ、御前会議長等）	Naṣr al-Nāblsī（マムルーク軍団長）
③	ブハイラ県ナカーナ村	14,000	Qurqmās min Walī al-Dīn（百騎長：軍総司令官）	Qayt al-Rajabī（百騎長：軍総司令官）	Uzbak min Ṭuṭukh（百騎長：軍総司令官）	Mubārak Shāh al-Ẓāhirī（詳細不明）
④	ミヌーフィーヤ県マハッラ・スブク村	5,000	Qurqmās min Walī al-Dīn（百騎長：軍総司令官）	Qayt al-Rajabī（百騎長：軍総司令官）	Uzbak min Ṭuṭukh（百騎長：軍総司令官）	Khalīl b. Aydamur Qarā（詳細不明）
⑤	ミヌーフィーヤ県ミリージュ村	28,000	Uzdamur min ...（詳細不明）	Uzdamur min Qānṣūḥ（詳細不明）	ムフラド庁	Arghūn Shāh al-Ashrafī（詳細不明）
⑥	ダカフリーヤ県サンジード村	4,500	Qānībāy min Walī al-Dīn（百騎長：厩舎長官）	不明	Qijmās al-Isḥāqī（百騎長：厩舎長官）	Abū Bakr b. Ṭāz（詳細不明）
⑦	バフナサーウィーヤ県マンヤル・バニー・アリー村	4,000	Arikmās min Ṭarābāy（百騎長：御前会議長）	不明	Lājīn al-Ẓāhirī（百騎長：カーシフ、御前会議長等）	Mughulṭāy al-Sharīfī（詳細不明）
⑧	ファイユーム県ビビージュ・ファラジュ村	6,000	Uzbak al-Sharīfī（四十騎長）	Uzbak min Ṭarābāy（百騎長）	Timrāz al-Shamsī（百騎長：護衛長官）	Quṭlūbughā al-Shaʻbānī（百騎長：アレキサンドリア総督）
⑨	ファイユーム県バイフムー村	9,000	Uzbak al-Sharīfī（四十騎長）	Uzbak min Ṭarābāy（百騎長）	Timrāz al-Shamsī（百騎長：護衛長官）	Aydamur al-Shamsī（百騎長：軍総司令官）
⑩	ファイユーム県スィルスィナー村	15,000	al-Nāṣirī Muḥammad（王子：厩舎長官）	Qānībāy min Walī al-Dīn（百騎長：厩舎長官）	Qijmās al-Isḥāqī（百騎長：厩舎長官）	Ṣarghitmish al-Ashrafī（百騎長：武具長官）
⑪	ファイユーム県スィーナルー村	6,200	Jānbulāṭ al-Muḥammadī（百騎長）	Sanṭabāy al-Ibrāhīmī（詳細不明）	Uzdamur al-Sayfī Uzbak（職階不明：ハマー総督）	Ṭashtamur al-ʻAlāʼī（四十騎長：巡礼隊長）
⑫	ファイユーム県シャッラーリーヤ、ムダッダリーヤ村	3,200	Jānbulāṭ al-Muḥammadī（百騎長）	Sanṭabāy al-Ibrāhīmī（詳細不明）	Uzdamur al-Sayfī Uzbak（職階不明：ハマー総督）	Arghūn al-ʻIzzī（四十騎長）
⑬	ファイユーム県トゥブハール村	4,800	Tamur al-Ḥasanī（詳細不明）	Qayt al-Rajabī（百騎長：軍総司令官）	Khayrbak min Ḥadīd（百騎長）	Būrī al-Jalabī（詳細不明）
⑭	ファイユーム県ティマー村	2,000	Māyd min Haydar（詳細不明）	al-Ashraf Barsbāy のワクフ	al-Ashraf Barsbāy のワクフ	ミヌーフィーヤ県のワーリー
⑮	ファイユーム県ファーヌー、ナカリーファ村	20,000	Uzbak al-Sharīfī（四十騎長）	Uzbak min Ṭarābāy（百騎長）	Timrāz al-Shamsī（百騎長：護衛長官）	Muḥammad walad al-Ashraf Shaʻbān（王子）
⑯	ファイユーム県フィディーミーン村	6,200	Tamur al-Ḥasanī（詳細不明）	Qayt al-Rajabī（百騎長：軍総司令官）	Khayrbak min Ḥadīd（百騎長）	Būrī al-Jalabī（詳細不明）
⑰	ウシュムーナイン県マディーナ	25,000	Uzdamur al-Ibrāhīmī（百騎長：侍従長）	不明	Uzdamur al-Ibrāhīmī（百騎長：侍従長）	政庁財源
⑱	ウシュムーナイン県ラッワーハ村	2,000	khuwand al-...（詳細不明）	不明	ズィマーム職	al-Ashraf Shaʻbān のワクフ

註）保有者が，複数の職階，官職を授与された経歴を持つ場合，新旧の保有者が共通して授与されたものを示した．

く一揃いで扱われ、授与されていたことが確認できる。

ナースィル検地では、百騎長には八五〇〇〇ディーナール・ジャイシーから一〇〇〇〇〇ディーナール・ジャイシー相当のイクターが授与されると定められたが、表14はこの税収高が一村で賄われたわけではなかったことを示している。カルカシャンディーが、アミールのイクターは一から一〇村、スルターン子飼いのマムルーク軍人はそれ以下、またハルカ騎士団のイクターは一村の一部からなっているのが一般的であったと述べているように、高位の軍人たちは、複数のイクターを保有し、職階や官職に応じた収入を得ていた(17)。例えば、チェルケス朝期の百騎長キジュマース・アルイスハーキーと先述のウズバク・ミン・トゥトゥフはエジプト各地方の一〇を超える村々をイクターとして保有していた（表15）(18)。

右の事例は有力アミールの事例であるが、一村の一部をイクターとして保有するような下位のアミールについてはどうであったろうか。『至宝の書』では、このような場合「イクター保有者たちの名義である」と記され、保有者の個人名は省略されている。他方、『軍務台帳』の概要記録では次のように記載される。

〈事例1〉ガルビーヤ県ルクニーヤ村(19)

イクター、すべて。イクターの保有者は以下の者たち。

アークブガー・アンナウルーズィー、三分の一

タグリー・ビルディー・アッサイフィー・ヤシュバク、三分の一

タムル・ミン・ヤシュバク、三分の一

〈事例2〉ファイユーム県イトサー村(20)

表 15　『至宝の書』ボドリアン図書館手稿本に見るイクター保有の事例

百騎長キジュマース・アルイスハーキー（厩舎長官）のイクター

番号	地方	村	耕地面積 (faddān)	税収高 (dīnar jayshī)	出典
①	ガルビーヤ	トゥーフ・ムジュール	3,456	11,500	fol. 12v
②	ガルビーヤ	ミンヤ・ハワー	1,156	6,900	fol. 132v
③	シャルキーヤ	アフターブ	1,850	6,000	fol. 16v
④	ダカフリーヤ	ジラーフ、バダーリス、サンタ	2,690	15,000	fol. 65r
⑤	ダカフリーヤ	サンジード	1,762	4,500	fol. 67v
⑥	ダカフリーヤ	ミンヤ・アズーン	205	n/a	fol. 77r
⑦	ミヌーフィーヤ	ジュライサーン	3,222	10,000	fol. 146v
⑧	ファイユーム	スィルスィナー	3,326	15,000	fol. 216r
⑨	アスユート	ブーティージュ	11,970	22,500	fol. 254r
⑩	クース	タウド	3,168	8,000	fol. 262v
		合計	32,805	99,400	

百騎長ウズバク・ミン・トゥトゥフ（軍総司令官）のイクター

番号	地方	村	耕地面積 (faddān)	税収高 (dīnar jayshī)	出典
①	カルユービーヤ	カルカシャンダ	3,290	n/a	fol. 12v
②	シャルキーヤ	タッライン	2,777	5,000	fol. 18r
③	シャルキーヤ	ザムルーニーヤ	836	3,000	fol. 20r
④	シャルキーヤ	サラムーン、アルサーイ	2,056	n/a	fol. 21r
⑤	シャルキーヤ	アッバーサ	2,131	7,000	fol. 22r
⑥	ダカフリーヤ	ミンヤ・バニー・サルスィール	2,542	9,300	fol. 75r
⑦	ガルビーヤ	フーリーン、タターヤ	4,304	5,000	fol. 138v
⑧	ミヌーフィーヤ	マハッラ・スブク	1,346	5,000	fol. 153r
⑨	ブハイラ	ナカーナ	2,262	14,000	fol. 190r
⑩	フッワ	ミンヤ・バニー・ムルシド	n/a	4,200	fol. 192r
⑪	ウシュムーナイン	サーワ	4,159	4,250	fol. 247r
⑫	ウシュムーナイン	マッラウィー	4,870	10,000	fol. 250r
⑬	アスユート	マリク	3,170	13,000	fol. 254r
⑭	クース	ビビージュ・アルカフラマーン	9,684	2,950	fol. 260v
⑮	クース	ダイル・カフマス、アルビラース	4,647	5,500	fol. 261v
⑯	クース	ファーワバーシュ	10,246	25,000	fol. 262v
		合計	58,320	113,200	

註）n/a は情報が得られなかったことを示す．0 として計算した．

アミールたちのイクター、すべて。
カーンスーフ・ミン・ジャーニム、四分の一
ナウルーズ・ミン・ウズバク、二分の一
タムル・ミン・シャーディバク、四分の一

〈事例1〉は、耕地面積が四五〇ファッダーン、税収高二五〇ディーナール・ジャイシーの小規模な村[21]を、無名のマムルーク軍人三人が保有していた事例である。各保有者の取り分は、全体の三分の一にあたる約八三ディーナール・ジャイシーである。〈事例2〉も同様に、耕地面積が四〇七ファッダーン、税収高一〇〇〇ディーナール・ジャイシーの小村[22]であるが、これを三人のアミールで保有していた。その内訳は、カーンスーフとタムルの取り分が全体の四分の一にあたる二五〇ディーナール・ジャイシー、ナウルーズは五〇〇ディーナール・ジャイシーである。先の表13を参照すると、通常、彼らは七〇〇〇ディーナール・ジャイシー以上のイクターを保有するアミールであったと考えられるので、おそらく、この村以外にもイクターを保有していたのであろう。このように、多くの軍人は村の一部を複数保有していたと考えられる。先ほど見たように、一村を保有するアミールの記録がわずか一八例に留まることや、多くの村が複数の土地片に分割されていたこともこのことを裏づける。

以上見てきた『軍務台帳』の概要記録からは、マムルーク軍人の職階と官職に応じたイクターの保有と継承、そして複数のイクターをエジプト各地に分散させて保有させるという保有形態を見いだすことができた。このことは、チェルケス朝期においても、基本的には、ナースィル検地で確立されたイクター授与の方式が保たれていたことを示している。

第四節　詳細記録に見るイクター保有

次に、詳細記録における『チェルケス台帳』の転記部分にイクターとして登記されている土地のうち、保有者の名前が明記されている七〇七件を対象として、保有者の階層、保有形態、継承の三点について考察したい。(23)

(1) 保有者の階層

七〇七件のイクター保有者を、マムルーク軍人、アウラード、文民、アラブ部族に分類し、各階層の保有事例数を表16にまとめた。この中で事例数が最も多かったのが、マムルーク軍人（二五七件）であるが、アウラード（二四七件）とは僅差であった。三番目に多かったのは文民（一三〇件）であり、中には、私財庁長官、軍務庁長官、飲料局長官（ナーズィル・シャルブハーナ）やジーアーン家の人々、法官や、シャイフと呼ばれる人々による保有が確認された。続いてアラブ部族（三九件）による保有も見られた。「その他」に分類したのは、預言者ムハンマドの末裔であるシャリーフによる保有（六件）、アッバース家カリフ、あるいはその親族による保有（六件）、スルターン、あるいはその子孫による保有（六件）、女性による保有（一件）であった。このほかに、政府管理の道路の警備に充てたイクター（一件）が見られた。残る六件は、軍人と文民との共同保有など、単純に分類できない事例であった。(24)

表16　イクター保有者の内訳

マムルーク軍人	257
アウラード・アンナース	247
文民	130
遊牧アラブ部族	39
その他	26
不明	8
合計	707

註）保有者が記載されている記録のみを対象とする．

このように、詳細記録に見られるイクターは、全体の約六割が、アウラードや文民といったマムルーク軍人以外の人々によって占められていた。特に、アウラードによる保有は全体の三五％と、マムルーク軍人による保有数に並んでいる。また、本来軍事に携わることがない文民による保有も全体の二割におよんでいる。このようなイクターは、前節で見たイクターと同類のものと見なすことができるのであろうか。そこで、イクター保有の形態に着目し、この問題について検証していきたい。

(2) 保有形態

前節で見たように、イクターは、基本的には個人に対して授与されるものであった。しかしながら、『軍務台帳』の詳細記録には、保有者の名前が記載される欄に複数の名前が連なって記載されている事例が多く見られた。このように表記されるイクターは、一つのイクターを複数人で保有していたと考えられる。本書では、このような保有形態を「共同保有」と呼ぶことにする。七〇七件の事例のうち、共同保有の事例は二一四件ある。これらを、保有者間の間柄に従って分類し、表17にまとめた。以下、その内容を見ていきたい。

① 直系の人物間の共同保有

最も多かったのは、軍人や文民を問わず、父と子あるいは孫といった直系にあたる人物との共同保有(八七件)であり、全体の約半数を占めた。このような事例は、次のように記載される。

イクター――
アリー・ブン・アフマド・ブン・ダムルダーシュ・アッダムルダーシー
とその息子ムハンマドとアフマド、またそれに続く者。以前の保有者は、
アリー・ブン・マフムード・ブン・アリー・ブン・クトゥルーブガー

表17　共同保有のパターン

直系の共同保有	87
兄弟の共同保有	53
軍人の共同保有	28
傍系の共同保有	10
直系＋兄弟の共同保有	8
直系＋傍系の共同保有	2
兄弟＋傍系の共同保有	1
その他	16
不明	9
合計	214

四と二分の一キーラート・キーラート(25)

この事例では、父親とその二人の息子が共同でイクターを保有しており、「それに続く者（man baʻda）」というのは、彼らの子孫を指すと考えられる。また、次のように、親子に加えて「死亡した者（man tuwuffiya）」までも保有者として記載している事例も見られる。

イクター
ムハンマド・ブン・アッシャリーフ・ハサンとその子ハサン、死亡した者。以前の保有者は、ムハンマドの父親
四分の一ウシュル(26)

キーラートの二四分の一の単位であるキーラート・キーラートやウシュルを用いて表されている数字は、税収高の配分率である。前者はガルビーヤ県クラシーヤ村の事例で、『至宝の書』によればこの村の税収高は六〇〇〇ディーナール・ジャイシーであるから(27)、六〇〇〇÷二四÷二四×四・五＝四六・八（小数点第二位以下切り捨て）となり、およそ四七ディーナール・ジャイシーの税収が見込まれるイクターであったことが推測される。また後者は、税収高四〇〇〇ディーナール・ジャイシーの同県ミンヤ・バドル・アルジュムダーリーヤ村の事例であり(28)、一〇〇ディーナール・ジャイシーの税収高が見込まれるイクターであった。この額から雑税や穀物の輸送費等の諸経費を引いた額が保有者の実収入となったことを考慮すれば(29)、実際は算出した額を下回る額が保有者たちの取り分になったものと考えられる。一人頭の税収高を比較すると、先述の概要記録に見られたイクター保有の事例と比べて、かなり少額のイクターであったことがわかる。

さらに、これらの事例の特徴は「それに続く者」や「死亡した者」を保有者に含めている点である。裏を返せば、このことはこのイクターが現保有者の死後も子孫に継承されることが前提となっていたことを示唆する。直系の共同保有の事例中、後に共同保有者であった子供たちにイクターが渡ったことが明らかである事例は六件あり、さらにこのうちの五件がその後の子孫の代に私有地化、ワクフ地化している。

このことから、イクターが長い期間にわたって特定の一族に保有され、私有地化、ワクフ地化していた状況が推察される。例えば、シャルキーヤ県アワースィジャ村の事例では、この村に二つのイクターを保有していたバハードゥル家によるワクフ獲得の流れを追うことができる(30)。まず、一つ目のイクターはバイバルス・ブン・スライマーン・ブン・アフマド・ブン・バハードゥル・アルアルグーニーが保有していたイクターである。これは元々、この人物の父親であるスライマーンと共同保有していたイクターであったが、その後バイバルス単独での保有となった。二つ目のイクターは、バイバルスの従兄弟アフマド・ブン・ムハンマド・ブン・バハードゥル・アルアルグーニーの息子たちであるイブラーヒーム、ムーサー、アリーの三人が共同保有するイクターであった。この二つのイクターは、一四七一―七二年に国庫から購入され（購入者は不明）、その三年後にスライマーンとその兄弟であるジャマーリー・ユースフによってワクフ地とされた(31)。ワクフ地を設定した人物がスライマーン兄弟であり、寄進されたのがスライマーンの息子が保有していたイクターとスライマーンの又甥にあたる人物らが保有していたイクターであったことからも、このワクフ地がスライマーンのみならず、バハードゥル家の家産として設定されたものであったことが推察される。

「その他」では、父と娘で共同保有する事例が二件見られた。一四八九―九〇年、ジャーンバインは、父親のジャーンブラートとともに、ガルビーヤ県ミンヤ・アッラハー村の土地をイクターとして授与されている(32)。また、ブハイラ県カルタサー村のイクターは、一四五九―六〇年にシャーヒーン・アッサイフィー・タラバーイに授与される前は、シャーヒーンと彼の息子アフマド、二人の娘ファーティマとハディージャらによる共同保有のイクターであった(33)。

②　兄弟間の共同保有

兄弟の共同保有の事例数は五三件であり、このうちの一〇件は元々父親が保有していたイクターが子供たちに継承され、共同保有となったことが明らかである。

兄弟の共同保有の事例のほとんどがアウラードや文民によるものであるが、一例だけマムルーク軍人の兄弟による共同保有の事例がある。イブヤールとジャズィーラ・バニー・ナスル県アブー・クッルス村の事例では、トゥクトゥミシュ・ミン・ワリー・アッディーンとその兄弟（シャキーク）[34]のハーイルバク・アンナースィリーがイクターを共同で保有していた。さらに一四九一—九二年に二人はこのイクターを国庫から購入し、一五一一—一二年にワクフ地とした[35]。マムルーク軍人の間においても兄弟関係が重視され、生活支援や遺産相続といった実質的な面においても強固な関係が保たれることがあったが[36]、兄弟によるイクターの共同保有の事例は、このようなマムルーク軍人の兄弟間の経済的な結びつきを示している。

③　傍系の人物間の共同保有

従兄弟同士や甥と叔父にあたる人物同士といった傍系の親族間での共同保有は一〇件見られた。シャルキーヤ県イトミーダ村の事例は、軍の執達吏であったジャマーリー・ユースフ・ブン・ユーヌスとその従兄弟サーリミー・イブラーヒームによる共同保有であった。また、ガルビーヤ県マハッラ・ハサン村の事例では、バルドバク・アルムハンマディーと、その甥カーンスーフ・アルイブラーヒーミーとカーニー・バーイ・アルイブラーヒーミーの三人による共同保有であった。この三人はいずれもマムルーク軍人であったが、各々がマムルーク軍人となった後も彼らの間に親族の関係が維持されていたことや、共有の財源を持ち、経済的にもつながりがあったことを読みとることができる。

このほか、兄弟や子孫を含める複数人による共同保有が八件、子孫と傍系親族との共同保有が二件見られた。

④　マムルーク軍人の共同保有

上記②、③には該当しない、マムルーク軍人同士による共同保有は二八件見られた。これらのうち六件が主人とその配下の軍人による共同保有の事例であり、次のミヌーフィーヤ県カルカルー村のイクターの記録のように記される。この事例では、キジュマースの共同保有者として、彼の配下の軍人一一人の名前が連ねられている。

> イクター ――――
> シリア総督キジュマースと彼のマムルークたち、ダルウィーシュ、サントバーイ、サイドバク、ヤシュバク、ティムラーズ、ウズバク、ナウルーズ、シャーヒーン、……、トゥクトゥミシュ、タムルバーイ(37)

ダミエッタ港湾部シュブラー・アルバフー村の事例は、バイバルス・アルムアイヤディーと配下の軍人タムルブガー・アッサイフィー・バイバルスによる共同保有であったが、一五〇八―〇九年にバイバルスが国庫から購入し、同年ワクフ地とした(38)。同港湾部サッラント村の事例は、アミールであったイスハークとその息子、そしてイスハーク配下の軍人三人による共同保有であったが、イスハークの軍団出身のシリア総督キジュマース・アルイスハーキーと彼の配下の軍人二人に共同保有のイクターとして継承され、最終的にキジュマースのワクフ地となった(39)。

また、主人を同じくする同僚軍人の共同保有の事例も見られた。ガルビーヤ県マハッラ・ミスィール村の事例は、ヤシュバク・ミン・バルスバーイの軍人であるジャーニムとジャカムによる共同保有であった(40)。

このようなイクターは、直系や兄弟の共同保有で見たような親族間の共同保有と類似の、いわばマムルーク軍人の家政内部での共同保有である。さらに、このような共同保有の事例すべてが最終的に保有者の一人によってワクフ地とされており、この点においても親族間の共同保有の場合と同様の過程を見ることができる。

他方、マムルーク軍人による共同保有の事例二八件のうち二二件は、マムルーク軍人の家政との関係性を見いだすことができなかった。例えば、次に示すガルビーヤ県ミンヤ・アッスーダーン・ビ・アッタンディターウィーヤ村の事例では、ジャーニム、ムグルバーイ、カーンスーフという三名による共同保有であるが、三者の関係は不明である。

イクター――――――――――――――――
ジャーニム・ミン・ワリー・アッディーン、二と三分の二ジュズウ
ムグルバーイ。以前はカーンスーフ・アルシャリーフ、一と六分の一ジュズウ
カーンスーフ・アルイブラーヒーミーと死亡した者。以前はフシュカダム・アルサイフィー・ラージーン、一と二分の一ジュズウ(41)

関係が不明な軍人同士のイクターの共同保有は年代記においても確認することができる。このような場合、年代記では共同保有者を表す用語として「シャリーク（sharīk）」が使われる。例えば、一四五八年、十騎長であったアリクマース・アルジャームース・アルヤシュバキーが死亡したため、アリクマースのイクターはバルドバク・アッタージー・アルアシュラフィーに授与され、バルドバクは十騎長になった。バルドバクがかつて保有していたイクターは、彼の共同保有者のドゥクマーク・アルヤシュバキーに授与され、バルドバクとドゥクマークはともに十騎長となった(42)。当初、バルドバクとドゥクマークは十騎長のイクターを共同で保有し、それぞれ五騎を養うためのイクターとして保有していたのであるが、管見の限り、共同保有者である彼らの間には何らかの関係性は見られない(43)。

このような共同保有の記録上の特徴は、各保有者の税収高の配分率が明記されることである。親族間の共同保有やマムルーク軍人の家政内部での共同保有の場合、一つのイクターに対する税収高の配分率は明記されるが、保有者一

人一人の配分率については明記されない。これに対して、関係性が不明な軍人らによる共同保有では、次に示すウシュムーナイン県ビラクとハリージュ・アッザハブ村の事例のように、各人の税収高の配分率が明記される。

イクター
以下に記載されている者。以前の保有者はティムラーズ・アッサイフィー・ジャーニーバク、七キーラート
一八人への分配、一人につき一ジュズウ
・ヤシュバク・アッサイフィー・クルクマース、一ジュズウ
・ナウルーズ・アッサイフィー・クルクマース、一ジュズウ
・残りはその他の者へ、一六ジュズウ(44)

このイクター全体の税収高は、村全体の税収高四〇〇〇ディーナール・ジャイシーの二四分の七の一〇〇〇ディーナール・ジャイシー強であり、一つのイクターとしてティムラーズによって保有されていたが、その後一八人のマムルーク軍人に分与されたのであった。

イクターが細分化されて複数人に授与される事例は、年代記史料においても確認することができる(45)。すなわち、各保有者の税収高の配分率が明記されているイクターは、元々一つのイクターが細分化したものであり、実質的には個別のイクターの集合にすぎなかったと考えられる。これは、先に見たマムルーク軍人の家政内部の共同保有とは峻別され、前節で見てきたイクターと同類と見なすべきであろう。

⑤　その他

本考察では、これまで見てきた分類に当てはまらない事例を、「その他」（一六件）に分類した。例えば、ウシュムーナイン県ビラクとハリージュ・アッザハブ村のもう一つのイクターの記録は次のように記される。

> イクター――
> アフマド・ブン・アッサイフィー・ジャーニーバク・アルイスマーイーリー、フシュカダム・ミン・アッサイフィー・ジャーニーバク・アルイスマーイーリーと、アフマドの［子］ムハンマド・ブン・アフマド・ブン・ジャーニーバク[46]

この事例は、ジャーニーバク・アルイスマーイーリーの子と、孫、さらにジャーニーバク配下の軍人による共同保有である。また、ダミエッタ港湾部サッラント村の事例は、マムルーク軍人とその息子、およびほかのマムルーク軍人複数人での共同保有である。

> イクター――
> バルドバク・アッサイフィー・アルアフマディー・アルハーズィンダール、バルドバクの息子のムーサー、そしてカーンスーフとバルドバクのマムルークたちである……[47]

このイクターは、一四二五年にカーンスーフ・ミン・バルドバクが購入し、一四三一―三二年にワクフ地とされた。この購入者は、共同保有者の一人であるカーンスーフと同一人物と見られるが、元々バルドバク親子と配下の軍人で共同保有していたイクターが、最終的に配下のマムルーク軍人のワクフ地となっている。

バフナサーウィーヤ県ワナー村の事例では、アミールの息子と、アミール配下の軍人の息子による共同保有である。

イクター——ジャーニムの息子ムハンマド、タグリー・ビルディー・アッサイフィー・ジャーニムの息子ムハンマドと死亡した者。以前は、ナウルーズ・アッサイフィー・ジャーニムとその子ムハンマド、二分の一スブウ[48]

この事例は、アミールであるジャーニムの息子とジャーニム配下の軍人であるタグリー・ビルディーの息子の共同保有である。このことは、イクターの共同保有を通じて、マムルーク軍人の家政の関係が第一世代から第二世代に継承されたことを示唆している。配下の軍人の主人に対する忠誠心がその子供に対しても継承されることは、叙述史料から読みとることができるが[49]、この事例は、その関係が精神的なものに留まらず、イクターの共同保有という経済的な面においても保たれていたことを示している。さらに、こうした関係が二世代にわたって継承されたことは、マムルーク軍人の家政や紐帯のあり方を表している。この事例は、「死亡した者」を含む共同保有であったことや、以前の保有者も同じ軍団に属するナウルーズ親子による共同保有であったことから、マムルーク軍人の家政の財源としてのイクターと見なすことができよう[50]。

以上見てきた五つのタイプの共同保有の形態を整理すると、血縁による共同保有と、マムルーク軍人の家政による共同保有に大分することが可能である。そして、これらの共同保有には、小規模なイクターを、「死亡した者」やまだ生まれていない者を含める血縁集団、あるいは、マムルーク軍人の家政に属するメンバーが保有し、その中で継承していくという特徴が見られた。

表 18　現保有者と前保有者の間柄

縁故がない	188
直系血族	46
兄弟	8
傍系血族	8
軍人の家政構成員	6
同一保有者	3
その他	2
不明	1
合計	262

(3) イクター保有者の移動

次に、詳細記録の七〇七件の記録のうちイクターの保有者が連続して明らかである事例二六二件を対象として、移動経路別に分類した（表18）。最も多かったのは縁故がない人物への移動（一八八件）であり、次に親から子、孫へと継承される直系血族への移動（四六件）であった。直系血族への移動の事例を階層別に分類すると、アウラードからその子孫への移動が二〇件、軍人からその子孫への移動が八件、文民からその子孫への移動が一二件、アラブ部族からその子孫への移動が五件、シャリーフからその子孫への移動が一件であった[51]。

次に、兄弟への移動が八件、傍系血族への移動が八件であった。これらの事例を階層別に分類すると、アウラードによる保有が八件、アラブ部族による保有が三件、文民による保有が二件、マムルーク軍人による保有が二件、シャリーフによる保有が一件である。血縁内での移動の事例では、アウラードが最も多かったことがわかる。

次に、マムルーク軍人の家政内部での移動（六件）がある。このパターンについては、前節の⑤において見た通りである。このほか、同一人物による継続保有が三件、分類できずに「その他」としたものが二件あった。「その他」のうち、ミヌーフィーヤ県マンヤル・ルバイシャ村の事例は、マムルーク軍人の妻による保有の後、その夫が保有者となった事例である[52]。

このように、対象となった事例の約七割が縁故のない人の間での移動であったが、他方で、残りのおよそ三割は血縁関係にある人々の間での移動であった。ただし、イクター保有者が交替する際にはイクター授与証が発行され、その移動が台帳に記入されたのであり、文書行政上の手続きを挟むものではあった。しかし、血縁内および軍人の家政内部での移動と継続保有の事例七〇件のうち、実に四七件が最終的には保有者あるいはその血縁集団や軍人の家政内部にある者のワクフ地となっており、結局は、イクターが特定の一族ないしは軍人の家政によって固定されていく過程が見いだされるのである。

第五節　恩給のイクター

以上の分析によって、概要記録と詳細記録におけるイクター保有の状況は異なるものであることが確認された。すなわち、概要記録におけるイクター保有は、ナースィル検地で確立されたイクターの授与と保有の原則を反映したものであったのに対し、詳細記録におけるイクター保有は、保有者の過半数を非マムルーク軍人が占め、血縁や家政内部での共同保有という形態をとり、その内部で引き継がれていく傾向を持つものであった。その中で特筆すべき点は、アウラードによるイクター保有件数がマムルーク軍人の保有件数とほぼ同数に上ったことである。これはハールマンがアウラードのイクター保有に関する論文の中で示した分析結果と矛盾する結果となった。最初にこの問題への回答を試みたい。

マムルーク軍人の子孫であるアウラードは自由身分として生まれ、ハルカ騎士団に編入された。ナースィル検地後、ハルカ騎士は三〇〇から九〇〇ディーナール・ジャイシーのイクターを授与される集団としてスルターン軍団の下位に位置づけられ、軍事集団としてのハルカ騎士団の重要性は薄れていった(53)。

ハールマンは、時代の異なる三つの土地記録――『勝利の書』の一三九七年頃の記録、『至宝の書』の一三七六年の記録と一四八〇年頃の記録――を対象として、各時代のアウラードのイクター保有について分析し、一三九七年頃の

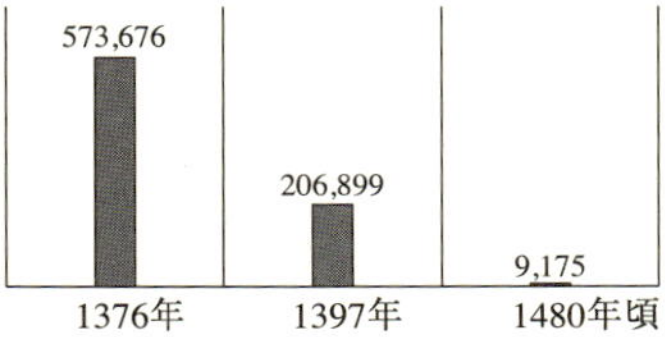

単位はディーナール・ジャイシー

図 11　ハールマンによる分析で示されたアウラードが保有するイクターの税収高の合計

出典）Haarmann, "The sons of Mamluks as Fief-holders," 159–161.

記録を境にしてアウラードが保有するイクターが大幅に減少に転じたことを示した（図11）[54]。この結果は、これまで、チェルケス朝期にアウラードが衰退の一途を辿ったとする議論の根拠の一つとなってきた。これに対し、近年、ハールマン自身をも含む研究者らによって、チェルケス朝期以降もアウラードが依然として政治・経済・文化の様々な場面で活躍しうる存在だったことが論じられ、アウラード衰退論を修正する見方が出てきている[55]。しかし、保有するイクターが減少し、多くのアウラードが経済的基盤を失う中で、なぜ、彼らがワクフ地や私有地保有などの経済活動を展開し、社会の中で特別な位置を保持することができたかについての実証的な説明は未だになされていない[56]。このことはアウラードに限った問題ではなく、チェルケス朝期に、どのようにして、ワクフ地や私有地の拡大が進展したのかという問題にもつながる基本的な問いでもある。

さて、『軍務台帳』の詳細記録の分析結果がハールマンの分析結果と異なる理由について、『勝利の書』と『至宝の書』の史料上の問題に立ち返って考えてみたい。これらの史料の記録は村全体の耕地面積、税収高、土地権利の種類とその保有者といった村全体の概要であり、『軍務台帳』でいうところの概要記録の内容にあたる。ここでは規模の大きい土地についてはその保有者が明記されるが、規模が小さいものについては一つ一つの保有者の名前が明記されることはなく、「イクター保有者たちの名義において」と一括して記録される。ハールマン自身も懸念しているように、この場合、その中にアウラードのイクターがどれだけ存在するかわからない。このため、仮にこのように表記されるイクターの中にアウラードのイクターが含まれていたとしても、彼はそれを計算に入れることができなかったのである[57]。すなわち、ハールマンが採用した方法で『勝利の書』と『至宝の書』の記録を比較したところ、アウラードのイクターが減少したという結果が出たことは、必ずしも約一世紀の間にアウラードがイクター保有者としての地位から転落したことを意味するとは限らないのである。いうなれば、高位のアミールが保有するような大規模なイクターを保有するアウラードが減少したと捉えるべきである。これに本書の分析結果を加えれば、概要記録に保有者が明記されないイクターの中には、アウラードが保有するものが多く存在していたといえる。

それでは、彼らが保有するイクターとはどのようなものであったのだろうか。前節での分析結果をまとめると、次の二つの特徴があげられる。

(1)　奉仕が見込まれない死者、子孫、女性を含む直系・傍系の血縁者、ないしはマムルーク軍人の家政によって共同保有された

(2)　血縁者、ないしはマムルーク軍人の家政の中で継承された

このイクター保有の特徴は、第一節で見た職階と官職とセットで順送りに授与されるイクターとは異なる特徴を持つものである。このようなイクターはイクター全体の中にどのように位置づけられるであろうか。チェルケス朝期のアウラードの状況からこの問題について考えてみることにしたい。

アウラードは、ジャクマク期以降、ムフラド庁からの月給受給者として登録されたが、その後もイクターを保有し続ける者が存在した[58]。例えば、チェルケス朝期を代表するエジプトの歴史家イブン・タグリー・ビルディーは有力アミールを父親に持つアウラードであったが、兄弟とともにムフラド庁からマムルーク軍人と同じ月給、肉、飼葉の支給を受け、かつイクターを共同保有していた[59]。イブン・イヤースもイクターを保有するアウラードの一人であった[60]。

他方、無名のアウラードたちの状況については対外戦争時における徴兵の記事から読みとることができる。一四六八年、ドゥルカドゥル侯国との戦いの際、アウラードの中で希望する者は遠征に参加し、そうでない者で月給やイクターを保有している者は国庫に一〇〇ディーナールの支払いをすることが命じられた[61]。一四八五年の対オスマン朝遠征の際にも同様の命令が下された[62]。これらの事例から、アウラードの中にはイクターを保有する者が依然として存在

していたことがわかる。

ところで、これらの命令はアウラードの軍事力を見込んで発せられたものというより、軍資金の供出を目的としたものと考えるのが妥当である。対ドゥルカドゥル候国遠征の際、カーイトバーイはアウラードに弓術のテストを課し、その能力に応じて月給の削減や納付金を命じたのであるが、このことはこの弓術テストが、軍資金を徴収することを主目的として行われたものであったことを示唆する。(63) 裏を返せば、この時代、アウラードの軍事力としての存在はないがしろにされた状態にあったと考えられるのである。(64)

以上の叙述史料との整合性をとれば、先の分析で見られたアウラードが保有するイクターは、その保有の建前が何であれ、実態としては軍事奉仕を伴わないイクターであったと考えられる。確かに、軍資金の供出も一種の奉仕と見なすこともできようが、マムルーク体制の構造を考えたとき、一律の軍資金の供出はスルターンとアウラードの序列的な紐帯を規定しえない点で、概要記録に見るイクターと詳細記録に見るアウラードのイクターはその性格が決定的に異なるのである。

また、このような考え方においては、文民が保有するイクターも同様にマムルーク体制のイクター保有のあり方から外れるものである。史料からは、彼らが何らかの奉仕の対価としてイクターを保有しているか否かを明らかにすることはできないが、ナースィル検地後にイクターを手にする文民がいたことからも、(65) この記録の中にも奉仕を伴わない形態でイクターを保有する者がいたことが考えられる。つまり、このようなイクターは、恩給のような形でアウラードや文民らに保有されていたと考えられるのである。とりわけ、アウラードは、『軍務台帳』の詳細記録のイクターのうち三割を超える件数を保有していたのであったが、その中にはこのような形で授与されたものが多く存在していたことが推測される。『軍務台帳』の伝世状況を踏まえれば、これは全体の一部の記録でしかないが、チェルケス朝期にこのようなイクターが拡大していたことは、第一章で見たように、多くのアウラードのイクターが没収された年代記の記事からも裏づけられる(66)。本書では、恩給として授与されていたイクターを「恩給のイクター」と呼び、軍事奉仕の代価としてのイクターと峻別したい。

それでは、このような恩給のイクターは、軍事奉仕の対価としてのイクターをも含めた同時代のイクター保有全体の中にどのように位置づけられるのだろうか。『軍務台帳』の編纂過程からこの問題を考えてみたい。『軍務台帳』編纂の際にオスマン朝が行ったワクフ地と私有地の確定審査では、「新規定」の基準を満たすものを正当な土地権利として認定した。「新規定」では、オスマン朝期以降に設定された私有地やワクフ地の没収と、マムルーク朝期に設定されたワクフ地と私有地の法的正当性の回復が焦点とされた。ゆえに、オスマン朝の征服初期に見られたような無条件の没収は行われず、それ以前に没収されたものでも正当性を証明する記録があればその権利が回復されたのである。この審査方法に従えば、『軍務台帳』の詳細記録に登記されたワクフ地や私有地は、基本的には、マムルーク朝期において法的に設定された私有地とワクフ地の全体とほぼ一致するものと見なすことができる。

表19は、『軍務台帳』の詳細記録に私有地あるいはワクフ地として登記された土地片の利用の変化についてまとめたものである。土地権利の種類がわかっているもののうち最も多いのは、イクターが私有地化・ワクフ地化した事例（五一四件）であり、全体の約四分の一にあたる。次に軍事リザク地が私有地化・ワクフ地化した事例（三七七件）が続く。慈善リザク地や政庁財源が私有地化・ワクフ地化した事例は少ない。他方で、

表 19　土地権利の変化

	過程	件数
1	イクター → 私有地・ワクフ地	514
2	軍事リザク地 → 私有地・ワクフ地	377
3	慈善リザク地 → 私有地・ワクフ地	19
4	政庁財源 → 私有地・ワクフ地	3
5	軍事リザク地 → イクター → 私有地・ワクフ地	30
6	イクター → 軍事リザク地 → 私有地・ワクフ地	7
7	私有地・ワクフ地 → 軍事リザク地	2
8	不明	1,017
	計	1,969

全体の約半数は『チェルケス台帳』からの記録の転載がなく、私有地化・ワクフ地化する以前の土地権利が不明な事例である。しかし、これらの不明な件数を入れても、『軍務台帳』に登記された私有地やワクフ地の約半数が元々イクターや軍事リザク地であったということは、マムルーク朝期にワクフ地や私有地となった土地の多くが、元々はイクターや軍事リザク地であり、その中には恩給のイクターが多く含まれていたことを示す。そして、これらの恩給のイクターや軍事リザク地は、多くの場合、その保有者自身によって国庫から購入されて私有地となり、間もなくしてワクフ地とされたのである。すなわち、チェルケス朝期に見られた私有地やワクフ地の増加は、恩給のイクターの拡大の延長線上に位置していたのである。

第六節　小　結

本章の考察により、チェルケス朝期において、アウラードや文民といった非マムルーク軍人に恩給のイクターが分与され、それが国有地の私有化とワクフ地化に結びついたことが明らかとなった。

本章で見たイクター保有の多様なあり方とそれを端緒とする私有地化、ワクフ地化の拡大は、イクターの保有を通じた軍人支配層による農村の独占的支配を柱とするマムルーク体制の原則から大きくはずれた現象である。このことは、イクター制の徴税システムとしての側面や農村支配の体系にどのように関わったのであろうか。また、毎年定期的に氾濫するナイルに依拠するエジプト特有の農業形態において、これらの変化はどのような影響を与えたのであろうか。ナイルの性質と流域の地理的環境を考慮すれば、灌漑は、各々の保有者がその維持管理に努めるだけでは成立しなかったに違いない。上エジプト地域からデルタ地域までを十全に灌漑するためには、土地の境界や土地保有者の変化などに直接的な影響を受けない維持管理のシステムが必要とされたはずである。そして、そのシステムこそが、イクター制、さらにはエジプトの統治体制の基盤にあったと考えられるのである。この問題を解くために、次章以降では、エジプトのナイル灌漑とその維持管理のシステムについて明らかにしていきたい。

（1）ナースィル検地の記録が記載されているのは、以下の村の概要記録においてである、ガルビーヤ県マハッラ・ムーサー村（*DJ* 4622, 121r）、ダミエッタ港湾部シャーワ・サラント村（*DJ* 4652, 243r）、ブハイラ県カーフィラ村（*DJ* 4638, 42r）、同県カニーサ・アルギート村（*DJ* 4638, 67r）、同県カウム・アッタウィール村（*DJ* 4638, 74r）同県マハッラ・ニクラー村（*DJ* 4638, 107r）、ミヌーフィーヤ県アシュマ村（*DJ* 4634, 104r）、同県ミリージュ村（*DJ* 4634, 146v）、シャルキーヤ県アルド・アルブスターン村（*DJ* 4641, 33r）、イトフィーフ県ジャズィーラ・アルカルビーヤ村（*DJ* 4639, 87r）。ナースィル検地の記録が『軍務台帳』全体で一〇件しか残されていない理由は、『チェルケス台帳』の記録との比較や補完が必要な際にのみ引用されたためと考えられる。

（2）*DJ* 4638, 42r.

（3）Ibn Mammātī, *Kitāb Qawānīn al-Dawāwīn*, ed. A. S. Atiya (Cairo, 1943), 203–204. ただし、非冠水地であっても、牧草などの栽培や自生が可能な土地である可能性もあり、必ずしも耕作不可能な土地とは限らない。

（4）ヌワイリーによれば、毎年、官吏（ムバーシル）が担当する地区が冠水すると、村の監督者（ハウリー）が作成した灌漑文書（カーヌーン・アッライイ）に基づいて、土地を冠水地（ライイ）と非冠水地（シャラーキー）に分けた。冠水地はさらに、黒土（ナカーウ）、毎年耕作される土地（マズルーウ）、アルファ草の除草が必要な土地（ヒルス）、アルファ草の多い土地（ガリーブ）、播種期になっても水のはけない低地（ムスタブハル）の地に分類された（al-Nuwayrī, *Nihāya*, 8:247–250; Sato, *State and Rural Society*, 192, n. 3）。ナースィル検地の耕地面積の記録においても、この分類が明確に示されており、冠水地・非冠水地や土地の種類を記録し、軍務庁が管理していたことを窺い知ることができる。

（5）ここでは分数は切り捨てられている。

（6）Michel, "Les rizaq iḥbāsiyya," 117; idem, "Les «services communaux»," 22–23.

（7）*DJ* 4622, 41v.

（8）*DJ* 4622, 264r.

（9）Ibn al-Jīʿān, "Kitāb al-Tuḥfa al-Sanīya," 210v. 保有者については、「かつては高貴なる御方（シャアバーン二世を指す）の子ハサンの名義であり、現在はイクター保有者たちの名義、（軍事）リザク地、ワクフ地である」と記されており、『軍務台帳』に記載された土地権利と異なる。

（10）al-Maqrīzī, *Khiṭaṭ*, 1:241; idem, *Sulūk*, 2:153.

（11）他方、一四八〇年に死亡したウズダムル・アルイブラーヒーミーの名前が最新の保有者として記載されるなど、引用元である『チェルケス台帳』の記録は更新されなかった部分もあったと考えられる。

（12）村の位置を確認する際、Halm, *Ägypten* を参照した。ただし、位置を確認することができなかった村の円グラフは、地図上に反映されていない。

（13）例えば、シャルキーヤ県タイイバ村の税収高三七〇〇ディーナール・ジャイシーの内訳は、アラブ部族保有のイクターが三二三七ディーナール・ジャイシー、ムフラド庁の財源が四六二ディーナール・ジャイシーで、ムフラド庁の配分は村の税収高全体の一部に留まる（*DJ* 4641, 100v）。また、ブハイラ県トゥーフ・ダジャーバ村の税収高四〇〇〇ディーナール・ジャイシーの内訳は、軍事リザク地が一〇〇〇ディーナール・ジャイシー、ムフラド庁の財源が三〇〇〇ディーナール・ジャイシー（*DJ* 4638, 29r）。同県マハッラ・カイル村の税収高は六〇〇ディーナール・ジャイシーと、比較的小規模であるが、イクターが一八〇ディーナール・ジャイシー（うち一二〇ディーナールがアラブ部族保有のイクター）、政庁財源四二〇ディーナール・ジャイシーと、小さい単位で分割されている（*DJ* 4638, 103r）。

（14）Sato, *State and Rural Society*, 152–156.

（15）この授与方式は軍人の在地化と台頭を未然に防ぐ方策として、イクター授与の原則となった。al-Maqrīzī, *Khiṭaṭ*, 1:241–242; Ṭurkhān, *al-Nuẓum al-Iqṭāʿīya*, 104–105; Sato, *State and Rural Society*, 147–148.

（16）例えば、年代記では次のように記される。「[八二九年ラマダーン月]一二日（西暦一四二四年）、大アミールであったクジュクのイクターが武具長官であるヤシュバク・アッサーキーに授与された。また、ヤシュバクの百騎長位と彼のイクターがヒジャーズからやって来たクルクマースに授与され、クルクマースの職階と彼のイクターが厩舎長官バルドバクに授与された。al-Maqrīzī, *Sulūk*, 4:721.

（17）al-Qalqashandī, *Ṣubḥ*, 3:453–454; Poliak, *Feudalism*, 19; Rabie, *The Financial System*, 45–46; Sato, *State and Rural Society*, 148.

（18）この二人のイクターについては、Ṭurkhān, *al-Nuẓum al-Iqṭāʿīya*, 168–169 でもあげられているが、本書の表とは一部情報が異なる。相違については表14の註を参照のこと。

（19）*DJ* 4626, 127v.

（20）*DJ* 4645, 21r.

（21）ボドリアン図書館手稿本では税収高の情報が抜けていたので、エジプト国立図書館所蔵手稿本（MS Geographīya, ʻArabī 316, 51r）を参照した。

（22）Ibn al-Jīʻān, "Kitāb al-Tuḥfa al-Sanīya," 210v.

（23）『軍務台帳』の詳細記録で保有者名が明記されている事例のみを考察の対象とした。例えば、「イクタ－、アラブ部族」などと記載され、保有者の名前が明らかでないものについては対象外とした。

（24）ただし、マムルーク軍人が血縁関係にある子とイクターを保有している場合は、「マムルーク軍人」に分類した。

（25）*DJ* 4626, 167r.

（26）*DJ* 4622, 266r.

（27）Ibn al-Jīʻān, "Kitāb al-Tuḥfa al-Sanīya," 88r.

（28）Ibn al-Jīʻān, "Kitāb al-Tuḥfa al-Sanīya," 131r.

（29）al-Maqrīzī, *Khiṭaṭ*, 1:238–239; Sato, *State and Rural Society*, 145–152

（30）*DJ* 4641, 116r.

（31）ワクフ地を設定したスライマーンはバイバルスの父親と思われるが、このことからバイバルスにイクターが引き継がれた後も父親は生きていたと考えられる。

（32）*DJ* 4622, 168v.

（33）*DJ* 4638, 54r.

（34）シャキークは、父親、母親ともに同じくする兄弟のこと。高野晶弘『高野版現代アラビア語辞典』、上下巻（「アラブ世界の活字文化とメディア革命」研究会、二〇〇七、下巻、九九九。

（35）*DJ* 4621, 13r.

（36）例えば、スルターン＝ジャクマクの兄であるジャールカスは、弟が一人前になり、月給の支給を受けるようになるまで、経済的な支援をした（Ibn Taghrī Birdī, *Nujūm*, 15:258–261）。また、マムルーク軍人であるバハードゥルは、ダマスクスのアミールであるバハードゥル・サミル・アルマンスーリーの遺産を相続したが、これは二人がシャキークであったことがあらかじめ認められていたからであった（Ibn Ḥajar al-ʿAsqalānī, *Durar*, 2:31）。

（37）*DJ* 4634, 125r. ……は判読できなかった部分。

（38）*DJ* 4652, 246v.

（39）*DJ* 4652, 224v.

（40）*DJ* 4622, 117r.

（41）*DJ* 4622, 201r.

（42）Ibn Taghrī Birdī, *Ḥawādith al-Duhūr fī Madā al-Ayyām wal-Shuhūr*, ed. William Popper, 4 vols.（Berkeley, 1930–42）, 322.

（43）また同日、四十騎長のスードゥーン・アッシラーフダールのイクターのうち、カイロ近郊のカウム・イシュフィーン村の半分が、共同保有者であるヤシュバク・アルファキーフ・アルムアイヤディーに授与され、ヤシュバクは四十騎長となった（Ibn Taghrī Birdī, *Nujūm*, 16:116–117）。このほか、ダマスクスの四十騎長シャーディーバク・アルアシュラフィーのイクターが、シャーディーバクの共同保有者二人に授与された事例もあり、共同保有者が二人以上いるイクターがあったことがわかる（Ibn Taghrī Birdī, *Ḥawādith*, 339）。

（44）*DJ* 4625, 94v.

（45）一四六一年、フシュカダムがスルターン位に就くと、国庫の窮乏から、慣例の祝儀の手当（ナファカ）を軍人に支払うことができなかったため、前スルターンのマムルーク軍人が保有するイクターを没収し、それらを子飼いのマムルーク軍人に再分配した。このとき、ガルビーヤ県タンディター（タンター）村は、税収高一五〇〇〇ディルハムのイクターとして、五〇人の軍人に分与された（Ibn Taghrī Birdī, *Ḥawādith*, 404–405）。『至宝の書』によれば、この村の税収高は一六〇〇〇ディーナール・ジャイシーで、ヒジュラ暦七七七年の記録では、四十騎長ムハンマド・ブン・タンキズブガー・アルマーリダーニーのイクターであったが、一五世紀後半の記録では、複数人が保有するイクターとなっている（Ibn al-Jīʿān, "Kitāb al-Tuḥfa al-Sanīya," 117r）。また、『勝利の書』においても、四十騎長のイクターとして記録されており、これらの記録からも一五世紀以降にイクターが細分化され、複数人に分与されたことが裏づけられる（Ibn Duqmāq, *Kitāb al-Intiṣār li Wāsiṭa ʿIqd al-Amṣār*, ed. Karl Vollers, vols. 4–5（Cairo, 1893; repr. Frankfurt am Main, 1992）, 5:94）。

（46）*DJ* 4632, 192v.

（47）　*DJ* 4652, 225r.　……は判読できなかった部分。

（48）　*DJ* 4632, 230r.

（49）　例えば、スルターン＝ジャクマクはアミールであったとき、主人であるアミール＝アリーの息子アフマドを引きとって養い、アフマドの自立を支援する後見人としての役割を果たした。Ibn Taghrī Birdī, *Nujūm*, 15:259; al-Sakhāwī, *Ḍaw'*, 2:15.

（50）　このほかに、必ずしもマムルーク軍人の家政との関係性が明示的でない事例も見られたが、保有者の名前などからその関係性を明らかにすることはできないものの、やはり彼らの間には何らかの関係性があったことが推測される。例えば、バフナサーウィーヤ県ベニスウェフ村のイクターは、ジャーン・ビルディー・アルムハンマディーとアフマド・ブン・ジャーニーバク・ミン・アブド・アッラフマーンの二人による共同保有であった（*DJ* 4632, 192v）。また、ファイユーム県ハンマーム村の事例は、ハイルバク・アルジャマーリーとその息子ムハンマド、およびバルドバク・アンナースィリーの孫のムハンマド・ブン・アフマド・ブン・バルドバク・アンナースィリーの三人による共同保有であった（*DJ* 4645, 18v）。ミヌーフィーヤ県ミンヤ・ムーサー村の事例は、スルターン＝ウスマーンの息子ウマルとマムルーク軍人であるジャカム・アッサイフィー・タムルブガーによる共同保有であった（*DJ* 4634, 201r）。また、マムルーク軍人の家政内部での共同保有に、文民が加わる事例も見られた。ミヌーフィーヤ県ムフナーン・アルムルスイーン村の事例は、バルドバク・ミン・ジャーンブラートとアウラードであるイブラーヒーム・ブン・イーナール・ミン・スィナーンの二人の息子ムハンマドとアフマド、そしてアブド・アッラフマーンなる人物の四人による共同保有であった（*DJ* 4634, 144v）。

（51）　これらの事例の中には、父親から子へ継承される事例だけではなく、子から父親への継承の事例が二件見られた。ガルビーヤ県のマハッラ・ハサン村のシリア総督キジュマースのイクターの以前の保有者は、キジュマースの息子アフマド・アッサイフィー・キジュマースであった（*DJ* 4622, 107v）。また、ブハイラ県カルタサー村の事例は、元々シャーヒーンとその子供たちで保有していたが、後にシャーヒーン単独での保有になった（*DJ* 4638, 54r）。

（52）　*DJ* 4634, 172v.

（53）　Poliak, *Feudalism*, 29; Ayalon, "Studies on the Structure of the Mamluk Army–II," 448–459; Sato, *State and Rural Society*, 154, 159–160; Haarmann, "Joseph's Law," 62–70; Amalia Levanoni, "The *Ḥalqah* in the Mamluk Army: Why Was It Not Dissolved When It Reached Its Nadir?," *MSR* 15（2011）, 48–51.　他方、有力アミールの子孫などは、検地後もアミール位を持つ者もいた。Donald S. Richards, "Mamluk Amirs and Their Families and Households," in *The Mamluks in Egyptian Politics and Society*, eds. Thomas Philipp and Ulrich Haarmann (Cambridge, 1998), 32–54; Amalia Levanoni, "Awlad al-nas in the Mamluk Army during the Bahri Period," *Mamluks and Ottomans: Studies in Honour of Michael Winter*, eds. David J. Wasserstein and Ami Ayalon (London, 2006; repr. London & New York, 2010), 96–105.

(54) ハールマンによれば、アウラードが保有するイクターは、一三七六年に一八五片、税収高にして五七三六七六ディーナール・ジャイシーであったのが、一三九七年頃に一七片、二〇六八九九ディーナール・ジャイシー、一四八〇年頃には六片、九一七五ディーナール・ジャイシーと減少していった。Haarmann, "The Sons of Mamluks," 158–162.

(55) Haarmann, "Joseph's Law," 55–84; Stephan Conermann and Suad Saghbini, "*Awlād al-Nās* as Founders of Pious Endowments: The *Waqfīyah* of Yaḥyá ibn Ṭūghān al-Ḥasanī of the Year 870/1465," *MSR* 6 (2002): 21–50.

(56) Haarmann, "Joseph's Law," 70–71, 76–77; Adam Sabra, "The Rise of a New Class? Land Tenure in Fifteenth-Century Egypt: A Review Article," *MSR* 8, no. 2 (2004): 206–208.

(57) Haarmann, "The Sons of Mamluks as Fief-holders," 148.

(58) ムフラド庁の月給の支給については、al-Ṣayrafī, *Inbā' al-Haṣr bi Anbā' al-'Aṣr*, ed. Ḥasan Ḥabashī (Cairo, 1970; repr. 2002), 501–502; 五十嵐『中世イスラーム国家』、五九–六三、Igarashi, *Land Tenure*, 69–74 を参照。

(59) al-Ṣayrafī, *Inbā' al-Haṣr*, 179.

(60) Ibn Iyās, *Badā'i'*, 4:136, 173.

(61) Ibn Iyās, *Badā'i'*, 3:26.

(62) Ibn Iyās, *Badā'i'*, 3: 219.

(63) 弓術のテストについては、Ibn Iyās, *Badā'i'*, 2: 20–21, 462, 470; Levanoni, "The *Ḥalqah* in the Mamluk Army," 61; 五十嵐『中世イスラーム国家』、一三〇–一三三、Igarashi, *Land Tenure*, 153–157 を参照。

(64) al-Ṣayrafī, *Inbā' al-Haṣr*, 501–502; Levanoni, "The *Ḥalqah* in the Mamluk Army," 60–61; 五十嵐『中世イスラーム国家』、六〇–六一、Igarashi, *Land Tenure*, 70–71.

(65) Sato, *State and Rural Society*, 159–160; Levanoni, "The *Ḥalqah* in the Mamluk Army," 55.

(66) Ibn Iyās, *Badā'i'*, 4:136, 150, 5:162, 194.

第六章　灌漑とその維持管理

第一節　ベイスン灌漑とジスル

降水量が少ないエジプトでは、人々は灌漑をナイルに依存してきた。ナイルは六月から増水し始め、九月に最高水位に達する。[1] 近代以降にナイルの水量が制御されるようになるまで、人々はコプト暦の第一月にあたるトウト月（グレゴリウス暦の九月一一日から一〇月一〇日にあたる）に灌漑用水路を開口し、沃土を豊富に含んだナイルの水を農地に流し込んだ。水は約四五日間農地に留まると自然に引いてゆき、その後に地表が現れると、人々は冬作物の播種を行うことができたのであった。[2] この灌漑方法は「ベイスン灌漑」、あるいは「ハウド灌漑」と呼ばれている。一説によると、この灌漑方法の原初形態は古代第一王朝（紀元前三一〇〇頃─紀元前二八九〇頃）にすでに存在していたという。[3] そして、それは一九七〇年にアスワンハイダムが竣工し、通年灌漑への完全な移行が達成されるまでの長きにわたり機能してきたのであった。近代に入るまでは、オアシス地域やファイユーム盆地を除くほとんどの地域が、ベイスン灌漑によって潤されていたのである（図12）。

残念ながら、このような灌漑方法が採られなくなって久しい現在では、実際にベイスン灌漑がどのように行われていたかを観察することはできない。そのため、ベイスン灌漑の構造は、もっぱら、イギリスの灌漑技師W・ウィルコッ

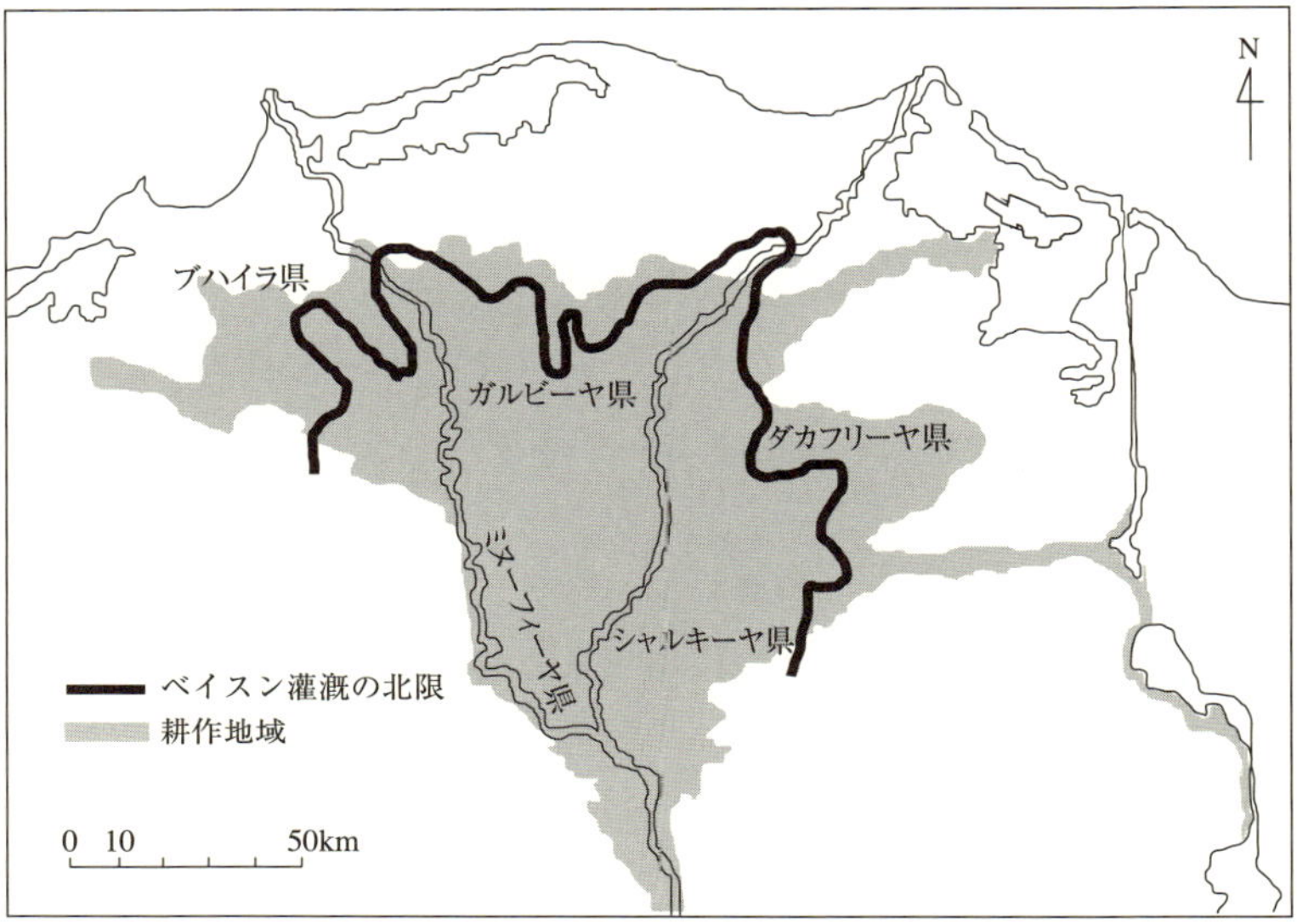

図 12　ベイスン灌漑の北限（1900 年）

出典）　Alan Richards, *Egypt's Agricultural Development, 1800–1980: Technical and Social Change*（Boulder, 1982）, 16.

クス（一九三二年没）が示したモデルで理解されている。図13は、彼が示した上エジプト地域におけるベイスン灌漑の構造図である。三角州が広がるデルタ地域とは対象的に、上エジプト地域では、ナイルは、ナイル峡谷を縫いながら流れている。谷間の平地がナイルの氾濫原であり、その東西には切り立った崖が続く。この図は西岸の平野部を示しており、西側の部分は崖と砂漠地帯になっている。これは上エジプト地域の典型的な地形である。図において、平野部は、ほぼ均等となるように土手で仕切られており、ここに増水したナイルの水を流し込み、一定期間冠水させておくというのが、ベイスン灌漑の概要である。

　土手は、河岸段丘を利用したナイルと平行の土手と、ナイルに対して垂直の土手で構成されているが、ウィルコックスが著した『エジプトの灌漑』によれば、垂直の土手の上面の幅は平均して六メートル、高さは三・五メートル、傾斜は一×一であった。A、B、C、Dは農地であるが、土手で仕切られたこれらの農地は、盥《たらい》の意味を持つアラビア語で「ハウド」と呼ばれ、一区画は平均で一〇×四キロメートル程度であった。(4) これらの農地にナイルの水を引き込むために、それぞれの区画を縫うように水路が通されるが、その床はナイルの河床よりも高く、ナイルが一定の水位に達したときに水が水路に流れ込むようになっている。ウィルコックスによれば、増水期のナイルの水位は七・五から一〇メートルであり、冠水時の農地の水位は三〇センチメートルから三メートルあったという。(5) 1、2、3は流量を調整するレギュレーターを示している。

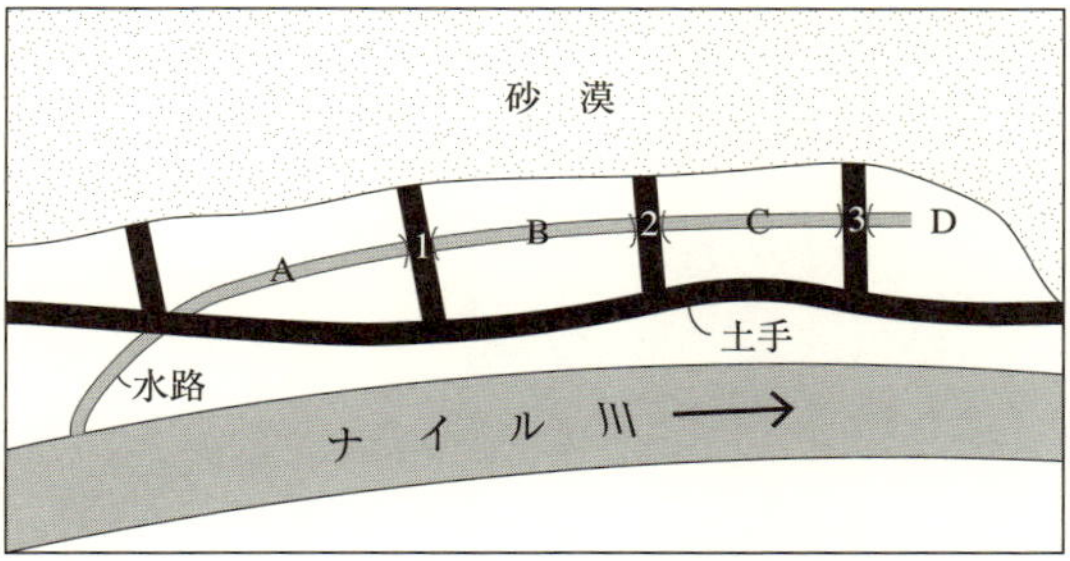

図 13　ベイスン灌漑の構造図

出典）　Willcocks, *Egyptian Irrigation*, 1: 306.

灌漑の行程は次の通りである。八月一二日までに、ナイルの水位は上昇し、水と沃土が水路に流入する。水路に水が流れ始めたら、すべてのレギュレーターを開き、最初に最下流に位置するDの区画に水を流し込む。区画全体が三〇センチメートルの水位で冠水したならば、3の装置を部分的に閉じる。それを繰り返してAまで冠水させるという仕組みである。(6)

この灌漑方法の特徴として、何よりもまず、緻密な計算に基づいた方法であるという点があげられる。それは、自然現象に依拠したものでありながら、水路の床の深さや土手の高さと位置の設定、農地に流す水量や冠水期間などが考慮されていた。とりわけ、水を一定期間溜めておくために設置された土手が、この灌漑方法には必須の構造物であり、これを維持することはベイスン灌漑には欠かせないことであった。

土手は、アラビア語で「ジスル」と呼ばれたが、前近代の人々はその重要性を当然のように理解していた。マクリーズィーは『警告と省察の書』において、「エジプトの土地の豊かさはジスルなしにはありえない」と述べている。(7) この言葉に表されているように、ジスルの維持と管理は、農村に暮らす人々にとっては収穫に関わり、都市で暮らす人々の食糧供給や経済に影響を与えた。また、統治者にとっては国家の基本財源であるハラージュに直結する問題であり、すなわち、イクター制の基礎にある問題であった。

さて、このジスルについて、私たちが史料から得ることができる情報はそれほど多くはないが、アイユーブ朝やマムルーク朝期の行政指南書では、ジスルは規模と管理者の違いによってスルターニー・ジスルとバラディー・ジスルという二つの区分が設けられていたことが確かめられる。スルターニー・ジスルは「スルターンの土手」という意味であるが、それは規模が大きく、広範囲に影響をおよぼす土手で、政府が管理を担った。これに対し、「村の土手」という意味のバラディー・ジスルは、村の住民が管理を担う小規模な土手であった(8)。

こうしたジスルの具体的な構造や設置の状況については明らかにされておらず、スルターニー・ジスルとバラディー・ジスルが実際にどのように存在し、相互にどのように関係していたかについては不明である。このような事柄が明らかにされていない理由として、ジスルが描かれた地図が残されていないことがあげられる。管見の限り、測量に基づいて作成されたエジプト地図は、ナポレオンによるエジプト遠征の結果作成された『エジプトの描写、あるいはフランス軍の遠征時にエジプトでなされた観察と研究の集成 ***Description de l'Égypt, ou, Recueil des observations et des recherches qui ont été faites en Égypte pendant l'expédition de l'Armée française***』(以後、『エジプトの描写』と略記)に収録される地図が最初である(9)。そのため、前近代エジプトの水利・灌漑については、基礎的な情報を得ることすら困難なのである。そのような状況において、先行研究が議論の中心としてきたのは、支配層が主導する水利開発事業についてであり、ジスルがどこに・どのように設置され、人々はそれらをどう管理していたかといった、より日常的なレベルの問題についてはほとんど明らかにされてこなかった(10)。

そこで、筆者は、ジスルについての何らかの手がかりが得られないかと考え、フィールド調査を行った。調査の結

図14　シャイフ・アルガダッラ堤（ファイユーム県ラーフーン村）

註）筆者撮影（2013年）.

果、上エジプト地域は、早い時期から開発が推進されたデルタ地域に比べて、ベイスン灌漑の地形を未だに色濃く残していることがわかった。さらに、灌漑設備の設置状況については、一九世紀の地図などで確認することができるものが残っていることが明らかになった。

この調査によって確認されたジスルの遺構が、ファイユーム県のシャイフ・アルガダッラ堤である（図14）。これは、ファイユーム盆地の玄関口であるラーフーン村と、そこからほど近いところに位置する砂漠の丘陵地に佇むセソストリス二世（在位前一八九七―七八）のピラミッドを結ぶように設置されている（図15）。現在では使われなくなったそのジスルは、もっぱら、農道、あるいはピラミッドへ観光客を誘うための道路として使われている。そこで、『エジプトの描写』を確認すると、その地図の中に、このジスルを確認することができる（図16）。そのジスルは、高さ三、四メートル、幅五、六メートルの煉瓦造りの構造物である。側面には、水門とそれに注ぐ灌漑水路の跡が残されていた（図17）。このような構造物は、ほかにも、カイロ近郊のサッカーラやダハシュールなどでも確認された。

他方、デルタ地域に関しては、急速に開発が進められたためであろうか、『エジプトの描写』の地図のみならず、その他の近代地図は、いずれもデルタ地域におけるジスルの情報を含まない。したがって、上エジプト地域で行った方法では、デルタ地域のジスルを発見することができなかった。

この調査によって得られた結果から、次の二つの疑問が浮上した。第一に、上エジプト地域で確認したジスルは、スルターニー・ジスル

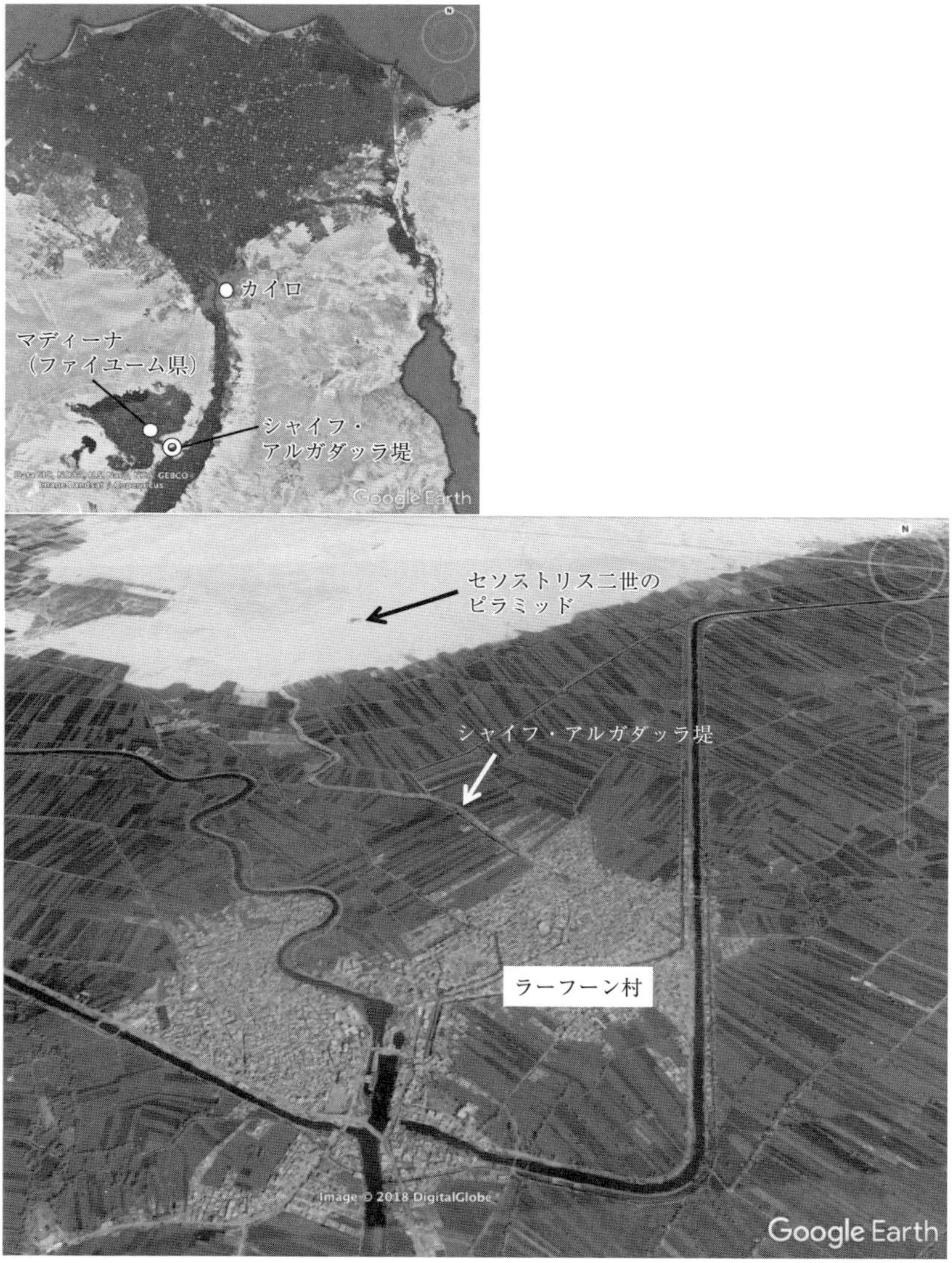

図 15　シャイフ・アルガダッラ堤の位置

註）　地図データ：©2018 Digital Globe.

とバラディー・ジスルのどちらなのであろうか。第二に、デルタ地域においては、スルターニー・ジスルはどこに・どのように設置されていたのであろうか。

本章ではこれらの問いを解きながら、ジスルの維持管理の体制、またそれを軸とした政府と村落社会の関係性について検討していく。その際の論点を整理するために、A・ミハイルの議論を紹介したい。近年、環境史の枠組みから支配と水利行政の問題に切り込んだミハイルの研究は、一八世紀後半から一九世紀半ばまでのオスマン朝治下のエジプトを対象にしたものであるが、マムルーク朝やそれ以前の時代をも含めた前近代の状況を考える上でも示唆的な内容である。[11] 彼は、水利開発の観点から、ムハンマド・アリー期の近代化の推進と統治の質的変化を描き、地元の人々の経験と知識によって水利が行われていた前近代から、ムハンマド・アリー Muhammad ʻAlī（在位一八〇五―四八）による専制的な水利行政への移行を説明した。その際、彼は移行前の村落における水管理のあり方を表象する二つの概念を提示した。[12] それは、「水利共同体」と「農民の経験と知識」である。彼は、灌漑設備を共有して利害を一にする村の集合を「水利共同体」と見なし、これらの「共同体」の間には上流／下流や灌漑設備の維持管理を担う／担わないといった要因による力関係があったことを指摘した。[13] 他方、「農民の経験と知識」は、オスマン朝政府の灌漑設備の維持管理の姿勢を表象する。つまり、ムハンマド・アリー期以前のオスマン朝政府は、エジプトの灌漑設備を最もよく知

図 16　『エジプトの描写』に描かれたシャイフ・アルガダッラ堤

註）　地図データ：David Rumsey Map Collection.

図 17　シャイフ・アルガダッラ堤の水門と上面の様子

註）筆者撮影（2013 年）.

るのが農民であることを心得ていたため、政府は維持にかかった費用を負担するだけで、実際的な作業は農民の経験と知識にまかせる方針を採ったということである。(14)

この二つの概念は、前近代における村落社会の自立性を考える上で興味深いが、彼の議論からは三つの疑問が浮上する。第一に、「水利共同体」内部の構造についてである。ミハイルは「水利共同体」の存在と共同体間の力関係について言及したが、一つの「水利共同体」はどのような地理的広がりを持ち、それらの村々はどのように関わり合っていたのであろうか。

第二に、「政府」と「農民」の中間にいるアクターについてである。ミハイルの議論は一貫して「政府」と「農民」という二元論的構図をとりながら、水利行政におけるその二者の関係性の変化を見るというスタイルを採っている。そのため「政府」と「農民」以外のアクターについては論拠となる事例紹介の段階では登場するものの、その後の分析の中では照射されていない。灌漑設備の維持管理の構造を明らかにするためには、そこに介在するアクターと各々の役割について検討する必要があると考える。

第三に、水利・灌漑における政府の役割についてである。彼が提示した「水利共同体」や「農民の経験と知識」は、ムハンマド・アリーによる専制的かつ全体的な支配の対概念として、それ以前の時代に権力の空白領域があったことを表すために用いられている。(15) つまり、ミハイルの議論では、「農民」と「政府」、そしてムハンマド・アリー期以前と以後という二項対立のレトリックにより、ムハンマド・アリー期以前の状況では「農民」の自立性が誇張され、「政府」がどこまで水利・灌漑に関与しているかについての詳細は論じられていない。

このような問題意識を踏まえて、本章は、エジプトのベイスン灌漑における主要な灌漑設備であるスルターニー・ジスルを取り上げ、(1)日常的なジスルの維持管理をめぐる「水利共同体」とその構造、(2)そこに介在するアクター、(3)「政府」の役割について検討する。最初に、スルターニー・ジスルの設置状況などの地理的概要を把握しながら、スルターニー・ジスルを媒体とする「水利共同体」とはどのように想定されるかについて検証する。次に、その維持管理のあり方を、維持管理体制と介在するアクターの役割から考察していく。

本章においてこれらの問題解決の糸口となるのが一六世紀前半から半ばにかけて編纂された『ジスル台帳』である。オスマン朝政府が作成したこの台帳から浮かび上がるのは、直接的にはその時代の状況に違いないが、筆者はマムルーク朝時代にも当てはめることができると考えている。この台帳が編纂された時代は、一五一七年にオスマン朝がエジプトの統治を開始してから約三〇年後であり、「カーヌーンナーメ」の公布や、エジプト州の徴税や土地利用に関する各種の基礎調査の開始など、オスマン朝によるエジプト州統治の基礎が整えられていった時期にあたる。このことについては第八章にて詳しく説明するが、オスマン朝はこのときに初めてエジプト州の地方の状況を体系的に把握することに着手したのである。すなわち、本研究から明らかとなる一六世紀半ばの水利・灌漑のあり方はオスマン朝の統治以降新たに成立したものではなく、それ以前から継承されたものとして見るべきである。

対象とする地域については、灌漑とそれに基づく「水利共同体」の問題を考えるときに、それが地域ごとの地理的相違に影響を受ける可能性が考えられること、また、本書が対象とする時代では行政県単位で灌漑設備の管理や調査が行われていたことから、行政県単位での考察が妥当と考えた。そこで、デルタ地域の中心に位置するガルビーヤ県を対象地として設定する。両側をナイルの支流に囲まれたガルビーヤ県は、ベイスン灌漑を見る上では適した地域であろう。

これらを明らかにするために用いる『ジスル台帳』は、地域別に三冊の台帳に綴じられ、エジプト国立文書館のルーズナーマ・コレクションに収蔵されている(16)。

請求番号	収録される地域・県	原本の成立年
Reg. 3001–001904	ガルビーヤ県、ミヌーフィーヤ県	一五三九年
Reg. 3001–001906	カルユービーヤ県、ブハイラ県（シャルキーヤ県とダカフリーヤ県はインデックスのみ収録）	一五三九年
Reg. 3001–001905	上エジプト地域	一五五〇年

本章では、対象地域であるガルビーヤ県の記録を中心的に利用し、情報を補うために、上エジプト地域の記録も補助的に利用する。このほか、「カーヌーンナーメ」も補足史料として利用する。

デルタ中部地域の記録を収録する台帳には、前半部分にガルビーヤ県、後半部分にミヌーフィーヤ県の記録が収録されている。いずれも、その県にあるスルターニー・ジスルについての記録が記された後、バラディー・ジスルの記録が村ごとに記されるのであるが、ガルビーヤ県には一四のスルターニー・ジスルがあることが確認された。以下、スルターニー・ジスルの記録から、それらが設置されていた場所を推定していく。

第二節　スルターニー・ジスルと水利圏

最初に、ガルビーヤ県のスルターニー・ジスルの一つであるアブー・アリー・アルカンタラ堤の記録を例に、『ジスル台帳』におけるスルターニー・ジスルの記録内容を整理しよう（図18）。冒頭に、①水の流入口、②ジスルの位置の概要、③ハウリーと呼ばれるジスルの監督責任者の名前、④ジスルの長さが記され、続いて、⑤各村が負う管理の範囲についての詳細、⑥ジスルを利用する村々が列挙される。図では省略されているが、このジスルでは一九の村があげられていた。そして⑦ジスルの切開について、それに立ち会う村とその時期が記され、最後に、⑧切開後に水が流れていく先について記される。このジスルの記録では各管理区域の範囲の詳細が省略されているが、通常、その村にある架橋（カンタラ）から某村と某村を分かつ灌漑用運河までといったように記される。

これらの記録のうち記録②の冒頭部分の位置の概略と記録⑤の管理を担当する村とその範囲の記録を利用して、各ジスルの位置特定を試みた。手順は、最初に、M・ラムズィーによる地名辞典(17)で各村の名前を確認した後、グーグル・アース（Google Earth）と『エジプトの描写』に収録されている地図を利用して村の位置を特定し、それをグーグル・アース上にプロットしていった。そして、記録②④⑤に従って、ジスルの通る線を結んだのが図19中の黒線である。

ただし、ジスル台帳の記録を地図上に完全に反映させることは困難であった。その理由は、第一に、〜水路・〜橋・誰々の土地のようなローカルなランドマークの位置を特定できないこと、第二に、新しく開拓された村に吸収されるなどして、地名が特定できないことにある。とくに、地中海沿岸の潟湖周辺の湿地帯にあった村は、近代以降に開拓村であるイズバ村に吸収されたものが多く、その一帯にあったジスルの位置特定は困難を極めた(18)。場所を特定するこ

マハッラ・アブー・アリー・アルカンタラ堤 ―― ①

ハルカーナ堤からの水とシュブラー・アルヤマニー村の橋梁から流入するナイルの水が届く．ミンシャー村の土地にあるシャイフ・アリー・クナイイサモスクの水場から，ナイル川沿いにあるサマンヌード村の枝村の中のミート・アンナサーラー村にあるハウド・アルジュルジュと排水路（majrūr al-ṭarīq）まで．②　これにはサンダファー村の果てから始まる［堤との］連結部がある．それはクッバト・アルバイダーから始まり，サンダファー村の土地にあるザンブール水路の堤まで続く．③　ハウリーの監督は，キナーウィーとして知られるウムラーン・ブン・ムーサー・ブン・フサインである．

3472 カサバ

正常箇所（mā bayn）　浚渫（jarf）　土盛り（mudammis）　④

1870カサバ　156 カサバ　1446 カサバ

スルターンのダラク ―― ⑤

カーシフが受け持つ．人夫の被服費（jāmakīya），役畜費（ʻalūfa），諸経費（kulfa）に充てるスルターンの浚渫の支払いから．

496 カサバ

正常箇所　浚渫　土盛り

153 カサバ　30 カサバ　363 カサバ

シャイフ・アリー・クナイイサモスクから　ラーヒビーン村のダラクから

マハッラ・アブー・アリー村のダラクの始まりまで　マハッラ・ズィヤーダ村のダラクまで

243 カサバ　2 カサバ

村々のダラク ――

2976 カサバ

マハッラ・アブー・アリー村のダラク ――　ラーヒビーン村のダラク ――

サマーリユートまで　399 カサバ

1354 カサバ

浚渫　彼らに対して　人夫の提供　浚渫 ――

54 カサバ　16 人　ワスルとして知られる流入口

マハッラ・アブー・アリー村の流入口　長さ　幅

長さ　幅　長さ　幅　5　底辺　上辺

1…　底辺　上辺　6　7　7　4

7　4　深さ　深さ

6　3

ダラク ――　ダラク ――

マハッラ・ズィヤーダ村　サマンヌード村の枝村の中のミート・アンナサーラー村

610 カサバ　604 カサバ

浚渫 ――

ハウド・アッラフマーンにあるハリース流入口

長さ　幅　深さ

12　底辺　上辺　4

4　4

そしてスルターニー・ジスルのマハッラ・アブー・アリー堰（ḥibs）につながっている．その始まりはサマンヌード村の水車から，終わりはミート・アッサース村寄りのティウバーニーヤ村まで．

長さ

782 カサバ

《詳細略》

この堤を利用している 19 村《村名略》 ⑥

［この堤は］，カーシフの立ち会いの下，完全かつ十全に灌漑されたことについての証明書がマハッラ・アブー・アリー村の人びとに対して発行された後，《空欄》と十字架祭までの間に切られる．⑦　そして［堤の水は］，ジャッラーフ堤とそれと交差する堤（muṣallab）に流れ込む．⑧

図 18　マハッラ・アブー・アリー・アルカンタラ堤の記録

出典） Reg 3001–001904, 10–11.

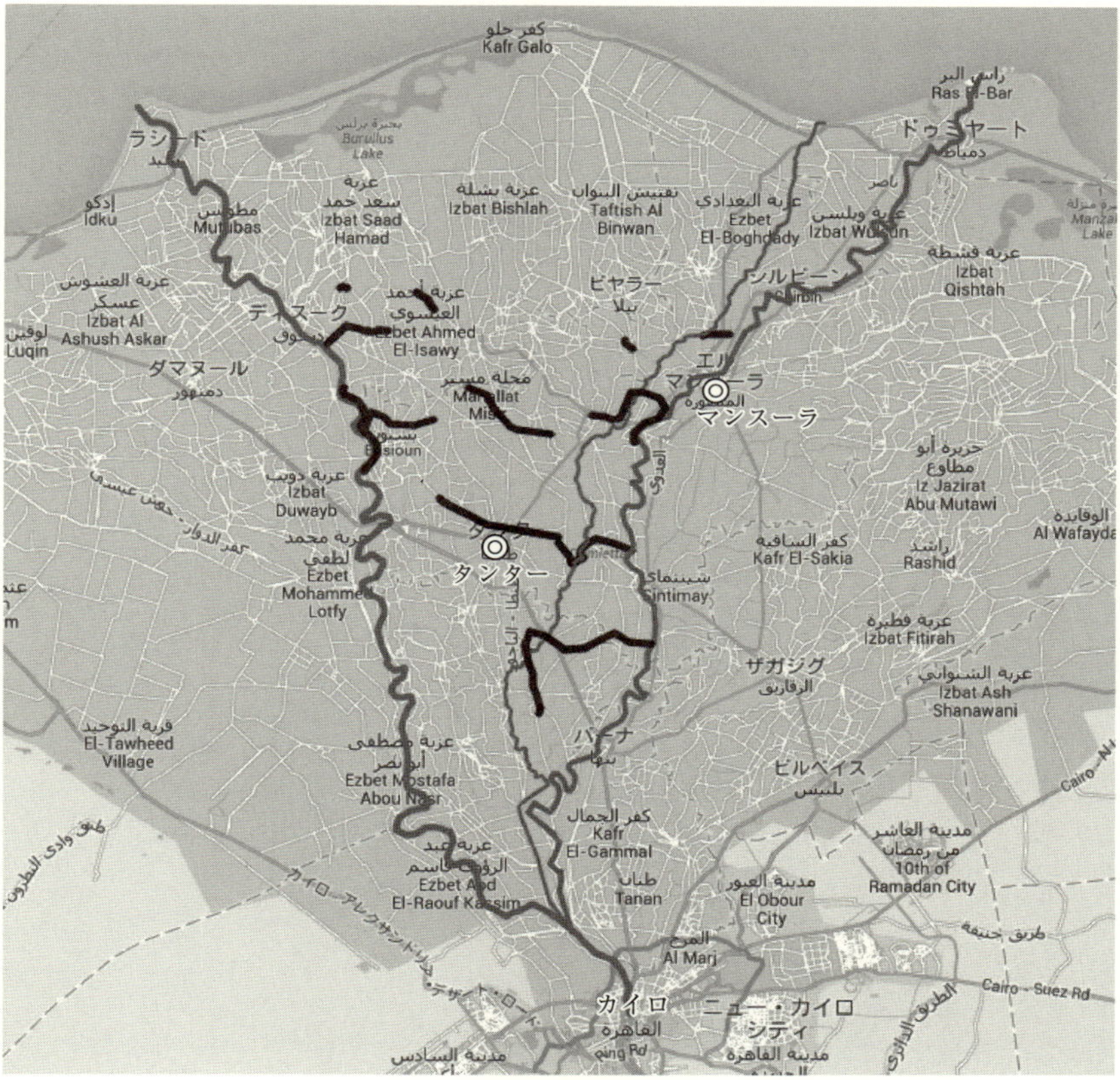

図 19　ガルビーヤ県のスルターニー・ジスルの位置

註）　地図データ：©2018 Google, ORION-ME.

とができない場合は、基本的に、管理が割り当てられている村と村の間を線で結ぶに留めた。中には、ほとんど線が引けていないものもあるため、ジスルの位置特定の精度は決して高くはない。しかし、この地図からでもスルターニー・ジスルの大体の位置関係は把握できる。その位置関係を巨視的に見れば、スルターニー・ジスルは上流から下流に向かって一定の間隔で設置されていた。

　次に、各ジスルによって灌漑されるエリアを示した。まず、記録⑥から先ほどと同じ手順で村の位置を

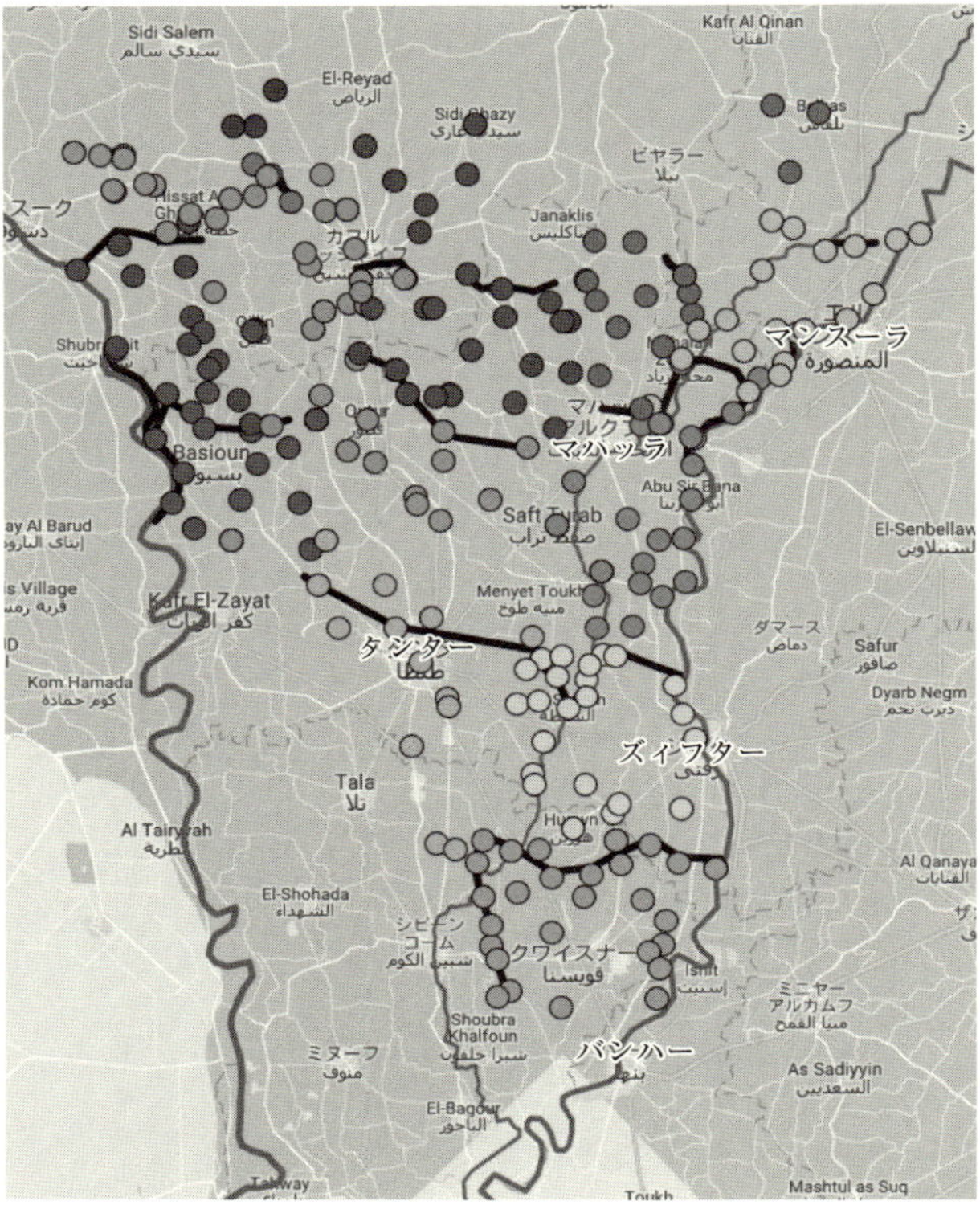

図 20　スルターニー・ジスルによって灌漑される村々

註）　地図データ：©2018 Gcogle, ORION-ME.

特定し、ジスルごとに色分けをして示したのが図20中の丸印である。スルターニー・ジスルが影響をおよぼす村々は、小規模のものだと一〇村程度、規模の大きいものだと二〇村から三〇村程度であった。さらに、これらの村の外周を線で結び、その内側を色で塗ったのが図21である。同じ色で塗られている部分が、一つのジスルが影響をおよぼすエリアを示している。ミハイルは「水利共同体」を、灌漑設備を共有して利害を一にする村々と定義しているが、それに準じれば、スルターニー・ジスルに基づく「水利共同体」とは、同色の中にある村々と見なすことができるであろう。ただし、それが共同体的性格を持つものであるかは現時点では不明であるので、ここではこのエリアを水利圏と呼んでおきたい。

次に、「ジスル以外の方法で灌漑している村」を見るとそれらはナイルの支流ないしは灌漑運河沿いに位置し、そこから直接水を引くことができる村に限られていたことがわかる。

最後に、記録①と⑧から、水の流れについて示した（一九〇頁、図22）。このようにナイルから流入する水とジスルを越えて流入する水があり、最後は潟湖に向けて排出された。記録によれば、最北端のライン上に並んでいるジスルによって灌漑される土地が冠水すると、その水はブルッルス湖に排出された。このラインまでがジスルによる灌漑の限界点であり、それよりも北側にはブルッルス湖と湿地帯が広がっていたと考えられる。現在では大幅に縮小したブルッルス湖であるが、一六世紀の姿は今よりもかなり内陸まで広がっていたことがわかる。

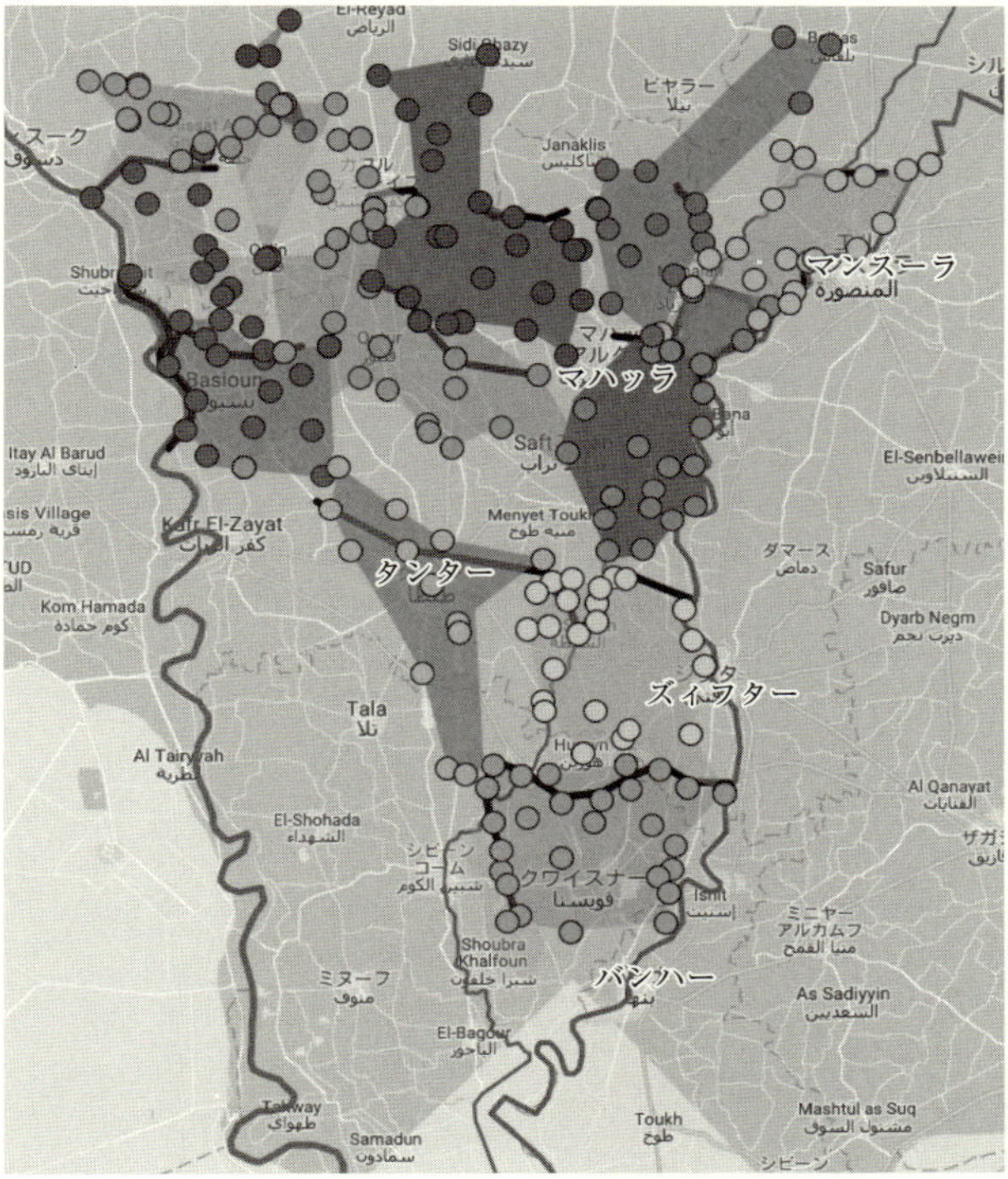

図 21　スルターニー・ジスルによって灌漑されるエリア

註）　地図データ：©2018 Google, ORION-ME.

以上の考察から、デルタ地域におけるスルターニー・ジスルは、概ね、ナイルの流れに対して垂直に設置されていたことが確認された。それでは、なぜ、そのように設置されたジスルが、政府によって管理されていたのであろうか。このことは、二つの観点から説明することができる。

第一に、ナイルの流れに対して垂直に設置されたジスルは、ベイスン灌漑においては、ダムの役割を果たしたと考えられる。そのため、それらのジスルはナイルの洪水を制御するために強固でなければならなかった。[19] ウィルコックスは、著書のなかで、一つでも垂直に設置された土手が崩れてしまえば、水をうまく制御できなくなるばかりか、その後の修繕に労を費やすことになると説明している。[20] このことからも、垂直に設置されたジスルは、ベイスン灌漑における機能と維持管理の両面において、重要であったことが理解できる。

第二に、垂直に設置されたジスルは、水量を調整するために、その前後のジスルと相互に緊密な連携をとる必要があったと考えられる。ウィルコックスは、増水が平年以下であれば、上流部は下流部を完全に灌漑するために、十分な水量を流さなくてはならないと説明する。[21] ベイスン灌漑の構造上、上流部は下流部に対して圧倒的に有利な条件を持つ。上流部の人々は、増水期にナイルの水位が十分に上がらなければ、水門を閉ざし、下流部への流水を遅らせ、逆に、水位が異常なまでに上昇した際には、できる限り水を下流部に流して、被害を免れようとしたであろう。上流部と下流部を包括的に管理する第三者の目がなければ、ナイルの水位に異常があった際、農業生産が打撃を受けるだけでなく、村落民の命の問題に関わる事態に陥ったに違いない。[22] すなわち、政府は、スルターニー・ジスルを政府監督の最小単位として水分配をコントロールし、災害や村落間の不均衡が生じないような采配を担ったのである。

それでは、バラディー・ジスルとスルターニー・ジスルの関係についてはどうであろうか。再びマクリーズィーの言葉を借りれば、「スルターニー・ジスルの役割は、市壁のようなもので、それはスルターンが建設の責任を負う。他方、バラディー・ジスルは市壁のなかにある家のようなもので、その持ち主が修繕や害を除去する責任を負う」[23] という。すなわち、バラディー・ジスルは、スルターニー・ジスルで囲われる区域の中に存在し、その責任を負うのは「持ち主」、つまりそのジスルの受益者であったと考えられる。

第三節　ジスルの管理

(1) 分担体制

台帳の記録から、一つのスルターニー・ジスルは複数の区間に分割されており、それぞれの区間の管理は近隣の村に委ねられていたことが確認できる。この管理のことを、史料中では「ダラク（darak）」といい、基本的にこれを受け持ったのは、ジスル近隣の村々であった。(24) また、場所によっては、政府が管理する「スルターニー・ダラク」も見られた。

史料中には、ダラクを受け持つ村々に課された具体的な責務は明記されていないが、そもそもダラクとは、エジプトの話し言葉で、村の番人などの警備担当地域を指す言葉である。(25) また、ミヌーフィーヤ県の『ジスル台帳』の記録では、ダラクという語の代わりに、警備という意味のアラビア語である「ヒラーサ（hirāsa）」が使われている箇所もあった。ダラクを受け持った村は、おそらく、日頃の土手の見回りや維持管理に関わる作業も担っていたに違いない。

それでは維持管理に関わる作業とは、具体的にどのようなものであったのであろうか。これには大きく分けて、夏場の増水期に行う作業と、冬場の減水期に行う作業があった。増水期においては、村人たちは土手の決壊に備えて周辺を警備し、必要箇所に土盛りをした。ここで「土盛り」と表現しているのは、アラビア語で「ダンマースィーヤ（dammāsīya）」、「ムダンミス（mudammis）」、「ムダーマサ（mudāmasa）」などと書き表されるものである。一二世紀の官僚イブン・マンマーティーが著した『政庁の諸規則』は、増水期の様子を次のように伝えている。

トウト月にはナイルの増水は止まり、エジプトの土地に一通り［水が］行き渡る。増水したら、どの村でも灌漑用水路（トゥルア）から水を［土地へと］流し込むのである。すると、この月の終わりまで［水は］増えず減らずのままである。一七日には、まだ開けていなかった運河や灌漑用水路を開ける。そしてジスルを護るための土盛り（ムダーマサ）の準備をする。(26)

このように、ナイルが一度増水すると、人々は、コプト暦のナウルーズからサリーブの日(27)にかけての然るべき時期に灌漑用水路を開いて耕地に水を流し込み、再びジスルを閉じて、耕地に水を湛えた。そして、水流による浸食によってジスルが崩れないように補強作業が行われたのであった。(28)

他方、冬場はジスルの修復と浚渫の作業をする必要があった。(29) 浚渫は、アラビア語で「ジャッラーファ（jarrāfa）」あるいは「ジャルフ（jarf）」という語で表されるが、これは水路や耕地にたまった土をかき出して、水路の床下げや耕地の整地をするために行われた。このときに水路からかき出された土は、その周りを囲むジスルの修復のために用いられたと考えられ、冬場のジスルの再建と浚渫の作業は史料の中では大抵一緒に登場する。

さて、『ジスル台帳』には、土盛りのために村ごとに出すべき男子の人数が記録されている。表20は、それらの記録をまとめたものであり、表中の◯はダラクを受け持つ村、×はダラクを受け持たない村を示している。この図から、基本的には労働力の提供はダラクを受け持つ村に課され、ジスルから離れた村には課されなかったことがわかる。冬場の作業についても、後述する政府からの手当支給の記録からわかるように、ダラクを受け持つ村ないしはジスルの近隣の村であったと考えられる。

(2) 維持管理に関わるアクターたち

それでは、スルターニー・ジスルの維持管理には、具体的にどのような人々が携わったのであろうか。まず、先述

表 20　各村に割り当てられた労働力

ジスル	村名	ダラク*	男子の数
クウィースウィーナ堤	Mīt Sirāj al-Qiblīya	○	16
	Nafrā	×	16
	Mīt Abū Shaykh	○	12
	Mīt al-Mūz	○	4
	Mīt ‘Āfīya	○	19
	Shintinā al-Ḥajar	○	2
	Birkat al-Sab‘	○	12
	Ṭanbishā	○	19
	Musṭāy	○	16
	Banī Ghiryān	○	6
	Shinbū al-Kubrā	○	20
	Mīt al-Rakhā	○	5
	Mīt al-Ḥārūn	○	6
ハルカーナ堤	Ḥānūt	×	16
	Shirshāba	○	4
	Tāj al-‘Ajam	○	19
	al-Minshā al-Jadīda	○	19
サーウィー堤	Shubrātanā	○	4
	Bār al-Ḥamām	○	4
	Ḥamām	○	4
	Shubrāṭū	×	2
	Kunayysa Shubrāṭū	×	2
	Mīt Sharīf	○	4
シューバル堤	Shūbar	×	16
	Birmā	○	24
アズラク堤	Ṭā’ifa	-	2
	Minīya ‘Ilwān	-	2
クトゥニー堤	Mīt al-Qurshīya?	-	16
	Ṭuwayla Nashart	-	3
クトゥニー堤（続き）	Mīt ‘Uways?	-	2
	Ḥiṣṣa	-	2
	Ṭayyār	-	2
ブンダーリー堤	Ḥamrā’	-	3
	Ṣandlā	-	20
	Ḥiṣṣa	-	3
	Ṭayyib Nuwayj	-	2
	Kawm al-Raml	-	3
	Manshlīkh	-	4
	‘Arūs	-	4
	Ibṭū	-	12
	Kunayysa Ibṭū	-	3
	Abyūqa	-	12
ナシャーバー・アルカナーティル堤	Dinūshir	○	十分な人数
	Nishīn	○	4
	Mīt al-Shaykh	○	6
	Misīr	×	12
	Kafr Biltāj	○	4
	Maḥalla Misīr	○	6
	Kufūr al-Ghīṭ	Amyūṭ	32
ヒマール堤	……**	-	十分な人数
	Ḥilīs	-	十分な人数
	Minīyat al-Būl	-	十分な人数
	Kafr al-Ḥiṣṣa	-	十分な人数
	Ḥamr	-	十分な人数
サルマ堤	Salma	-	十分な人数
	Brīd	-	十分な人数
	Waraq	-	十分な人数

註）＊ダラクを受け持つ村名は「○」，受け持たない村は「×」，特に明記されていない場合は「-」とした．
＊＊……は判読不可能だった．
出典）Reg. 3001–001904, 3.

のように、見回り、土盛り、浚渫において実際的な作業を担う村の人々があげられる。そして、地域の灌漑に関する有識者としてその村人たちを束ねたのが、ハウリーと呼ばれる人であった。ハウリーは、灌漑設備の管理や耕作における村の責任者で、その土地についての知識を持ち、耕地やその種類によく通じている村役人であった。[30] その具体的な職務は、日頃の管理のほかに、ジスルを切る際の立ち会いなどであった。[31]

さらに、『ジスル台帳』の記録においては、各村のハウリーとは別に、各スルターニー・ジスルの監督を担うスルターニー・ジスルのハウリーがいたことが確認される。表21はガルビーヤ県におけるスルターニー・ジスルのハウリーをまとめたものである。各スルターニー・ジスルには、一人、もしくは複数人のハウリーがいたが、彼らはその名前から、担当のスルターニー・ジスル近隣の村の出身者であり、スルターニー・ジスルの管理を担う村々の中から選出された人物であったと考えられる。このように、スルターニー・ジスルの維持管理は、各村に割り当てられたダラクの維持管理を担当する村のハウリーがおり、その上にスルターニー・ジスル全体を担当するスルターニー・ジスルのハウリーがいるという二重管理体制になっていたのである。

また、同表から、複数のジスルが、同一のハウリーによって監督されている事例があることがわかる。そこで、同一のハウリーの担当地域を図22に示した。同一のハウリーが担当するジスルは地理的に近接し、横の関係よりも縦の関係を見てとることができる。例えば、横に長いクウィースウィーナ堤は、二組のハウリーが管理をしていたが、各組が担当した範囲は南北で分けられていた。このうち南半分を担当した組は、このクウィースウィーナ堤の次に水が流入するハルカーナ堤の監督も担当していた。複数のジスルを一人ないし一組のハウリーが担当したのは、スルターニー・ジスルの運用にはある程度、前後のジスルとの連携が求められたことが考えられるが、その際に横の連携よりも縦の連携が重視されたことは、先述した水の流れからも想像できるように、上流域のジスルと下流域のジスルの連携が重要であったためであろう。

表21　ガルビーヤ県におけるスルターニー・ジスルのハウリー

No.	ジスル	ハウリー
1	クウィースウィーナ堤（南半分）	Ibn Hijris として知られる Abū al-Faḍl, ʻAbd al-Qādir, Nāṣir al-Dīn, ʻAlī b. Sālim b. Nāṣir al-Dīn b. Hijris
1′	クウィースウィーナ堤（北半分）	Yashnāwī として知られる Ḥasan b. ʻAlī b. Ḥasan
2	ハルカーナ堤	Hijris 家の Abū al-Faḍl と ʻAlī
3	マハッラ・アブー・アリー・アルカンタラ堤	Qanāwī として知られる ʻImrān b. Mūsā b. Ḥusayn
4	ティーラ堤	No.3 の ʻImrān
5	ディミーラタイン堤	No.3 の ʻImrān
6	シューバル堤	Ibn Kalkal として知られる Ḥasan b. ʻAlī, Ruwās として知られる Māḍī b. Shihāb al-Dīn
7	サーウィー堤	Basyūnī として知られる Yūnus b. al-khawlī ʻAlī と Abū al-Khayr Akū Ḥasan
8	アズラク堤	Ibn Kharshīm として知られる Shihāb al-Dīn b. al-khawlī madhkūr b. al-khawlī Aḥmad, Barakāt b. al-khawlī Yūnus
9	クトゥニー堤	No.8 の Shihāb al-Dīn
10	ヒマール堤	No.8 の Shihāb al-Dīn
11	サルマ堤	No.8 の Shihāb al-Dīn
12	ブンダラーニー堤	No.8 の Shihāb al-Dīn
13	ナシャーバー・アルカナーティル堤	Yaḥyā b. Abū ʻUmar と ʻĪsā b. Ghānim
14	ディーワーニー堤	Ibn Baṣal al-Bānūbī として知られる Shihāb al-Dīn b. Aḥmad b. Sharaf al-Dīn

出典） Reg, 3001–001904.

表21中のハウリーの名前の中には、ハウリーの役が親から子へと引き継がれていることを示すものがある（7、8～12番）。これらの名前が示す通り、多くの場合、ハウリーは特定の一族で引き継がれるような役であったと推測される。とくに8～12番の人物は、少なくとも、彼の祖父もハウリーであった。この台帳が一五三九年に編纂されたことを考慮すれば、彼の家系はチェルケス朝時代においても同地のスルターニー・ジスルのハウリーであったと考えられ、その連続性を窺うことができる。

次のアクターは、政府によって任命、派遣されるカーシフである。カーシフは武官職であり、県ごとに任命されて現地に派遣された[32]。

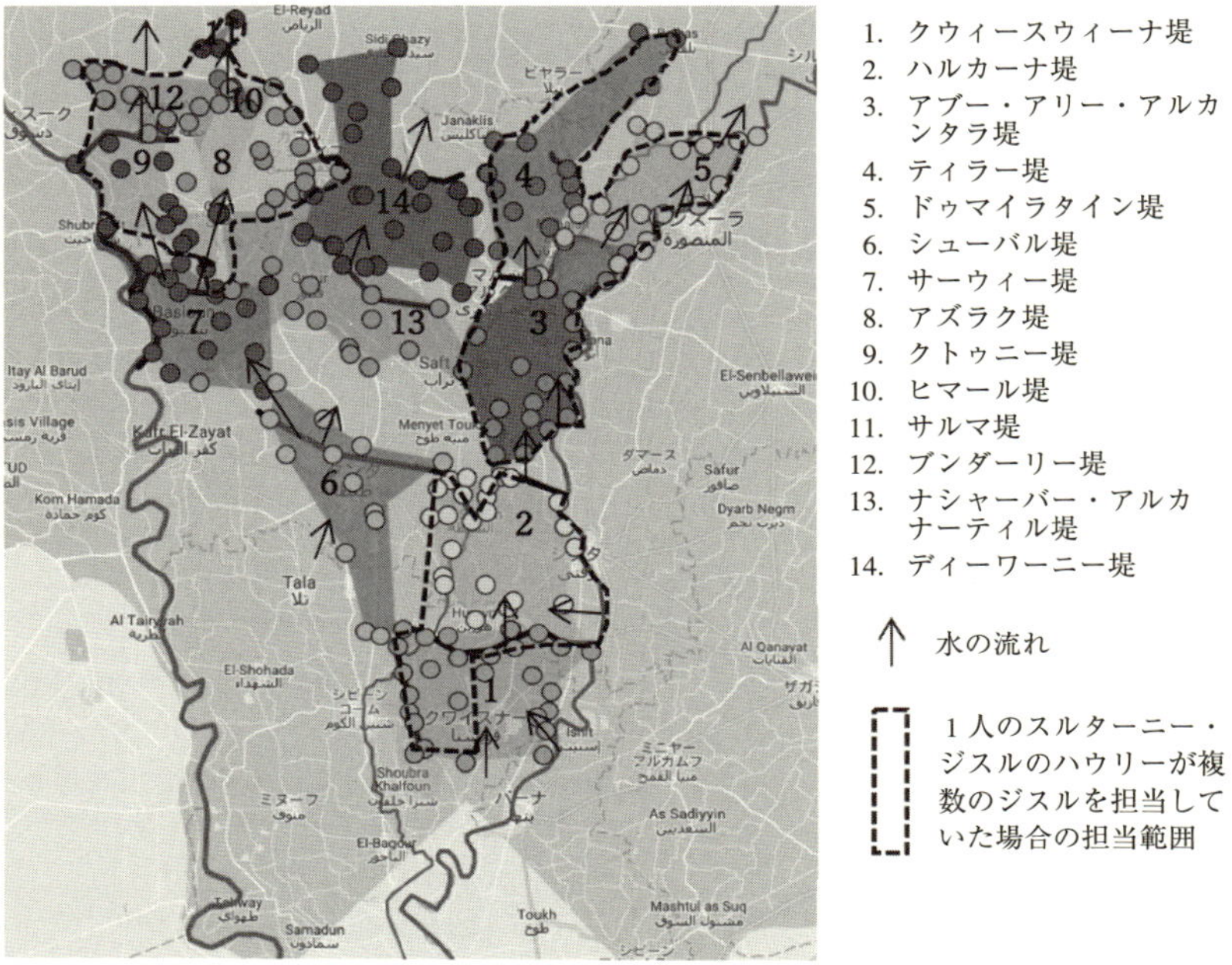

図 22　水の流れる方向とスルターニー・ジスルのハウリーの担当範囲

註）　地図データ：©2018 Google, ORION-ME.

この官職もまた、マムルーク朝から引き継がれたものである。カーシフ職はバフリー朝期から見られ、「スルターニー・ジスルのカーシフ」や「泥土のカーシフ（クッシャーフ・アットゥッラーブ）」などと呼ばれた[33]。当初の職務はジスルの管理に関わる事柄であったが、チェルケス朝期以降、カーシフ職が行政県単位で派遣されるようになり、かつてワーリー（地方長官）が担っていた治安や徴税業務もカーシフの職務に加えられるようになっていったと見られ、県行政における重要性を増していった[34]。

「カーヌーンナーメ」では、カーシフの業務は次のように規定された。

> 第一に、カーシフが管轄する地域において、然るべき時期と季節にジスルの適切な修復と浚渫を行い、崩れたままのジスルや浚渫［の放棄］がないようにする。

カーシフたちは、彼らの管理下にある村々のシャイフたちと村の人々に対し、如何なるときも村のジスルに望まれるような修復と建設がなされるように促さなければならない。ジスルの建設や浚渫の維持管理がなされないことが理由で、土地が非灌漑地になることが決してないよう、努力し、注意を払うようにせよ。

祝福されたるナイルの増水期に、（水位が）最高潮に達し、各々の土地に［水が］届いたら、［カーシフたちは、］まず、水が届いた土地の各々の農民たちに播種させ、耕作を命じる。水が届いた土地において努力が欠如し、耕作されない土地が残るようなことが一切ないようにせよ。

カーシフが管轄する地域において荒廃した村がある場合、可能な限りの方策を採り、耕作の推進に最善の努力を尽くすようにせよ。そして、耕作されるようになった村が（再び）荒廃することがないよう、必要とされる行動をとり、最大限の警戒と事前の対策を講じるようにせよ。(35)

また、カーシフの職務内容には、管轄県内での徴税業務も含まれていた。

カーイトバーイの時代にそうであったように、各々のカーシフの管轄地域にある土地において賦課されたものを『租税台帳 *Irtifā‘ Defterleri*』に従って十全に集め、国庫に送ることはカーシフの責任と義務である。現在もこれまで通りこの法に準ずることとする。各々のカーシフが管轄する範囲において必要なことは、村々の良質の土地を十全に耕作することを命じ、会計の台帳に従って生じる賦課されたものとハラージュを集め、非冠水地を除く良質の土地からすべてのハラージュを完全に集めて国庫へ送ることである。(36)

灌漑設備の維持管理と徴税のほか、アラブ部族の取り締まりなどに関する事柄もカーシフの職務とされ、カーシフは地方のインフラ、財務、治安において責任を担った。その意味で、一六世紀前半のカーシフ職を県総督に位置づけることも可能である。[37] しかし、その役割の肝は、土地から最大の税収を引き出すことであった。また、『ジスル台帳』の記録においては、ジスル調査、浚渫のために村々に課されたものの徴収、スルターニー・ジスルの切開の際の立ち会い、スルターニー・ジスルの維持管理にかかる諸経費の支払いやスルターニー・ダラクの管理といった事柄が、カーシフの職務となっていたことが確認できる。

最後に、アラブ部族のシャイフ（シャイフ・アルアラブ）があげられる。「カーヌーンナーメ」では、アラブ部族のシャイフは、カーシフと同様に、灌漑された土地と灌漑設備の維持管理を担い、農民たちに対して冠水地の耕作を命じること、村の警備をすること、スルターンの諸税の収税を担うことが規定された。[38] ミハイルは、アラブ部族（ウルバーン）を村の灌漑設備を破壊して村に打撃を与えうる集団として、定住民と遊牧民の敵対関係を描いているが、[39] 少なくとも、彼らのうちシャイフとして政府から任命を受けた者は、灌漑設備の維持管理・耕作の監督・村の警備・収税といった職務を担うことが求められており、ミハイルが示した図式に単純に当てはめることはできない。

マムルーク朝期のアラブ部族と農民の関係をめぐっては、これまで様々な議論が提示されてきたが、基本的には、本書でアラブ部族と訳し、史料中にてウルバーンと呼ばれている人々とは、農耕を営む定住民か遊牧生活を送る遊牧民かの生活形態で定義されるのではなく、共通のアラブの先祖を持つと認識する人々の人的紐帯によって定義されるというのが最新の研究の結論である。[40] アラブ部族は少なからずの軍事力を持ち、マムルーク朝期においては地方の治安維持のために彼らをいかに統治体制の中に取り込むかが政権にとっての課題であった。そのため、イクターを授与し、その見返りとして政権に奉仕させるという方法が各地方のアラブ部族のシャイフに対しても採られていたのである。しかし、このような関係は盤石なものではなく、政権の統治能力の弛緩や地方の経済状況の悪化によりアラブ部族が政権に対して反旗を翻すことがしばしば発生した。反乱の際の典型的な行動として、彼らは幹線道路の不通を図り、政権が派遣するアミールやマムルーク軍を反乱地域一帯に寄せつけないようにした。このような行為は、一定の地域におけるアラブ部族の自立性を示すとともに、当該地域の税収を失う政権に大きな打撃を与えたのであった。「カーヌーンナーメ」の職務規程は、地方における彼らの存在感を背景として、カーシフの職務遂行にとって彼らの協力が不可欠であったことを示唆している。(41) オスマン朝政府もまた、エジプト州の地方を統治する上で、いかにアラブ部族を統治体制に組み込むかを思案し、統治体制における彼らの位置づけを法典に明記したに違いない。

以上のことから、スルターニー・ジスルの維持管理においては、村のハウリーが村の分担範囲を、スルターニー・ジスルのハウリーが担当のスルターニー・ジスルを監督し、彼らを核にしながら村落・地域における作業が遂行されるとともに、政府から任命を受けて派遣されたカーシフやアラブ部族のシャイフが、県全体を監督したのであった。これらのアクターが、各々の担当を遂行することによって、スルターニー・ジスルの維持管理における地域のつながりと「政府」と「農民」の間の縦のつながりが成り立ち、複層的な管理体制が採られていたのであった。

(3) 政府と村落社会の関係性

それでは、スルターニー・ジスルの維持管理において、政府はどこまで関与し、どのような役割を果たしていたのであろうか。そこで、浚渫にかかる費用についての記録を見ながら、スルターニー・ジスルの維持管理における政府と村落社会の関係性について考えていきたい。まず、浚渫にかかる経費や物資の出所についてであるが、これは大きく分けて、村から供出されるものと、政府から支払われるものがあった。村から供出されるものは、浚渫やジスルの修復に用いたと考えられる「ジャラーリーフ（jarārīf）」と呼ばれるシャベルと、「ムカルキラート（muqalqilāt）」と呼ばれる大型犂《すき》である。ジャラーリーフは、家畜に牽引させて水路の床の表面を覆う塩をかき出す工具であった。(42) この二つの道具は、一三世紀に臨時のジスル建設工事が行われた際に、各村から供出されたことが確認できるが、『ジスル台

ジャラーリーフ ――

村々の人に知られている，バフナサーウィーヤに割り当てられたそのキトアとムカルキラート

計　19 キトア＊

バニー・ガニー村 ――	サマールート村 ――	バヤフー村 ――
5 キトア	7 キトア	ジャラーリーフ 4
ジャラーリーフ　ムカルキル 4　1	ジャラーリーフ　ムカルキル 6　1	
すべて供出	うち，供出されたのは， ジャラーリーフ 2	すべて供出
ダイル村 ――	ワフタ村 ――	カイドゥーハ村 ――
ジャラーリーフ 2	ジャラーリーフ 1	ジャラーリーフ 1
うち，供出されたのは， 1		

残りの合計 ――

ジャラーリーフ 5

そのジスルにおけるハウリーたち ――

彼らのうち，スィッルとして知られ，バニー・ガニー村のシャイフとして知られるジャマール・アッディーン・ラマダーン・ブン・アフマドは，高貴なるシャリーア法廷に出廷し，災いを引き起こしたり悪行を繰り返したりすることがないよう，確実にこのジスルの再建を行う責任を負った．言い訳や弁解は無用であり，その内容が知られている法的な責任を怠ることなく，至高なるナイルにおいてジスルが活用されなくてはならない．これについて，彼は前述のジスルのジャラーリーフの残り分についての慈悲を求めた．高貴なる命令が定めるところのものの方が多いためである．供出された前述のキトア――その量（qadr）は14 キトアである――が法的に提出された後，慈悲はかけられた．アッラーに讃えあれ．

この場の証人たち ――

qāḍī ʻAbd al-Qādir b. …al-Dīn バフナサーウィーヤにおける 高貴なる法の代理人	qāḍī Abū al-Jawd b. ʻAbd al-Bāsiṭ	shaykh al-Fāḍil? Muḥammad b. …

他

図 23　バニー・ガニー堤の維持管理のための用具の供出

註）「キトア」という単位がどのような単位であるかについては不明である．佐藤は，13 世紀の事例において，各村に割り当てられたジャラーリーフの数量が分数で表されているのは，現物での供出に加えて現金の供出もあったためであると推察している（Sato, *State and Rural Society*, 208）．この事例と同様に，『ジスル台帳』においても，ジャラーリーフとムカルキラートの割り当て量は分数を用いて記録されている事例も見られ，その際もキトアという単位が付されていた．しかし，例えば，1 キトア＝12 本あるいは 12 台のように，キトアをいくつかのまとまりを表す数量の単位として考えれば，これらは現物で供出されていたと考えることに無理はないであろう．

出典）Reg. 3001-001905, 6r-6v.

帳』では、これらの道具が例年の浚渫の作業の際にも各村に割り当てられていたことがわかる(43)。

『ジスル台帳』には、慣例としてガルビーヤ県の北・南・西の三つの地域に割り当てられたジャラーリーフとムカルキラートの数量、および、実際にカーシフに対して提出されたそれらの数量が記録されている(44)。残念ながら、ガルビーヤ県の台帳には道具類の供出が各村にどのように割り当てられていたかについての記録は残されていないが、上エジプト地域の台帳では、ジャラーリーフとムカルキラートの各村への割り当てに

ついての詳細な記録を得ることができる。図23は、バフナサーウィーヤ県のバニー・ガニー堤におけるジャラーリーフとムカルキラートの供出の事例である。このジスルでは合計六つの村にそれぞれ道具類の供出が割り当てられている。このうちワフタ村の位置は特定できなかったが、バニー・ガニー村、ダイル村、カイドゥーハ村はこのジスルのダラクを受け持つ村であり、サマールート村とバヤフー村はダラクを受け持たない村であった。例外はあるが、概ね、ダラクを受け持つ村と道具を供出した村は重なっていたといえるであろう。各村に割り当てられたジャラーリーフとムカルキラートは、カーシフの下に集められ、作業の際に利用されたと見られる。[45]『ジスル台帳』にそれらの記録が残されていることは、オスマン朝政府が、各地域、各村に割り当てられた道具の数量と実際に供出された数量を記録上管理しようとしていたことを示している。

表22　サーウィー堤の浚渫にかかる経費

村名	経費と役畜費	食費（単位は ḥiml）
Ṣā	1夜	空豆 : 40
Kafr Ṣā	1夜	空豆 : 7
Janāj	3夜	空豆 : 21，小麦 : 16
Shubrā Tanā	1夜	空豆 : 12，小麦 : 12
Ḥamām	1夜	空豆 : 12，小麦 : 12
Bār al-Ḥamām	-	空豆 : 16，小麦 : 16
Mīt Sharīf	1＋(1/2)夜	空豆 : 16，小麦 : 16
Kawm al-Najjār	-	空豆 : 7，小麦 : 7
Mashāl	-	空豆 : 14，小麦 : 14
Shubrā Ṭū	-	空豆 : 10，小麦 : 12
Kunayysa Shubrā ṭū	-	空豆 : 13，小麦 : 12
Shubrā Basiyūn	1夜	空豆 : 40
Sadīma	-	空豆 : 6，小麦 : 5

出典）　Reg. 3001–001904, 22.

他方、スルターニー・ジスルの維持にかかる費用には、エジプト州政府の税収の一部が充てられていた。[46]ガルビーヤ県の『ジスル台帳』には、政府からの支払いの詳細は一部のジスルについてしか記録されていないものの、それらの記録からは、各村に対して経費、役畜費、食糧が支給されていたことが確認できる。表22は、サーウィー堤の浚渫作業のためにエジプト州政府から支給されたものについてまとめたものである。経費と役畜費は、作業にかかった夜数で記録されている。日数ではなく、夜数で計算されている理由は明らかではないが、浚渫の作業が日中ではなく、日没から日の出までの間に行われていた可能性も考えられる。

カーシフが政庁の諸財源から支払うもの

合計　銀貨 1,440

人夫の賃金	ロバの貸主（kallāfīn）	掘削人（turrābīn）	犂耕人（ḥarrāthīn）
24 名 1 名につき銀貨 30	2 名 1 名につき銀貨 40	2 名 1 名につき銀貨 40	2 名 1 名につき銀貨 40
計　銀貨 720	計　銀貨 80	計　銀貨 80	計　銀貨 80
ジャラーリーフ	ジャラーリーフの足掛（rukub）	ムカルキラート	
24個　価格 12	24個　価格 3	2 個　価格 60	

必要とするもの
この年における超過支払い
内合計金額　銀貨 3,615
内穀物　エジプトの ḥabba*で　348

牛	ジャラーリーフ	ムカルキル	飼葉	小姓の賃金
32 頭　価格 80	15 個　価格 12	1 個	150 日 1 日 1+1/3	15 人 1 人につき 4
計　銀貨 2,560	計　銀貨 180	計　銀貨 60	計 200 ḥabba	計 60 ḥabba
小姓の賃金	ロバの貸主	犂耕人	犂耕人の賃金	ロバの貸主の賃金
15 名 1 名銀貨 30	1 名	1 名	10 ḥabba	4 ḥabba
計　銀貨 450	計　銀貨 40	計　銀貨 40		
掘削人	足掛	ラクダ	掘削人の賃金	春の地租と種子料
1 名	15 個　価格 3		10 ḥabba	64 ḥabba
計　銀貨 40	計　銀貨 45	計　銀貨 200		16faddān16 ḥabba
				1faddān につき 3 ḥabba
				48 ḥabba

図 24　浚渫における経費と支払い

註）ここで用いられている ḥabba という単位は穀物の重量を指す（E.V. Zambaur, "Ḥabba," *EI2*）.
出典）Reg. 3001-001905, 25r.

上エジプト地域の『ジスル台帳』には、浚渫の際の詳細な会計記録が残されている（図24）。「カーシフが政庁の諸財源から支払うもの」という項目は慣例として支払われる現金で、その下の「必要とするもの、この年における超過支払い」という項目は臨時の支出についての会計記録と考えられる。このスルターニー・ジスルはラマーリー堤と呼ばれるアスユートにあるジスルの一つで、バニー・ラーフィウ村単独で維持管理を担っていた。記録を見ると、作業には人夫二四名が動員され、各人に対し銀貨三〇枚が支払われていた。このほか、ロバの貸主や、掘削人、犂耕人が各二名ずつ、各人に対し銀貨四〇枚が支払われた。そして先ほどのジャラーリーフとムカルキラートに対しても個数に応じてその対価が支払われていた。超過分を見ると、牛が三二頭使用され、一頭に対し銀貨八〇枚が支払われ、ラクダに対しては銀貨二〇〇枚が支払われた。スルターニー・ジスルの浚渫に動員される人員や役畜に対しては、州政府からカーシフを通じて賃金が支払われ、供出された道具類に対しても、対価が支払われていたのである。すなわち、浚渫に必要な労働力や道具、また役畜は、農民に対して一方的に課されるものではなく、政府がカーシフを通じて一応の対価を支払っていたことが確かめられるのである。

第四節　小　結

最後に、本章の冒頭で設定した問題に立ち戻りたい。本章の考察において、ベイスン灌漑における水利圏は上流域のジスルと下流域のジスルの間に位置する村々であり、それは面的な広がりを持つものであったことが示された。しかし、これらの村々は、共通のスルターニー・ジスルによって灌漑されているという点では一致しているものの、ジスルの維持管理のために負う負担や責任という点では均質ではないことが明らかとなった。すなわち、スルターニー・ジスルの近隣に位置する村は、ダラクを受け持ち、労働力や道具の供出を義務づけられていたのに対し、スルターニー・ジスルから離れたところに位置する村の中には、そのいずれをも負わない村すらも存在したのであった。このような不均衡が受け入れられていた背景には、第一に、スルターニー・ジスルの維持管理が、地域住民の命や生活を守るために必要不可欠であったことが考えられる(47)。また、スルターニー・ジスルの維持管理のための労働力や道具の供出は無償ではなく、政府による一定の補償があったことも、水利圏内にある村々が負う負担の差が容認されていた理由の一つであったろう。

維持管理においては、村人、村のハウリー、スルターニー・ジスルのハウリー、カーシフ、アラブ部族のシャイフが、スルターニー・ジスルの維持管理の中核となる役割を果たしていた。村のハウリーがダラクの監督を、スルターニー・ジスルのハウリーがスルターニー・ジスル全体の監督を、そしてカーシフとアラブ部族のシャイフが県全体を監督した。この維持管理体制の特徴は、各アクターが一定の範囲を監督するという分担体制が採られると同時に、その監督範囲がローカルな単位からスルターニー・ジスル、そして県単位へと広がっていくような複層的な構造を持っていたことである。この体制においては、同じスルターニー・ジスルを管理する村落同士を直接的に結びつける組合組織のようなものが見られない。代わりに、各層の代表者たるアクターがその管轄範囲において人々を組織し、その上層の代表者がより広い範囲を取りまとめることによって、同じ層の異なるまとまりを横断的に監督するという構造をとっていたのである。

また、この複層的な管理体制の最高責任者は政府から派遣されるカーシフであり、スルターニー・ジスルの維持管理においては政府の存在は不可欠であった。ただし、政府がスルターニー・ジスルのハウリーや村のハウリーを仲介せずに泥さらいや土盛りの作業をする村人に直接関与することはなく、あくまでもアラブ部族のシャイフやその下位の層を構成するスルターニー・ジスルのハウリーを仲介して、村落社会を監督したのである。このような管理体制においては、政府と村落社会を仲介するようなアラブ部族のシャイフやスルターニー・ジスルのハウリー、村のハウリーといったアクターが非常に重要な役割を果たしたと考えられる。

さらに、政府が村落からの労働力の挑発や用具、役畜等に対して、一定の支払いをしていたことも看過できない。K・ウィットフォーゲルは、大規模河川を有する東洋諸国においては河川の制御のために必然的に専制主義的な支配体制が敷かれるとし、東洋的専制主義（オリエンタル・デスポティズム）論を提唱した(48)。彼の議論の中にはエジプトも東洋諸国の一つに含まれているが、本章の分析は必ずしもこの議論がエジプトに当てはまらないことを証明している。確かに、政府が負担する支払いが果たして実際の労働に見合ったものかという問題は別にあるが、それでも政府と村落社会の双方に負担があったことは重要な点である。

この背景として、スルターニー・ジスルの維持管理においては、政府と村落社会は互恵関係であったことを忘れてはならない。政府にとって、労働力となる村人が必要であったことはもちろんであるが、その年のナイルの洪水の状況についての情報を持ち、その情報に基づいて管理を統括する政府の存在は、村人たちにとっても必要であった。また、スルターニー・ジスルの決壊は、政府にとっては税収の減少という痛手を負うことになるが、村落社会の人々にとってはもっと深刻な事態、つまり、生命に関わる危機を招くことになったであろう。

この維持管理体制におけるもう一つのポイントは、各層の代表者の中に、各村の土地権利者、つまりイクター保有者や私有地やワクフ地の権利者のような人間は含まれていなかったことである。このことは、スルターニー・ジスルによる広域的な灌漑の維持管理は土地保有の問題と直接的に結びついていなかったことを意味する。したがって、チェルケス朝期に見られた恩給のイクターの拡大や、その結果としての私有地やワクフ地の拡大は、スルターニー・ジスルによるマクロな灌漑にほとんど影響をおよぼさなかったと考えられる。

他方、イクター保有者は、自身が保有する農地の維持管理が付託され、農地を灌漑するバラディー・ジスルなどのローカルな灌漑設備の維持管理に責任を負った。そうであれば、土地権利者は、水利圏の中にある村、あるいはその一部において、一定の役割を果たしていたに違いない。それでは、土地権利者は、そのミクロな灌漑の維持管理にいかにして関わり、そして、そこに住む人々といかなる交渉を持っていたのであろうか。そこで次章では、チェルケス朝からオスマン朝への移行期における村落の状況について追究していくことにする。

(1)　ナイルはエチオピアのタナ湖に発する青ナイルと、ヴィクトリア湖に発する白ナイルがスーダンの首都ハルツームで合流して北流する。ナイルの水位変動は青ナイルの水量変化の影響を受け、六月頃から増していき、九月にピークを迎え、その後は減少に転じる（福田仁志『世界の灌漑』（東京大学出版会、一九七四）、一八―一九）。コプト暦では、一年は四ヶ月ごとに三つの季節に分けられ、それぞれ「増水季（西暦の九―一二月）」・「播種季」・「収穫季」と呼ばれた。なおこの季節区分は古代王朝期を端緒とする。矢島文夫「エジプトの暦」『地中海の暦と祭り』地中海学会編（刀水書房、二〇〇二）、一八―二一。

（2）William Willcocks, *Egyptian Irrigation*, 2vols.（London 1913）1:300; Hassanein Rabie, "Some Technical Aspects of Agriculture in Medieval Egypt," in *The Islamic Middle East, 700–1900: Studies in Economic and Social History*, ed. A. L. Udovitch（Princeton, 1981）, 59–90.

（3）Karl W. Butzer, *Early Hydraulic Civilization in Egypt: A Study in Cultural Ecology*（Chicago, 1976）, 107.

（4）一区画は五〇〇〇から一五〇〇〇エイカーほどであったと見られる。Willcocks, *Egyptian Irrigation*, 1:306.

（5）Willcocks, *Egyptian Irrigation*, 1:300–301.

（6）Willcocks, *Egyptian Irrigation*, 1:300–301.

（7）al-Maqrīzī, *Khiṭaṭ*, 1:272.

（8）Ibn Mammātī, *Qawānīn*, 232–233; al-Qalqashandī, *Ṣubḥ*, 3:444–446; al-Maqrīzī, *Khiṭaṭ*, 1:272.

（9）『エジプトの描写』はナポレオン軍がエジプトに遠征した際に、同行した学者たちによってまとめられたものである。この「地図編」に収録されるエジプトの地図は、測量に基づいて作成された最初のエジプト地図であると見られる。France. Commission des sciences et arts d'Egypte (ed.), *Description de l'Égypt, ou, Recueil des observations et des recherches qui ont été faites en Égypte pendant l'expédition de l'Armée française*, 20 vols.+3（Paris, 1809–28）.

（10）ジスルに関する研究状況については、加藤博「ナイルをめぐる神話と歴史」、一一六を参照。また、先行研究では、ジスルと運河（ハリージュ）との混同が見られ、ベイスン灌漑の基本的な構造すら共有されていない状況が窺える（Shaw, *The Financial and Administrative Organization and Development*, 228; Borsch, *The Black Death*, 143, n. 37; Alan Mikhail, *Nature and Empire*, 42）。現在までのところ、前近代エジプトにおける灌漑に関する最も詳しい研究は、Sato, *State and Rural Society*, 222–233 であろう。これは一二世紀から一四世紀までを対象として、ジスルの維持管理を含む日常的な灌漑のあり方と支配層が主導する水利開発事業の両方を論じたものである。

（11）Alan Mikhail, "An Irrigated Empire: The View from Ottoman Fayyum," *IJMES* 42（2010）, 569–590; idem, *Nature and Empire in Ottoman Egypt: An Environmental History*（Cambridge, 2011）.

（12）Alan Mikhail, "An Irrigated Empire," 569–590; idem, *Nature and Empire*. 後者については、その書評論文である拙稿「（書評）アラン・ミカイル著『オスマン朝期エジプトにおける自然と帝国——環境の歴史』」『オリエント』五五―一（二〇一二）、六二一六六頁を参照。

（13）Mikhail, *Nature and Empire*, 49–52.

（14）Mikhail, *Nature and Empire*, 52–78.

（15）ミハイルは、K・ウィットフォーゲルの東洋的専制主義論を修正する立場をとる。ウィットフォーゲルは、中東、インド、中国に見られる特殊な権力形態としての専制主義が形成される起源を、大規模な政府管理の治水事業に求め、このような国家を水力国家と呼んだ。これに対し、ミハイルは、エジプトではムハンマド・アリー期を経て専制国家が生まれたことを示し、水が専制主義的支配の単一要因ではないことを論じようとしたのであった。Mikhail, *Nature and Empire*, 31-37.

（16）この三冊の台帳については、ミシェルが『ジスル台帳』として紹介しているが、ミハイルは『ジスル台帳』は全部で五冊あると註記している。ミハイルによれば、あとの二冊というのは、ジスルの維持管理に関わる会計簿のようなものであるというが、筆者はこの二冊を見つけることができなかった。また、ミハイルは『ジスル台帳』を利用しているが、オスマン朝政府によるジスル調査が行われていたことの証拠としてその存在を示すに留まり、記録内容の分析には踏み込んでいない。Nicolas Michel, "Les Dafātir al-ǧusūr, source pour l'histoire du réseau hydraulique de l'Egypte ottoman," *AI* 29（1995）, 151–168; Mikhail, *Nature and Empire*, 40, n. 4.

（17）Muḥammad Ramzī, *al-Qāmūs al-Jughrāfī lil-Bilād al-Miṣrīya min ʻAhd Qudamāʼ al-Miṣrīyīn ilā sana 1945*, 4 vols.（Cairo, 1994）.

（18）イズバ村とは、一九世紀以降に進められた水利開発によって通年灌漑が可能となった土地に建設された新村である。エジプトの村落は、「カルヤ型」と「イズバ型」に類型化される。前者は、その起源を近代以前に遡ることができる村落であり、ナイルの増水、それによって起こりうる洪水の被害を受けないという環境条件の下に建設されたものである。他方、後者は、そのような環境条件によらずに建設され、「近代以降の資本主義的な農場において労働力を提供した農民が居住した飯場的な集落」である。加藤博、岩崎えり奈「エジプトの村落地図」『一橋経済学』四―一（二〇一一）。

（19）オスマン朝の史料において、そのような土手は、アラビア語で十字架、あるいは強固な、という意味の「サリーブ」という語で示されることがある。長沢栄治『エジプトの自画像――ナイルの思想と地域研究』（東洋文化研究所、二〇一三）、二五九、三一五、註一〇。

（20）Willcocks, *Egyptian Irrigation*, 1:307.

（21）Willcocks, *Egyptian Irrigation*, 1:307.

(22) 王権が治水に責任を持つという考え方はマムルーク朝期において人々の間で共有されていた。例えば、ナイルの水位上昇に異常が見られたとき、スルターンには何らかの対策が求められたことや、スルターンが満水の儀式を主催するといったことにこの考えがよく表れている。長谷部史彦「王権とイスラーム都市――カイロのマムルーク朝スルタンたち（論点と焦点）」『イスラーム世界の発展七―一六世紀（岩波講座世界歴史一〇）』樺山紘一ほか編（岩波書店、一九九九）、二四七―二六七、石黒大岳「ブルジー・マムルーク朝時代におけるナイル満水祭礼の執行者たち――マカームの登場とその背景に関して」『オリエント』四五―一（二〇〇二）、一三九―一六六。

(23) al-Maqrīzī, *Khiṭaṭ*, 1:272.

(24) 次のような例外も見られた。ハルカーナ堤のタージュ・アルアジャム村は、本来、当該堤のダラクを割り当てられていたが、何らかの理由により村が荒廃したため、近隣のミート・アルマイムーン村が代わってダラクを受け持ち、ジスルの維持管理のために一三名の労働力を提供することとなった（Reg. 3001-001904, 9）。

(25) 高野『高野版現代アラビア語辞典』、上巻、五六一。

(26) Ibn Mammātī, *Qawānīn*, 235, n. 1.

(27) コプト暦におけるナウルーズとは、コプト暦新年の始まりであるトウト月一日（グレゴリオ暦で九月一一日）のこと。サリーブの日（十字架祭）はトウト月一七日を指す。

(28) ジスルの開閉については、『ジスル台帳』においても確認される。例えば、ナシャーバー・アルカナーティル堤では、「ジスルに、水が八と三分の一日留まったら、堰を切る。そして、切開した場所は、ヒマールとして知られるジスルの下にあるすべての村の灌漑が終わる頃に閉じられた」。Reg. 3001-001904, 19.

(29) Ibn Mammātī, *Qawānīn*, 245.

(30) Ibn Mammātī, *Qawānīn*, 278; Shaw, *The Financial and Administrative Organization and Development*, 54–55; Sato, *State and Rural Society*, 186; ʻAbd al-Raḥīm, *al-Rīf al-Miṣrī*, 50–54.

(31) al-Nuwayrī, *Nihāya*, 1:264–265; al-Maqrīzī, *Khiṭaṭ*, 1:67–68; Rabie, "Some Technical Aspects of Agriculture," 67–68.

(32) Shaw, *The Financial and Administrative Organization and Development*, 60.「カーヌーンナーメ」によれば、オスマン朝の統治開始以降、カーシフが派遣された県は、シャルキーヤ、カルユービーヤ、ビルバイス、ダカフリーヤ、カトヤー、イトフィーフ、ガルビーヤ、ミヌーフィーヤ、ブハイラ、ギザ、ファイユームとバフナサーウィーヤ、ウシュムーナイン、マンファルート、ワーフであった。*Ḳānūnnāme-i Mıṣır*, 360.

(33) al-Qalqashandī, *Ṣubḥ*, 3:444–445; al-Ẓāhirī, *Zubda Kashf al-Mamālik wa Bayān al-Ṭurk wal-Masālik* (Cairo, 1988–89), 129–130.

(34) また、一五世紀後半になると、行政県単位で派遣されるカーシフとは別に、彼らを束ねる全エジプト地方総督職が設けられ、地方行政を統括した。この職は、第四章で見たように、当時ダワーダールであったヤシュバク・ミン・マフディーがその他要職とともに兼務し、以後ダワーダールが兼務するというキャリアパターンが出来上がっていった。カーシフについて、チェルケス朝期に焦点を当てた専論はないが、差し当たっては、吉村武典「一四世紀マムルーク朝時代のエジプトにおける地方行政官――ワーリー、カーシフとその変遷を中心に」『史滴』三八（二〇一六）、一三九―一一九を参照のこと。

(35) *Ḳānūnnāme-i Mıṣır*, 360.

(36) *Ḳānūnnāme-i Mıṣır*, 360.

(37) 一六世紀後半以降、カーシフ職は地方長官（ハーキム）の下位に位置づけられ、その職権は低下した。一五七六年にサンジャク・ベイが上エジプト長官（ハーキム・アッサイード）に任命されて以降、カーシフ職は上エジプト長官の配下に置かれる軍政官職となっていった。Holt, *Egypt and the Fertile Crescent*, 51, 78.

(38) *Ḳānūnnāme-i Mıṣır*, 363–365.

(39) Mikhail, *Nature and Empire*, 78–81.

(40) アラブ部族と農民の関係については、両者の親和性と対立をめぐって議論がなされてきた。アラブ部族と農民あるいは農耕社会との親和性や融和性を主張するものとしては、アラブ部族の反乱に農民が参加していたことを指摘したポリアクの議論、さらに農耕民となったアラブ部族がいたことや反乱の際に彼らと農民の間に同盟関係が築かれていたことを指摘したA・サーレフの議論がある。他方、ガルサンは、上エジプト南部を拠点とするカイスィー族と北部を拠点とするヤマニー族を取り上げ、カイスィー族と定住民との共生関係を描く一方で、ヤマニー族と農民の対立関係を指摘した。これらの議論は、アラブ部族が遊牧民であることを前提にしている点において共通している。こうした見方に対して、Y・ラポポルトは、アラブ部族というのは生業や血の紐帯に基づく人間集団ではなく、同じ祖を持つという一種のアイデンティティを共有する人々のことであったのだと説く。Abraham N. Poliak, "Les revoltes populaires en Égypte à l'époque des Mamelouks et leur causes économiques," *Revue des études islamiques* 8 (1934): 251–273; Abdel Hamid Saleh, "Les relations entre les Mamluks et les Bédouins d'Égypte," *Annali: Instituto Orientale di Napoli* (n.s. 30) 40 (1980): 365–393; idem, "Quelques remarques sur les Bédouins d'Égypte au Moyen Âge,"

Studia Islamica 48 (1978): 60; Jean-Claude Garcin, "Note sur les rapports entre Bédouins et fellahs à l'époque Mamluke," *Annales Islamologiques* 14 (1978): 147–163; Yossef Rapoport, "Invisible Peasants, Marauding Nomads: Taxation, Tribalism, and Rebellion in Mamluk Egypt," *MSR* 8, no. 2 (2004): 2–22)。このほか、マムルーク朝期のアラブ部族の反乱の政治的側面について論じた松田俊道「マムルーク朝前期上エジプトにおけるアラブ遊牧民の反乱」『東洋学報』七四（一九九三）、六一–八八がある。

（41）ミヌーフィーヤ県の台帳の序文には、ジスル調査の命令がミヌーフィーヤ県のカーシフならびにアラブ部族のシャイフに対して下された旨が記されている。Reg. 3001–001904, 182.

（42）ジャラーリーフについては、al-Ẓāhirī, *Zubda*, 129; Michel A. Lancret, "Mémoire sur le système d'imposition territoriale et sur l'administration des provinces de l'Égypte, dans les dernières années du gouvernement des Mamlouks," in *Description de l'Égypte. État Moderne* (Paris, 1822), 11:499–500, n.8; Michel, "Les Dafātir al-ǧusūr," 157, n.16; Rabie, "Some Technical Aspects of Agriculture," 64を参照。ムカルキラートについては、al-Maqrīzī, *Khiṭaṭ*, 1:102; 佐藤次高「エジプト・スィンヌーリス村の生活誌——一三世紀の歴史から」『イスラム世界の人びと——２農民』（東洋経済新報社、一九八四）、一一〇、Sato, *State and Rural Society*, 207を参照。『ジスル台帳』では、ムカルキラートと同義で、「マハーリース」の語が用いられることもある。マハーリースについては、Rabie, "Some Technical Aspects of Agriculture," 63–64を参照。

（43）al-Nābulusī, *Ta'rīkh al-Fayyūm wa Bilādi-hi*, ed. Bernhard Moritz (Cairo, 1898; repr. Beirut, 1974), 178–179.

（44）Reg. 3001–001904, 21–22.

（45）『夜盲の黎明』によれば、各村にはカーシフに対して供出するジャラーリーフ、マハーリース、牛が割り当てられていた。al-Qalqashandī, *Subh* 3:444–445.

（46）Sato, *State and Rural Society*, 225–227.

（47）ウィルコックスは、ジスル決壊の危険が高まったときの人々の様子を次のように伝えている。「一八八七年の洪水のような非常に大きな洪水の時期に全国を支配した恐怖は大変なものだった。〈中略〉ナイルの土手に亀裂が発生したという情報はいち早く村中に広まった。村人たちは子供たち、畜牛、彼らの財産一切合財を持って、土手に駆けあがった。混乱は筆舌に尽くし難かった。狭い土手は子供たち、水牛、家禽、家財でいっぱいであった。女たちは地元の聖人の墓の周囲に集まり、自分たちの胸を叩いて悲しみ、墓に接吻し、大きな悲鳴をあげた。他方、五分ごとに一郡の男たちが群衆の中に駆け込み、亀裂を塞ぐための物を運び去った。農民たちはその間少しも混乱する様子なく、着実に、業務をこなすように、亀裂の中で働いていた。彼らの半数は、二列に並び、腰まで漬かって、奔流にさからい、手を握りあって立っていた。他方、別の半数がこの人間の壁の上流で両側からこの亀裂を塞いだ」William Willcocks, *Sixty Years in the East* (Edinburgh & London, 1935), 99–100; 鈴木弘明『エジプト近代灌漑史研究――W・ウィルコックス論』(アジア経済研究所、一九八六)、六。翻訳は、鈴木訳を一部修正したものである。

(48)　Karl A. Wittfogel, *Oriental Despotism: A Comparative Study of Total Power* (New Haven, 1957); カール・ウィットフォーゲル著・湯浅赳男訳『[新装普及版] オリエンタル・デスポティズム――専制官僚国家の生成と崩壊』(新評論、一九九一)、石井知章『K・A・ウィットフォーゲルの東洋的社会論』(社会評論社、二〇〇八)。また、彼の議論については、長沢『エジプトの自画像』、一七においてもまとめられている。

第七章　オスマン朝統治初年のファイユームの村々

ハラージュ年度九二三年（西暦一五一七—一八）のファイユーム県の徴税記録は、『ファイユームの歴史とその村々 *Ta'rīkh al-Fayyūm wa Bilādi-hi*』（以後、『ファイユームの歴史』と略記）として知られる書のアヤソフィア手稿本に併録されている。(1)『ファイユームの歴史』は、アイユーブ朝の官僚ナーブルスィー **Fakhr al-Dīn 'Uthmān b. Ibrāhīm al-Nābulusī al-Ṣafadī**(2)（一二六一年没）が、一二四三年にアイユーブ朝第七代スルターン＝サーリフ **al-Ṣāliḥ Najm al-Dīn b. Ayyūb**（在位一二四〇—四九）の命を受けて実施したファイユーム県の実地調査の記録である。(3)

ファイユーム県は、カイロから南西に約九〇キロメートル、ナイルから西に約二五キロメートルのところに位置する盆地である。(4)この盆地一帯の灌漑は、伝説でヨセフが掘削したと伝えられるユースフ運河によってなされ、(5)ファイユーム県の入口に位置するラーフーン村に設けられた水量調節用の堰(6)により、ナイルの季節的な水位の変化に関わりなく、一年中用水を確保することができたと伝えられている（図25・26）。季節灌漑であるベイスン灌漑と比較すれば、この点においてファイユーム県は稀有な地理的特徴を備えており、このような地域を対象にした記録が複数伝世しているのも、単なる偶然ではないであろう。

アヤソフィア手稿本の構成は次のようになっている。

フォリオ 1r、表紙

フォリオ 1v－171r、アイユーブ朝期のファイユームの村々に関する調査記録

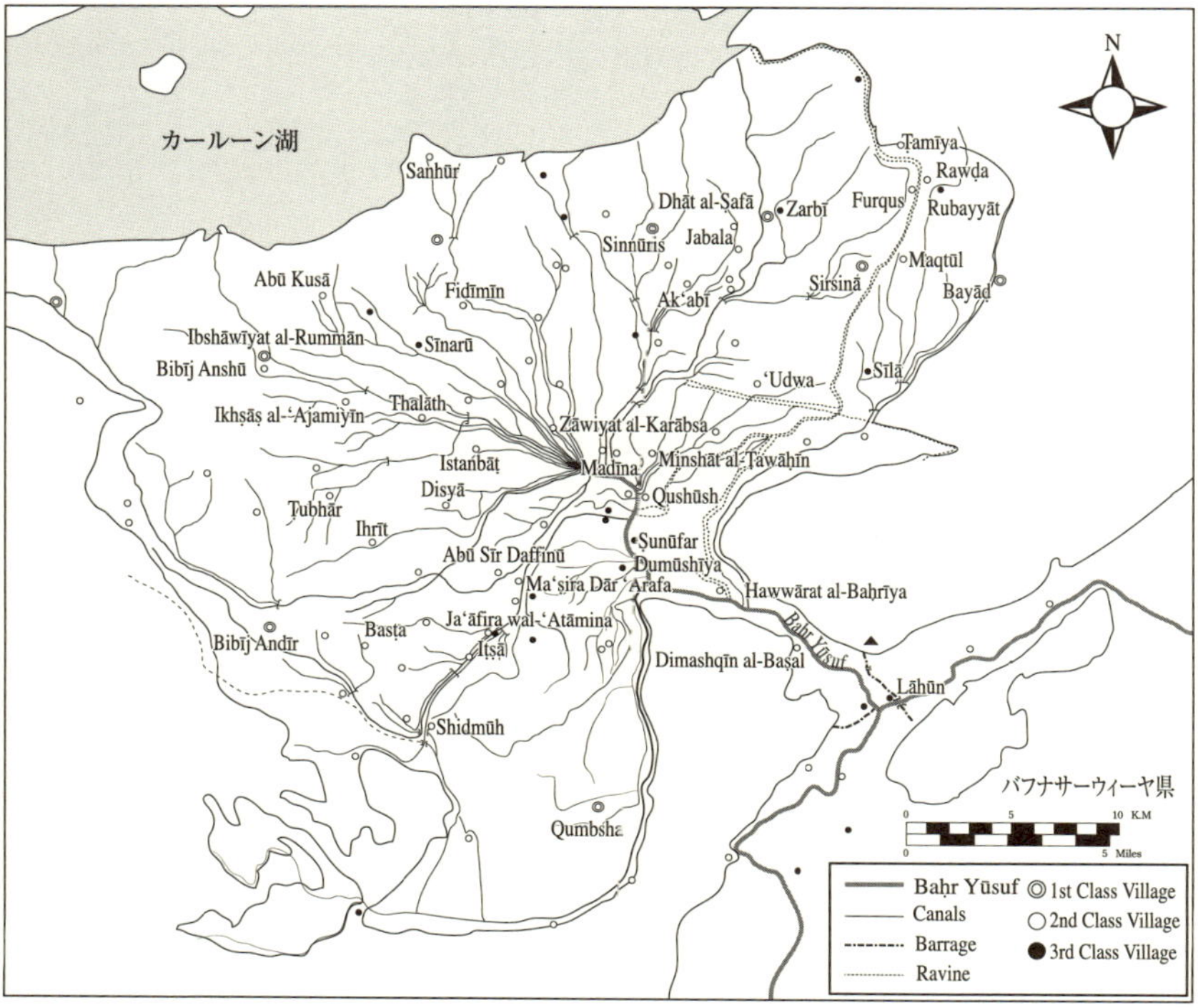

図 25　中世のファイユーム地方

出典）　Shafei, "Fayoum Irrigation as Described by Nabulsi in 1245 A.D.,"MAP 1.

フォリオ171v、白紙
フォリオ172r、ファイユームの開拓と灌漑に関する言い伝え
フォリオ172v－175v、オスマン朝のエジプト統治初年の徴税記録（「図版、史料」を参照）
フォリオ176r、白紙

このように、この手稿本は、アイユーブ朝期の村落調査記録、ファイユームの開拓と灌漑に関する言い伝え、オスマン朝期の徴税記録の三つの内容からなる。筆者はこの手稿本をデジタル画像で閲覧し、現物を手にとって見てはいない。このため、デジタル画像から判断せざるをえないのであるが、一見して使用されている紙の色は一様であり、筆致は徹頭徹尾同じものであるように見受けられる。このことから、この手稿本は複数の手稿本を合

冊にしたものではなく、始めから一つの書として編纂されたと考えられる。

内容を概観していくと、まず、表紙の裏面からアイユーブ朝期の記録が始まる。この内容を既刊の校訂本と比較すると、章構成や序文から第八章までの文章に大きな相違は見られない。筆者は徴税記録における細かい数字部分に至るまでアヤソフィア手稿本と校訂を限なく対照したわけではないが、管見の限りは記録内容に大きな相違点は見当たらない。したがって、この部分はアイユーブ朝期の記録の写しと見なしてよいであろう。

フォリオ一七二の表面にはファイユームの開拓と灌漑に関する言い伝えが簡潔に記される[7]。これは、数行の文章ながら内容は完結しており、同フォリオの裏面から始まる徴税記録の表紙や序章にあたるものではない。

図26　ファイユーム県の灌漑設備

註）筆者撮影（2013年）.

この後、フォリオ一七二の裏面から、オスマン朝のエジプト統治初年の徴税記録が始まる。本章では、これまで研究上利用されたことのないこの記録に焦点を当てて、そこから得られる当時の村落社会の状況を見ていく。最初に、なぜオスマン朝統治初年の徴税記録がアイユーブ朝期の村落調査記録と一緒に綴じられたかについて検討することから始めたい。

第一節　アヤソフィア手稿本の編纂年代と目的

アヤソフィア手稿本には、編纂の動機や経緯に関する情報や、書写年が記されておらず、それらについての直接的な情報を得ることができない。ただし、表紙の中央部に配された円形の欄の中に、書名『ファイユームの村々の秩序についての永世者にして自存者たる神の御業の解説書 *Kitāb Iẓhār Ṣanʿat al-Ḥayy al-Qayyūm fī Tartīb Bilād al-Fayyūm*』と著者であるナーブルスィーの名が記され、[8]その下欄に、「至高なる庇護者であり偉大なるアミールであるサイフィー・ジャーニム・ミン・カスルーフ、ファイユーム県とバフナサーウィーヤ県におけるスルターニー・ジスルのカーシフのために」という献辞が記されている。この手稿本のタイトルは、校訂本のタイトルと異なるものであるが、先に述べたように、内容は『ファイユームの歴史』と変わりない。[9]まずはこの献辞から、この手稿本がジャーニム・ミン・カスルーフに献呈されたものであったことがわかる。

ジャーニム・ミン・カスルーフ（一五四七―四八年没）について年代記史料から得られる情報は多くないが、ジャズィーリー ʿAbd al-Qādir al-Jazīrī（一五七〇年頃没）が著した『巡礼の見聞と神に讃えられしマッカへの道に関する秩序正しき貴い真珠の書 *Kitāb al-Durar al-Farāʾid al-Munaẓẓama fī Akhbār al-Ḥājj wa Ṭarīq Makka al-Muʿaẓẓama*』（以後、『真珠の書』と略記）[10]から略歴を得ることができる。それによれば、ジャーニムはスルターン＝ガウリーのマムルーク軍団の出身で、チェルケス朝期においてはガウリーの息子ムハンマドのダワーダールを務めた。エジプトがオスマン朝の統治下に入ってからも、上述のカーシフ職のほか、一五三九―四〇年から一五四四―四五年まで巡礼隊長（アミール・アルハッジュ）を務めるなど、重職を歴任した。[11]

さて、献辞にはこの人物がファイユーム県とバフナサーウィーヤ県におけるスルターニー・ジスルのカーシフとして記されている。彼が当該カーシフ職に着任した時期は不明であるが、『真珠の書』によれば、彼が巡礼隊長を務めた六年間は、このカーシフ職を兼務していた。一五四四–四五年に巡礼隊長職を解かれたのは、エジプト州総督ダヴド・パシャ Davud Paşa（在任一五三八–四九）と財務監督官（ナーズィル・アルアムワール）の不興を買い失脚したことが原因のようである。ジャズィーリーは次のように伝えている。

> 彼ら（ダヴド・パシャと財務監督官）は彼（ジャーニム）を嫉視した。そして、その地方（ファイユーム県のこと）において登録されているスルターン財［を利用する］方法と、彼の気高い性格につけ込んだ強欲な策略や詐欺の方法によって、彼から多くのものを搾取し、彼を傷つけた。これらのことは、彼を極限まで追いつめ、彼は二つの職(12)から解任された。彼はすぐに邸宅を引き払い、退役となったが、その二つの方法による不正な解任によって傷つき、一五四七–四八年に急逝した——アッラーよ、彼に慈悲の雨をもたらし給え——。(13)

このことから、件のジャーニムがカーシフ職に就いていたのは、一五四四–四五年までであったと見なすことができる。一方、ジャーニム以前のファイユーム県とバフナサーウィーヤ県におけるスルターニー・ジスルのカーシフ職の歴任者について史料から得られる情報は、オスマン朝第二代エジプト州総督のハーイルバクの時代に同職を務め、カーシフの乱の首謀者の一人であったジャーニム・ミン・ダウラート・バーイ（一五二三年没）にまで遡ってしまう。すると、この手稿本の作成時期は一五二三年から一五四四–四五年の間のいずれかの時点ということになるが、ジャーニム・ミン・カスルーフが巡礼隊長とカーシフ職を兼務していた六年間あるいはその前の数年間を含めた時期に作成されたと考えるのが妥当であろう。ただし、この手稿本には書写年や書写者についての情報が記されていないため、この手稿本が後世に筆写されたものであるという可能性を完全に排除することはできない。

前章で見てきたカーシフ職の役割を考慮すれば、ファイユーム県とバフナサーウィーヤ県のカーシフ[14]であったジャーニム・ミン・カスルーフが、自身の管轄であるファイユーム県の灌漑や徴税に関する記録を持っていたことは、カーシフの職務という点から説明することが可能であろう。オスマン朝統治初年の徴税記録だけでなく、アイユーブ朝期の村落調査記録にも各村の基礎情報が網羅的に収められているこれらはカーシフにとって有用であったに違いない。

それでは次に、オスマン朝のエジプト統治初年の徴税記録の序文と、記録対象となった村々について検証し、この記録はどのような目的で取られたものであるか、また史料としてどのように位置づけられるかについて明らかにしていきたい。

第二節　記録の背景

(1) 記録年代

オスマン朝統治初年の徴税記録の中身は、序章（172v–173r）と各村の記録（173v–175v）で構成されている。序章の冒頭には、定型句「慈悲あまねく慈愛深きアッラーの御名において」が記され、次の文章が始まる。

ファイユーム地方における現在耕作されている村々の割当て。その村々の一部は、偉大なる王のスルターンである我らの庇護者〈中略〉セリム・シャー Salīm Shāh al-Khunkār al-Aʻẓam の治世において、勝利の王国の高貴なるザヒーラ庁に返還された。これはハラージュ年度九二三年［の記録］である。この割当てを担ったのは、バフナサーウィーヤ地方の高貴なるスルターン領のウスターダール（ウスターダール・アルミサーハ・アッスルターニーヤ）である（敬称略）マーマーイ・ミン・カーニバーイ、そしてファイユームとバフナサーウィーヤ地方のスルターニー・ジスルのカーシフであり総督（ナーイブ・アッサルタナ）であるジャーニム・ミン・ダウラート・バーイ、そして（祈願文略）財務の至高なる法官であるワリー・アッディーン・アブド・アルカーディル・アンナシーリーと法官であるシャムス・アッディーン・ムハンマド・アッサフナウィーである。そして、ファイユームのシャリーアの裁定者であり至高なる法官であるシハーブ・アッディーン・アルクラシー――［彼は］ユースフ運河の証人（シャーヒド・アルバフル・アルユースフィー）にしてウドゥール様である――、そして後述する村々の人々が立ち会った。(15)

冒頭に記載された「ファイユーム県における現在耕作されている村々の割当て」というのが、この記録の標題部分に当たる。「割当て」と訳したのは、「タウジーブ（tawjīb）」という語である。これは、本来「課すこと」、「義務づけること」を意味するが、ここではひとまずこのように訳し、この訳語の妥当性については記録内容を見た後に改めて検討したい。

序文から、この記録はセリム一世の治世中のハラージュ年度九二三年（西暦一五一七―一八年）のものであることがわかる。(16)さらに、この先の文章では、この記録がどのようなプロセスを経て得られたものであるかを知ることができる。

前述の割当てについての質問が後述する事柄をもって考慮された。それは彼らが、慈悲あまねく慈愛深き彼のほかに神はなく、その御力が高められ、その美名が清められたる偉大なるアッラーにかけて、次に我々の庇護者たるスルターンであり統治者であり勝利の王である上述のセリム・シャーに（アッラーが）与えし恩恵にかけて、互いに宣誓と誓約を交わした後に行われた。［宣誓と誓約の中で確認されたことは、］後述する彼らの地域の村々には以下の事柄［に回答すること］のみが課される［ということである。その事柄は、］彼らが割当てについて尋ねたところのもの、すなわち慣例として課されるハラージュとディヤーファ（歓待料）について、そして誓いの破棄や高貴なる取り分の管理［が課される］などして相違が生じたときについて、そして九二四年ラジャブ月一八日に、担当官が検分することについてである。(17)

ハラージュ年度は太陽暦であるコプト暦に対応しているため、ハラージュ年度九二三年の始まりは西暦（グレゴリウス暦）一五一七年九月一一日となる。つまり、この記録は、西暦一五一七年九月一一日から翌年のナイルの増水期前までを対象としたものであり、年度末に行われる徴税に関わる調査の記録である。(18)それはハーイルバクの統治が開始された年のことであり、オスマン朝が初めてエジプトにおいて播種、収穫、そして収税までの一連の流れを経験した年の記録であった。

第一章で見たように、ハーイルバク統治初年というのは、チェルケス朝の統治構造を保存しつつ、イクター、リザク地、ワクフ地といった既存の土地権利の接収と課税を強硬に推し進めた時期であった。彼が州総督の座についてから最初に行ったことは、主要な官僚たちの任命であったが、その統治機構はチェルケス朝時代のものが維持され、要職もチェルケス朝時代の人材を再任したものにすぎなかった。(19)この状況は、序文に見られる割当てを担う政府側の人間の官職名からも読みとることができる。例えば、「スルターン領のウスターダール」である。ウスターダールはマムルーク朝期にはスルターンやアミールの家政において財務を担当する役職であった。(20)「スルターン領のウスターダール」職は、その名称からスルターン財源である土地の財務を担当したと考えられる。また、スルターニー・ジスルのカーシフや総督職も、マムルーク朝から引き継がれた職掌であった。(21)

序文からは、その年の徴税に関わる調査のために、スルターン領のウスターダールやスルターニー・ジスルのカーシフといった地方の軍政官と二人の財務官が調査団を構成していたことがわかる。その際、当事者間で宣誓が交わされ、各々の責任範囲が明確にされた上で、慣例的に村に課されているハラージュとディヤーファについての聞き取り調査が行われたのであった。

この記録からは地元の名士の存在も認められる。例えば、地元側からこの調査に参列した法官シハーブ・アッディーン・アルクラシーの存在である。この人物は「ファイユーム県におけるシャリーアの裁定者」という尊称が冠せられると同時に、名前の後ろに「ユースフ運河の証人にしてウドゥール様」という役職名も添えられており、彼が単なる市井の法官でなかったことは明らかである。「証人」と「ウドゥール」は、史料において同義で使われ、「アッシュフード・アルウドゥール」や「シャーヒド・アドル」とも呼ばれた。その主な業務は法官に随伴して証言や種々の確定作業を行うことであった。[22] この職務内容から、この人物が村々の租税や灌漑についての記録を把握し、管理していたことは想像に難くない。[23] また、「ユースフ運河の証人」は、ファイユーム県に特有の役職であり、各村に規定された取水量の記録を管理する役割を負っていた人物であったと考えられる。[24] 証人やウドゥールといった村の役職はマムルーク朝期にも見られたことから、この職もまたマムルーク朝から継続していたものに違いない。

(2) 記録の対象となった村々

この記録に収録されている村は二七村であるが、これはファイユーム県全体の一部にすぎない。『至宝の書』によれば、一五世紀後半の段階でファイユーム地方には一〇二の行政村があったが、[25] これと比較すると、この記録に収録されている村々はファイユーム全体の四分の一程度に留まる。果たして、この記録はどのような村を対象としているのであろうか。

表23は、この記録に収録される二七村について、『軍務台帳』の概要記録に転記されたチェルケス朝の土地台帳の記録とオスマン朝統治初年の徴税記録における土地保有の状況を対照したものである。この中のオスマン朝統治初年の

表 23　『軍務台帳』におけるチェルケス朝の土地台帳の記録とオスマン朝統治初年の徴税記録における土地保有記録の対照

No.	村名	チェルケス朝の土地台帳	オスマン朝統治初年の徴税記録	村について（現在の地名、出典）
1	Bayāḍ	W (Barqūq)	W (Barqūq)	–
2	Rubayyāt		W (Barqūq)	Rūbiyāt, *QMS* 2-3:108
3	Maqtūl	※ W (Barqūq)	W (Barqūq)	Maqātla, *QMS* 2-3:111
4	Sīlā	W (Barqūq)	W (Barqūq)	*QMS* 2-3:101
5	‘Udwa Sīlā	–	D (Dhakhīra), W（複数）	Udwa, *QMS* 2-3: 94
6	Sirsinā	I	D (Dhakhīra)	*QMS* 2-3:112
7	Zarbī	D	D (Dhakhīra)	*QMS* 2-3:110
8	Jabala	※ W (Khāyrbak min Ḥadīd)	W（二聖都）	*QMS* 2-3:112
9	Furqus	–	D (Dhakhīra), W（複数）	*QMS* 2-3:114
10	Sīnarū	I	D (Dhakhīra)	*QMS* 2-3:73
11	Ak‘ābī	I	D (Dhakhīra)	Ka‘ābī, *QMS* 2-3:111
12	Minshā al-Ṭawāḥīn	※ I	D	Minshā ‘Abd Allāh, *QMS* 2-3:102
13	Fidīmīn	I	D	*QMS* 2-3:114
14	Maṣlūb	M, W, I	D (Dhakhīra), W（二聖都）	*QMS* 2-3:97
15	Zāwiyat al-Karābsa	R, I	D (Dhakhīra), W (Qānṣūh al-Khamsmi’a)	Zāwiya al-Karādsa, *QMS* 2-3:100
16	Istanbāṭ	W (al-Mu’ayyad Shaykh)	W (al-Mu’ayyad Shaykh)	Sunbāṭ, *QMS* 2-3:94
17	Disyā, Ihrīt		D (Dhakhīra)	Ihrīt’ *QMS* 2-3:83; Disyā’ *QMS* 2-3:99
18	Ibshawīyat al-Rummān	I	D	Ibshawāy, *QMS* 2-3:71
19	Bibīj Anshū	I	D	Abū Junshū, *QMS* 2-3:71
20	Ṭubhār	I	D	*QMS* 2-3:73
21	Sanhūr	Sanhūr: W; Dumwa al-Dathira: M (Barqūq)	W (Qānṣūh al-Khamsmi’a)	*QMS* 2-3:112
22	Abū Kusā	D (Dawla)	D	*QMS* 2-3:72
23	Ikhṣāṣ al-‘Ajamiyīn	D (Khāṣṣ)	D	‘Ajamiyīn, *QMS* 2-3:72
24	Abū Sīr Dafinnū	M, I	D (Dhakhīra), W（複数）	*QMS* 2-3:81
25	Ja‘āfira wal-‘Atāmina		D	‘Atāminat al-Ja‘āfara, *QMS* 2-3:85
26	Thalāth	D (Khāṣṣ)	D	Talāt al-‘Ulyā, *QMS* 2-3:98
27	Ma‘ṣira Dār ‘Arafa	※ M (Khāyrbak min Ḥadīd)	W（二聖都）	Ma‘ṣira ‘Arafa, *QMS* 2-3:87

註）D は政庁（ディーワーン）財源，W はワクフ地，M は私有地，I はイクター，R はリザク地を表す．
括弧内は土地権利の保有者を表す．
※を付した記録は，『軍務台帳』から記録が得られなかったため，『至宝の書』のボドリアン図書館手稿本から引用した記録．
QMS は，Ramzī, *al-Qāmūs al-Jughrāfī* を表す．

記録を見ると、これに収録されている村はワクフ地か政庁財源のいずれか、あるいはその両方がある村であったことがわかる。

ワクフ地については、最初の四村がマムルーク朝スルターン＝バルクークのワクフ地（1、2、3、4番）であり、それ以外は二聖都のためのワクフ地（8、14、27番）、スルターン＝ムアイヤド・シャイフのワクフ地（16番）、カーンスーフ・アルハムスミア（一五〇二年没）のワクフ地（15、21番）、その他小規模ワクフ地（5、9、24番）であった。これらのワクフ地は概ね『軍務台帳』においてもワクフ地として登記されており、二つの記録の間に大きな変化は見られない。(26)

一方、政庁財源のある村は計一九村である。そのうち、「ザヒーラ庁に返還された」財源であることが明記されている村が一〇村（5、6、7、9、10、11、14、15、17、24番）であり、その他の九村はどの政庁に属する財源であるかは明記されていない。しかし、結論からいえば、この記録に収録された政庁財源はすべてザヒーラ庁財源であったと考えられる。その理由は、第一に、すでに見たように序章の冒頭部分で「その一部は勝利の王国の高貴なるザヒーラ庁に返還された」とあり、ほかの政庁については言及がないということ。第二に、『軍務台帳』に転記されたチェルケス朝の土地台帳の記録には、ファイユーム県の中にムフラド庁財源（バルジューク村、バスタとウンム・アッスィバー村、シドムー村、アークーラ村）、宰相庁財源（クンブシャ村）であった村が認められるが、これらの村はオスマン朝統治初年の徴税記録には収録されていない。これらのことから、オスマン朝統治初年の徴税記録に収録された政庁財源はザヒーラ庁財源に特化したものであったと考えることができる。

以上のことから、オスマン朝統治初年の徴税記録に見られるザヒーラ庁財源の多くは元来イクターであったことがわかる。このことは、第一章で見たセリム一世統治期からハーイルバク期に進められたイクター制廃止の過程を反映している。すなわち、セリム一世の統治期においては、マムルーク軍人の子孫であるアウラードを対象としてイクター保有の権利問題が俎上に載った。(27)ハーイルバクがエジプト州総督に就任すると、彼はファフル・アッディーン・ブン・

イワドとその兄弟シャムス・アッディーン・ブン・イワドの二人をスルターン直轄財源の顧問に任命した[28]。その後、ファフル・アッディーンらは、ナイルの増水不足を理由に、軍事リザク地や慈善リザク地、また法的根拠を持つワクフ地にも課税すると同時に、イクターを次々にザヒーラ庁財源に接収していった[29]。このように、オスマン朝政府は、イクターをザヒーラ庁財源に接収することによって、イクター制を解体していったのであった。この記録において、チェルケス朝末期にイクターであった土地がハーイルバク期にはザヒーラ庁財源となっていたことは、この時代に進められた土地政策を如実に反映しているのである。

次に、バルククのワクフなどのワクフ地がザヒーラ庁財源と一緒に収録されたことについては、どのように解釈すればよいであろうか。『軍務台帳』によれば、チェルケス朝末期のファイユームにはオスマン朝期の記録に収録される二七村以外の村にもワクフ地が存在していたことがわかる。したがって、この記録に収録されているワクフ地はファイユーム県に存在するワクフ地の一部と考えるべきである。それらのワクフ地がこの記録に収録された理由として、これらが実際にはザヒーラ庁財源となっていたことが考えられる。それは、ここに記録されているワクフ地の多くはスルターンや有力アミールによって設定されたものであり（1、2、3、4、15、16、21番）、その規模も一片が一村であるような大規模なものを多く含むためである（1、2、3、4、8、16、21、27番）。五十嵐は、スルターン自身のワクフが基本的にはザヒーラ庁財源に組み込まれ、その枠内で運営されていた可能性を指摘しているが[30]、このワクフ地の記録はこのことを示唆していると考えられる。この可能性を支える根拠としては、オスマン朝統治初期に進められた政府によるワクフ地への課税政策がある。つまり、政府はワクフ地に課税し、その税収をザヒーラ庁財源とするという形をとって、実質的にワクフ地をザヒーラ庁財源に組み込んでいたと考えられるのである[31]。ただし、ザヒーラ庁財源とワクフ財源の二種類の土地権利がある村（5、9、14、15、24番）については、各土地権利の内訳を示すために、便宜上、両財源の記録を記載したという可能性も考慮に入れるべきであろう。

以上のことから、オスマン朝による統治初年の徴税記録はハラージュ年度九二三年時点でのファイユーム県におけるザヒーラ庁財源を収録したものであることが明らかとなった。同時に、この記録は、支配の移行期において、マムルーク朝以来の統治体制、財政の構造、人材が保たれた一方で、イクターの接収という形でザヒーラ庁への財の集中が一層推進されたことを示すものであることも確認された。それでは次に、各村の記録内容を見ていこう。

第三節　各村の記録内容

(1) 徴税に関わるアクターと税目

各村の記録部分において、まず目を引くのはその書式である。それらは、記録を叙述形式で連続的に記していくのとは異なり、項目ごとに意図的に改行し、一つの項目が一目で把握できるような書式が採られている。また、村名や「ハラージュ」、「ディヤーファ」といった親項目を記す際には、マッドと呼ばれる伸ばし字を用いて行の幅を規定し、その下に関連する記録内容を同じ幅で記していく方法も採られている。[32] 数字部分については、現金の額や現物の数量を表す数字はスィヤーク数字で表され、桁数の多い数字でも一定のスペースの中に書き収められている。このような段組みや改行、マッドやスィヤーク数字の利用という点において、前近代のイラン地域で確立され、オスマン朝に継承された簿記術との共通点を見いだすことができる。[33] この書式は、改行なしで記録項目を連続して記すアイユーブ朝期の村落調査記録やマムルーク朝期の『勝利の書』や『至宝の書』の土地記録と明らかに異なる。

ここでの記録項目は、その村にザヒーラ庁財源のみ、あるいはワクフ地のみが存在する場合と、その両方が存在する場合で若干異なる。後者の方がやや複雑なので、まずは前者の場合を例に、基本的な記録項目について見ていこう。

まず、冒頭部分最初の行には村名が記され、その下に土地権利とその所在について記される。また、それに続いて

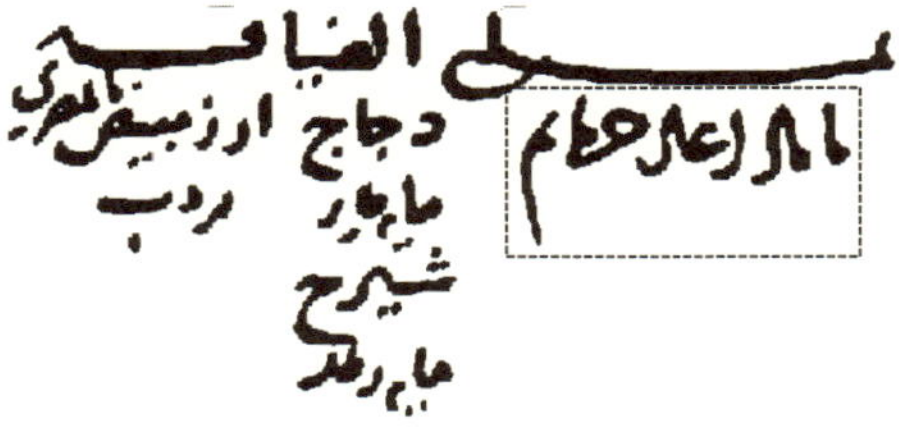

図 27　アヤソフィア手稿本に使用されているスィヤーク数字

註）点線で囲んだ部分がスィヤーク数字で表された数値部分.

返還される以前のイクター保有者の名前が簡潔に記されることがある。例えば、スィルスィナー村（表23中6番）では、村名の下に「高貴なるザヒーラ庁に返還された」とあり、続けて「かつて厩舎長官であった君、幸福なる御方であり殉教者であるスルターン＝ガウリーの息子から」とある。[34] この記録から、スィルスィナー村の以前の保有者はスルターン＝ガウリーの王子であったことがわかる。『至宝の書』や『軍務台帳』に転記されたマムルーク朝期の記録においても、この村が厩舎長官職を務める百騎長のアミールによって保有されていたことから、スィルスィナー村はチェルケス朝期を通じて厩舎長官職のイクターであったと考えられる。[35]

同じく冒頭部分には、割当てを担う者の名前が列挙される。ここで名前があげられる人々は、その村の長（シャイフ）や農民（ファッラーフ）らである。これらの人々は、序文で見たように、村に課された税や担当官が検分したことについて聴取に応じる責務を負っていたと考えられる。ここで、タウジーブを「割当て」と訳すことの妥当性を検討すれば、序文で割当てを担う人物としてあげられたスルターン領のウスターダール以下の者たちも同様に、ファイユーム県のザヒーラ庁財源の収税状況の調査を割り当てられて派遣されたと解釈することができる。このことから、タウジーブを「割当て」と訳すことについては問題ないであろう。

土地権利とその所在・以前の保有者・割当てを担う村人といった項目のほか、冒頭部分では村の耕作状況や灌漑状況についての特記事項が記されることもあるが、これについては次項で後述する。以上が冒頭部分の基本的な記録内容である。続いて、その下欄には税の内訳について記される。この記録の中で確認できる税目は、序文で見た通りハラージュとディヤーファの二種類である。基本的には、税の内訳が記されている欄は二つの柱からなり、向かって右側にハラージュ、左側にディヤーファの記録が書き入れられている。

ハラージュは、基本的に、現金での合計額がスィヤーク数字で示される（図27[36]）。この合計金額は冬作物（シトウィー[37]）と夏作物（サイフィー）の合計であると考えられる[38]。それらがどのような品目からなるかについてはほとんど言及がないが、例外的に品目が記されている村の記録からは、ハラージュの課税対象として小麦、大麦、空豆が確認できる[39]。これらの村の記録ではハラージュの合計金額は示されず、各品目の分量が記されるのみである。これは、これらの村のハラージュが現物納であったことを示していると考えられる。ところで、『一五二七―二八年の検地台帳』によれば、ファイユーム県でハラージュの対象となっていた作物として、冬作では、小麦（qamḥ）、空豆（fūl）、モロコシ（dhura）、キビ（dukhun）、紅花（qirṭim）、夏作では、ゴマ（simsim）、米（aruzz）、エンドウ豆（bisilla）、サトウキビ（qaṣab）が記録されている[40]。オスマン朝統治初年の徴税記録にはハラージュの品目までは明記されていないが、実際には、こうした作物から構成されていたに違いない。

また、税収の中に換金手数料が含まれる事例も見られる。例えば、ザルビー村（表23中7番）の記録では、合計の二九万一〇〇〇ディルハムはハラージュ二八万一〇〇〇ディルハムとジャフバザ一万ディルハムからなっている。ジャフバズ[41]は貨幣を取り扱う金融業者であり、その業務の一環として徴税請負を行っていたと考えられている。この記録からもわかるように、ハラージュは基本的に現金で納められたが、そのため村人たちは収穫した現物を換金する必要があった。つまり、ここで「ジャフバザ」と表記されているものは、村側が換金のための手数料として政府に対して支払う料金を意味し、それがハラージュの合計金額に計上されていたと考えられる。なお、ジャフバザは、『一五二七―二八年の検地台帳』においても各所で政府収入の一税目として計上されている[42]。

次に、ディヤーファについて見ていきたい。ディヤーファとは、本来、農民がイクター保有者に提出する歓待用の貢納物のことである[43]。記録によれば、これは、鶏（dajāj, 単位は羽 ṭā'ir）、地ガチョウ（iwazz baladī, 単位はつがい azwāj）、羊

(ghanam, 単位は頭) といった家禽・家畜類、白米 (aruzz mubyaḍḍ, 単位はイルダッブ)[44]、小麦 (qamḥ, 単位はイルダッブ) といった穀物、ゴマ油 (shīraj, 単位はラトル)[45]、塩漬けオリーブ (zaytūn mamlūḥ, 単位はキンタール)[46] といった加工品からなっていたことがわかる。これらは基本的には上記の単位で記載されるが、一部でその代価が記載されているものもある。[47] 金額あるいは数量というように、表記される単位が明確に区別されていることから、数量で示されている場合は現物納、金額で示されている場合は現金納であったことを示していると考えられる。

以上のように、オスマン朝統治初年の徴税記録において、村に課されていた税は、穀物にかけられる現金納のハラージュと、家禽・家畜・穀物・加工品にかけられる現物納のディヤーファの二種から構成されていた。この課税方法は、ナースィル検地によって設定されたものである。エジプトとシリア地方を対象にして行われたナースィル検地は、一つの土地に複層的に課されていた諸税をイクターのもとに一本化するという税制改革の側面を持っていた。この改革の対象となったものの一つがディヤーファであり、それまで、農民からイクター保有者への貢納物として納められ、イクター保有者の特権として税収高の外に置かれていたディヤーファを現金に換算し、税収高に組み込むという決定がなされた。[48] オスマン朝統治初年の記録においても、ディヤーファはハラージュとセットで納められていたことが確認されたが、このことはハラージュやディヤーファなどの諸税を一括して税収高に含めることにしたナースィル検地の税制改革が、オスマン朝統治の開始後も継続していたことを示している。[49]

以上が基本の記録項目になるが、次は一村にザヒーラ庁財源とワクフ地が存在する場合の書式について見ていきたい。図28はそのような村の一つであるウドワ・スィーラー村 (表23中5番) の記録である。まず、冒頭で村の一部がザヒーラ庁に返還されたこと、そして割当てを担う村人 (この村の農民であるイブン・アルダリーフとイブン・アシーシュ) が記される。その下に、この村の土地権利全体が二四キーラートからなること、そして村のハラージュの合計額が一八〇〇〇〇ディルハムであることが記されている。その後、左右に二つの柱を立て、片方の柱にはザヒーラ庁財源の内

ウドワ・スィーラー村

その一部が高貴なるザヒーラ庁に返還された。割当てを担うのは，この村の農民たちのうち，イブン・アッダリーフとして知られるムハンマド・ブン・ムハンマド・ブン・アブド・アッラーとイブン・アシーシュとして知られるムハンマド・アブー・アンナスル・ブン・ムハンマドである

キーラート
24

合計
ワクフとミンシャーとして知られる果樹園を含む
180,000 ディルハム

返還された
上述の官庁に
サイフィー・タムルバーイと彼の共同保有者である軍人から

キーラート	キーラートあたりの課税額
4	7,500 ディルハム

合計
30,000 d.h

かつて　タムルバーイの名義　1キーラート
かつて　タナム・ブン・アッズィマームの名義　1キーラート
かつて　サイイディー・アルカビールの名義　1キーラート
かつて　ガウリー軍団のジュルバーンのマムルークたちの名義　これはかつて アリー・バーイの名義であった　1キーラート

ワクフ

キーラート	キーラートあたりの課税額
20	7,500 ディルハム

合計
15,000 d.h

ワクフ　サイイディー・イブラーヒーム・ブン・シャーヒーン・アルウスマーニー　4キーラート
ワクフ　ムハンマド・ブン・スードゥーン　4キーラート
ワクフ　シャイフ・シャラフ・アッディーン・アットゥースィー　2キーラート
ワクフ　アブド・アルバースィトとシャイフ・アブー・タイイブ・アルアクヤーディーン　4キーラート
ワクフ　スワイカ・アッサイヤーディーンにあるマドラサ・ハナフィーヤ　6キーラート

ディヤーファ

鶏　600羽
地ガチョウのつがい　60組

その内訳

返還された
鶏　100羽
地ガチョウのつがい　10組

ワクフ
鶏　500羽
地ガチョウのつがい　50組

図 28　ウドワ・スィーラー村の記録

出典）　al-Nābulusī, "Kitāb Iẓhār Ṣanʻat al-Ḥayy al-Qayyūm," 173v.

訳、もう片方の柱にはワクフ地の内訳が書き込まれている。

ザヒーラ庁財源から見ていくと、ザヒーラ庁財源の取り分は全体のうち四キーラート（二四分の四）分に相当することが示される。その隣に「一キーラートあたりの課税額」、そしてその下に「七五〇〇ディルハム」とスィヤーク数字で記されている。これは、一キーラートあたりの取り分は七五〇〇ディルハムであるという意味であり、各土地権利の取り分を算出するには、「土地権利の取り分の割合（キーラート）×七五〇〇（ディルハム）」の計算を行えばよい。したがって、ザヒーラ庁財源の取り分の合計は、下の欄にあるように、四×七五〇〇＝三〇〇〇〇ディルハムとなる。

その下に続くハラージュの内訳部分には、ザヒーラ庁に返還される以前のイクター保有者の名前が記されている。一つの欄が一片の土地権利を示しており、この記録では、四片のイクターがザヒーラ庁に返還されたことがわかる。各土地権利の取り分は一キーラートであり、それぞれ三名のイクター保有者とスルターン＝ガウリーの子飼いのマムルーク軍団（ジュルバーン）に分与されていたことがわかる。

右欄にはワクフ地の記録が記されているが、同様の書式で書かれている。ワクフ地の取り分は二〇キーラート、計一五〇〇〇ディルハムであった。ワクフ地は五片あり、各々の寄進の対象とハラージュの取り分が記されている。

ここまでがハラージュの内訳で、その下にはディヤーファの内訳が記される。この村全体のディヤーファは鶏六〇〇羽と地ガチョウのつがい六〇組であったが、その内訳は、ザヒーラ庁財源は鶏一〇〇羽、地ガチョウ一〇組であり、ワクフ地の取り分は鶏五〇〇羽、地ガチョウ五〇組であった。

以上が各村の記録の基本項目である。この記録から、一つの村の中に複数の土地片があった場合、租税は土地片ごとに課税額が設定されるのではなく、各土地片には取り分の割合が設定され、その割合に従って村全体の税収から各土地片の税収が決まるというものであったことが窺える。つまり、全体の税収が落ちると、各々の土地片の税収も相対的に下がるという仕組みになっていたことになる。このことは、土地保有の形態にも結びつくことであり興味深い。

各土地片に対して絶対的な税収額が定められていなかったのであれば、土地片ごとの明確な区画は存在しなかった、あるいは少なくとも税収を決定する上では大きな意味を持たなかったと考えるのが自然である。この仮説においては、イクター保有者が保有したのは、キーラート等の単位で表される村の税収高の配分率である。このことは、第五章で見た『軍務台帳』におけるイクター保有記録においても確認することができる。そうであるならば、イクター保有者による農地や灌漑設備の維持管理もまた、土地片単位で行われるものではなく、村単位で行われ、土地権利の保有者は保有する割合分の維持管理費を支払っていたと考えるべきであろう。無論、一村が一片の土地権利であった場合は、土地権利者の直接的な差配が可能であったに違いないが、小規模な土地権利に分割されていた村においては、土地権利者と土地が一対一の関係で結びつかず、より複雑な状況が生じていたことが推測される。

　一四五一年頃に著されたとされる『あるべき優れた経済、行政、選択についての促進と熟考、解放と調査の書 *al-Taysīr wal-I'tibār wal-Taḥrīr wal-Ikhtibār fī Mā Yajibu min Ḥusun al-Tadbīr wal-Taṣarruf wal-Ikhtiyār*』の著者アサディー al-Asadī（没年不明）は、その著作の中で、土地権利の細分化と村の荒廃の関係について次のように述べている。

> 国庫に属し、担当官が管理する某村がある。その村は一〇人の兵士を養うのに十分な税収を生んだので、担当官はその村を十騎長のある者に授与した。すなわち、その保有者にはスルターン財が分け与えられたということになる。しかし、その後、保有者は衰え、十騎長位を維持できなくなってしまった。そこで保有者は、そのイクターを退役軍人となった自身のために、しばらくの間、彼の下に留め置いてもらえないかとスルターンに尋ねた。するとスルターンはその通りにした。さらにその保有者が、そのイクターを彼と子孫のためのリザク地にしてもらえないかとスルターンに尋ねると、結局、スルターンはそのようにしてしまった。そうなってしまえば、土地はある者からある者へと下り、ある者からある者へと賃貸され、その村は某や某や某のための取り分（ḥiṣṣa）に分割

され、ある者が村を荒廃せしめ、ある者が害を与え、某と某の間の意見の相違によりある者が破壊し、［村の］状況は荒廃と機能不全に陥っていったのである。

アサディーはこの文章の中で、アミールに授与されたイクターが軍事リザク地に転化し、さらには軍事リザク地となった村が当局の管理を離れて細分化され、ついには荒廃に帰す過程を説明している。そして、彼は、この短い文章の中で、このような村の荒廃を招いている張本人こそがスルターンであるとして、スルターンによる土地のばらまきを痛烈に批判しているのである。ここで述べられているのは、政府が管理していた村がイクターとして分与されるようになり、最終的に軍事リザク地化する事例であるが、土地の細分化がもたらす影響を考える上で示唆的である。すなわち、軍事リザク地の場合もイクターと同様に徴税権とともに農地の維持管理の責務が付託されたのであり、土地権利の保有者が複数人存在する場合、権利者の間で利害上の様々な問題が起こりえたということである。おそらくは、個々の土地権利は明確な地理的範囲を持たず、あくまでも税収の取り分であったことが、このような状況に拍車をかけることになったに違いない。この問題については、再び小結で振り返ってみたい。

(2)　特記事項

オスマン朝統治初年の徴税記録には、これまで見てきた基本項目以外に特記される記録があり、それらは三種類の情報に分類することができる。第一は、この記録が取られた調査以外の情報源からの記録である。例えば、スィーナルー村（表23中10番）の記録では、割当てを担う二人の村人の名前が記された後、「彼らがその手から示したもの、すなわち、かつてその村のイクター保有者であったアミール＝ジャーン・ブラート・アブー・トゥルサインからの、彼の書で飾られたヒジュラ暦九一七年ラジャブ月二〇日付の賃貸契約書と、寛大なる書を含む受領書に従えば、（ハラージュの）合計、一五〇〇〇〇ディルハム、ディヤーファ、毎年地ガチョウのつがい二五組の代価から合計一五〇〇ディルハム」とあり、その下欄に「したがってこの村に課されるものは、一五一五〇〇ディルハム」と記されている。この記録は、この村の課税額を確認する際に調査団が件の賃貸契約書に依拠したことを示している。なぜこのような情報がスィーナルー村の記録にのみ付されているかについては明らかではないが、通常の手続きでは課税額を決定することができなかったために、二次的な資料に頼らざるをえなかったのであろう。これは、第一部で見てきたように、オスマン朝による統治初年の段階では、政府が過去の土地記録を十分に把握していなかったことの傍証である。

また、アクアビー村（表23中11番）の記録では、「ファフル・アッディーン・ブン・イワドの土地調査（タルビーウ）で確認されたものにおいて、それ（ハラージュの合計額）は合計五二〇〇〇ディルハム。シハービー・アフマド・アルクラシーの陳述によるところの、それ以前に［この村に］課されていたものの元［の額］と、幸福なる調査の記録簿における［ハラージュの合計額は］、合計一五〇〇〇〇ディルハム」とある。この記録では、最初にファフル・アッディーン・ブン・イワドによる調査記録に依拠したハラージュの合計額が示された後、シハーブ・アッディーン・アフマド・アルクラシーによる証言に基づいて以前の課税額が示されると同時に、その額が本調査において課税額として採用されたようである。ファフル・アッディーン・ブン・イワドは、先述のザヒーラ庁官僚であり、ハーイルバクの強硬策を下支えした人物である(51)。上述の彼による調査とは、在任中に彼が行った調査のことであろう。

第二に、収税額／量の変化と、それに応じた翌年の収税額／量についての留書がある。例えば、ディスヤー村（表23中17番）は、年間三〇〇〇〇〇ディルハムが課されていたところが二一〇〇〇〇ディルハムに減じ、ディヤーファについては、地ガチョウ四〇組が三八組に減じた。これを受けて、翌ハラージュ年度九二四年には、合計二一〇一〇〇ディルハム（内ハラージュ、一九七五〇〇ディルハム、ディヤーファ、一二六〇〇ディルハム）が課されることとなった。同様の記録が、ビビージュ・アンシュー村（表23中19番）、トゥブハール村（表23中20番）、イフサース・アルアジャミイーン村（表

23中23番)、サラース村(表23中26番)にも見られる。これらの記録から、その年の収穫量が本来課されている分量に満たない場合は、収穫量に応じた額／量が納められていたことがわかる。そして、政府はその報告に従って翌年度の課税額／量を増やすことによって税収の埋め合わせをする一方、状況に応じて課税額／量を見直したと考えられる。

第三に、灌漑設備の機能不全の報告がある。例えばスィルスィナー村の記録では、冒頭部分に「上述の村はその土地に水を供給する[水路の]塀の崩壊のため、ハラージュ年度九二三年において、荒廃していた。したがってハラージュ年度九二四年に、至高なる神の美徳によって来るべきもののために、註記が義務づけられた」と記されている。また、カーンスーフ・アルハムスミアのワクフ地であったサンフールとドゥムワ・ダースィラ村(表23中21番)においては、次のように記録されている。

サンフールとドゥムワ・ダースィラ村

現在のところ、ハラージュ年度九二四年には、前述の村の大部分は非灌漑地である。[これは、]故カーンスーフ・アルハムスミアのワクフ地において二本の水路を引くための(水路を囲う)塀が崩壊したためである。この村の割当てを担っているのは、その祖父がよく知られていたユーヌス・ブン・ファヤード・ブン・ムハンマド・ブン・ハッターブと、その祖父が知られていたムハンマド・ブン・ザイド・ブン・アフマドであり、彼らはこの村の長であり農民である。年間の夏作と冬作について彼らが述べるところによれば、二村に課された本来の合計のうち、前述の[カーンスーフの]娘の寛大なる案内の門によって彼らに定められているのは、合計一二〇〇〇〇ディルハムであった。そして彼らが述べるところによれば、ハラージュ年度九三三年において耕された二人の土地からのハラージュは、二村の大部分が非灌漑地であったため、三〇〇〇〇ディルハムであった。二人はそれを、その村の土地に水が通るように、村の塀もしくはジスルの建設に投じたと述べた(52)。

この記録によれば、水路の塀の崩壊によって農地が十分に灌漑されず、税収は見込まれていた額の四分の一に留まったが、村人たちはそれを灌漑設備の修復に充てたという。この際、当時のワクフ管財人であったと見られるカーンスーフの娘との直接的な交渉があったかは不明であるが、村の灌漑設備の維持管理費はワクフ地の税収の中から捻出されていたことは確かである。

このほか、ザルビー村（表23中7番）、フルクス村（表23中9番）、サラース村（表23中26番）の記録においても、これらの村が非灌漑地であったことが簡潔に記され、灌漑設備の不具合が翌年度の納税額に影響する場合は、このような註記が記録された。このことは、たとえ政庁財源となっている村であっても、政府は日常的な農地の維持管理に直接的に関与せず、事後報告のみを処理していたことを示唆している。すなわち、この記録管理のあり方においては、日常的な農地の維持管理は、ほとんど村落の人々の手に委ねられていたことが看取されるのである。

第四節　小　結

オスマン朝統治初年の徴税記録は、地方の調査がいかにして行われていたかを伝える大変貴重な史料である。バフナサーウィーヤ地方のスルターン領のウスターダールを筆頭として、スルターニー・ジスルのカーシフ兼総督や法官たち、ユースフ運河の証人によって組織された調査団が村の代表者を調査して、各村の記録を取っていく様子が生き生きと浮かび上がる。とりわけ、ほかの史料ではほとんど知ることができない村人たちの役割や、この地方を代表して調査団に参加するユースフ運河の証人の存在は、当該地域の農地と灌漑の維持管理を考える上でも重要だと思われる。また、記録からは、各村の税の内訳などの具体的な情報が得られたが、ここでは、土地権利の細分化と村における徴税と農地の維持管理の関係について振り返ってみたい。

第五章で見たように、チェルケス朝期においては、イクター保有者の多様化と、土地の細分化が顕著となっていた。さらに、イクターとして分与された土地が私有地化、あるいはワクフ地化し、村の中に様々な土地権利が存在することは珍しくなかった。このような状況において、スルターニー・ジスルによる広域的な灌漑は、土地権利者を含まないアクターたちによってその維持管理が担われ、土地権利の細分化の影響を受けなかったことを前章にて確認した。それでは、バラディー・ジスルや村の灌漑水路の維持管理といった村落内の灌漑についてはどのように管理されていたのであろうか。

この記録が政府の調査によるものである以上、イクターやワクフ地などの土地権利者と村落の人々が農地の維持管理においてどのような交渉を持っていたかについて詳らかにすることは容易ではない。しかし、徴税記録からは、村が複数の土地権利に分割されている場合、各々の土地権利には明確な土地区画が割り当てられていたのではなく、税収の取り分が割り当てられていたことが強く示唆された。そのような状況においては、各々の土地権利者と土地が一対一で結びつかず、一つの村に対して複数の土地権利者が農地や灌漑の維持管理に関与する状況であったと考えられる。そして、その関与の仕方とは、サンフールとドゥムワ・ダースィラ村の例で見たように、税収からの維持管理費の供出であった。先の例では、村全体がカーンスーフ・アルハムスミアのワクフ地となっていたが、仮に村が複数の土地権利に分割されていれば、土地権利者全員に各々の税収の取り分に応じた必要経費の負担が求められたということになるであろう。このような形で、土地の細分化が進めば進むほど、一つの土地の灌漑の維持管理により多くの人が関わることになったのである。そして、このような状況が、村を荒廃させる重大な要因になっていたのである。土地権利の細分化が村の荒廃に結びつくという関係を、事例をもって説明することは難しいが、この事実関係はチェルケス朝期の村々の状況を考える上で重要であることを指摘しておきたい。

本章で見てきたオスマン朝統治初年の徴税記録は、王朝交代の直後ゆえに、チェルケス朝との連続性が強く見いだされるものであり、チェルケス朝期の徴税や農地と灌漑の維持管理を考える上で有益な情報を提供する。この後、オスマン朝治下のエジプトでは、『一五二七―二八年の検地記録』や『ジスル台帳』『軍務台帳』などの諸記録が残されていくが、マムルーク朝との連続性よりもむしろオスマン朝統治体制への移行が強く見られるようになるのはいつ頃のことなのであろうか。またその際、記録管理や水利行政にいかなる変化が生じるのであろうか。次章ではこれらの問題について検討していきたい。

（1）Fakhr al-Dīn ʻUthmān b. al-Nābulusī al-Shāfiʻī, "Kitāb Iẓhār Ṣanʻat al-Ḥayy al-Qayyūm fī Tartīb Bilād al-Fayyūm," Istanbul, Suleymaniye Library, MS Ayasofya 2960.

（2）ナーブルスィーは一一九二年にエジプトに生まれた。彼の父方の一家は十字軍遠征によるパレスティナからの難民であったという。ナーブルスィーは、アイユーブ朝第五代スルターン＝カーミル（在位一二一八―三八）の治世に政府に仕える身となったが、キリスト教徒官僚と衝突して失脚し、その後、カーミルの息子サーリフの治世において復権した。彼の著作は『ファイユームの歴史』を含む五作品が知られており（うち、一作品の手稿本は未発見）、これらはアイユーブ朝期の行政を知る上で重要な史料として位置づけられる。C. Becker and Claude Cahen, "Abū ʻAmr ʻUthmān b. Ibrāhīm al-Nābulusī Kitāb Lumaʻ al-Qawānīn al-Muḍiyya fī Dawāwīn al-Diyār al-Miṣriyya," *Bulletin d'études orientales* 16 (1958–60): 120–122.

（3）『ファイユームの歴史』は、ファイユーム県の灌漑・勧農の状況と、各村の現金・穀物・現物からなる税収高についての体系的かつ具体的な記録であり、現段階で、ある程度のまとまりをもった伝世記録の中では、イスラーム期エジプトにおける最も古い徴税記録として位置づけることができる。記録の具体的な事例や量的分析については、すでに佐藤やラポポルトらによる詳細な研究があるので、そちらを参照されたい。佐藤『中世イスラム国家とアラブ社会』、二六三―二八四は、この調査記録を主史料として、当該記録の内容紹介と、それから得られる情報をもとに「イスラム社会史」研究の可能性について論じている。また、Sato, *State and Rural Society*, 177–239 は、当該記録の具体的な記録内容を利用して、エジプトの村落社会における人的構成、農業と灌漑のあり方、支配層による水利事業について検討した詳細な研究である。ラポポルトとI・シャハルは、この史料に基づいて、アイユーブ朝期ファイユーム地方の灌漑の維持管理のあり方に焦点を当て、国家および地域社会による灌漑の維持管理への関与のあり方について検討した（Yossef Rapoport and Ido Shahar, "Irrigation in the Medieval Islamic Fayyum: Local Control in a Large-Scale Hydraulic System," *JESHO* 55, no. 1 (2012): 1–31）。また、『ファイユームの歴史』の手稿本のヴァリアントについては、拙稿「ナーブルスィー著『ファイユームの歴史』アヤソフィア写本に併録されたオスマン朝エジプト統治初年の徴税調査記録」『アジア・アフリカ言語文化研究』八九（二〇一五）、八二―八五に詳細が記されているのでそちらを参照のこと。

（4）ファイユーム県の玄関口であり最も東部に位置するラーフーン村の標高は約三〇メートルであるが、現在カールーン湖に覆われている地域一帯は海抜三〇メートル以下である。Ali Shafei, "Fayoum Irrigation as Described by Nabulsi in 1245 A.D. with a Discription of the Present System of Irrigation and a Note on Lake Moeris," *Bulletin de la société de géographie d'Égypte* 20, no. 3 (1940), MAP I.

（5）ヨセフ（アラビア語では、ユースフ）は『旧約聖書』の「創世記」に登場する人物である。ユダヤ人の祖ヤコブとラケルの間に生まれ、エジプトのファラオに認められて宰相となり、七年間の大飢饉からエジプトとカナンを救ったとされる（*Encyclopaedia Judaica*, 2nd Edition, F. Skolnik and M. Berenbaum eds., 22 vols. (Michigan, 2007)）。ユースフ運河は、現在のアスユート県ダイルート市付近でナイルから分岐し、ラーフーン村からファイユーム盆地に流れ込み、最後はカールーン湖に排水される。

（6）ラーフーン村の堰はプトレマイオス朝（前三〇六―前三〇）期に設けられたとされる。この堰の設置によって盆地への水の流入が減少して湖水が蒸発したために湖が縮小し、かつて湖底にあった土地の開発が進んだ。Rapoport and Shahar, "Irrigation in the Medieval Islamic Fayyum," 2.

（7）この言い伝えについては、拙稿「ナーブルスィー著『ファイユームの歴史』」、八五―八七に翻刻と日本語訳があるので、詳しくはそちらを参照のこと。

（8）ただし、著者名はファフル・アッディーン・ウスマーン・ブン・アンナーブルスィー Fakhr al-Dīn 'Uthmān b. al-Nābulusī al-Shāfi'ī と記されており、校訂本との異同が見られる（校訂本では、Abū 'Uthmān al-Nābulusī al-Ṣafadī al-Shāfi'ī）。

（9）この作品の校訂を行ったモリッツは、ブーラークの王立印刷所の所長を務めたフサイン・パシャ・フスニーの文庫に収蔵されていた手稿本を底本とした。この手稿本は現在のところ所在不明であり、確認することはできないが、おそらく『ファイユームの歴史』というタイトルはこの手稿本に記載されていたのではないかと推測される。他方、C・ブロッケルマンはこの作品のタイトルとしてアヤソフィア手稿本のものをあげている。また、アヤソフィア手稿本のタイトルが押韻されていることを考慮すると、この作品の本来の題名はアヤソフィア手稿本のものである可能性が高い。Carl Brockelmann, *Geschichte der Arabischen Litteratur, Zweite den Supplementbänden angepaßte Auflage*, 2 vols. + 3 suppl.（Leiden, 1937–49; repr. Leiden, 2012）, Supl:573; 拙稿「ナーブルスィー著『ファイユームの歴史』アヤソフィア写本」、八三―八五。

（10）ジャズィーリーは、カイロにおいてハッジュ（大巡礼）の際に編成される巡礼隊を率いる巡礼隊長の書記を務めた経歴を持つ人物である。彼の著作『真珠の書』は、ハッジュについての卓越した史料であり、一五五〇年までの巡礼隊長の情報を得ることができる。Michael Winter, "Ottoman Egypt, 1525–1609," in *The Cambridge History of Egypt, vol. 2: Modern Egypt, from 1517 to the End of the Twentieth Century*, ed. M.W. Daly（Cambridge, 1998）, 2–3.

（11）ʻAbd al-Qādir ibn Muḥammad al-Jazīrī, *al-Durar al-Farāʼid al-Munaẓẓama fī Akhbār al-Ḥājj wa Ṭarīq Makka al-Muʻaẓẓama*, ed. Muḥammad Ḥasan Muḥammad, 2 vols.（Beirut, 2002）, 1:534–540.

（12）「二つの職」と訳した語はjihatayn。これを二つの地域、すなわちファイユーム県とバフナサーウィーヤ県を指すと解釈することも可能であると思われるが、文脈から巡礼隊長職とカーシフ職の両方から解任されて退役となったと解釈するのが妥当であると判断した。

（13）al-Jazīrī, *al-Durar al-Farāʼid*, 1:539.

（14）「カーヌーンナーメ」によれば、ファイユーム県はバフナサーウィーヤ県と併せて一管轄区とされ、一名のカーシフが任命された。*Kānūnnāme-i Mıṣır*, 360.

（15）al-Nābulusī, "Kitāb Iẓhār Ṣanʻat al-Ḥay al-Qayyūm," 172v–173r.

（16）al-Nābulusī, "Kitāb Iẓhār Ṣanʻat al-Ḥay al-Qayyūm," 172v, l. 9.

（17）al-Nābulusī, "Kitāb Iẓhār Ṣanʻat al-Ḥay al-Qayyūm," 173r.

（18）ベイスン灌漑が行われていた時代のエジプトでは、増水期に溜めた水が耕地から引き始める一〇月からが小麦を中心とする冬作物の栽培期であり、翌年の春以降が収穫期であった。年度末の収税が完了すると、ナイルが増水するというサイクルであった。栽培作物のサイクルについては、Sato, *State and Rural Society*, 188–192, 197–200、収税のスケジュールについては、Cooper, "The Assessment and Collection of Kharāj Tax"を参照。

（19）例えば、秘書副長官に再任されたアフマド・ブン・アルジーアーン、宰相庁の顧問とマムルーク軍団の書記官（カーティブ・アルママーリーク）に再任されたシャラフ・アッディーン・アッサギール、軍務庁財務官に再任されたアブー・バクル・ブン・アルマラキーがいる。Ibn Iyās, *Badā'i'*, 5:208–210.

(20) バフリー朝期の官僚ウマリー al-'Umarī（一三三八年没）によれば、スルターンの家政におけるウスターダール職は、スルターンの下で奉仕する従者、飲食料、衣類、敷物、馬・ラクダ・牛・羊とその世話係の監督をし、その責任範囲はスルターン家政の人材、食材、物品、家畜類に及んでいた（谷口淳一編「アフマド・イブン・ファドル・アッラー・ウマリー著『高貴なる用語の解説』訳注(4)」『史窓』七〇（二〇一三）、四五―四七）。チェルケス朝期に入ると、ウスターダールはムフラド庁の最高責任者に位置づけられ、スルターン子飼いのマムルーク軍団に対する月給や飼葉等の支給に責任を負った（David Ayalon, "Studies on the Structure of the Mamluk Army—III," *BSOAS* 16, no. 1（1954）: 61–62）。このほかに、ワクフのウスターダール（ウスターダール・アルアウカーフ）や私財のウスターダール（ウスターダール・アルアムラーク）など、各部局にその財務を担当するウスターダール職があった。

(21) 『夜盲の黎明』によれば、カイロより南の上エジプト地域に総督職が創設されたのは、チェルケス朝期以降のことである（al-Qalqashandī, *Ṣubḥ*, 6:6; Muḥammad 'Abd al-Ghanī al-Ashqar, *Nā'ib al-Salṭana al-Mamlūkīya fī Miṣr*（*648–923/1250–1517*）（Cairo, 1999）, 78–81）。ファイユーム県とバフナサーウィーヤ県においては、バルクークが県行政の長たるワーリー（地方長官）を廃止して以降、ワーリーに代わってカーシフが置かれるようになった。al-Qalqashandī, *Ṣubḥ*, 4:65; Muḥammad Aḥmad Muḥammad, *Maẓāhir al-Ḥaḍāra fī Miṣr al-'Ulyā fī 'Aṣr al-Salāṭīn al-Dawlatayn al-Ayyūbīya wal-Mamlūkīya*（Cairo, 1987）, 29–32; Majdī 'Abd al-Rashīd, *al-Qarya al-Miṣrīya fī 'Aṣr Salāṭīn al-Mamālīk 648–923/1250–151*（Cairo, 1999）, 35.

(22) ウドゥールの職務内容は、売買や賃貸契約等に立ち会い、その正当性を確定し、契約文書に署名してその内容が正しいことを証言することや、官僚たちが作成した租税に関する台帳に署名をすること、検地の際にその地域にやってきた官吏の下に出向き、地域の村々の土地や農民についての情報を伝えることなどであった（'Abd al-Rashīd, *al-Qarya al-Miṣrīya*, 66–67）。

(23) ミシェルは、オスマン朝期カイロにおける大法廷（バーブ・アルアーリー）の台帳の記録の中に、「村の証人たちの台帳に従えば」という文言が記されていることを根拠として、証人とウドゥールといった人々が政府によって作成される台帳とは別の独自の台帳を有していたことを示している。Nicolas Michel, "Spécilaistes villageois de la terre et de l'eau en Égypte（XIIe–XVIIe siècle）," in *Faire la prevue de la propriété: Droits et saviors en Méditerranée*（*Antiquité–Temps modernes*）eds. Julien Dubouloz et Alice Ingold（France, 2012）, 194–196.

(24) エジプト国立文書館には、一五四一年にオスマン朝政府によって編纂された『ユースフ運河の取水台帳』の写しが現存しているが、その序文によれば、この台帳は当時ユースフ運河の証人であった人物の台帳に基づいた記録である（Reg. 3001–024267, 17）。このことから、ユースフ運河の証人は、ユースフ運河の灌漑に関する記録を管理していたと考えられる。

(25) 『至宝の書』に収録される村数については、本書第一章、表2を参照。

(26) ただし、寄進先が異なる例（8、27番）や、私有地やリザク地がワクフ地化した例（15、21、24番）などの若干の相違は見られる。

(27) Ibn Iyās, *Badāʾiʿ*, 5:161–162, 194.

(28) Ibn Iyās, *Badāʾiʿ*, 5:210.

(29) Ibn Iyās, *Badāʾiʿ*, 5:222–223, 292–293; 本書第一章。

(30) 五十嵐『中世イスラーム国家の財政と寄進』、一一二一一一三、Igarashi, *Land Tenure*, 130–133.

(31) イブン・イヤースは、この記録が取られた調査と同時期に、シャルキーヤ県で行われたことを次のように伝える。[ヒジュラ暦九二四年ラジャブ月四日（西暦一五一八年七月一二日）、] カーイトバーイ・アルダワーダールの家政のダワーダールであるジャーニー・バクと、穀物庫長官（シャーッド・アッシュワン）であったヤフシュバーイ・カラー、そして法官アブド・アルファッターフ、その他の官僚たちが（ハーイルバクの）御前に参上した。これらの者たちはシャルキーヤ県方面に赴任していたのであった。その理由は、シャルキーヤ県の財源を余すところなく測量し、土地の中でナイルの水が届かない非冠水地を選り分け、イクターとリザク地を測量し、シャルキーヤ県において全身全霊でこれを行ったためであった。そして測量においてイクター保有者たちに峻烈な態度をとってきた。次にリザク地とイクターからワクフ財源に移り、それを測量した。彼らは村々に降り立ち、税を押しつけ、倒懸の笞刑の後に農民たちを鉄鎖で縛りつけた。そして各村に彼らが選定する税を [課すことを] 決定した。この行動によって彼らはシャルキーヤ県から一〇万ディーナール以上を集めた。これによってシャルキーヤ県の大半の村々は荒廃し、農民は村々から出て行った。これは人々の権利を腐敗に陥れた最大の原因である。この出来事は男女問わず、はたまた未亡人、孤児、権利を持つ者に至るまでのワクフ地やリザク地の主に広がり、ワクフ経営が滞った（Ibn Iyās, *Badāʾiʿ*, 5:262–263）。

この記述はシャルキーヤ県についてのものであり、直接ファイユーム県に当てはめて考えることはできないが、このような政策の流れにおいて、他地域においても同様の課税があったと推測することは可能であろう。

(32) 一三一一四世紀にイラン地域で確立された簿記術では、アラビア文字を伸ばして書かれた線は「マッド（madd）」と呼ばれ、欄の幅を決めるために用いられた。高松洋一「緒言」、vii。
（33）一三―一四世紀のモンゴル支配下のイランで確立し、イラン地域およびオスマン朝の支配領域やインド亜大陸において普及していた簿記術は「イラン式簿記術」として類型化することができる。この簿記術とその特徴については、高松洋一「緒言」、iii－xiiiを参照。
（34）原語の転写は、ʻan al-maqarr al-sayfī amīr ākhūr kabīr kāna, najl al-maqām al-saʻīd al-shahīd Qānṣūh al-Ghawrī である。このように、アラビア語の前置詞ʻan の後に人名が続く場合は、この土地権利の以前の保有者を示す。土地権利の保有者が変更された場合、現保有者の下に前置詞ʻan を置いて以前の保有者を併記する書式は、オスマン朝の『軍務台帳』や、その中に残されたマムルーク朝の土地記録にも見られる。*Nihāya*, vol. 8, 201; 本書第一章参照。
（35）この村は、本書第五章の表14中10番にあたる。
（36）ここで示される金額の単位はディルハムである。
（37）冬作物のことを、エジプト方言でこのように発音する。Rabie, "Some Technical Aspects of Agriculture," 68; 高野、『高野版現代アラビア語辞典（下巻）』、九五一。
（38）例えば、ディスヤー村（表23中17番）の記録では、「その年の冬作と夏作を合わせたものは」という文章に続いて、合計の額とディヤーファについて記されている。イブシャウィーヤト・アッルッマーン村（表23中18番）、ビビージュ・アンシュー村（表23中19番）の記録にも同様の文章が見られる。
（39）トゥブハール村（表23中20番）の記録では、「その日付の年における穀物」として「大麦、エジプトの［単位］で、三〇〇イルダッブ」とある。また、アブー・クサー村（表23中22番）では、同年のザヒーラ庁財源のハラージュは小麦四〇イルダッブ、大麦四〇イルダッブ、ジャアーフィラとアターミナ村（表23中25番）は小麦五〇〇イルダッブ、大麦一〇〇イルダッブ、空豆一〇〇イルダッブであり、サラース村（表23中26番）は大麦一五イルダッブであった。イルダッブについては、本章、註（44）を参照。
（40）Reg. 3001–000113.
（41）ジャフバズとは、サーサーン朝行政におけるgahbadh に由来し、貨幣についての専門的な知識を有し、政府の出納係、両替、徴税などの財務を取り扱う者を指したと考えられている。貨幣の複本位制の下では、様々な貨幣による取引において、ジャフバズの役割は不可欠であった。九世紀および一〇世紀のアラビア語で記されたパピルス文書には、ジャフバズへの言及が多く見られるようであるが、そのうちの「ジャフバズの税」はジャフバズによる政府の財務代行料であり、納税者が支払うものであった。本記録に見られる「ジャフバザ」はおそらくこのジャフバズの税と同様のものであったと考えられる。Ibn Mammātī, *Qawānīn*, 304; Claude Cahen, "Contribution à l'étude des impôts dans l'Égypte médiévale," *JESHO* 5, repr. in *Makhzūmiyyāt, Études sur l'hisoire économique et financière de l'Égypte médiévale* (Leiden 1977), 250–251 (n. 4); W. J. Fischel, "DJAHBADH," *EI* 2. また、初期イスラーム時代のジャフバズについては、岡崎正孝「イスラーム帝国における前期的資本家の一側面——とくに、ジャフバズについて」『東洋史研究』二〇―一（一九六一）、二三―四五、清水和裕「後期アッバース朝の私領地における国庫の取り分——『宰相史』の記述を中心に」『東洋史研究』五七―三（一九九八）、五四八を参照。

（42）Reg. 3001–000113.

（43）al-Nuwayrī, *Nihāya*, 8:245; al-Maqrīzī, *Khiṭaṭ*, 1:88, 103; Abraham N. Poliak, "Some Notes on the Feudal System of the Mamlūks," *Journal of the Royal Asiatic Society of Great Britain and Ireland* 69, no. 1 (1937): 106; idem, *Feudalism*, 67.

（44）イルダッブは穀物を計量する際に用いられる単位で、一四―一五世紀のエジプトにおいて一イルダッブは小麦で六九・六キログラム、大麦で五六キログラムであり、容量は九〇リットルに相当する。Ismail Marcinkowski, *Measures and Weights in the Islamic World: An English Translation of Walther Hinz's Handbook Islamsche Masse und Gewichte* (Kuala Lumpur, 2003), 54–55.

（45）ラトルについては、本章、註（46）を参照。

（46）キンタールは重量の単位であり、一キンタールは一〇〇ラトルに相当する。前近代エジプトにおける一キンタールは、通常約四五キログラムである。Marcinkowski, *Measures and Weights*, 36–37.

（47）スィルスィナー村（表23中6番）は、羊の代価（六〇〇〇ディルハム）、スィーナルー村（表23中10番）は地ガチョウ二五組の代価（五〇八ディルハム）、ミンシャー・アッタワーヒーン村（表23中12番）は鶏一〇〇羽の代価（一九二〇ディルハム）、ディスヤー村（表23中17番）は地ガチョウ三八組、鶏三〇〇羽の代価（二二六〇〇ディルハム）、イブシャウィーヤト・アッルッマーン村（表23中18番）は羊二〇頭、鶏二〇〇羽、ゴマ油一〇〇ラトル、白米四イルダッブ、塩漬けオリーブ一キンタール、小麦一〇イルダッブの代価（一九〇〇〇ディルハム）である。

（48）Sato, *State and Rural Society*, 156.

（49）なお、『一五二七―二八年の検地台帳』においてもディヤーファが村に課されていたことを確認することができる。また、ナースィル検地による税の一本化の際に、人頭税（ジャワーリー）もまたディヤーファと同様に税収高に加算されたが、オスマン朝統治初年の記録には人頭税についての記録は見られない。おそらく、これは人頭税が太陰暦（ヒジュラ暦）に従って、別口で徴収されるものであったためであろう（al-Nuwayrī, *Nihāya*, 8:234–246; al-Qalqashandī, *Ṣubḥ*, 3:462–463）。すなわち、この記録は、村に課された税目のうち太陽暦に従って徴収されるものを収録したものと考えられる。

（50）Muḥammad b. Muḥammad b. Khalīl al-Asadī, *al-Taysīr wal-I'tibār wal-Taḥrīr wal-Ikhtibār fī Mā Yajibu min Ḥuṣun al-Tadbīr wal-Taṣarruf wal-Ikhtiyār*, ed. 'Abd al-Qādir Aḥmad Ṭulaymāt（Cairo, 1968）, 81–82.

（51）Ibn Iyās, *Badā'i'*, 5:210, 222–223, 292–293.

（52）al-Nābulusī, "Kitāb Iẓhār Ṣan'at al-Ḥayy al-Qayyūm," 175r.

第八章　オスマン朝統治体制の確立と水利行政の変化

オスマン朝史研究において、一六世紀は、スレイマン一世によって中央集権的な統治体制が確立された時代として位置づけられている(1)。他方、この時代のエジプト州統治の状況については、十分な研究の蓄積があるとはいえず、不明な点が多い(2)。本章では、農地と灌漑の維持管理という点からこの問題を眺め、オスマン朝の中央集権化の動きの中でエジプト統治がいかに進められたかについて検討していきたい。その際、連続的に史料が得られるという理由から、前章でも扱ったファイユーム県を対象としたい。つまり、物理的な距離を指標とすれば、エジプト州はオスマン朝の周縁部に位置するが、さらにその地方という王朝の末端部に考察の場を置くことになる。そのような地域に一体どのような変化が現れていたかを縁として、オスマン朝の統治体制の展開を究明するのが本章の目標である。まずは、研究史において、この時代がどのように論じられてきたか整理することから始めよう。

第一節　マムルーク朝の延長か、変化か

一五一七年、オスマン朝はエジプトにおける支配を開始した。その後、ジャーニムとイーナールの乱、そしてエジプト州総督アフメト・パシャの乱という二つの反乱を経て、「カーヌーンナーメ」の発布に至った。この新たな法の導入は、エジプトにおける本格的なオスマン朝支配の始まりと見なされている(3)。

先行研究は、その支配がどのような統治体制に基づいていたかという問題について、主として二つの見解に分かれている。第一は、マムルーク朝の統治体制は継承され、他のアラブ地域とは異なる独自の統治が展開されたとする見解であり、P・M・ホールトやM・ウィンターらがこの説をとる。(4) その主な論拠は、「カーヌーンナーメ」の規定において、マムルーク朝スルターン＝カーイトバーイの時代に施行されていた法を維持する旨が繰り返されていることにある。

これに対し、J・ハサウェイは、土地制度と統治構造に変化があったことを論拠として、マムルーク朝からの統治体制の不変性を強調する上記の見方に意義を唱え、オスマン朝はマムルーク朝と従来のオスマン朝の統治体制の特徴を併せ持つハイブリッドな統治体制を打ち出したとした。(5) このように、「カーヌーンナーメ」発布以降のオスマン朝エジプト統治をめぐる議論については、それがマムルーク朝の統治体制を継承したか否かという観点から説述されている。

しかしながら、オスマン朝の統治体制の説明としては、これらの議論は十分ではないと思われる。その理由の一つとして、そもそものところ「カーヌーンナーメ」において「カーイトバーイ時代の慣行（アーダ）と法（カーヌーン）」の維持について言及されるのは、全二二条のうち五条においてのみであることに目を向ける必要がある。表24は、その五条の中に見られるカーイトバーイ時代の法の内容と、それが「カーヌーンナーメ」発布以降継続されたか否かをまとめたものである。この表からわかるように、「カーヌーンナーメ」に言及されているカーイトバーイ時代の法というのは、一一件中⑤を除く一〇件が税に関わる事項であり、マムルーク朝の統治との連続性についてはエジプト統治全体に適用できるものではないのである。(6)

また、「カーヌーンナーメ」ではカーイトバーイ時代の慣行と法が採用された事項がある一方、廃止された事項も見られるが、継承説はこれを等閑視している。例えば、表中の②は、カーシフが農民からディヤーファとして羊を徴収

表 24　「カーヌーンナーメ」におけるカーイトバーイ時代の慣行と法に関する記述

	条	概要	継続／廃止	典拠*
①	エジプトの村々のカーシフたち	徴税について：カーシフたちは，カーイトバーイの時代同様，『徴税台帳 *Irtifāʻ Defterler*』に従い、その土地に課せられたものを集める．	継続	p. 360
②	同上	農民から貢ぎ物を徴収することについて：カーイトバーイ時代には，カーシフたちは各村の農民各人から貢ぎ物を徴収していたが，それは廃止された．	<u>廃止</u>	p. 361
③	同上	「カーシフの税」について：カーシフは，カーイトバーイ時代の慣行と法に従い，カーシフの税を徴収する．	継続	*Ibid.*
④	同上	ジスルや浚渫に充てるための税について：カーシフは，カーイトバーイ時代の慣行と法に従い，ジスルや浚渫に充てるための税を徴収する．	継続	*Ibid.*
⑤	同上	灌漑設備の維持管理について：農民たちはカーイトバーイ時代の法に従って，灌漑設備の維持管理作業をしなくてはならない．	継続	pp. 361–362
⑥	アラブ部族のシャイフたちの状況	「シャイフ職の税」について：カーイトバーイの法において徴収されていたアラブ部族のシャイフ職の税は，正しいものではなく，許されない．	<u>廃止</u>	p. 364
⑦	同上	雑税の徴収について：カーイトバーイ時代に徴収されていたものよりも多くの雑税を徴収してはならない．	継続	*Ibid.*
⑧	同上	スルターンへの贈り物について：カーイトバーイの時代の慣行であったように，アラブ部族のシャイフたちはスルターンに対して贈り物をしなくてはならない．	継続	p. 365
⑨	港湾と開港の状況	商人から徴収される税について：港湾においては，カーイトバーイ時代以降の慣行と法に従い，商人たちから雑税と十分の一税が徴収される．	継続	p. 370
⑩	ハラージュの状況	官吏や官僚へ支払われる雑税について：カーイトバーイ時代以降，農民には官吏や官僚に対して支払う雑税が課されていたが，廃止された．	<u>廃止</u>	p. 373
⑪	測量の状況	測量の雑税について：カーイトバーイ時代の慣行に従い，測量の雑税は維持される．しかし，チェルケス朝期に見られたようなそれ以外の名目での税の徴収は廃止された．	継続	p. 374

註）典拠は *Ḳānūnnāme-i Mısır*.

する慣行の廃止が規定されている。また、⑥のアラブ部族のシャイフ職に支払われる雑税、および⑩の官吏や官僚へ支払われる雑税についても同様である。他方、犯罪の処罰については、オスマン朝の本土であるアナドル（アナトリア）で施行されている法の導入が定められている。[7] このように「カーヌーンナーメ」は、マムルーク朝の制度のコピーではなく、そのうちの一部に、オスマン朝独自の制度が加えられて構成されている。この点において、ハサウェイの「ハイブリッド」説は妥当である。しかし、彼女の説もまた、オスマン朝政府がどれだけエジプト統治に関与したかについては不明瞭である。この点について明らかにするためには、実際的な記録等に基づく検証が不可欠であろう。

一五一七年を境に、エジプトはマムルーク朝の中心から、オスマン朝の周縁となった。そのエジプトの位置を歴史的に明らかにするためには、イスタンブルのオスマン朝中央政府との距離と関係性を見定める必要がある。とはいえ、未だに定説と呼びうるものが確立されていない背景には、同時代の年代記史料や文書史料が僅少であるという問題があり、[8] この障壁を乗り越えるためには別方向からのアプローチも要求される。

翻って、一七世紀以降の状況に目を向けると、イスタンブル中央政府とエジプト州の地方行政との結びつきが見えてくる。エジプトの各県に所在するシャリーア法廷の台帳（シジッル）には、イスタンブルから送達された勅令や、カイロの州総督府（ディーワーン）から発行された命令書が写しとられた。これらの勅令や命令書は法廷に送られてくるだけでなく、シャリーア法廷が解決能力を持たない問題が生じた際には、その判決を州総督会議ないしは中央政府に委ね、その返答が勅令や命令書として送られてくるということもあった。[9] また、人の動きに目を向ければ、エジプト州各地のシャリーア法廷の法官は、オスマン朝のミュラーゼメット制[10]（任官候補制度）に基づいて派遣された。[11] 一七世紀にはエジプト州の地方都市がイスタンブルのパーディシャーとその御前会議と結びついていたことは、オスマン朝のエジプト統治政策が消極的・間接的なものに終始したわけではなかったことの証左である。このことを踏まえ、灌漑の維持管理体制の連続性と非連続性に着目しながら、冒頭で掲げた問題について検討していきたい。

第二節　ファイユーム県の地理的特色と位置づけ

現在、ナイルの水量は、アスワン・ハイダムや各所に設けられた堰によって制御されているが、一九世紀以前の時代においては人間による水の制御には限界があり、ナイルは季節ごとに流量を変えた。また、増水期におけるナイルの流量は必ずしも毎年一定というわけではなく、年によっては洪水を引き起こすこともあった(12)。このような自然環境において、古代王朝期以降、ファイユームの盆地はナイルが適正な水量を上回った際の遊水池として機能していたと考えられている。プトレマイオス朝期には、この地域の開拓が始まり、ユースフ運河から大小の枝運河が掘られ、村々が潤されてきた(13)。ナーブルスィーによれば、アイユーブ朝時代、ユースフ運河からは五八の小運河に水が引かれ、その先に設けられた分水場から灌漑用水路を経て各村に水が供給された。それらの河岸には夏作物の揚水車（サーキヤ）が二四二台、砂糖きび圧搾用の石臼が六台、粉ひき用の水車（ターフーン）が八台設置されていたという(14)。

この地域の特徴はその灌漑方法にある。ファイユーム県の場合、ベイスン灌漑によって灌漑されたのはラーフーン村から盆地に至る谷間の地域と盆地の南端に位置するガラク地域のみであり、そこから先の盆地に広がる耕地は、運河沿いに設置された水車での揚水により灌漑されていた(15)。さらに、ラーフーン村に設置された水量調節用のダムは、ナイルが減水し始めると、運河の水がナイル川に逆流するのを防いだ。これにより、ナイルの減水期の冬季においてでさえも、灌漑に必要な水が得られたと見られる(16)。

この灌漑方法の違いは、同地の農業に特色をもたらした。ベイスン灌漑地域では、冬作の栽培が主であり、夏作の栽培は減水期でも灌漑可能な土地に限定されたが(17)、ファイユーム県ではそれが可能であった。また、果樹類は増水期に冠水しない土地を好むが、ファイユームはそのような条件を満たしていた(18)。一五世紀末の地方別の税収高を見ると、

表 25　15世紀後半の税収高と村数

地域	税収高 (dīnār jayshī)
下エジプト	
カイロ近郊	135,075
カルユービーヤ地方	419,850
シャルキーヤ地方	1,411,875
ダカフリーヤ地方	596,571*[1]
ダミエッタ港近郊	11,600*[2]
ガルビーヤ地方	2,144,080*[3]
ミヌーフィーヤ地方	574,629
イブヤール，ジャズィーラ・バニー・ナスル地方	114,132*[4]
ブハイラ地方	741,294
フゥワ地方	56,846
ナスタラーワ地方	43,500
アレキサンドリア港近郊	11,000
ギザ地方	[62,000]*[5]
上エジプト	
イトフィーフ地方	143,997*[6]
ファイユーム地方	164,050
バフナサーウィーヤ地方	1,302,642
ウシュムーナイン地方	762,040
アスユート地方	323,920
イフミーム地方	243,925
クース地方	414,663*[7]

注）＊1 *Tuḥfa* では，596,071．＊2 *Tuḥfa* では，21,100．＊3 *Tuḥfa* では，1,844,080．＊4 *Tuḥfa* では，100,232．＊5 ボドリアン図書館手稿本では得られないため，*Tuḥfa* を参照．＊6 *Tuḥfa* では，1,043,997．＊7 *Tuḥfa* では，414,663．

出典）ボドリアン図書館手稿本および *Tuḥfa*.

マクシム・アルマウスーバ運河――
68カブダ

方面――
イブシャウィーヤト・アッルッマーン村
ビビージュ・アンシュー村
36カブダ

イブシャウィーヤト・アッルッマーン村
24カブダ

ビビージュ・アンシュー村
12カブダ

方面――
アブー・クサー村
20カブダ

方面――
アジャミイーン村
12カブダ

そして追加された――
ヒジュラ暦1104年サファル月17日付の法的証書に従って
8カブダ

合計――
20カブダ

図29　『ユースフ運河の取水台帳』に見る取水量の記録

出典）Reg. 3001-024267: 20.

ファイユーム地方は決して突出していない（表25）。しかし、ファイユーム県の盆地部や西方砂漠のオアシスを除く大半の地域でベイスン灌漑に基づく農業が営まれていたことを考慮すれば、夏作や果樹類の栽培が可能なファイユーム県はエジプトの中でも特殊な位置を占めていたに違いない。

第三節　灌漑の維持管理の税とアクター

第六章で見たように、ナイルの増水を利用したベイスン灌漑で灌漑されていた地域においてはジスルの維持管理が求められた。これに対し、大部分の地域が水路によって灌漑されていたファイユーム県では、灌漑用水路の維持管理が重要であり、運河の浚渫によりその貯水機能を維持することが求められた。また、灌漑用水路の上流域から下流域までの水供給を維持するために、村ごとに取水量が割り当てられ、その厳守が求められた。例えば、イブシャウィーヤト・アッルッマーン村とビビージュ・アンシュー村、アブー・クサー村、アジャミイーン村の四村は一つの小運河によって灌漑されていたが、各村には図29のように取水量が規定されていた。取水量の単位となっているカブダは、「一握りの長さ」

を表す。分水場において各村に引かれる水路の幅をこの単位を用いて示したと考えられる。[19]

このような複数の村を潤すための灌漑用水路の維持管理には、各村の税収の一部が充てられていたと考えられる。オスマン朝期の検地台帳によれば、ファイユーム県の村々に課せられていた税は、地租であるハラージュ、歓待料であるディヤーファ、その他の諸税（ジハート）という三項目から成り立っていた。前章で見たように、ハラージュは穀物、ディヤーファは家畜や油などの生産物に対してかけられていた。他方、諸税とは、その名の通り、様々な手数料であった。ファイユーム県では、このような手数料のうち「泥土の監督費（kashf al-turab）」や「荒廃部分の監督費（kashf al-khirab）」といったものが徴収されている村が多く見られる。これらはその名称から灌漑設備の維持管理に関わるものであったことが推測される。

また、検地台帳では、ハラージュとディヤーファ、諸税の合計額から、経費として「スルターンの浚渫費（jarrāfa sulṭānīya）」が計上されている村が複数見られる。例えば、ファイユーム県の北東部に位置するウドワ・スィーラー村は、耕地一〇四三ファッダーンに冬小麦、春小麦、ソラ豆を栽培し、二三三〇ディーナールの税収が見込まれる村であった。ハラージュ年度九三三年のハラージュは一五九ディーナール、また諸税が一四七ディーナールであった。[20]他方、そこからの支出として、「財務費（ustādārīya）」六六ディーナール、「アラブ部族への支払い」[21]五〇ディーナール、「スルターンの浚渫費」七六ディーナールが計上された。[22]同様に、フィディーミーン村では、税収七三四ディーナールから一四六ディーナールが「スルターンの浚渫」のために充てられた。[23]この記録には、スルターンの浚渫費がどのように使用されたかについての内訳が記されている。それによると、半分が「村外」に、もう半分がファイユーム県にあるトゥブハール村の灌漑設備の修復に充てられたという。これらの事例から、各村から徴収されるスルターンの浚渫費は、当局の裁量で必要箇所に充てられていたと見られる。

このほか、ファイユーム県の村々では水利用料が課税されている村が多く見られた。例えば、『一五二八―二九年の検地台帳』によれば、ナカーリーファ村の税源は、ハラージュ七五九ディーナール、ディヤーファ一四一ディーナール、ジャフバザ四二ディーナールに加えて、「ブドウの代金と水利用料からの税収（irtifāʿ taḥta thaman al-kurūm wa taṣrīf-hum fī al-miyāh）」という名目で二四〇ディーナールが徴収されている。この前年の同村の記録には、その内訳が記されており、上記の税は、計八つの果樹園で生産されているブドウ、ザクロ、オリーヴといった果実の生産量に対してかけられていた[24]。このように、水利用料は、必ず果樹園で収穫される果実に対してかけられた。

『学芸の究極の目的』には、これに類する「報酬のハラージュ（ハラージュ・ラーティブ）」と呼ばれる税についての説明がある。それは、揚水車、果樹園（ブスターン）、ナツメヤシ（ナヒール）を対象とするハラージュの一種であり、それぞれの収穫時期に現金で納められたという[25]。つまり、通常のハラージュが麦類や米などの穀物のみを対象とするのに対し、報酬のハラージュはその対象外である果実類にかけられるものであった。この税はアイユーブ朝の行政指南書においても確認され、それによれば、ファイユーム以外の地域においても見られたようである[26]。しかし、オスマン朝の検地台帳におけるファイユーム県の例では、この税に水利用料という名目が付されていたことに注目されたい。水の適切な分配が必須となるこの地域において、果樹園への課税は、灌漑と農業のバランスを保つためにも重要であり、その意味では、これも灌漑設備の維持管理費の一種と見なすことが可能であろう。

ファイユーム県の各村には、灌漑の維持管理のためにこれらの税が課されるとともに、労役も割り当てられていた。ファイユーム県東部のベイスン灌漑地域には、五つのスルターニー・ジスルと二つのバラディー・ジスルが設置されていたことが確認できる[27]。これらのジスルの実質的な管理は、スルターニー・ジスルであれ、バラディー・ジスルであれ、ジスルが設置されている村に委ねられていた[28]。ファイユーム県のスルターニー・ジスルには、複数の村を跨ぐような大規模なものはなかったと見られ、維持管理の労役はジスルが設置された村に単独で管理が割り当てられていた。これは、複数の村を跨ぐ大規模なジスルの維持管理を複数の村が担ったデルタ地域と異なる点である。

他方、灌漑用水路の維持管理の労役についてはどのように割り当てられていたのであろうか。残念ながら、ユースフ運河や枝運河の日常的な管理については、史料から直接的な情報は得ることができない。そこで他地域の事例を参考にこの問題について推測すると、基幹運河については、ジスルと同様に一定の範囲が近隣の村に割り当てられていたと考えられる。少し時代は下るが、デルタ地域の西方に位置するブハイラ県の中心都市ダマンフールのシャリーア法廷台帳からは、一七世紀の運河の維持管理についての記録を得ることができる。アシュラフィーヤ運河（後のマフムーディーヤ運河）はナイルのロゼッタ支流とアレキサンドリアを結ぶ基幹運河の一つであったが、その管理は東西で二分され、東側の流域は運河近隣の八村に管理が割り当てられていた(29)。これと同様にして、ユースフ運河の場合も、運河近隣の村々に浚渫などの管理が委ねられていたと考えられる。

これらの灌漑設備の維持と管理を担ったアクターたちは、政府・県・地域（水利圏）・村の各単位からの代表者であり、ベイスン灌漑地域と同様に、複層的な構造をなしていた。

第一に、政府は、バフナサーウィーヤ県およびファイユーム県のスルターニー・ジスルのカーシフを派遣した。ファイユーム県の場合、隣接するバフナサーウィーヤ県と合わせて一名のカーシフが任命されていたが、その顔ぶれは、前章でも述べたように、一五一七年から一五二三年までは、前述のジャーニム・ミン・ダウラート・バーイ、また就任開始時期は定かではないが、一五四四―四五年頃までジャーニム・ミン・カスルーフといったマムルーク朝のアミール出身の人物が登用されていた。いずれのジャーニムも、カーシフ在任中に巡礼隊長という重職に任じられていたことから、ファイユーム県のカーシフ職の地位の高さとファイユーム県とバフナサーウィーヤ県の重要性が窺える(30)。

第二に、地元の代表として、ユースフ運河の証人がいる。管見の限り、このアクターの存在を確認できる史料は、オスマン朝統治初年の徴税記録の序文が最初である。前章で確認したように、この記録の序文は、地元を代表して「ファイユーム県のシャリーアの裁定者」であり、「ユースフ運河の証人にしてウドゥール様」であった法官シハーブ・

アッディーン・アルクラシーが徴税調査に立ち会ったことを伝えている。後で詳しく見るが、この人物はユースフ運河からの各村の取水量を管理する役割を担っていた。このことから、この人物はユースフ運河に基づく水利圏の代表者であったと考えられる。

第三に、村の代表者として、灌漑や農地の維持に責任を持つハウリーの存在があげられる。デルタ地域では、村のハウリーとは別に、スルターニー・ジスル単位で一名ないし複数名のスルターニー・ジスルのハウリーがおり、スルターニー・ジスルの維持管理の役に当たっていたことはすでに見た。これに対し、ファイユーム県のベイスン灌漑地域ではスルターニー・ジスルのハウリーは確認されず、村のハウリーがスルターニー・ジスルの維持管理に関わる作業の監督を担っていたことが窺える。このことはデルタ地域の状況と異なるが、先に述べたように、ファイユーム県に設置されたスルターニー・ジスルが比較的小規模なものであったことに起因すると考えられる。水路灌漑の地域においても、村の領域を跨いでユースフ運河や枝運河の管理を統括するハウリーの存在は確認されていない。おそらく、チェルケス朝やオスマン朝統治初期においては、先のユースフ運河の証人が、スルターニー・ジスルにおけるスルターニー・ジスルのハウリーのような責務を果たしたのではないかと考えられる。

最後に、ファイユーム県では、流域単位でアラブ部族が灌漑の維持管理に関わっていた可能性が認められる。アイユーブ朝時代においては、一つの水系に一つの部族が居住していたことが明らかとなっており、ラポポルトとシャハルは、これを、その水系沿いの上流から下流の村々に水を安定的に供給するためであったと見ている(31)。第六章で見たように、「カーヌーンナーメ」においても、アラブ部族のシャイフがカーシフの補佐的役割を担いながら、農地や灌漑設備の維持管理において主導的な役割を果たすことが規定されていた。また、検地台帳においては、ほとんどの村に「慣習」や「代理」という税が課され、そこからの税収が特定のアラブ部族に対して支払われていたことが確認できる(32)。これはアラブ部族が灌漑の維持管理において一定の役割を果たしていた可能性を強く裏づけるものである。

以上が灌漑の維持管理における主要なアクターである。これに加えて、土地権利者の存在も看過できない。それは、水利問題の多くはこのような人々によって顕在化したためである。土地権利者とは、ワクフ地であればその管財人であり、イクターであればイクター保有者がそれにあたる。イルティザーム制においては徴税請負人（ムルタズィム）がそれに該当した。イクター制の廃止からイルティザーム制の普及までの状況については、史料から得られる情報は極端に限られているが、イクター保有者に代わって、農村での徴税を担った徴税吏（アミーン）や徴税請負人が、イクター保有者が果たした役割をある程度埋めたであろう(33)。土地制度の移行によって、土地権利者の顔ぶれは変化していったが、徴税を行い、税収から灌漑の維持管理のための経費を供出するという彼らの役割には変化はなかったと考えられる。土地権利者が水利問題においていかなる役割を果たしたかについては、次節で示すタミーヤ村とラウダ村の水利問題にて確認されたい。

おそらく、ファイユーム県における灌漑の維持管理体制において核となるアクターたちや、彼らが担った役割は、デルタ地域と同様に、チェルケス朝からオスマン朝へと引き継がれたものであったに違いない。無論、イクター制の廃止により、土地権利者の顔ぶれが変わるなどの変化はあった。しかし、核となるアクターが各々の管轄を管理するという複層的な構造を持つ維持管理体制は変化することはなく、オスマン朝に継承されていったと考えられる。ところが、一六世紀半ば以降、アクターたちの顔ぶれのみならず、構造的な面においても変化が現れるようになる。その変化とはいかなるものであったか、次節で検討していきたい。

第四節　水利行政の変化

一五四一年に編纂された『ユースフ運河の取水台帳』の序文には、次のように記されている。

写し――
ユースフ――彼に祈りと平安あれ――運河の取水台帳。ユースフ運河の証人であるアブー・アルファドル・ブン・シハーブ・アッディーン・アルクラシーの台帳（ダフタル）に従った、ファイユーム県に属する後述の村々のユースフ運河やその他の［小運河からの］取水量について。ヒジュラ暦九四八年ムハッラム月一日（西暦一五四一年四月二七日）付。(34)

この文言は、当該台帳がアブー・アルファドルなる人物の下にあった台帳に基づいて作成されたものであることを示している。この人物は、その名前に含まれるナサブ（系譜）から、先のシハーブ・アッディーン・アルクラシーの子であると判断でき、ユースフ運河の証人という役割が、父から子へと受け継がれたことがわかる。おそらく、彼はユースフ運河の証人としての役割を父親から引き継ぐと同時に、父親が管理していた取水記録も継承したのであろう。すなわち、一五四一年に行われた『ユースフ運河の取水台帳』の編纂とは、クラシー家の父子が管理してきた台帳をオスマン朝政府が複製し、管理下に置くという出来事であったのである。

『ユースフ運河の取水台帳』が編纂されたちょうど同時期には、ジスルの記録管理においても、特定の人物が管理してきた記録がオスマン朝政府の管理する台帳として編纂された。オスマン朝政府は、一五五〇年にファイユーム県を含む上エジプト地域のジスルに関する体系的な調査を行った。カーシフが率いた調査隊は、ハウリーが管理していた記録を検分し、その結果を台帳にまとめたのであった。これが本書の史料の一つ、『ジスル台帳』である。このように、オスマン朝政府は、一六世紀半ばを目前とした時期に、従来ユースフ運河の証人やハウリーといった地元の代表者が管理してきた水利行政に関わる記録を収集して、台帳を編纂していった。この作業により、従来、特定の人物が地元で管理していた記録が、オスマン朝政府の管理下に置かれるようになったのである。

このような水利行政に関わる記録の台帳化の動きは、スレイマン一世時代の中央集権化の動きと連動したものと見るべきであろう。この時期、オスマン朝の中央では、パーディシャーを頂点とする支配組織が確立されるとともに、地方においても財務・文書行政・司法・軍事の各部門の組織化が進められ、中央と結びつけられていった[35]。特に地方行政については、一五三七年にミュラーゼメット制が成立して以降、任官資格者名簿に従い、任期つきで地方のシャリーア法廷に派遣される法官によって担われるようになっていった[36]。

この動きは、エジプト州も例外ではなく、史料からは、早くもスレイマン一世の統治初期から、カイロにおける司法と土地記録の管理にオスマン朝政府が介入し、記録管理のあり方に変化が生じたことが確認される。一五二二年には、イスタンブルから派遣されてきたカーディー・アルアスカル（カザスケル）による一連の司法改革の推進が開始された。その一環として、従来の法官や公証人が管理していた台帳を、カーディー・アルアスカルの代理に提出することが命じられるなどした[37]。また、一五二三年に、州総督ムスタファ・パシャがジーアーン家に対し、彼らが管理する土地記録の提出を命じて、それらの土地記録を州総督府が管理するようになった一件も、この記録管理体制の変革の流れの中に位置づけられるのである。

ファイユーム県の水利行政に関わる記録がオスマン朝政府によって再編されたのは、中央でそのような動きが見られた二〇年後のことであり、この動きは、州総督府が行った記録の収集と台帳の編纂事業が地方行政にまで達したものと捉えられる。地元の特定の家や個人が管理していた記録を政府が把握したことは、中央から派遣されてきた法官がそれらを参照し、システマティックに業務を遂行することを可能にした。それゆえ、この記録管理体制の変化は、エジプト州がオスマン朝の官僚制に基づく中央集権的統治体制の中に組み込まれていく一過程として位置づけられる。

それでは、この記録管理体制の変化によって、地方の水利行政はどのように変化したであろうか。『ユースフ運河の取水台帳』は、ファイユーム県のシャリーア法廷が村落間の水利問題の調停の場となっていったことを示唆している。

その一例としてタミーヤ村とラウダ村の水利問題について見てみよう。

この二つの村は隣接し、共通の運河から取水していたが、両村の間には取水量をめぐって再三摩擦が生じていた。『軍務台帳』に綴じられた一五五八年の証書の写しには、水争いの発端が記されている。ファイユーム県のシャリーア法廷の法官ムハンマド・ブン・ムスタファーの署名が入ったこの証書の写しによれば、当時、タミーヤ村は二聖都の貧者に小麦粥（ダシーシャ）を分配するために設定されたダシーシャ・ワクフの財源であったが、その管財人が次のような申立てをした。タミーヤ村とラウダ村の取水量は五カブダずつであるが、現在は、分水場においてラウダ村の囲いが満水にならないとタミーヤ村に給水されない状況であるという。かつて、両村の間には先代の法官サファルの時代に水争いが生じたため、法官がタミーヤ村の前述の分水場の西側にタミーヤ村への給水路（ミスカー）を設置して解決を図ったが、その後ラウダ村の人々はこの給水路を塞《せ》きとめ、以前の状態に戻してしまったというのである。この申立てにより、灌漑設備の調査が行われ、カーシフであったムハンマド・ジャーウィーシュによって届けられた命令書（ミサール）が、出廷した両村のシャイフと農民らの前で読まれた。その内容は、タミーヤ村への給水路に五カブダの水が流れるようにとのことであった(39)。

しかし、両村の間には、その後も取水量をめぐって一悶着あった。『ユースフ運河の取水台帳』に綴じられている命令書では、一六九一年、タミーヤ村の取水量が一〇カブダに変更されたことが示されている(40)。タミーヤ村の現地差配人（カーイム・マカーム）であるアミール＝イスマーイールが法官ハサン・エフェンディーに対して取水量についての登記簿調査を求めた。法官がファイユーム県のシャリーア法廷に保管された台帳を調査した結果、一六七〇―七一年には五カブダであったが、同年カイロの州総督府から発行された命令書では、タミーヤ村に一〇カブダを分配する決定が記されていた。これに従い、ハサン・エフェンディーは一〇カブダの分配を採用した。これを受け、両村のハウリーたちは水源からの流れを管理し、この出来事について記録したという。

この事例から、早くも一六世紀半ばには、村落間で折り合いがつかない場合、申立てを行う者はシャリーア法廷に問題を持ち込んでいたことがわかる。一六世紀半ばの例では、問題が持ち込まれた後、カーシフが実地検分を行い、解決を図ったが、一七世紀末の例では、まず法官がシャリーア法廷に保管された台帳を調査し、規定取水量の確認を行うという書面上の手続きがとられ、最終的に記録に従うという決定がなされたのであった。そして、問題解決後は、一連の手続きが再び台帳に記録され、法廷で保管されたのである。

このように、一六世紀半ば以降、シャリーア法廷が水利問題の解決の場となり、そこに持ち込まれた水利問題は法廷が管理する台帳の中に収められていったのである。そして、それらを管理し、調停に関与する法官は、もはやユースフ運河の証人であったクラシー家の者ではなく、オスマン朝の司法システムの中で派遣されてくる法官であった。おそらく彼らにはファイユーム県に関する知識を持つ者はほとんどいなかったであろう。しかし、彼らはシャリーア法廷に保管された記録を照会することにより、ことの経緯を知り、問題の解決を図ったのであった。

第五節　小　結

以上見てきたように、一六世紀中葉に行われた台帳の編纂は、スレイマン一世による中央集権的統治体制の構築のための基礎的作業であり、その作業は州都カイロだけでなく、ファイユーム県の水利記録をも対象として拡大していった。オスマン朝政府による台帳の編纂は、単に地域の記録を集めるというだけでなく、これまで地元の代表者が管理してきた記録を彼らから引き離し、オスマン朝政府の管理の下に置くことを企図したものであった。

このことはファイユーム県に限らず、それ以外の地域においても見られた。ジスルの維持管理のために編まれた『ジスル台帳』は、一五三九年にカルユービーヤ県、ブハイラ県、ガルビーヤ県、ミヌーフィーヤ県を対象に行われた調査に基づいて編纂された。(41) これらの調査は、スルターニー・ジスルのハウリーの陳述を検分しながら進められたのであった。

このような記録管理の変化は、オスマン朝の統治体制がエジプト州の地方統治においても浸透していく過程として捉えられ、その後のエジプト州の地方統治体制に大きな変化をもたらしたと考えられる。それは、シャリーア法廷を中心とした水利行政の構築である。水利行政に関する基礎情報が政府の管理下に置かれるようになると、現地に通じていない法官であっても、記録を参照することによって問題の解決を図るようになったのである。このような記録管理システムは、ミュラーゼメット制に基づく法官職の人事異動にとって必須のことであった。

そして、このような記録の台帳化は、灌漑の維持管理に関わる地元のアクターたちと、政府によって派遣される行政官との関係性を大きく変化させた。チェルケス朝期においては、その地域に知悉した地元のアクターが徴税や水利行政における重要なインフォーマントであり、業務の遂行には彼らの協力が不可欠であった。ファイユーム県においては、ユースフ運河の証人がその代表的な存在であった。しかし、このような人物の持つ知識や過去の記録がオスマン朝政府の管理下に置かれると、記録管理における彼らの役割は、台帳に記録されていない情報を補完することに限定されていった。『ユースフ運河の取水台帳』には、村の取水量に変更が生じるつど、新たな記録が加えられ、同時に記録更新の資料として命令書や上申書が写された。現存する台帳には一七九三—九四年の記録が残されており、一八世紀末までこの台帳が使用されていたことがわかる。台帳に残された記録においては、水分配の問題の裁定に当たったのは法官であり、もはやユースフ運河の証人の存在を確認することはできない。このことはオスマン朝の台帳が政府のインフォーマント役であった地元の名士に取って代わり、それが保管されたシャリーア法廷という場と中央から派遣されてくる法官たちが水利行政における記録管理と水利訴訟における裁定を担うようになったことを示している。

終章ではこの水利行政上の変化が統治体制の変化において一体どのような意味を持ったのかについて、これまでの議論を踏まえて総合的に検討していきたい。

（1）　オスマン朝史におけるスレイマン一世期の位置づけと中央集権化の概括については、Halil İnalcık, *The Ottoman Empire: The Classical Age 1300–1600* (London, 1973; repr. New Rochelle, 1989), 3–4; 鈴木董『オスマン帝国の権力とエリート』(東京大学出版会、一九九三)、二一一―二二七、同『オスマン帝国とイスラム世界』(東京大学出版会、一九九七)、二一一―二二七、林佳世子『オスマン帝国五〇〇年の平和（興亡の世界史第一〇巻）』(講談社、二〇〇八)、一一八―一二〇、一四三―一四九、Kaya Şahin, *Empire and Power in the Reign of Süleyman: Narrating the Sixteenth-Century Ottoman World* (New York, 2013), 4–5 を参照。

（2）　Holt, *Egypt and the Fertile Crescent*, 52.

（3）　オスマン朝のエジプト統治初期の概略については、Holt, *Egypt and the Fertile Crescent*, 46–52; idem, “The Pattern of Egyptian Political History from 1517 to 1798,” in *Political and Social Change in Modern Egypt: Historical Studies from the Ottoman Conquest to the United Arab Republic*, ed. Peter M. Holt (London, 1968), 80–81; Winter, *Egyptian Society under Ottoman Rule*, 7–16; Lellouch, *Les Ottomans en Égypte*; Jane Hathaway, “Mamluk “Revivals” and Mamluk Nostalgia in Ottoman Egypt,” in *The Mamluks in Egyptian and Syrian Politics and Society*, eds. Michael Winter and Amalia Levanoni (Leiden, 2008), 51–56; Bruce Masters, *The Arabs of the Ottoman Empire, 1516–1918: A Social and Cultural History* (Cambridge, 2013), 27–29; Şahin, *Empire and Power*, 55–59 を参照。

（4）　ホールトは、「カーヌーンナーメ」の規定はマムルーク朝行政の特徴を継承したことを指摘し、エジプトはオスマン朝の統治体制に完全に統合されなかったとした (Holt, *Egypt and the Fertile Crescent*, 51–52)。ウィンターも同様に、「カーヌーンナーメ」において、スルターン＝カーイトバーイが制定した法の維持が明示されたことや、マムルーク朝の土地や称号、人材が継承されたことを論拠として、マムルーク朝の統治体制が維持されたことを強調し、エジプトの行政への介入は最低限に留まったとした。Winter, *Egyptian Society under Ottoman Rule*, 17; idem, “Ottoman Egypt, 1525–1609,” 3–4; idem, “The Re-emergence of the Mamluks Following the Ottoman Conquest,” in *The Mamluks in Egyptian Politics and Society*, eds. Thomas Philipp and Ulrich Haarmann (Cambridge, 1998), 87–106.

（5）　Hathaway, “Mamluk “Revivals” and Mamluk Nostalgia,” 51. また、継承説に対する批判的研究であるJane Hathaway, *The Arab Lands under Ottoman Rule, 1516–1800* (Harlow, 2003) も参照。さらに近年オスマン朝のエジプト統治をめぐる議論は司法行政

に関する研究において進んでおり、オスマン朝治下におけるカイロの司法行政の自立性を強調するN・ハンナの見方に対し、R・メシャルは一六世紀を通じてエジプトの司法行政も絶えずオスマン朝中央からの介入を受けていたことや、エジプトの司法組織もまたオスマン朝の司法組織に組み込まれていったことを論じている。Nelly Hanna, "The Administration of Courts in Ottoman Cairo," in *The State and Its Servants: Administration in Egypt from Ottoman Times to the Present*, ed. Nelly Hanna（Cairo, 1995）, 44–59; Reem Meshal, "Antagonistic Sharīʻas and the Construction of Orthodoxy in Sixteenth-century Ottoman Cairo," *Journal of Islamic Studies* 21, no. 2（2010）: 183–212.

（6）「カーヌーンナーメ」におけるカーイトバーイ時代の慣行と法については、Guy Burak, "Between the Ḳānūn of Qāytbāy and Ottoman Yasaq: A Note on the Ottoman's Dynastic Law," *Journal of Islamic Studies* 26, no. 1（2015）: 8–15 を参照。

（7）*Ḳānūnnāme-i Mıṣır*, 362. このことは、シリア地域の「カーヌーンナーメ」にも当てはまる。Burak, "Between the Ḳānūn of Qāytbāy and Ottoman Yasaq," 11.

（8）この時代を対象とした研究の難点や研究状況については、Nelly Hanna, "Egyptian Civilian Society and Tax-Farming in the Aftermath of the Ottoman Conquest," in *Conquête ottomane de l'Égypte（1517）: arrière-plan, impact, échos*, eds. Benjamin Lellouch and Nicolas Michel（Leiden, 2013）, 211–223 に明快にまとめられている。オスマン朝統治初期のエジプトに関するアラビア語史料の状況については、Peter M. Holt, "Ottoman Egypt（1517–1798）: An Account of Arabic Historical Sources," in *Political and Social Change in Modern Egypt*, ed. Peter M. Holt（London, 1968）, 3–12 を、トルコ語史料については Stanford Shaw, "Turkish Source-Materials for Egyptian History," *Ibid.*, 28–51 を参照。

（9）灌漑設備の調査や建設を命じる勅令の事例については、Reg. 1058–000004, 192; Mikhail, "An Irrigated Empire"; idem, *Nature and Empire*, 58–66 を参照。また、司法におけるエジプト州とオスマン朝の帝都との結びつきは、上意下達の構造によってではなく、むしろエジプト州の民衆の側からの働きかけによって強化されていたことを主張する James E. Baldwin, *Islamic Law and Empire in Ottoman Cairo*（Edinburgh, 2017）も参照。

（10）ミュラーゼメット制とは、イスタンブルの最高学府と見なされたマドラサでハナフィー派法学の教育を修めた者に任官資格を与え、任官資格者名簿に登録する制度であり、この名簿に基づいて各地の地方法官職や教授職の任命が行われた。当該制度については、松尾有里子「オスマン朝期中期におけるミュラーゼメット（教授・法官候補）制度――『ルメリ・カザスケリ登録簿』を手がかりに」『日本中東学会年報』一一（一九九六）、三九―六九、林『オスマン帝国五〇〇年の平和』、一四七―一四九を参照。

（11）G・ナハルに拠れば、一七世紀において、エジプトの大法官であるカーディー・アルアスカル（カザスケル、軍人法官）は、シェイヒュルイスラームが管理する登録簿から任命され、パーディシャーの承認を得て着任した。一方、エジプトの地方都市のシャリーア法廷の法官は、アナトリアのカザスケルによって任命された。Galal H. el-Nahal, *The Judicial Administration of Ottoman Egypt in the Seventeenth Century*（Minneapolis & Chicago, 1979）, 13–17.

（12）例えば、イブン・バットゥータ（一三七七年没）によれば、「ナイルが増水を開始する時期は、ハズィーラーンの季節、つまり六月である。その増水が一六ズィラーゥに達する場合には、スルタンのハラージュ税は［過不足のない］完璧な量に達する。さらに一ズィラーゥずつ多く増水すれば、［エジプトの］その年は豊作となり、万事に安泰な年となる。しかし一八ズィラーゥに達すれば、田畑に損害を与え、疫病を引き起こす。反対に、もし一六ズィラーゥより一ズィラーゥでも足らなかったならば、スルタンのハラージュ税は減少することになる。そして、もし二ズィラーゥが不足したならば、人々は雨乞いをしたり、大変な災害を引き起こす」（イブン・バットゥータ著、イブン・ジュザイイ編、家島彦一訳註『大旅行記』全八巻（東洋文庫、一九九六—二〇〇二）、一巻、九二（訳は家島訳に準拠）。一ズィラーゥは長さを表す単位で、エジプトでは一ズィラーゥ＝約五八センチメートル。同様の文章は、イブン・ジュバイル『イブン・ジュバイルの旅行記』（講談社学術文庫、二〇〇九）、五五などにも見られる。

（13）Rapoport and Shahar, "Irrigation in the Medieval Islamic Fayyum," 2.

（14）al-Nābulusī, *Ta'rīkh*, 6–7.

（15）Reg. 3001-001905, 2v–4r. アイユーブ朝期の状況については、Rapoport and Shahar, "Irrigation in the Medieval Islamic Fayyum," 16を参照。

（16）Ibn Ḥawqal, *Kitāb Ṣūrat al-Arḍ*, ed. J. H. Krammers（Leiden, 1967）, 147; al-Nābulusī, *Ta'rīkh*, 11–12; Ibn Iyās, *Nuzhat al-Umam fī al-'Ajā'ib wal-Ḥikam*, ed. Muḥammad Zaynahum（Cairo, 1995）, 230.

（17）Richards, *Egypt's Agricultural Development*, 14–19.

（18）一五二七—二八年と一五二八—二九年の検地台帳から、小麦（qamḥ）、大麦（sha'īr）、ソラ豆（fūl）といった冬作物のほかに、エンドウ豆（bisilla）、ゴマ（simsim）、サトウキビ（qaṣab al-sukkar）、米（aruzz）、綿（quṭn）といった夏作物、また、オリーヴ（zaytūn）、ブドウ（'inab）、ザクロ（rummān）、アンズ（mishmish）、イチジク（tīn）、レモン（laymūn）などの果樹の栽培が確認できる。Reg. 3001–000113; Reg. 3001–000115.

（19）Sato, *State and Rural Society*, 222–225; Rapoport and Shahar, "Irrigation in the Medieval Islamic Fayyum," 14–21.

（20）諸税の内訳は、「保護料（ヒマーヤ）とナトロンの代金」が五七ディーナール、「荒廃部分の監督費」が八二ディーナール、「貢納（タクディマ）と官房費（ダワーダリーヤ）」が八ディーナールであった。

（21）記録では、通常「アラブ部族」とのみ記載されるか、その記載の下欄に「ファザーラ族」のように部族名が併記された。ウドワ・スィーラー村の記録においても、「アラブ部族」の下欄に部族名が記されている。

（22）Reg. 3001–000113, no. 15.

（23）Reg. 3001–000113, no. 6.

（24）Reg. 3001–000113, no. 8.

（25）al-Nuwayrī, *Nihāya*, 8:253–254. 報酬のハラージュは、アイユーブ朝時代のファイユームの記録においても確認される。al-Nābulusī, "Kitāb Iẓhār Ṣanʿat al-Ḥayy al-Qayyūm"; idem, *Taʾrīkh*.

（26）『政庁の諸規則の書』によれば、コプト暦第二月にあたるバーバ月に、（役人は）クース地方の報酬のハラージュに関する文書を作成し、国庫に送るとある。Ibn Mammātī, *Qawānīn*, 239.

（27）ファイユーム県東部の入口に位置するスルターニー・ジスルであるマンヤル・アルギーターン堤と、それに連結するハッワーラ・アドラーン村とディマシュキーン・アルバサル村のバラディー・ジスル、また、それらの北に位置するラーフーン村のスルターニー・ジスル、そしてガラク地域に設置された三つのスルターニー・ジスルがあった。Reg. 3001–001905, 2v–4r.

（28）Reg. 3001–001905.

（29）管理が割り当てられたのは、スルンバーイ村、アトフ村、シャイフ村、サナーバーダ村、ミニーヤ・アティーヤ村、ナースィリーヤ村、マフザン村、ビスインターワーイ村であった。これらの村々は浚渫などの作業を終えると、シャイフやハウリーといった村の責任者がダマンフール法廷に赴き、法廷で浚渫作業の報告を行った。その記録がダマンフール法廷の台帳に綴じられている。例えば、Reg. 1088–000002, 131–132（no. 246）, 230（no. 419）; Reg. 1088–000003, 102（no. 173）を参照。ファイユーム県の場合、オスマン朝期の法廷台帳の伝世が確認されていないため、このような詳細な記録を得ることが困難である。

（30）Ibn Iyās, *Badāʾiʿ*, 5:355, 379, 394, 407, 443, 476; al-Jazīrī, *al-Durar al-Farāʾid*, 1:500, 503, 534.

（31）Rapoport and Shahar, "Irrigation in the Medieval Islamic Fayyum," 25–28.

（32）　また、先のフィディーミーン村では、税収七三四ディーナールから一二ディーナールが「代理」の名目でアラブ部族に割り当てられているが、このような例はほかの村においてもしばしば見られる。Reg. 3001–000113, no. 6.

（33）　徴税吏は、Shaw, *The Financial and Administrative Organization*, 31–32; idem, "Turkish Source-Materials for Egyptian History," 93–94を参照。また、一五二〇年代以降の日付を持つ徴税請負に関わる文書がわずかながら残されており、オスマン朝の統治開始から早い時期に徴税請負が広がり始めていたことが示唆される。Hanna, "Egyptian Civilian Society and Tax-farming."

（34）　Reg. 3001–024267, 17.

（35）　鈴木『オスマン帝国とイスラム世界』、二二一–二二四。州行政や司法の組織化が進められた要因の一つに、スレイマン一世の即位直後に起こったダマスクス州総督ジャーンビルディー・アルガザーリー Jānbirdī al-Ghazālī の乱があったと考えられる。ジャーンビルディーはチェルケス朝最末期にダマスクス総督を務めた古参のマムルーク軍人で、マルジュ・ダービクの戦いにおいてセリム一世と内通し、オスマン朝軍の勝利に貢献した人物である。この功績により、彼はセリム一世によってダマスクス州総督に任じられたが、セリム一世が死去し、スレイマン一世が即位すると、オスマン朝からの独立とマムルーク朝の復活を目指して反乱を起こした。ジャーンビルディーの乱については、Peter M. Holt, "Al-Ghazālī, Djānbirdī," *EI 2*; idem, *Egypt and the Fertile Crescent*, 46–47; Ayalon, "The End of the Mamlūk Sultanate," 136–139; Muhammad Adnan Bakhit, *The Ottoman Province of Damascus in the Sixteenth Century*（Beirut, 1982）, 19–34; Gül Şen, "Ottoman Servant, Mamluk Rebel? Narrative Strategies in Sixteenth-Century Ottoman Historiography: The Example of Jānbirdī al-Ghazālī's Downfall," in *The Mamluk-Ottoman Transition: Continuity and Change in Egypt and Bilād al-Shām in the Sixteenth Century*, eds. Stephan Conermann and Gül Şen（Bonn, 2017）, 328–330.

（36）　地方行政において、地方都市の法廷が果たした役割については、Shaw, *The Financial and Administrative Organization*, 59; El-Nahal, *The Judicial Administration of Ottoman Egypt*, 65–68; 林『オスマン帝国五〇〇年の平和』、二二六–二二七を参照。

（37）　Ibn Iyās, *Badā'i'*, 5:460; 474; Michel, "Les circassiens," 253. またオスマン朝のエジプト統治初期における司法行政の変化については、そのオスマン化について論じたHanna, "The Administration of Courts in Ottoman Cairo"を参照。

（38）　ダシーシャ・ワクフについては、伊藤隆郎「スルターン＝カーイトバーイのダシーシャ・ワクフ」『アジア・アフリカ言語文化研究』八二（二〇一一）、三二。

（39）　Reg. 3001–000106, 41r.

（40）　Reg. 3001–024267, 45–46.

（41）　上エジプト地域では、バヌー・ウマルを中心としたアラブ部族勢力が根強く、オスマン朝政府が介入するのが困難であったことがこの理由として考えられる。一六世紀におけるアラブ部族の動向については、Winter, *Egyptian Society under Ottoman Rule*, 90–102; Reuven Aharoni, "Bedouin and Mamluks in Egypt – Co-Existence in a State of Duality," in *The Mamluks in Egyptian and Syrian Politics and Society*, eds. Michael Winter and Amalia Levanoni（Leiden, 2003）, 421–425 を参照。

終　章　支配の移行期における統治体制の変換

本書は、文書行政、イクター保有、灌漑の維持管理の三点に焦点を当てて、チェルケス朝期に見られたイクター制をめぐる状況とオスマン朝による支配の移行について考察してきた。本章では、これらの考察から得られた事象を、連続性と非連続性に着目しながら整理し、序章で提示した本書の問いに対する答えとしたい。

まず、イクター制の中身にいかなる変化が起こっていたかについて本書の分析から得られた事柄をまとめてみよう。チェルケス朝期のイクター保有について論じた第五章では、この時期、二つの状況が併存していたことが示された。第一に、ナースィル検地からの連続性である。すなわち、概要記録のイクター保有記録からは、ナースィル検地によって確立されたイクター授与のシステムが存続していた状況を確認することができた。これは、奉仕の対価として授与されるイクターの記録であり、年代記に記されるような職階と官職の任命と一揃えで授与されるイクターの記録である。他方、詳細記録のイクター保有記録は、概要記録のそれとは対照的に、非軍人層を含む様々な人々に対して小規模なイクターが分与されていたことを示した。すなわち、ナースィル検地によって確立された職階と官職に準じたイクターの授与が継続して行われていた背後で、それとは異なる形で非軍人層を含む人々の間に恩給のイクターが拡散されていたのであった。

さらに、このような恩給のイクターの拡大こそが、その後に保有者によって国庫から購入されて私有地となり、さらには寄進されてワクフ地となるという過程を踏み、私有地とワクフ地の拡大を招いた原因となっていたことが明らかとなった。小規模なイクターを手にした者たちは、その利益を数世代にわたっていわば恩給のように享受していたことも記録の分析から明らかとなった。そのようなイクターは、軍事奉仕の対価として授与されるイクターとは異なり、血縁者や家政の構成員の間で共同保有され、彼らの間で継承されていったのである。イクター制が綻びを見せる中で機を捉えた者の中には、このような小規模な恩給のイクターを蓄積し、それをワクフ地として血縁者や家政の構成員を受益者に加えることによって、自活の道を模索する者もいたに違いない。

それでは、なぜ、このような恩給のイクターが拡大していったのであろうか。その拡大の背景にはどのような社会状況があったのであろうか。この要因は、国家の経済難に起因するスルターンと配下の軍人の紐帯の変化と関係性の変化にあると考えられる。一五世紀以降顕著となっていた国庫収入の減少は、バルスバーイの経済政策により一時期回復の兆しを見せたものの[1]、ジャクマク期には再び深刻な状況に陥った。ジャクマクの死後、幼少でスルターン位を継承したウスマーン **al-Manṣūr ʻUthmān**（在位一四五三）は、国庫の欠乏から、即位時に配下の軍人に振る舞うことが慣わしになっていた祝儀の手当（ナファカ）を支払うことができないほどであった[2]。

このような経済的背景から、カイロではスルターン子飼いのマムルークたち（ジュルバーン）に新たな動きが見られるようになっていった。それは、スルターン子飼いのマムルークの家門（バーブ）の登場である。スルターン子飼いのマムルークたちは、彼らの中の有力者の下に集まって家門を形成し、本来であればスルターンや有力アミールにのみ許されていたマザーリム法廷を組織するようになった[3]。これにより、軍事奉仕によって糧を得ていたはずの彼らは、訴えを起こした者から裁判料を得て、これを副業としていたのであった。イブン・タグリー・ビルディーは、スルターン子飼いのマムルークたちによるマザーリム法廷を次のように伝えている。

誰かに対して要求がある者は、スルターン子飼いのマムルークの一人にそれを知らせると、たちまちマムルークが被告人を相手取って解決してしまうのである。この理由は、それらのマムルークたちが彼らの有力者の家門において、護衛官（ラース・ナウバ）や執達吏（ナキーブ）、ダワーダールを組織するようになったためである。そして被告側に部下を送り、（原告が要求することが）真実であろうが不実であろうが関係なく、殴打や拘束によって被告人を脅した後、正当な権利の代償金を要求したのであった。(4)

スルターン子飼いのマムルークによるマザーリム法廷の組織とそれによる司法の混乱についての記述が年代記に見られるようになる一四五〇年代は、スルターン子飼いのマムルークの月給や肉の支給が止まり、政府も軍人も経済的に困窮を極めた時期であった。そのような中、スルターンに対する抗議行動として、スルターン子飼いのマムルークたちによる暴動が頻発し、スルターンとそのマムルークたちの主従関係に大きな亀裂が生じていた。そして、彼らは、最低限の条件を保証する能力を欠いた彼らの主人であるスルターンから離れたところで、利益を追求するための人的関係を取り結び、独自の活路を見いだすようになっていったのである。

利害に基づく人的結びつきは、イクターを獲得する動きの中にも見てとることができる。一四六〇年にペストが流行した際、スルターン子飼いのマムルークたちは、イクターを保有している者で病を患っている人を探して、その人が保有するイクターの名義を自分の名前に変更するようスルターンに請願するということを行っていた。ときのスルターン＝イーナール（在位一四五三―六〇）は、兼ねてから従来通りの月々の支給を自身のマムルークたちに保障できておらず、配下のマムルークたちに対する求心力は弱まり、主人としての立場は非常に危ういものになっていた。このような状況において、スルターンはマムルークたちの要求を飲まざるをえなかったのである。これに目をつけた人々は、保有者不在のイクターを見つけては、自分の名前とスルターン子飼いのマムルーク軍人の名前を記入した請願書をスルターンに提出し、共同保有のイクターを手に入れたという。(5)年代記は、共同保有のイクター取得を企図する人々がいかなる身分であったかは詳らかにしないが、アラビア語で広く人々を意味する「ナース」という語が使用されていることから、それらの人々が特定の集団に限定されなかったことが窺える。

ここで重要なのは、不当な状況に置かれているスルターン子飼いのマムルークたちと、彼らをつなぎとめようとするスルターンの間の一種の駆け引きに、スルターン子飼いのマムルークたちと私的な関係を持つ者が便乗するという構図を描くことができる点である。この構図においては、スルターン子飼いのマムルークたちも、そしてそれに便乗する人々も、さらにスルターン自身も、私的な縁故を媒介として自らの利益を追求していたといえる。

このような構図で展開されたイクターの奪取は、本来であれば資格を持たない人にもイクターが渡るという事態を招いたのであった(6)。その後、フシュカダムが即位すると、イーナールの時代にばらまかれたイクターは没収され、彼の子飼いのマムルークらに再分配されることとなったが、その再分配も、先に示した構図に当てはまる形で行われた(6)。

さらに、そのような私的縁故を通じたイクター授与は、スルターン子飼いのマムルークに対するものに留まらず、退役軍人やその子孫への授与も含まれていた。また、アサディーが指摘したように、イクターを軍事リザク地に転化して退役軍人やその子孫に授与することも、同時代の知識人による批判の対象となっていた(8)。

アサディーによる社会批判の書が著された一四五一年には、このようなイクター授与が経済問題の根本的原因の一つとして問題視される状況に至っていたということになるが、このことは、同時期にイクターの私有地化・ワクフ地化が進行したことからも裏づけられる(9)。すなわち、本書で見た恩給のイクターの増加は、一四五〇年前後に加速した現象であったと考えられるのである。

三浦徹は、チェルケス朝末期シリア地方の州都ダマスクスの都市社会を分析し、この時期に総督、有力アミール、官僚、任俠集団（ズアル）がいずれも党派（ジャマーア）を形成して利益を追求していたことを指摘した(10)。この議論は、チェルケス朝期の都市社会においては、I・ラピダスが措定したマムルーク、ウラマー、民衆という区分(11)が階層としても政治勢力としても解体に向かい、人々は新たな関係によって結びつくようになったことを指摘する。先述のイクター獲得の流れからも明らかなように、このような利益追求型の人的結合はエジプトにおいても同様に看取され、それは各自の生存戦略に関わっていたのである(12)。

本書の分析は、チェルケス朝期においてワクフ地や私有地が増加の一途を辿った前提として、恩給のイクターが増加していたことを示したが、その背景には社会の人的関係が変化し、従来特定の官職や職位に結びついていた利権が私的ネットワークを通じて分散していくという現象が認められた。そしてそのような私的ネットワークは権益を得た人に連なる形で形成され、マムルーク軍人だけでなく、スルターンすらもそのようなネットワークを形成・利用して自らの地位を固めていたのである。

それでは、イクター保有の変化は、村落社会にどのような影響を与えたのであろうか。第二部の後半では、この問題を灌漑の維持管理に焦点を当てて検証してきた。ナイル流域の灌漑の維持管理は、その構造上、村単位の灌漑と、スルターニー・ジスルや基幹運河による広域的な灌漑に分けられる。

村単位の灌漑の維持管理においては、村のハウリーや村人が日常的な管理を行ったが、利害が絡むような問題が生じたときには、土地権利者が問題解決のための手続きをとっていたと考えられる。問題は、村が複数の土地権利に分割されている場合、各々の土地権利者は灌漑の維持管理にどのように関与したかという点にある。オスマン朝統治初年の徴税記録からは、村の土地権利は、地理的範囲によって区分されるのではなく、税収の取り分によって分割され、一片の土地をめぐって複数の土地権利者が関与する状況であったことが示唆された。灌漑の維持管理に必要な経費は、それらの土地権利者が得ることになっている税収の中から供出されていた。土地の細分化が進むと、このような形で、より多くの土地権利者がその村の灌漑の維持管理に関わることとなったわけであるが、アサディーが警鐘を鳴らしたように、このような状況は村単位での灌漑の維持管理に重複的な権利関係を生じさせることとなり、村の荒廃をもたらす一因になったと考えられる。『至宝の書』に残された各村の税収高の見直しは、いずれも下方修正であり、約一世紀の間に税収高が半分に減少している村も少なくない。小規模なイクターが飛躍的に増加した一世紀の間にそのような変化が起こったことは、土地権利の細分化と農地の荒廃の関係性を強く示唆している。

他方、広域的な灌漑の維持管理体制は、イクター制とは別個の構造を持っていた。すなわち、カーシフ、アラブ部族のシャイフ、スルターニー・ジスルのハウリー、村のハウリーといった各アクターたちが、県・地域・村における一定の領域を代表し、各領域の維持管理を監督するという分担体制を採っていた。そして、その中にはイクター保有者のような土地権利者は入っていなかったことが確認された。このような構造によって、土地権利の細分化などの変化が直ちに広域に影響を及ぼすという事態を回避していたと考えられる。

このような複層的な維持管理体制がいつ頃確立されたかについて辿ることは容易ではないが、少なくともカーシフという官職が年代記に現れるのは一三世紀末のことであり[13]、カーシフが地方行政において重要な役割を担うようになるのは、チェルケス朝以降のことである。そして、エジプトの統治を開始したオスマン朝は、チェルケス朝からこの維持管理体制を継承したのであった。

他方、オスマン朝はその統治直後からイクター制の解体を断行していった。その際、接収の対象となったのは、チェルケス朝のマムルーク軍人たちが保有するイクターのみならず、アウラードや女性が保有していた恩給のイクターや軍事リザク地、さらにワクフ地や私有地も含まれていた。ハーイルバク期において、これらの土地権利の処分は、明確な基準を持たず、担当官の裁量に任されているような状況であった。しかし、ハーイルバクの死後、州総督が中央から派遣されるようになると、「カーヌーンナーメ」の制定、「新規定」における『チェルケス台帳』を用いた審査方法の確立を経て、一六世紀半ばまでに土地権利処分の方法は法制化がなされていった。法制化が可能となった背景には、オスマン朝政府がマムルーク朝期の土地記録をオスマン朝式の台帳に収録する作業を進めたことがある。そして、この作業において、マムルーク朝の土地台帳の捜索と再編纂を命じられたのが、ジーアーン家とその姻戚関係にあるマラキー家の者たちであった。彼らは代々チェルケス朝期に軍務庁の財務官職を継承し、土地記録を家内で独占的に管理していたのであった。「新規定」によって定められた『チェルケス台帳』を用いた審査は、彼らが管理していた土地記録をオスマン朝式の台帳に収録し直すことによって初めて可能になったのである。

さらに、オスマン朝政府は地方の水利行政に関する記録の収集と台帳の編纂を開始した。このとき、政府はスルターニー・ジスルのハウリーやユースフ運河の証人といった人々が管理していた記録を聴取あるいは複写することによって、それらを『ジスル台帳』や『ユースフ運河の取水台帳』にまとめていったのである。スルターニー・ジスルのハウリーやユースフ運河の証人といった灌漑の維持管理の監督を担う役もまた、チェルケス朝期においては特定の家によって代々継承されていたのであり、その役に必要な記録もまた相伝で継承されていた。スレイマン一世の中央集権化の動きの中で進められた記録の収集と台帳の編纂事業は、これらの記録を特定の家から引き離し、政府が管理する台帳の中に収めていったのである。

このことは、単なる記録の収集に留まらず、記録管理のあり方そのものを変える大きな意味を持つものであった。すなわち、チェルケス朝期において土地記録や水利記録は、特定の個人や家によって管理され、記録の管理者以外の者がこれらの記録にアクセスするには、その記録の管理者にアクセスしなくてはならなかった。チェルケス朝期の土地記録を収録した『至宝の書』がジーアーン家の人物によって編纂されたことは、この状況をよく表しているといえる。オスマン朝政府によって、これらの記録が収集され、オスマン朝式の台帳に編纂されると、記録は政府の管理下に置かれるようになり、台帳はカイロの州総督府やシャリーア法廷において管理されるようになったのである。これにより、担当官たちは州総督府や地方のシャリーア法廷にアクセスすることによって、これらの記録にアクセスすることが可能となったのである。(14) この記録管理上の変化によって、地元の名士はもはや唯一の情報源ではなくなり、記録の保管と更新はシャリーア法廷が担うようになったのである。さらにシャリーア法廷は、上中書や通達などの書面を通じて州総督府の台帳の照会や更新を行ったのである。

オスマン朝政府によって台帳が編纂されると、オスマン朝の行政制度に基づき派遣される官僚たちが記録管理に携わるようになった。このような記録管理のあり方は、行政に携わる人々の間の社会関係にも変化をもたらした。チェルケス朝の統治体制においては、土地に関する記録を照会するためにはジーアーン家の人々にアクセスし、地域の灌漑に関する情報を得るためにはその地域のスルターニー・ジスルのハウリーや村のハウリーたちに情報を求める必要があった。このように、行政に携わるアミールたちにとって、記録管理を担うアクターとの直接的なコミュニケーションが不可欠であり、それらのアクターとパーソナルな人脈を持つということが任務遂行の上で重要であったと考えられる。例えば、チェルケス朝期の地方総督職やカーシフ職の任官記事を追うと、特定の人物が同じ職に再任されるというケースが多く見られる。これは、首都カイロを拠点とするマムルークたちにとって、地方の村落社会と通ずるコネクションを持った人物は貴重な存在であり、そのような人物が地方行政において重用されたということを意味している。チェルケス朝期の統治体制は、このパーソナルな人脈と直接的なコミュニケーションによって成り立っていたといえる。そして、それは先に見たイクター獲得の流れや、記録管理のあり方の中にも共通して立ち現れていた。

他方、オスマン朝政府による各種の台帳の編纂は、そのような人脈を持たない者であっても記録にアクセスすることを可能にした。行政上必要な記録はシャリーア法廷やカイロの州総督府などの行政機関に置かれ、オスマン朝の行政官や法官たちはその機関にアクセスすることによって記録の照会を行うようになったのである。この変化は、パーソナルな社会関係に基づく統治体制から行政機関を介するインスティテューショナルな統治体制への体制転換であったといえる。このように考えるならば、スレイマン一世の統治開始に端を発し、一六世紀半ばに完了するオスマン朝政府による台帳の編纂事業は、エジプト州における中央集権的な官僚制度の始まりとして定位することができる。

他方、土地制度の変化は、エジプト州の統治体制の移行や土地権利者の行動にどのように関わったのであろうか。オスマン朝統治下で導入されたイルティザーム制においては、徴税権が請負に出されたが、それは競売による売買などを通じて取引され、軍人以外もそれを獲得するようになった[15]。徴税権の授受が軍人支配層内部の序列化と結びついていたイクター制に対し、イルティザーム制では徴税権の授与にそのような役割はない。しかし、請負によって徴税権を得た人も、スルターンからイクターを授与されたイクター保有者も、徴税権の獲得者であるという点では同じである[16]。確かに、徴税権が競売によって取引されたということは、様々な人に徴税権獲得の門戸が開かれていたことを意味し、軍人の家政の成員やそれと縁故を持つ者が徴税権の獲得において圧倒的に優位であったマムルーク朝期とは状況は異なる。ところが、実際には、チェルケス朝期には恩給のイクターが文民を含む様々な階層に属する人々の間で拡大していたのであり、この点においてもイクター制からイルティザーム制への移行には本質的な変化はなかったのではないかと考えられる[17]。ただし、徴税請負権には一定の期限があり、徴税権の移動は流動的であった可能性がある。この点で、多くの場合、最終的に私有地化やワクフ地化した恩給のイクターとは異なるが、一八世紀以降、終身の徴税請負が導入されるようになる[18]。一六世紀から一七世紀を通じてエジプト州にイルティザーム制が根付く過程で土地権利者たちが直面した最も大きな変化は、イクターと徴税請負の権利の異同というよりも、オスマン朝の官僚制度と地方におけるシャリーア法廷の役割の確立によってもたらされたものであろう。すなわち、それは国家が広く土地に関わる権利を「台帳」に記録するということであり、そのために灌漑の維持管理に問題が生じた場合、彼らはシャリーア法廷に出廷して申立てを行うこととなったのである。彼らもまた、オスマン朝の統治体制の下で振る舞ったのであり、そこでとられた彼らの行動とその結果は、シャリーア法廷台帳を始めとする各種の台帳に記録として残されていったのである。本書で扱ったオスマン朝時代の記録資料はその一部にすぎず、今後さらなる資料の探索と研究が期待される。

（1）バルスバーイは、ムフラド庁の財源を補塡するために、地方長官職の任命権をウスターダールに与えて、任命を通じて得られる売官料をムフラド庁収入に組み込んだ。また、専売制などの商業政策については、Ahmad Darrag, *L'Egypte sous la regne de Barsbay, 825–841/ 1422–1438* (Damascus, 1961), 159–237; 古林清一「マムルーク朝の商業政策」『史林』五一―六（一九六一）、四五―五二、Richard T. Mortel, "Taxation in the Amirate of Mecca during the Medieval Period," *BSOAS* 58, no. 1 (1995): 12–14; John L. Meloy, "Imperial Strategy and Political Exigency: The Red Sea Spice Trade and the Mamluk Sultanate in the Fifteenth Century," *Journal of the American Oriental Society* 123, no. 1 (2003): 1–19; 太田啓子「一三―一四世紀のシャリーフ政権――メッカにおける巡礼と商業」『東洋学報』八九―三（二〇〇七）、一四―一五、同「ジッダの都市構造と歴史的変容――ブルジー・マムルーク朝期を中心に」『オリエント』五〇―二（二〇〇七）、一六六―一六八。

（2）Ibn Taghrī Birdī, *Ḥawādith*, 165, 176–176; idem, *Nujūm*, 16: 26–28, 64.

（3）Ibn Taghrī Birdī, *Nujūm*, 16:114; Robert Irwin, "The Privatization of "Justice" under the Circassian Mamluks," *MSR* 6 (2002): 63–70.

（4）Ibn Taghrī Birdī, *Nujūm*, 16: 114.

（5）Ibn Taghrī Birdī, *Ḥawādith*, 335; idem, *Nujūm*, 16: 142–143.

（6）このようにして、まだ奴隷身分から解放されておらず、馬すら持たない兵舎の訓練生（クッタービーヤ）までもがイクターを手にしたという。Ibn Taghrī Birdī, *Ḥawādith*, 335–336.

（7）Ibn Taghrī Birdī, *Ḥawādith*, 404–405.

（8）Igarashi, *Land Tenure*, 179–180.

（9）『軍務台帳』に残された記録のうち、主要なスルターンの在位中に売却された国有地の記録件数は、バルクーク期に一件、ファラジュ al-Nāṣir Faraj（在位一三九九―一四〇五）期に二件、シャイフ期に一件、バルスバーイ期に二三件、ジャクマク期に四〇件、イーナール期に一二二件、フシュカダム期に七五件、カーイトバーイ期に六五件、ガウリー期に一八一件であった。Abū Ghāzī, *Taṭawwur*, 20–22.

（10）三浦「マムルーク朝末期の都市社会」、Miura, *Dynamism in the Urban Society*, 136–173.

（11）Ira M. Lapidus, *Muslim Cities in the Later Middle Ages* (Cambridge, 1984).

（12）私的ネットワークを通じた利益の追求は、保護料（ヒマーヤ）の徴収においても見られた。チェルケス朝期における保護料徴収の権益の拡大については、John L. Meloy, "The Privatization of Protection: Extortion and the State in the Circassian Mamluk Period," *JESHO* 47, no. 2 (2004): 195–212を参照。

(13) al-Maqrīzī, *Sulūk*, 1:829.

(14) 例えば、ハッラークは、アラブ地域における法官の裁判記録に着目し、法廷台帳はオスマン朝以前にも同地域で見られたものであると結論し、オスマン朝以前と以後の連続性を主張した。本書が対象としたのは、法廷台帳そのものではないが、水利記録等を収録した台帳の照会において、法廷の負う役割が公的なものになった点や、各種台帳の記録管理の点において、ハッラークの主張は修正されるべきであろう。筆者の主張は、オスマン朝の記録管理の方法が、いかにそれ以前のアラブ地域の伝統的な記録管理のあり方からすれば違和感のあるものであったかを示したブラクの研究によっても補強される。Wael B. Hallaq, "The "Qāḍī's Dīwān (sijill)" before the Ottomans," *BSOAS* 61, no. 3 (1998): 415–436; Guy Burak, "Evidentiary Truth Claims, Imperial Registers, and the Ottoman Archive: Contending Legal Views of Archival and Record-Keeping Practices in Ottoman Greater Syria (Seventeenth-Nineteenth Centuries)," *BSOAS* 79, no. 2 (2016): 233–254.

(15) Shaw, *The Financial and Administrative Organization and Development*, 35–36; idem, "Landholding and Land-Tax Revenues in Ottoman Egypt," in *Political and Social Change in Modern Egypt: Historical Studies from the Ottoman Conquest to the United Arab Republic*, ed. Peter M. Holt (London, 1968): 91–103; Hanna, "Egyptian Civilian Society and Tax-farming," 216.

(16) 三浦「市場社会とイスラム」、一八二。

(17) Hannna, "Egyptian Civilian Society and Tax-farming," 221–222.

(18) Shaw, *The Financial and Administrative Organization and Development*, 30, 39; idem, "Landholding and Land — Tax Revenues," 102.

初出一覧

序　章　書き下ろし

第一章　「マムルーク朝土地制度史研究における新史料——エジプト国立文書館所蔵オスマン朝土地台帳『軍務台帳』」『日本中東学会年報』二五—二（二〇〇九）、五九—八一。加筆・修正。

第二章　「後期マムルーク朝におけるエジプト土地文書行政の諸相——オスマン朝期『軍務台帳』に見るマムルーク朝土地台帳とその利用」『お茶の水史学』五三（二〇一〇）、四一—八三（うち、第一章）。"Who Handed over Mamluk Land Registers to the Ottomans? A Study on the Administrators of Land Records in the Late Mamluk Period," *MSR* 18 (2016): 279–296. 加筆・修正。

第三章　「後期マムルーク朝におけるエジプト土地文書行政の諸相——オスマン朝期『軍務台帳』に見るマムルーク朝土地台帳とその利用」（第二章）。加筆・修正。

第四章　「マムルーク朝後期エジプトの土地調査記録の継承と更新——イブン・アルジーアーン『エジプトの村々の名前についての輝かしき至宝 *al-Tuḥfa al-Sanīya*』の再検討を通じて」『東洋学報』九二—一（二〇一〇）、九五—一二〇。加筆・修正。

第五章　「マムルーク朝後期エジプトにおけるイクター保有の実態——オスマン朝期『軍務台帳』にもとづいて」『史学雑誌』一二一—一〇（二〇一二）、三七—五八。加筆・修正。

第六章　「一六世紀のナイル灌漑と村落社会——ガルビーヤ県の事例」長谷部史彦編『ナイル・デルタの環境と文明Ⅱ』（早稲田大学イスラーム地域研究機構、二〇一三）、四九—七五。および、"To Where Have the Sultan's Banks Gone? An Attempt to Reconstruct the Irrigation System of Medieval Egypt," *E-Journal of Asian Network for GIS-based Historical Studies* 2 (2014): 11–21. 加筆・修正。

第七章　「ナーブルスィー著『ファイユームの歴史』アヤソフィア写本に併録されたオスマン朝エジプト統治初年の徴税調査記録」『アジア・アフリカ言語文化研究』八九（二〇一五）、七九—一一八（第二章—第四章）。加筆・修正。

第八章　「一六世紀ファイユーム県の水・税・記録管理——オスマン朝エジプト統治初期の水利行政に見る統治体制とその展開」『東洋史研究』七三—三（二〇一四）、四七一—五〇六。"The Early Ottoman Rural Government System and Its Development in Terms of Water Administration," in *The Mamluk-Ottoman Transition: Continuity and Change in Egypt and Bilad al-Sham in the Sixteenth Century*, eds. Stephan Conermann and Gül Şen (Bonn, 2017), 87–114. 加筆・修正。

終　章　書き下ろし

図版　史料

オスマン朝のエジプト統治初年の徴税記録

Fakhr al-Dīn ʻUthmān b. al-Nābulusī al-Shāfiʻī, "Kitāb Iẓhār Ṣanʻat al-Ḥayy al-Qayyūm fī Tartīb Bilād al-Fayyūm." Istanbul, Suleymaniye Library, MS. Ayasofya 2960, 172v–175v.

（註　本手稿本の画像掲載には、トルコ手稿本管理局の許可を得た）

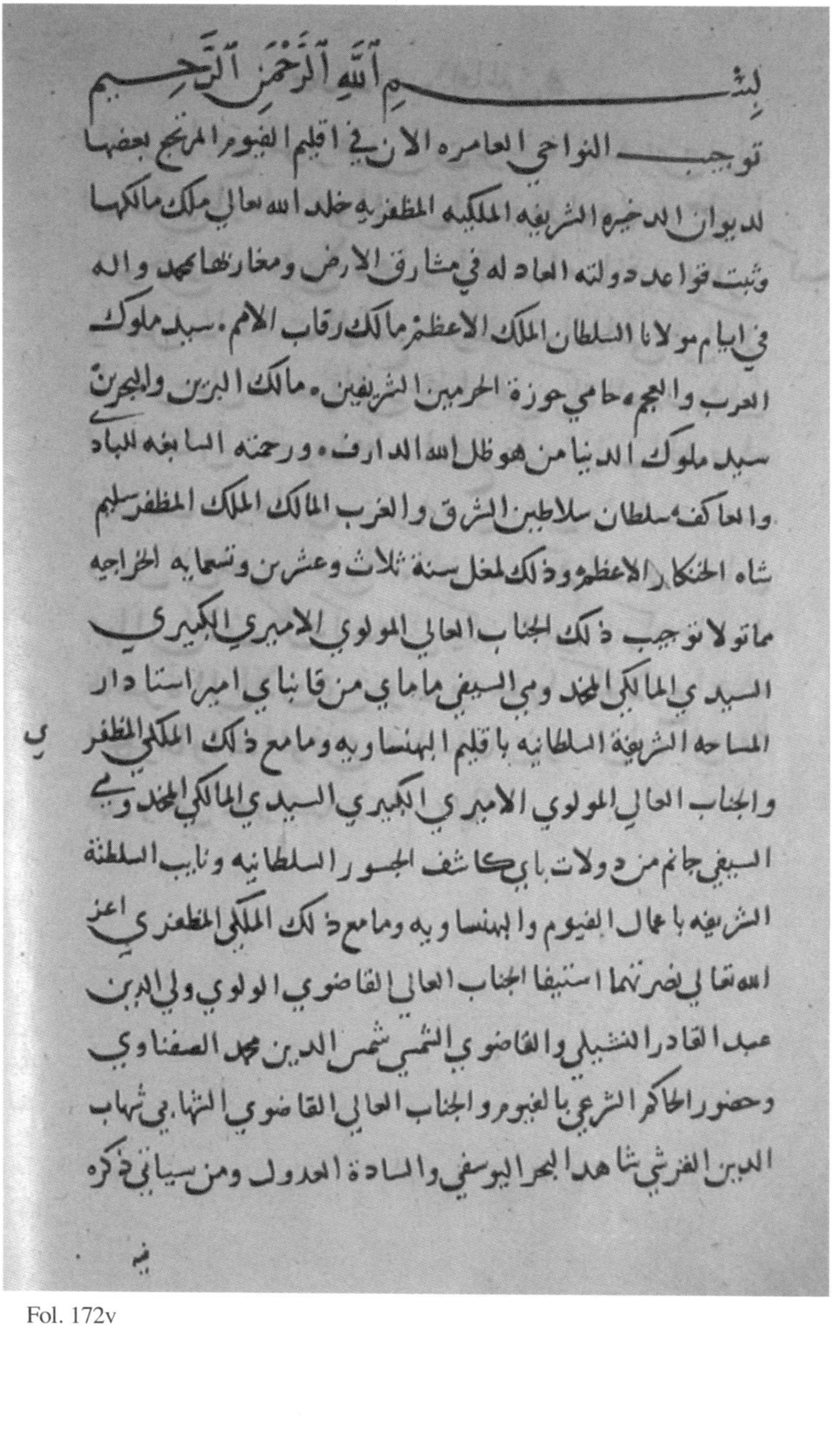

بسم الله الرحمن الرحيم

توجيه النواحي العامره الان في اقليم الفيوم المرتجع بعضها
للديوان الذخيره الشريفه الملكيه المظفريه خلد الله تعالى ملك مالكها
وثبت قواعد دولته العادله في مشارق الارض ومغاربها بمحمد واله
في ايام مولانا السلطان الملك الاعظم مالك رقاب الامم . سيد ملوك
العرب والعجم . حامي حوزة الحرمين الشريفين . مالك البرين والبحرين
سيد ملوك الدنيا من هو ظل الله الوارف . ورحمته السابغه للباد
والعاكف سلطان سلاطين الشرق والغرب المالك الملك المظفر سليم
شاه الخنكار الاعظم وذلك لمغل سنة ثلاث وعشرين وتسعمايه الخراجيه
مما تولا توجيه ذلك الجناب العالي المولوي الاميري الكبيري
السيدي المالكي المخدومي السيفي مامايي من قانباي امير استادار
المساحه الشريفة السلطانيه باقليم البهنساويه وما مع ذلك الملكي المظفري
والجناب العالي المولوي الاميري الكبيري السيدي المالكي المخدومي
السيفي جانم من دولات باي كاشف الجسور السلطانيه ونايب السلطنة
الشريفه باعمال الفيوم والبهنساويه وما مع ذلك الملكي المظفري اعز
الله تعالى نصرهما استيفا الجناب العالي القاضوي الولوي ولي الدين
عبد القادر النشيلي والقاضوي الشمسي شمس الدين محمد الصفناوي
وحضور الحاكم الشرعي بالفيوم والجناب العالي القاضوي الشهابي شهاب
الدين القرشي شاهد البحر اليوسفي والسادة العدول ومن سياتي ذكره
فيه

Fol. 172v

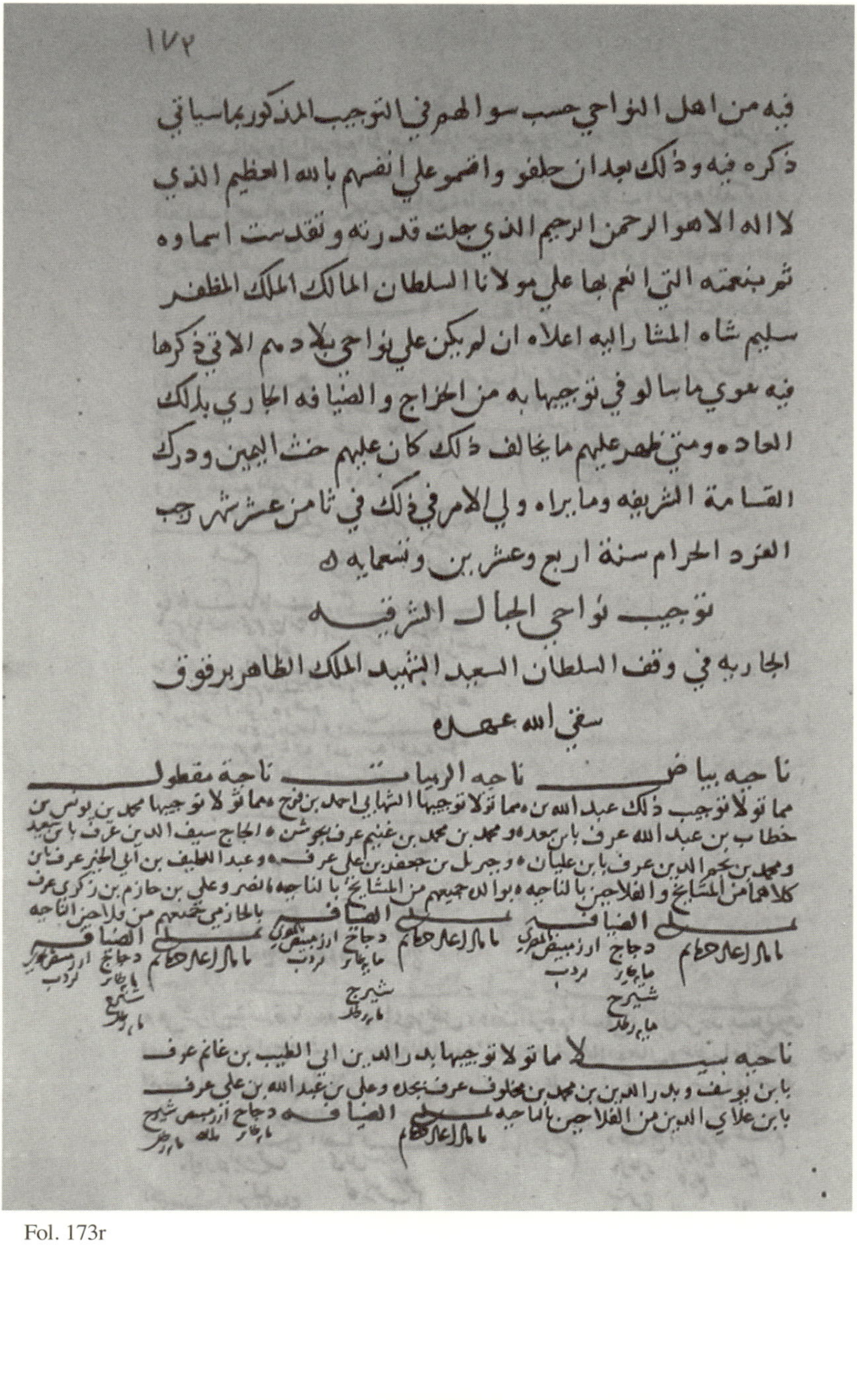

١٧٢

فيه من اهل النواحي حسب سوالهم في التوجيب المذكور بما سياتي
ذكره فيه وذلك بعد ان حلفوا واقسموا علي انفسهم بالله العظيم الذي
لا اله الا هو الرحمن الرحيم الذي جلت قدرته وتقدست اسماوه
ثم بنعمته التي انعم بها علي مولانا السلطان المالك الملك المظفر
سليم شاه المشار اليه اعلاه ان لم يكن علي نواحي بلادهم الاتي ذكرها
فيه سوي ما سالوا في توجيبها به من الخراج والضيافه الجاري بذلك
العاده ومتي ظهر عليهم ما يخالف ذلك كان عليهم حنث اليمين ودرك
القسامة الشريفه وما يراه ولي الامر في ذلك في ثامن عشر شهر رجب
الفرد الحرام سنة اربع وعشرين وتسعمايه

توجيب نواحي الجبال الشرقيه
الجاريه في وقف السلطان السعيد الشهيد الملك الظاهر برقوق
سقي الله عهده

ناحيه بياض ناحيه الرمانه (?) ناحيه مقطول
مما تولا توجيب ذلك عبد الله بن ... ومما تولا توجيبها الشهابي احمد بن فرج ومما تولا توجيبها محمد بن يونس بن
خطاب بن عبد الله عرف بابن سعد ومحمد بن محمد بن غنيم عرف بجوشن والحاج سيف الدين عرف بابن سعيد
ومحمد بن نجم الدين عرف بابن عليان وجبريل بن جعفر بن علي عرف ... وعبد اللطيف بن ابي الخير عرف بابن
كلاهما من المشايخ والفلاحين بالناحيه بسوال جميعهم من المشايخ بالناحيه النصر وعلي بن حازم بن زكري عرف
بالحازمي جميعهم من فلاحين الناحيه
الضيافه الضيافه الضيافه
ما مال اعلا حكام دجاج ماية طاير ارز مبيض بالمصري اردب شيرج ماية رطل
ما مال اعلا حكام دجاج ماية طاير ارز مبيض بالمصري اردب شيرج ماية رطل
ما مال اعلا حكام دجاج ماية طاير ارز مبيض بالمصري اردب شيرج ماية رطل

ناحيه بيت لا مما تولا توجيبها بدر الدين ابي الطيب بن غانم عرف
بابن يوسف وبدر الدين بن محمد بن مخلوف عرف بنجله وعلي بن عبد الله بن علي عرف
بابن علاي الدين من الفلاحين بالناحيه الضيافه دجاج ماية طاير ارز مبيض ... شيرج ماية رطل
ما مال اعلا حكام

Fol. 173r

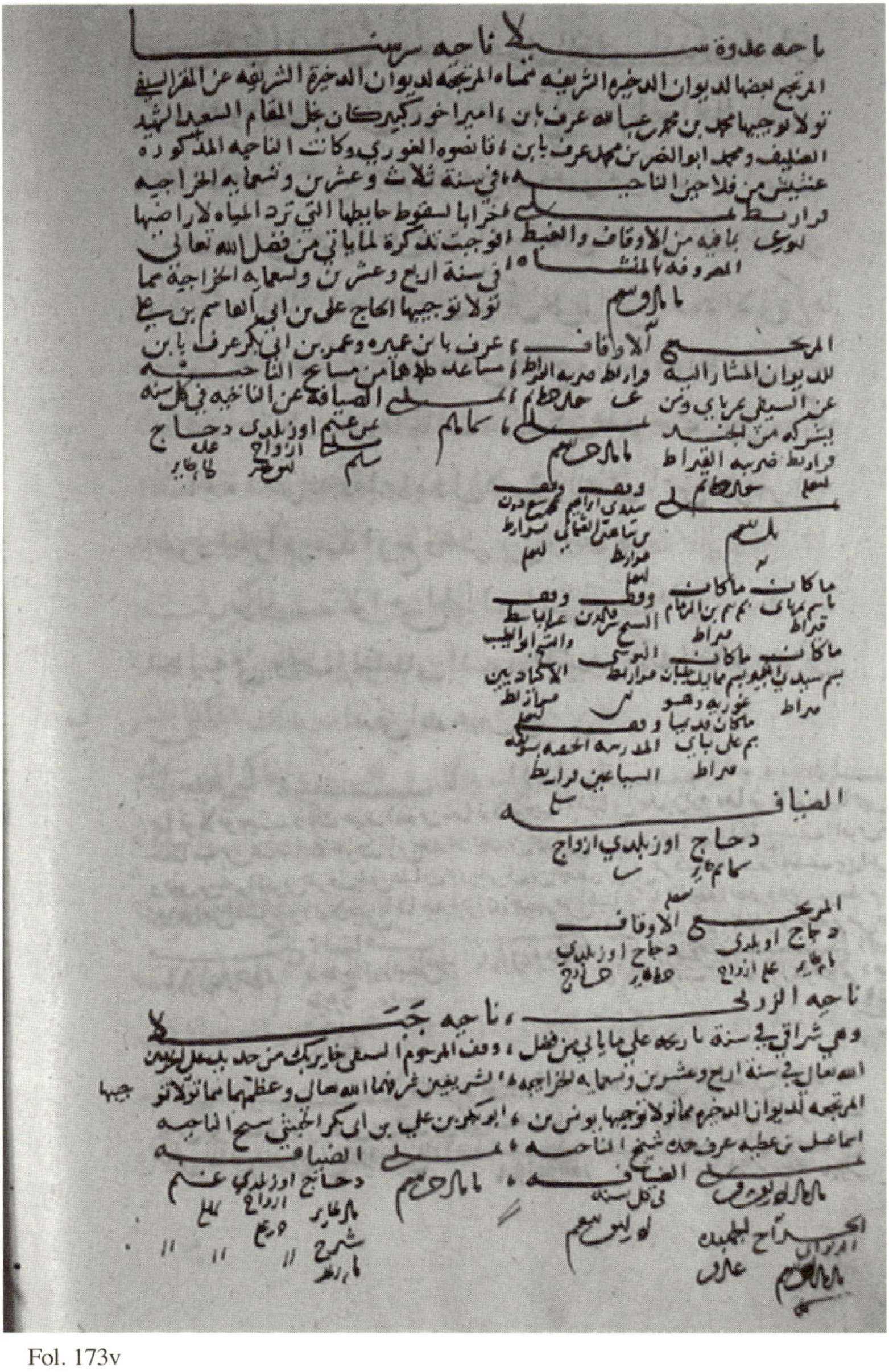
ناحيه عدوة سبك ناحيه سرسنا
المرتجع بعضها لديوان الذخيره الشريفه تمامه المرتجعه لديوان الذخيرة الشريفه عن المقر السيفي
تولا توجيها محمد بن محمد بن عبد الله عرف بابن امير اخور كبير كان خل المقام السعيد الشهيد
الشريف محمد ابو النصر بن محمد عرف بابن قانصوه الغوري وكانت الناحيه المذكوره
في سنة ثلاث وعشرين وتسعمايه الخراجيه
لسقوط حايطها التي ترد المياه لاراضيها
بما فيه من الاوقاف فوجبت تذكرة لما ياتي من فضل الله تعالى
المعروفه بالمنشاه في سنة اربع وعشرين وتسعمايه الخراجية مما
تولا توجيها الحاج علي بن ابي القاسم
المرتجع الاوقاف
ناحيه الزرد
ناحيه جبلا
الله تعالى في سنة اربع وعشرين وتسعمايه الخراجيه
المرتجعه لديوان الذخيره مما تولا توجيها يونس بن ابو بكر بن علي بن ابي بكر الحبشي شيخ الناحيه
الضيافه

Fol. 173v

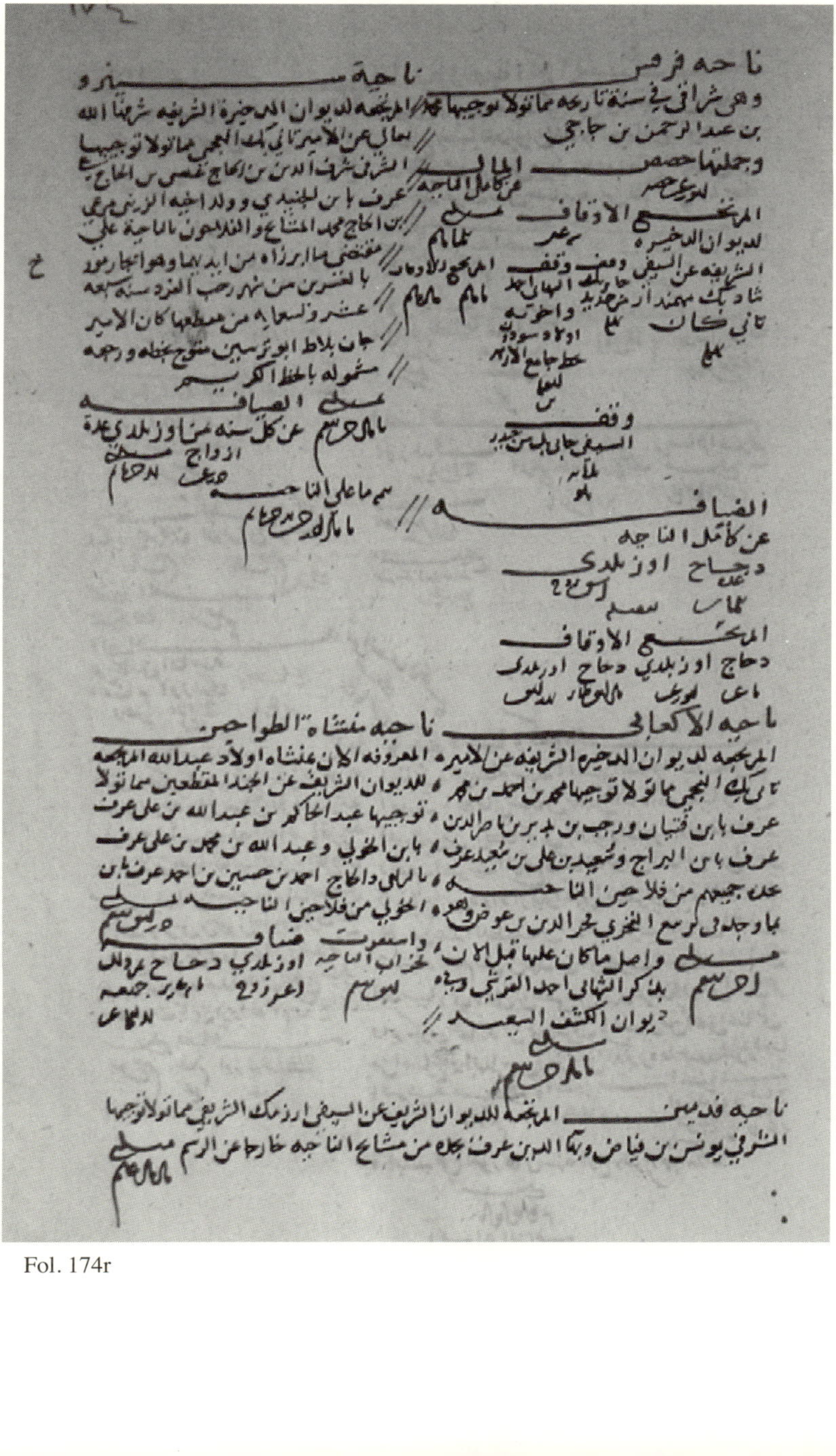

Fol. 174r

Fol. 174v

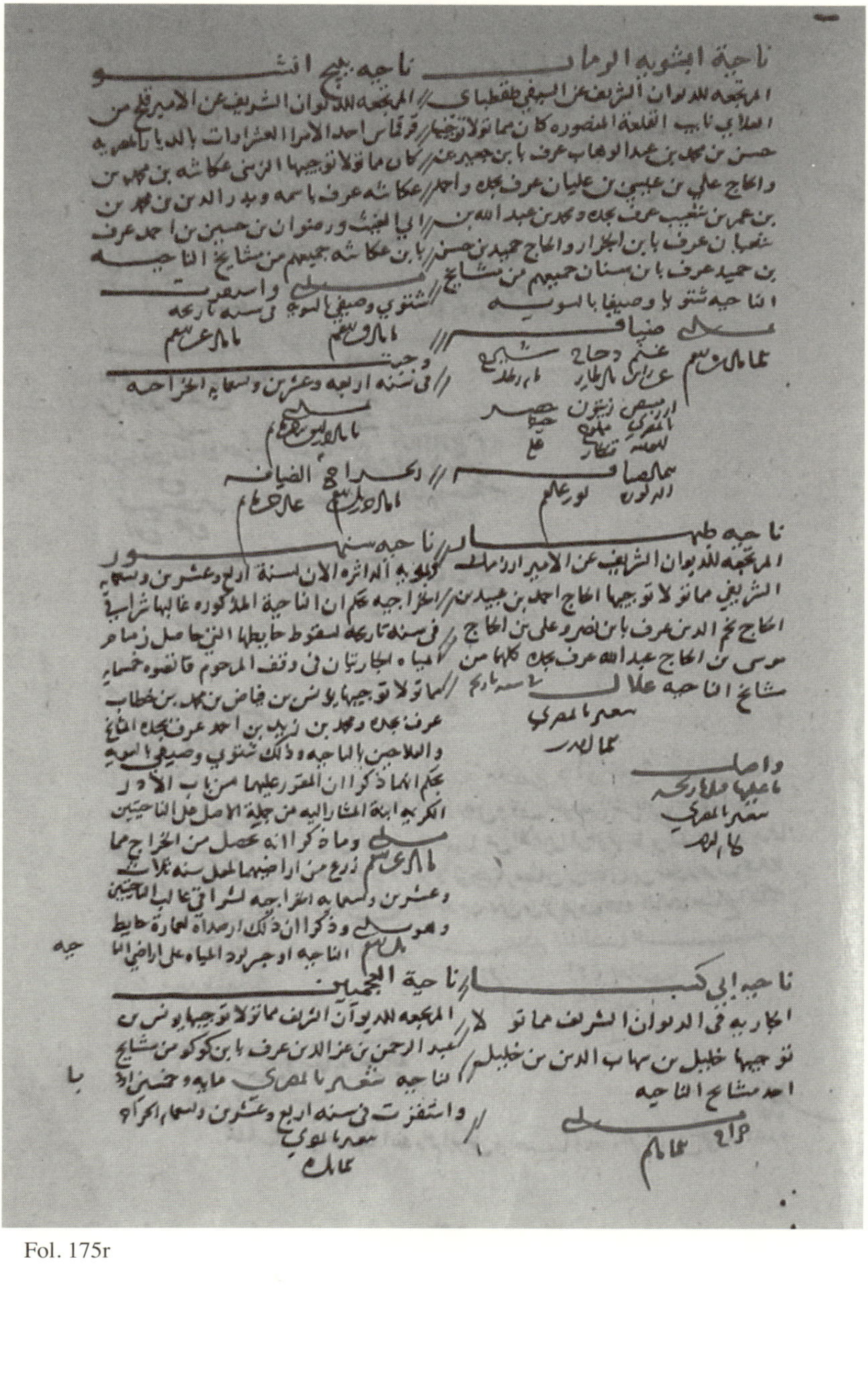

ناحية ابشويه الرمان

ناحيه سنهور

ناحيه ابي كسا

Fol. 175r

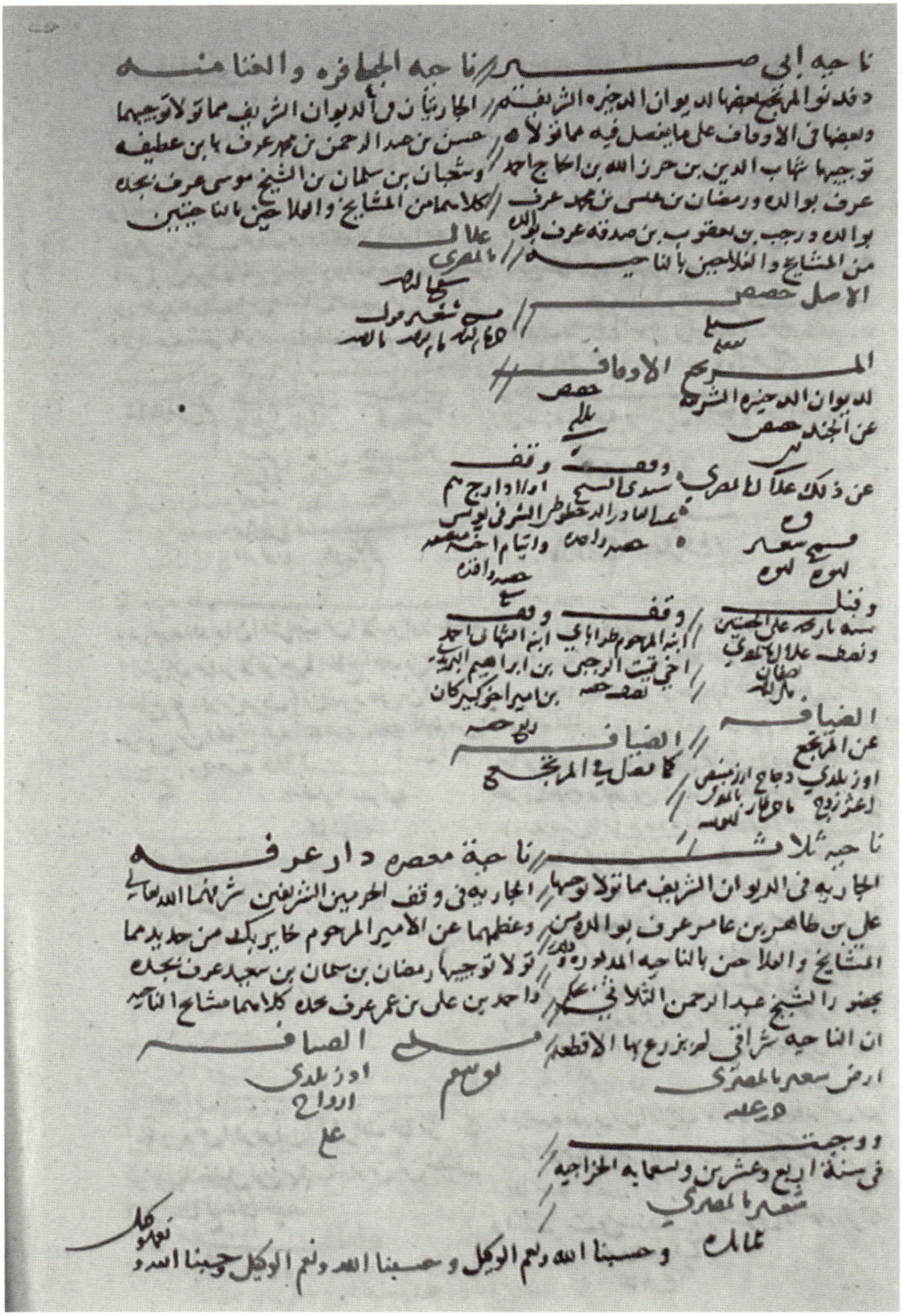
ناحيه ابى صير // ناحيه الجلافزه والغنامنه

وقد نوالمرتجع بعضها الديوان الدخيره الشريفه // الجاريتان في الديوان الشريف مما تولا توجيهما

وبعضها في الاوقاف على ماينفصل فيه مما تولا ه // حسن بن عبد الرحمن بن محمد عرف بابن عطيفه

توجيهما شهاب الدين بن حرز الله بن الحاج احمد // وشعبان بن سلمان بن الشيخ موسى عرف بنجله

عرف بوالدهٖ ورمضان بن عيسى بن محمد عرف // كلاهما من المشايخ والفلاحين بالناحيتين

بوالده ورجب بن يعقوب بن صدقه عرف بوالده

من المشايخ والفلاحين بالناحيه // عالى بالمصرى

الاصل حصص

الديوان الدخيره الشريفه حصص

عن الجند حصص

عن ذلك علا لا المصرى // وقف وقف

وقبل // وقف وقف

الضيافه // الضيافه

عن المرتجع // كالفصل في المرتجع

اوز بلدى دجاج اوز

ناحيه ثلاثه // ناحيه معصره دار عرفه

الجاريه في الديوان الشريف مما تولا توجيهها // الجاريه في وقف الحرمين الشريفين شرفهما الله تعالى

على بن طاهر بن عامر عرف بوالده // وعظمهما عن الامير المرحوم خايربك من حديد مما

المشايخ والفلاحين بالناحيه المذكوره // تولا توجيهها رمضان بن سعيد بن سعيد عرف بنجله

بحضور الشيخ عبد الرحمن التلاتي // واحمد بن على بن عمر عرف كلاهما مشايخ الناحيه

ان الناحيه شراقى لم يزرع بها الاقطعه // الضيافه

ارض سعر بالمصرى // اوز بلدى ازواج

ووجبت

في سنة اربع وعشرين وتسعمايه الخراجيه

سعر بالمصرى

تمالم وحسبنا الله ونعم الوكيل وحسبنا الله ونعم الوكيل حسبنا الله و

Fol. 175v

あとがき

本書は、博士論文とそれ以降に発表した論文に、加筆・修正を行い、まとめたものである。博士論文の主査は同大学人間文化研究科比較社会文化学専攻の三浦徹教授、副査は同専攻の新井由紀夫教授、岸本美緒教授、安田次郎教授である。本書の出版にあたっては、平成三〇年度科学研究費助成事業成果促進公開費の助成を受けたことを、ここに特に記す。

博士論文を提出してから本書の出版に至るまでの間に、本書の主題に関わる研究が多数発表され、それらの研究を本書に反映させるのに大変苦労した。二〇一六年には、ボン大学のアンヌマリー・シンメル・コレーグで、マムルーク朝からオスマン朝への移行期を扱うシンポジウム「マムルーク朝からオスマン朝への移行――一六世紀エジプト、シリアにおける連続と変化」が開催され、その成果が論集にまとめられた。総勢一八名が報告し、筆者もそのうちの一人として参加した。二〇一九年にはこのシンポジウムの第二弾が開催される予定である。また、今年に入って、本書に関わる重要な研究が次々と刊行された。九月には、ミシェルによる研究書 Nicolas Michel, *L'Égypte des villages autour du seizième siècle*（Leuven, 2018）が刊行され、その翌月には、ラポポルトとシャハルによる『ファイユームの歴史』の対訳書 Yossef Rapoport and Ido Shahar, *The Villages of the Fayyum: A Thirteenth-Century Register of Rural, Islamic Egypt*（*Medieval Countryside*）（Turnhout, 2018）とラポポルトによる研究書 Yossef Rapoport *Rural Economy and Tribal Society in Islamic Egypt: A Study of Al-Nabulusi's villages of the Fayyum*（*Medieval Countryside*）（Turnhout, 2018）の二冊が同時発売された。残念ながら、これらの書籍の出版は本書の入稿後のことであったが、本書は、奇しくも、支配の移行期や村落社会に関する研究が学界において活況を見せる時期に刊行の運びとなった。

筆者がこの問題に本格的に取り組んだのは博士後期課程に進んでからのことであるが、それから本書が完成するまでには本当に多くの方にお世話になった。学部時代からの指導教官である三浦徹先生には、博士論文と本書に収めた論文の多くについてご指導いただき、本書執筆の際にも示唆に富むコメントを多数いただいた。先生に書きあがった原稿をお送りすると、それが添削されて真っ赤に染まって返ってくることは珍しくなかった。付されたコメントに応えるべく書き直し、また先生に見ていただく、ということを繰り返すと、次第に原稿はモノクロに近づいていき、赤が完全になくなると、査読審査に耐えうる論文になっていた。もちろん、先生はこれをすべての教え子に対して行うのである。筆者は、先生の熱いご指導や貪欲な知的好奇心に触れ、また、ときに見せる並外れた体力に驚かされながら、研究への向き合い方や楽しみ方を学んだ。

筆者が学部から博士後期課程までを過ごしたお茶の水女子大学には、常に開放的な学問環境があった。専攻名の通り、比較からある事柄の理解を深めるというのが所属していた専攻のモットーであり、博士論文の副査をイギリス史の新井由紀夫先生、中国史の岸本美緒先生、日本史の安田次郎先生にお引き受けいただいた。異なる時代や地域との比較を促すご指摘やご質問に、十分に答えられていたか自信がない。いや、答えられていなかったであろう。時間はかかったが、比較の視座の一つを提供するということで、本書を先生方からいただいたご指摘とご質問に対する筆者なりの答えとさせていただければと思う。

現地でしか読むことができない文書史料に依拠した博士論文は、エジプト留学（二〇〇五―〇七）の機会が得られなければまとめることができなかった。留学は平和中島財団の助成を得て実現し、カイロ大学のムハンマド・アフィーフィー教授が受入教官を引き受けてくださった。また、カイロでは様々な研究に触れる機会があったが、当時、日本学術振興会カイロ研究連絡センターの所長でおられた坂井定雄先生には、研究活動のために同センターを利用させていただくなど、便宜を図っていただいた。そこで開催されていた「写本研究会」にて、今は天国におられるナグワ・ムスタファ・カーメル先生に史料読解の手ほどきを受けた。こうしたご縁は先輩方につないでいただいたものでもある。特に、留学の時期が重なっていた吉村武典氏、亀谷学氏には、生活面から研究面に至るまで助けていただいた。

帰国後、留学で得た史料をもとに博士論文を提出したが、その後も研究に邁進することができたのは、お茶の水女子大学人間文化創成科学研究科のリサーチフェロー（二〇一一年）と日本学術振興会特別研究員（ＰＤ）（二〇一二－一四年）に採用され、科学研究費助成事業の助成を受けたことが何より大きかった。これにより、留学中に読むことができなかった文書史料にじっくり目を通すことができ、研究を発展させることができた。特別研究員で受入教官を引き受けてくださった林先生、受入機関であった公益財団法人東洋文庫に感謝申し上げる。また、この間、カイロでは、アブドッラフマーン・鈴木氏から叱咤激励をいただいた。本書の出版を天国の鈴木氏に報告したい。

その後も、本書の刊行に至るまでに、様々な方にご助言とご指導を賜った。長谷川奏先生には何度も実地調査に同行させていただき、実地調査の技術を教わった。また、加藤博先生からは現在でも研究会を通じて学問的刺激を受けている。

また、国外での学会等での報告と英語論文の発表は、同様の関心を持つ研究者と交流する機会を得ることに結びつき、彼らとの交流の中で多くの知見と活力を得た。二〇一五年に、森本一夫氏とフレデリック・ボダン氏が背中を押してくださり、初めて国際マムルーク朝学会（The School of Mamluk Studies）に参加することができた。また、当時、国際的にほとんど認知されていなかった筆者が先述のボン大学でのシンポジウムに参加できたのは、三浦先生のご推薦があったからこそである。さらに、大稔哲也先生のご尽力で、本書の研究に取り組むきっかけとなった論文の著者であるアブー・ガーズィー氏が二〇一七年に来日し、お目にかかることができたことは感激であった。

最後に、三浦ゼミの皆様、東京大学附属図書館アジア研究図書館上廣倫理財団寄付研究部門、早稲田大学イスラーム地域研究機構の先生方や同僚には、本書が完成するまでに折に触れて叱咤激励いただいた。本書の出版を引き受けて下さった東京大学出版会の山本徹氏、校正作業を助けてくれた荒井悠太氏に感謝申し上げる。

二〇一八年一二月三日　　由比ヶ浜の自宅にて

熊倉和歌子

著者略歴

1980 年　茨城県生まれ

2011 年　お茶の水女子大学大学院人間文化研究科博士後期課程修了

お茶の水女子大学大学院人間文化創成科学研究科リサーチフェロー，日本学術振興会特別研究員（PD），東京大学附属図書館アジア研究図書館上廣倫理財団寄付研究部門特任研究員，早稲田大学イスラーム地域研究機構研究助手をへて

現　在　東京外国語大学アジア・アフリカ言語文化研究所助教．博士（人文科学）

主要著作

「マムルーク朝後期エジプトにおけるイクター保有の実態——オスマン朝期『軍務台帳』にもとづいて」（『史学雑誌』121（10），2012 年）

"To Where Have the Sultan's Banks Gone? An Attempt to Reconstruct the Irrigation System of Medieval Egypt"（*E-Journal of Asian Network for GIS-based Historical Studies* 2, 2014）

"Who Handed over Mamluk Land Registers to the Ottomans? A Study on the Administrators of Land Records in the Late Mamluk Period"（*Mamlūk Studies Review* XVIII, 2016）

"The Early Ottoman Rural Government System and Its Development in Terms of Water Administration"（*The Mamluk-Ottoman Transition: Continuity and Change in Egypt and Bilād al-Shām in the Sixteenth Century*, 2017）

中世エジプトの土地制度とナイル灌漑

2019 年 2 月 22 日　初　版

［検印廃止］

著　者　熊倉《くまくら》和《わ》歌《か》子《こ》

発行所　一般財団法人　東京大学出版会

代表者　吉見俊哉

153-0041 東京都目黒区駒場 4-5-29

http://www.utp.or.jp/

電話 03-6407-1069　Fax 03-6407-1991

振替 00160-6-59964

印刷所　研究社印刷株式会社

製本所　誠製本株式会社

ISBN 978-4-13-026160-9　Printed in Japan

索　引

あ 行

アウラード・アンナース（アウラード） *awlād al-nās*　7, 9, 31, 34–36, 146, 150, 156–160, 162, 217, 268
アサディー *al-Asadī*　225, 226, 266, 267
アスユート県　44, 53
アター制　4, 7
アブー・ガーズィー *Imād Badr al-Dīn Abū Ghāzī*　9, 12, 29
アブー・バクル・アルマラキー *Zayn al-Dīn Abū Bakr al-Malakī*　57(n.25), 71, 73, 75
アブー・バクル・ブン・アルジーアーン *Abū Bakr b. al-Jī'ān*　64, 70
アブド・アルカーディル・ブン・アルジーアーン *Zayn al-Dīn 'Abd al-Qādir b. al-Jī'ān*　61, 63
アブド・アルカーディル・ブン・アルマラキー *'Abd al-Qādir b. al-Malakī*　66, 71, 73, 75
アフマド・ブン・アルジーアーン *Aḥmad b. al-Jī'ān*　57(n.25), 67, 70, 73, 74, 75, 109
アフメト・パシャ *Ahmed Paşa*　37, 62, 65, 75, 239
アミール *amīr*　1, 4, 6, 7, 31, 32, 34, 35, 85, 98, 106, 107, 112, 113, 120, 135, 143, 145, 151, 155, 159, 193, 210, 218, 226, 264, 266, 270
アミールの政務所 *dīwān al- amīr*　6
アラブ部族 *'urbān*　18, 37, 91, 112, 120, 138, 146, 156, 192–193, 203–204(n.40), 246, 249
アラブ部族のシャイフ *shaykh al-'arab*　192–193, 197–198, 242, 249, 268
アリー・アルウスマーニー *'Alī al-'Uthmānī*　36
アリー・パシャ *Ali Paşa*　39
イーナール（ガルビーヤ県のカーシフ） *Īnāl*　37, 239
イーナール（スルターン） *al-Ashraf Īnāl*　265–266
五十嵐大介　9, 55(n.8), 218
イズバ村　179, 201(n.18)
イクター *iqṭā'*　4, 6–8, 31, 32, 34, 35, 39, 40, 49, 63–65, 70, 85, 86, 90–92, 95–97, 120, 122, 128–130, 132–136, 138, 140, 141, 143, 145–155, 157–162, 192, 214, 217, 219, 222, 225–226, 230, 250, 263, 265, 268, 270–271
イクター授与証 *manshūr*　100, 156
イクター制　3–11, 14, 16–18, 22(n.15), 32, 70, 128, 162, 163, 172, 217, 218, 250, 263, 264, 268, 271
『イクター台帳 *Daftar al-Iqṭā'āt*』　95– 97, 101
イクター保有者 *muqṭa'*　6, 9, 10, 49, 70, 85, 86, 91, 95, 96, 122, 133, 134, 136, 140, 143, 146, 156–159, 199, 220–222, 224–226, 230, 250, 271
イスタンブル　5, 34, 36, 38, 71, 75, 242
イトフィーフ県　44, 46, 72, 82, 116, 117, 133
イフミーム県　44, 53
イブラヒム・パシャ *İbrahim Paşa*　37, 62, 65
イブヤールとジャズィーラ・バニー・ナスル県　44, 150
イブン・イヤース *Ibn Iyās*　15, 63, 66, 73, 159
イブン・ズンブル *Ibn Zunbul*　15, 25–26(n.38), 63, 64, 71
イブン・タグリー・ビルディー *Ibn Taghrī Birdī*　15, 159, 264
イブン・ドゥクマーク *Ibn Duqmāq*　14
イブン・マンマーティー *Ibn Manmāṭī*　15, 185
イマーラ *'imāra*　10
イルティザーム制（徴税請負制度）　5, 22(n.15), 250, 271
ウィットフォーゲル *Karl Wittfogel*　198
ウィラーヤ　→行政県
ウィルコックス *William Willcocks*　169–171, 184
ウィンター *Michael Winter*　240
ウシュムーナイン県　43, 53, 93, 100, 138, 153, 154
ウスターダール *ustādār*　74, 111, 112, 234(n.20)

スルターン領の—— *ustādār al-misāḥa al-sulṭānīya*　212, 214, 220, 229
ウズバク・ミン・トゥトゥフ *Uzbak min Ṭuṭukh*　112, 141, 143
ウスマーン *al-Manṣūr ʻUthmān*　264
ウドゥール *ʻudūl*　213, 215, 234(n.22), 248
ウラマー（法学者） *ʻulamāʼ*　7
エジプト州総督　34–36, 39, 42, 47, 62, 75, 133, 211, 214, 239, 252
エジプト州総督府　242, 253, 269, 270
オスマン朝統治初年のファイユーム県の徴税記録　14, 64, 207–209, 212, 215, 217, 219, 221, 222, 226, 229, 230, 248, 267
恩給のイクター　161, 162, 199, 263, 264, 266–268, 271

か　行

カーイトバーイ *al-Ashraf Qāytbāy*　44, 84, 112, 136, 160, 191, 240
カーシフ　→スルターニー・ジスルのカーシフ
カーディー・アルアスカル（カザスケル） *qāḍī al-ʻaskar*　252, 258(n.11)
「カーヌーンナーメ *Ḳānūnnāme-i Mıṣır*」　13, 14, 37, 38, 41, 65, 177, 178, 190, 192, 193, 239, 240, 242, 249, 268
カーンスーフ・アルガウリー *al-Ashraf Qānṣūh al-Ghawrī*　3, 67, 92, 136, 210, 224
概要記録　14, 31, 44, 46, 47, 49, 50, 81, 82, 84, 85, 87–90, 93, 94, 99–102, 116, 129, 133, 134, 136, 140, 143, 145, 157–160, 263
加藤博　18
上エジプト地域　12, 13, 36, 44, 53, 59(n.43), 106, 138, 162, 170, 173, 178, 194, 196, 251
家門 *bāb*　264
カラーウーン *al-Manṣūr Qalāwūn*　1
　カラーウーン家　5, 121
カルカシャンディー *al-Qalqashandī*　15, 121, 143
ガルサン *Jean-Claude Garcin*　113, 115, 116
ガルビーヤ県　37, 43, 46, 51, 85, 87, 89, 93, 132, 143, 148, 149, 151, 152, 178, 179, 188, 194, 195, 254
カルユービーヤ県　178, 254
灌漑土手　→ジスル
灌漑の維持管理　1, 2, 6, 10–12, 16–18, 34, 128, 242, 249, 255, 263, 267, 271
官僚　35, 62, 64, 66, 72, 75, 76, 84, 227, 242, 266, 270
行政県 *wilāya*　29
行政村 *nāḥiya*　31
厩舎管理長官 *nāẓir al-isṭabul*　67, 74
厩舎長官 *amīr ākhūr*　136, 140, 220
クース県　44, 53, 117
軍事リザク地 *rizaq jayshīya*　31–35, 37–40, 55(n.9), 90, 101, 129, 130, 132, 135, 136, 138, 140, 161, 162, 218, 226, 266, 268
軍事リザク地調査官 *mufattish al-rizaq al-jayshīya*　35, 36
軍総司令官 *atābak al-ʻasākir*　112, 140
『軍務台帳 *Daftar Jayshī*』　12, 16, 28, 29, 31–33, 38, 42, 43, 46, 47, 49–51, 53, 61, 71, 72, 76, 81, 82, 86–90, 92–95, 97, 98, 101, 102, 116, 119, 129, 130, 133, 135, 136, 138, 140, 143, 145, 147, 158, 160–162, 217, 220, 231, 253
軍務庁 *Dīwān al-Jaysh*　8, 32, 42, 66, 70, 100, 122, 130
軍務庁財務官 *mustawfī Dīwān al-Jaysh*　8, 67, 70, 71, 73–75, 113, 120, 121, 269
軍務庁財務書記官　74
軍務庁書記官 *kātib Dīwān al-Jaysh*　8, 98, 120, 122
軍務庁長官 *nāẓir Dīwān al-Jaysh*　8, 73, 74, 98, 146
軍務庁副長官 *ṣāḥib Dīwān al-Jaysh*　8, 72
『警告と省察の書』　15, 171
検地　38, 63, 97
検地記録　46, 49, 132, 133
現地差配人 *qāʼim maqām*　253
検地台帳
　『1527–28年の検地台帳』　12, 14, 38, 65, 221, 231
　『1528–29年の検地台帳』　13, 246–247
耕地面積 *misāḥa*　12, 13, 14, 46, 87, 88, 98, 101, 106, 107, 115–117, 119, 122, 129, 130, 133, 145, 158
護衛官 *raʼs nawba*　265
黒死病（ペスト）　5, 21(n.12)
国家の財務官 *mustawfī al-dawla*　67, 72
国庫 *Bayt al-Māl*　9, 40–42, 46, 49, 85, 86, 90–92, 94, 95, 97, 99, 100, 149–151, 159, 162
国有地放出確定証書　41, 59(n.45)
『国有地放出確定台帳 *Jarāʼid al-Ifrājāt*』　43

さ 行

サーリフ *al-Ṣāliḥ Najm al-Dīn b. Ayyūb* 207
宰相 *wazīr* 12, 112
宰相庁 *Dīwān al-Wizāra* 217
宰相庁長官 *nāẓir al-dawla* 74, 100
財務監督官 *nāẓir al-amwāl* 211
財務長官 *daftardār* 63, 75
ザイン・アッディーン・アブー・バクル →アブー・バクル・アルマラキー
ザイン・アッディーン・アブド・アルカーディル →アブド・アルカーディル・ブン・アルジーアーン
佐藤次高 6, 8, 11
サハーウィー *al-Sakhāwī* 67, 72
ザヒーラ →スルターン直轄財源
ザヒーラ庁 *Dīwān al-Dhakhīra* 212, 217–220, 222, 224, 227
ザヒーラ庁のウスターダール *ustādār Dīwān al-Dhakhīra* 74
サラーフ・アッディーン *Ṣalāḥ al-Dīn al-Ayyūbī* 4
ジーアーン家 63–67, 70–76, 102, 113, 122, 146, 252, 269, 270
シービーン・アルクーム村 44, 50, 51, 92, 102
私財庁 *Dīwān al-Khāṣṣ* 87
私財庁長官 *nāẓir al-khāṣṣ* 72–74, 146
ジスル（灌漑土手）*jisr,* 複 *jusūr* 10, 13, 34, 171–173, 175, 177, 179, 181–186, 188, 190–193, 195–197, 228, 245, 248, 251, 254
『ジスル台帳 *Daftar al-Jusūr*』 13, 177–179, 185, 186, 188, 192–196, 231, 251, 254, 269
『慈善台帳 *Daftar Aḥbāsī*』 12, 29, 31–33, 38, 42, 43, 61, 76, 92–94
慈善庁 *Dīwān al-Aḥbās* 32, 130
慈善リザク地 *rizaq aḥbāṣīya* 31–33, 36–42, 55(n.9), 94, 95, 99, 101, 129, 130, 132, 133, 161, 218
慈善リザク地の授与証 *tawqīʻ* 93, 94
執達吏 *naqīb* （軍の）92, 265
シハーブ・アッディーン・アルクラシー *Shihāb al-Dīn al-Qurashī* 213, 215, 227, 248–249
『至宝の書』 14, 16, 47, 53, 82, 84, 85, 87, 88, 98, 99, 102, 105–109, 111, 113, 115–117, 119–122, 133–136, 140, 143, 148, 157, 158, 215, 219, 220, 268, 269
『至宝の書』系統の手稿本 111
シリア地方 5, 17, 26(n.39), 266
シャアバーン二世 *al-Ashraf Shaʻbān* 98, 106, 115, 121
ジャーニム・ミン・ダウラート・バーイ *Jānim min Dawlātbāy* 37, 211, 239, 248
ジャーニム・ミン・カスルーフ *Jānim min Qaṣrūh* 210–212, 248
ジャーンビルディー・アルガザーリー *Jānbirdī al-Ghazālī* 56(n.17), 260(n.35)
ジャクマク *al-Ẓāhir Jaqmaq* 55(n.9), 159, 264
ジャズィーリー *ʻAbd al-Qādir al-Jazīrī* 210, 211
ジャフバザ／ジャフバズ *jahbadha/jahbadh* 221, 236–237(n.41), 247
ジャマール・アッディーン・ユースフ・ブン・アブー・アルファラジュ *Jamāl al-Dīn Yūsuf b. Abū al-Faraj* 35
シャムス・アッディーン・ブン・イワド *Shams al-Dīn b. ʻIwaḍ* 218
ジャラーリーフ *jarārīf* 193–196
シャラフィー・ユーヌス・アルウスターダール *Sharafī Yūnus al-Ustādār* 63
シャリーア法廷 242, 252–255, 269–271
シャリーア法廷台帳 *sijill* 242, 248, 271
シャルキーヤ県 43, 44, 63, 64, 82, 84, 116, 138, 149, 150
私有地 *milk,* 複 *amlāk* 5, 9, 16, 17, 31–36, 38–42, 47, 49, 50, 65, 85, 86, 89–92, 95, 97, 101, 128, 133, 135, 136, 138, 140, 149, 158, 161, 162, 199, 230, 263, 266–268, 271
『私有地とワクフ地台帳 *Daftar al-Amlāk wal-Awqāf*』 40, 41, 50, 51, 90– 92, 101, 102
十騎長 6, 73, 152, 225
授与証（イクターの） →イクター授与証
授与証（慈善リザク地の） →慈善リザク地の授与証
浚渫 *jarrāfa, jarf* 186, 188, 192, 193, 196, 197, 246
巡礼隊長 *amīr al-ḥajj* 210, 211, 248
ショウ *Stanford Shaw* 61, 63, 66
詳細記録 31, 47, 50, 81, 85, 86, 90, 93, 94, 99–102, 129, 133–135, 146, 147, 157, 158, 160, 161, 263
『勝利の書』 14, 47, 84, 115, 116, 157, 158, 219
書記官 *kātib* 8, 62,（軍の土地の）65,（常勝軍の）74,（スルターン軍団の）100
「新規定」 13, 38–42, 44, 46, 51, 58(n.39), 61,

63, 65, 66, 71, 85, 90, 92, 97, 134, 161, 268, 269
水利記録　12–14, 269
「水利共同体」　175–178, 182
水利圏　182, 197, 199, 249
スィヤーク数字　29, 46, 59(n.48), 120, 219, 221, 224
スルターニー・ジスル（政府管理の灌漑土手） *jusūr sulṭānīya*　172, 173, 175, 177–179, 181–186, 188, 192, 193, 195–199, 230, 247, 249, 267
スルターニー・ジスルのカーシフ *kāshif al-jusūr al-sulṭānīya*　34, 37, 94, 189–194, 196–198, 210–214, 229, 240, 248, 249, 251, 253, 254, 268, 270
スルターニー・ジスルのハウリー　188, 189, 193, 197, 198, 249, 255, 268–270
スルターン軍団　2, 6, 7, 120, 157
スルターン私金庫　70
スルターン私金庫の監督官 *nāẓir al-khizāna*　70
スルターン私金庫の書記官 *kātib al-khizāna*　66, 70, 74
スルターン直轄財源 *dhakhīra*　5, 34, 36, 56(n.14), 135
スルターン直轄財源の顧問 *takallum fil-khizāna*　36, 218
スレイマン一世　37, 239, 252, 254, 269, 270
税収高 *'ibra*　12, 14, 46, 64, 84, 98, 101, 106, 107, 115–117, 119,–122, 123(n.2), 132–136, 138, 140, 143, 145, 148, 153, 158, 268
税収高の配分率　46, 47, 50, 84, 88, 129, 130, 132–134, 136, 148, 152, 153, 225
セリム一世 *Selīmshā*　3, 15, 33, 34, 40, 64, 71, 212, 213, 217
全エジプト地方総督 *kāshif al-kushshāf*　112, 203(n.34)
総督 *nā'ib al-salṭana*　213, 214, 229, 266

た　行

ダヴド・パシャ *Davud Paşa*　213
ダミエッタ港湾部　43, 85, 90, 132, 151, 154
タムルブガー *al-Ẓāhir Tamurbughā*　84
ダラク *darak*　185, 186, 188, 192, 195, 197
ダワーダール *dawādār*　111, 112, 124(n.21), 203(n.34), 210, 265
『チェルケス慈善台帳 *Daftar al-Aḥbās zaman al-Jarākisa*』　40, 41, 92–95, 97, 101
『チェルケス台帳 *Daftar al-Jarākisa*』　39–41, 44, 46, 49, 51, 71, 81, 82, 84–87, 89–95, 96, 99, 101, 102, 109, 117, 130, 133, 136, 146, 268, 269
徴税請負人 *multazim*　250
徴税記録　12, 14, 230
徴税権　4, 5, 9, 271
徴税吏 *amīn*　5, 250
ティマール制　5
ディヤーファ *ḍiyāfa*　214, 215, 219–222, 224, 227, 240, 246, 247
デルタ地域　12, 13, 59(n.43), 94, 106, 113, 162, 170, 173, 175, 178, 183, 247–250
トゥーマーン・バーイ *al-Ashraf Ṭūmān Bāy*　40
ドゥ・サシ *Silvestre de Sacy*　107–109, 111
統治体制　1, 3, 7, 9, 10, 17, 163, 192, 199, 231, 239, 240, 254, 255, 270, 271
党派 *jamā'a*　266
トゥルハーン *Ibrāhīm Ṭurkhān*　8, 23(n.24)
土地記録　8, 12–14, 16, 28, 39, 44, 46, 53, 62, 64, 65, 66, 70, 71, 76, 81, 84, 105, 122, 128, 268, 269
土地制度　1, 2, 6, 7, 28, 128, 240, 250
土地台帳　9, 11, 12, 16, 28, 39, 41, 61–66, 75, 76, 81, 86, 90, 97, 101, 102, 215, 217
土盛り *dammāsīya, mudammis, mudāmasa*　185, 186, 188, 198

な行

ナースィル検地 *al-rawk al-Nāṣirī*　4, 6, 8, 32–34, 93, 109, 116, 117, 119, 121, 128, 130, 135, 140, 143, 145, 157, 160, 222, 263
ナースィリー・ムハンマド・ブン・カーイトバーイ *al-Nāṣirī Muḥammad b. Qāytbāy*　46
ナースィル・ムハンマド（カラーウーン家の） *al-Nāṣir Muḥammad*　2, 4, 135
ナーヒヤ　→行政村
ナーブルスィー *Fakhr al-Dīn 'Uthmān b. Ibrāhīm al-Nābulusī*　207, 210, 243
ナイル　10, 17, 18, 122, 130, 136, 138, 162, 163, 169–171, 182–186, 191, 199, 207, 214, 218, 243, 245, 267
ナシュー *al-Sharaf 'Abd al-Wahhāb b. Faḍl Allāh*　72
ヌワイリー *al-Nuwayrī*　15, 120, 121

は　行

ハーイルバク　*Khāyrbak*　34–36, 47, 49, 56(n.17), 64, 70, 71, 75, 133, 134, 211, 214, 217, 218, 227, 268
ハールマン　*Ulrich Haarmann*　9, 157, 158, 159
ハウリー　*khawlī*　179, 188, 249, 251, 253
ハサウェイ　*Jane Hathaway*　240, 242
バフナサーウィーヤ県　37, 44, 93, 155, 195, 210–212, 248
バフリー・マムルーク朝（バフリー朝）　1, 2, 4–6, 9, 15, 17, 32, 67, 190
ハラージュ　*kharāj*　34, 49, 64, 172, 191, 214, 215, 119–222, 224, 226–228, 246, 247
ハラージュ年度　34, 56(n.18), 214
ハラージュ暦　120
バラディー・ジスル　172, 175, 178, 184, 199, 247
ハルカ騎士団　7, 34, 120, 143, 157
バルクーク　*al-Ẓāhir Barqūq*　4, 121, 135, 217, 218
バルスバーイ　*al-Ashraf Barsbāy*　66, 67, 264
ハルム　*Heinz Halm*　113, 116
ピートリー　*Carl F. Petry*　8
ピケ　*Louis Piqué*　106, 107
ヒジャーズ地方　17, 26(n.39)
『ヒジュラ暦872年の要約台帳』　→『要約台帳』
『ヒジュラ暦891年の要約台帳』　→『要約台帳』
『ヒジュラ暦919年の土地片台帳　*Daftar al-Aqsāṭ sana 919*』　89, 90, 101
秘書長官　*kātib al-sirr*　73–75
秘書副長官　*nā'ib kātib al-sirr*　73–75
ヒスバ庁長官　74
百騎長　6, 140, 143
ファイユーム県　12, 13, 37, 44, 47, 64, 87, 138, 143, 173, 207–212, 215, 217–220, 239, 243, 245–247, 249–254
『ファイユームの歴史　*Ta'rīkh al-Fayyūm*』　207, 210
ファフル・アッディーン・ブン・イワド　*Fakhr al-Dīn b. 'Iwad*　36, 217, 218, 227
武具長官　*amīr silāḥ*　112
フサーム検地　*al-rawk al-Ḥusāmī*　4, 8
フシュカダム　*al-Ẓāhir Khushqadam*　84, 266
ブハイラ県　12, 44, 116, 117, 130, 136, 149, 248, 254
冬作物　*shitwī*　10
ベイスン灌漑　169–171, 173, 178, 183, 184, 197, 207, 243, 245, 247–249
法官　*qāḍī*　35, 40, 41, 64, 70, 146, 213, 215, 229, 242, 248, 252–255, 270
報酬のハラージュ　*kharāj rātib*　247
ホールト　*Peter M. Holt*　240
ポリアク　*Abraham N. Poliak*　8, 23(n.24)

ま　行

マザーリム法廷　264, 265
マクリーズィー　*al-Maqrīzī*　15, 135, 171, 184
マムルーク／マムルーク軍人　*mamlūk*, 複 *mamālīk*　1, 2, 6, 7, 32, 34–37, 63, 67, 84, 128, 143, 145, 146, 150–157, 159, 264–268
マムルーク体制　6, 7, 9, 32, 140, 160, 162
マラキー家　71–76, 269
マルテル＝トゥミアン　*Bernadette Martel-Thoumian*　8, 67
ミシェル　*Nicolas Michel*　12, 29, 43, 44, 51, 61, 93, 94, 116, 117, 130
水利用料　246, 247
ミヌーフィーヤ県　43, 50, 117, 130, 151, 156, 178, 185, 254
ミハイル　*Alan Mikhail*　175–177, 182, 192
ミュラーゼメット制　242, 252, 255, 257(n.10)
ムアイヤド・シャイフ　*al-Mu'ayyad Shaykh*　66, 67, 217
ムカルキラート　*muqalqilāt*　193–196
ムスタファ・パシャ　*Mustafa Paşa*　37, 62, 64–66, 89, 102, 252
ムハンマド・アリー　*Muḥammad 'Alī*　43, 175, 177
ムフラド庁　*Dīwān Mufrad*　121, 135, 159, 217
ムラッバア　*murabba'a*, 複 *murabba'āt*　35, 98, 100, 104(n.15)
『ムラッバウ台帳　*Daftar al-Murabba'*』／『ムラッバアート台帳　*Daftar al-Murabba'āt*』　98–102, 105, 113, 119–121
村のハウリー　188, 193, 197, 198, 249, 267, 268, 270
村のリザク地　31, 47, 129, 130, 132, 133
メフメト・パシャ　*Öküz Mehmet Paşa*　42
目次　*fihrist*　31, 50, 53, 87
モリッツ　*Bernhard Moritz*　108, 109, 111
文書行政　7, 8, 16, 61, 252, 263
文書史料　12, 13, 25(n.34)
文書庁　*Dīwān al-inshā'*　98, 100

文書庁の財務官 *mustawfī Dīwān al-inshā'*　73

や　行

ヤシュバク・ミン・マフディー *Yashbak min Mahdī*　111–113
ヤフヤー・ブン・アルジーアーン *Yaḥyā b. al-Jī'ān*　14, 105, 107, 113, 119
『夜盲の黎明』　15
ヤルバーイ *al-Ẓāhir Yalbāy*　84
ユースフ運河 *Baḥr Yūsuf*　207, 243, 248, 249, 251
ユースフ運河の証人 *shāhid al-baḥr al-Yūsufī*　213, 215, 229, 248, 251, 254, 255, 269
『ユースフ運河の取水台帳』　13, 251–253, 255, 269
『要約台帳 *Daftar al-Ijmāl*』　43, 44, 81, 82, 84, 88, 99, 101
　『ヒジュラ暦872年の要約台帳』　84–86, 88, 90, 101
　『ヒジュラ暦891年の要約台帳』　85, 87, 88, 90, 101
四十騎長　6, 73, 140

ら　行

ラビー *Hassanein Rabie*　8, 23(n.24)
ラピダス *Ira Lapidus*　266
ラポポルト *Yossef Rapoport*　249
ラムズィー *Muḥammad Ramzī*　181
リザク地 *rizqa,* 複 *rizaq*　31, 33–39, 46, 63, 82, 92, 106, 107, 129, 130, 132, 214, 225

わ　行

ワーリー *wālī*　192
ワクフ　5, 31, 36
ワクフ文書　40
ワクフ制度　9
ワクフ地 *waqf,* 複 *awqāf*　5, 9, 16, 17, 31–42, 47, 49–51, 63, 65, 82, 85, 86, 89–92, 94–97, 99, 101, 128, 133–136, 138, 140, 149–151, 154, 155, 158, 161, 162, 199, 214, 217, 219, 222, 224, 230, 250, 263, 264, 266–268, 271
ワクフ地調査官 *mufattish al-awqāf*　36
割当て *tawjīb*　213, 214, 220, 222, 226, 228

図表一覧

参考文献

［略号］
AI: *Annales Islamologiques*
AJAMES: *Annals of Japan Association for Middle East Studies*
BSOAS: *Bulletin of the School of Oriental and African Studies*
EI 2: *The Encyclopaedia of Islam*. 2nd ed. Edited by P. Bearman et al. 12 vols. Leiden, 1960–2004.
IJMES: *International Journal of Middle East Studies*
JAOS: *Journal of the American Oriental Society*
JESHO: *Journal of the Economic and Social History of the Orient*
MSR: *Mamlūk Studies Review*

未公刊史料

エジプト国立文書館所蔵史料

DJ 4616: *Daftar Shibīn al-Kūm Jayshī*. 1094, 4616, 1（Reg. 3001–000101）, Rūznāma, Cairo, Dār al-Wathā'iq al-Qawmīya.

DJ 4621: *Daftar Wilāyat Ibyār wa Jazīra Banī Naṣr Jayshī*. 5049, 4621, 7（Reg. 3001–000107）, Rūznāma, Cairo, Dār al-Wathā'iq al-Qawmīya.

DJ 4622: *Daftar Khāmis Wilāyat al-Gharbīya Jayshī*. 5090, 4622, 8（Reg. 3001–000102）, Rūznāma, Cairo, Dār al-Wathā'iq al-Qawmīya.

DJ 4625: *Daftar Awwal Wilāyat al-Ushmūnayn Jayshī*. 5060, 4625, 11（Reg. 3001–000103）, Rūznāma, Cairo, Dār al-Wathā'iq al-Qawmīya.

DJ 4626: *Daftar Awwal Wilāyat al-Gharbīya Jayshī*. 81/3, 4626, 12（Reg. 3001–000026）, Rūznāma, Cairo, Dār al-Wathā'iq al-Qawmīya.

DJ 4632: *Daftar Thānī Wilāyat al-Bahnasāwīya Jayshī*. 85/3, 4632, 18（Reg. 3001–000108）, Rūznāma, Cairo, Dār al-Wathā'iq al-Qawmīya.

DJ 4633: *Daftar Wilāyat al-Qūṣīya Jayshī*. 5056, 4633, 19（Reg. 3001–000111）, Rūznāma, Cairo, Dār al-Wathā'iq al-Qawmīya.

DJ 4634: *Daftar Thānī Wilāyat al-Minūfīya Jayshī*. 5057, 4634, 20（Reg. 3001–000109）, Rūznāma, Cairo, Dār al-Wathā'iq al-Qawmīya.

DJ 4638: *Daftar Thānī Wilāyat al-Buḥayra Jayshī*. 5050, 4638, 24（Reg. 3001–000104）, Rūznāma, Cairo, Dār al-Wathā'iq al-Qawmīya.

DJ 4639: *Daftar Wilāyat al-Iṭfīḥ Jayshī*. 83/3, 4639, 25（Reg. 3001–000105）, Rūznāma, Cairo, Dār al-Wathā'iq al-Qawmīya.

DJ 4641: *Daftar Awwal al-Sharqīya Jayshī*. 5040, 4641, 27（Reg. 3001–000112）, Rūznāma, Cairo, Dār al-Wathā'iq al-Qawmīya.

DJ 4645: *Daftar Wilāyat al-Fayyūm Jayshī*. 4997, 4645, 31（Reg. 3001–000106）, Rūznāma, Cairo, Dār al-Wathā'iq al-Qawmīya.

DJ 4652: *Daftar Awwal Thaghr Dimyāṭ Jayshī*. 4998, 4652, 38（Reg. 3001–000110）, Rūznāma, Cairo, Dār al-Wathā'iq al-Qawmīya.

DJ 1206: *Daftar al-Sharqīya Jayshī*. 1206（新請求コード不明）, Rūznāma, Cairo, Dār al-Wathā'iq al-Qawmīya.

Reg. 3001–000113: *Daftar Tarābī' Wilāyat Fayyūm wa Bahnasāwīya*. Reg. 3001–000113, Rūznāma, Cairo, Dār al-Wathā'iq al-Qawmīya.

Reg. 3001–000115: *Daftar Tarābī' Wilāyat Fayyūm wa Bahnasāwīya*. Reg. 3001–000115, Rūznāma, Cairo, Dār al-Wathā'iq al-Qawmīya.

Reg. 3001–001904: *Daftar bil-Aḥbās al-Sulṭānīya bi Iqlīm al-Gharbīya wal-Minūfīya*. Reg. 3001–001904, Rūznāma, Cairo, Dār al-Wathā'iq al-Qawmīya.

Reg. 3001–0001906: *Daftar Yakhuṣṣu al-Iltizām*. Reg. 3001–0001906, Rūznāma, Cairo, Dār al-Wathā'iq al-Qawmīya.

Reg. 3001–001905: *Daftar Jusūr Wilāyāt al-Wajh al-Qiblī*. Reg. 3001–001905, Rūznāma, Cairo, Dār al-Wathā'iq al-Qawmīya.

Reg. 3001–024267: *Daftar Irtifā' al-Miyāh bi Baḥr sayyid-nā Yūsuf 'an al-qabḍa al-Yūsufīya tābi' wilāyat al-Fayyūm*. Reg. 3001–024267, Rūznāma, Cairo, Dār al-Wathā'iq al-Qawmīya.

マンスーラ法廷台帳

Reg. 1058–000004, Cairo, Dār al-Wathā'iq al-Qawmīya.

ダマンフール法廷台帳

Reg. 1088–000002, Cairo, Dār al-Wathā'iq al-Qawmīya.

Reg. 1088–000003, Cairo, Dār al-Wathā'iq al-Qawmīya.

「新規定」

"Recueil de décisions juridiques, réparties sous vingt chefs, prises en 956（1549）, par ʿAli Pacha, grand vizir de Soleïman I, relativement à la reconstitution des états de la propriété et des registres des finances de l'empire égyptien, lesquels avaient disparu lors de la destruction des livres de l'administration des Mamlouks, à l'époque de la conquête de ce pays par Selim Ier, en 923," Paris, Bibliothèque nationale de France, MS turc 114.

『至宝の書』および『至宝の書』系統の手稿本

ボドリアン図書館手稿本：Ibn al-Jī'ān, Sharaf al-Dīn Yaḥyā ibn Shākir（d. 885/1480）. "Kitāb al-Tuḥfa al-Sanīya biAsmā' al-Bilād al-Miṣrīya." Oxford, Bodleian Library, MS Huntington 2.

フランス国立図書館手稿本：al-Mas'ūdī, "Kitāb Tārīkh Miṣr wa Aqālīm-hā wa Buldān-hā wa Mā Yalī-hā min al-'Ajā'ib wal-Gharīb." Paris, Bibliothèque nationale de France, MS arabe 2262（http://gallica.bnf.fr/ark:/12148/btv1b10035163h/f1.image.r=arabe%202262［最終アクセス日：2018 年 5 月 3 日］）.

Piques, L.（d. 1699）. Untitled. Paris, Bibliothèque nationale de France, MS arabe 2263.（http://gallica.bnf.fr/ark:/12148/btv1b11002645r/f3.image［最終アクセス日：2018 年 5 月 3 日］）.

ヴァチカン図書館所蔵手稿本：Anonymous, "Tadhkira Mubāraka bi 'Iddat Aqālīm al-Diyār al-Miṣrīya wa Ghayr-hā." Vatican, the Vatican Apostolic Library, MS Vaticani Arabi 267.

エジプト国立図書館所蔵手稿本：Anonymous, Untitled. Cairo, Dār al-Kutub al-Qawmīya, MS Geographīya, 'Arabī 316.

シェフェル所蔵手稿本：Anonymous, "Daftar al-Jarākisa." Paris, Bibliothèque nationale de France, MS arabe 5965.

その他の手稿本

Anonymous, "Kitāb Turk Dilinja," Cairo, Dār al-Kutub al-Qawmīya, MS Mawā'iẓ, Turkī 16.

al-Diyārbakrī, ʻAbd al-Ṣamad (d. 956/1459), "Nawādir al-Tawārīkh." Istanbul, Millet Library, MS Ali Emiri Tarih 596.

———. "Tarjamat al-Nuzha al-Sanīya fī Fikr al-Khulafā' wal-Mulūk al-Miṣrīya." Cairo, Dār al-Kutub al-Qawmīya, MS Tārīkh Turkī, Qawāla 42; London, British Library, MS ADD. 7846.

al-Nābulusī, Fakhr al-Dīn ʻUthmān b. al-Nābulusī al-Shāfiʻī (d. 660/1261), "Kitāb Iẓhār Ṣanʻat al-Ḥayy al-Qayyūm fī Tartīb Bilād al-Fayyūm." Istanbul, Suleymaniye Library, MS Ayasofya 2960.

公刊史料

al-Asadī, Muḥammad ibn Muḥammad ibn Khalīl (d. 854/1450). *al-Taysīr wal-Iʻtibār wal-Taḥrīr wal-Ikhtiyār fī Mā Yajibu min Ḥuṣn al-Tadbī wal-Taṣarruf wal-Ikhtiyār* (『あるべき優れた経済，行政，選択についての促進と熟考，解放と調査の書』). Abd al-Qādir Aḥmad Ṭulaymāt (ed.), Cairo, 1968.

al-Bakrī, Muḥammad ibn Abī al-Surūr al-Ṣiddīqī (d. 1028/1619). *al-Minaḥ al-Raḥmānīya fil-Dawla al-ʻUthmānīya wa Dhayl-hu al-Laṭā'if al-Rabbānīya ʻalā al-Minaḥ al-Raḥmānīya*. Laylā al-Ṣabbāgh (ed.), Damascus, 1995.

———. *al-Tuḥfa al-Bahīya fī Tamalluk Āl ʻUthmān al-Diyār al-Miṣrīya*. ʻAbd al-Raḥmān ʻAbd al-Raḥīm ʻAbd al-Raḥmān (ed.), Cairo, 2005.

Ibn Duqmāq, Ṣārim al-Dīn Ibrāhīm ibn Muḥammad (d. 809/1406). *Kitāb al-Intiṣār li Wāsiṭa ʻIqd al-Amṣār*. Karl Vollers (ed.), vols. 4–5, Cairo, 1893; repr. Frankfurt am Main, 1992.

Ibn al-Furāt, Nāṣir al-Dīn Muḥammad ibn ʻAbd al-Raḥīm (d. 807/1405). *Ta'rīkh al-Duwal wal-Mulūk*. Qusṭanṭn Zurayq (ed.), vols. 7–9, Beirut, 1936–42.

Ibn Ḥajar al-ʻAsqalānī, Shihāb al-Dīn Aḥmad ibn ʻAlī (d. 852/1449). *al-Durar al-Kāmina fī Aʻyān al-Mi'a al-Thāmina*. Muḥammad Sayyid Jūd al-Ḥaqq (ed.), 5 vols., Cairo, 1966–67.

———. *Inbā' al-Ghumr bi Abnā' al-ʻUmr fī al-Tārīkh*. Muḥammad ʻAbd al-Muʻīd et al. (eds.), 9 vols., Beirut, 1967.

Ibn Ḥawqal, Abū al-Qāsim ibn ʻAlī al-Naṣībī (d. ca. 368/987). *Kitāb Ṣūrat al-Arḍ*. J. H. Krammers (ed.), Leiden, 1967.

Ibn Iyās, Muḥammad ibn Aḥmad al-Jarkasī (d. ca. 930/1524). *Badā'iʻ al-Zuhūr fī Waqā'iʻ al-Duhūr* (『日々の事件における花の驚異』). M. Muṣṭafā (ed.), 5 vols., Wiesbaden, 1960–75; *al-Fahāris*. M. Muṣṭafā (ed.), 3 vols., Cairo, 1984.

———. *Nuzhat al-Umam fī al-ʻAjā'ib wal-Ḥikam*. Muḥammad Zaynahum (ed.), Cairo, 1995.

Ibn al-Jīʻān, Sharaf al-Dīn Yaḥyā ibn Shākir. *Kitāb al-Tuḥfa al-Sanīya bi Asmā' al-Bilād al-Miṣrīya*. B. Moritz (ed.), Cairo, 1898; repr. 1974.

Ibn Mammātī, al-Asʻad ibn Muhadhdhab (d. 606/1209). *Kitāb Qawānīn al-Dawāwīn* (『政庁の諸規則の書』). A. S. Atiya (ed.), Cairo, 1943.

Ibn Taghrī Birdī, Jamāl al-Dīn Abū al-Maḥāsin Yūsuf al-Atābakī (d. 874/1470). *al-Dalīl al-Shāfī ʻalā al-Manhal al-Ṣāfī*. Fahīm Muḥammad Shaltūt (ed.), 2 vols., Cairo, 1998.

———. *Ḥawādith al-Duhūr fī Madā al-Ayyām wal-Shuhūr*. William Popper (ed.), 4 vols., Berkeley, 1930–42.

———. *al-Manhal al-Ṣāfī wal-Mustawfī baʻda al-Wāfī*. Muḥammad Muḥammad Amīn (ed.), 12 vols., Cairo, 1985–2006.

———. *al-Nujūm al-Zāhira fī Mulūk Miṣr wal-Qāhira* (『フスタートとカイロの諸王朝の輝ける星』). Fahīm Muḥammad Shaltūt et al. (eds.), 16 vols., Cairo, 1963–72.

Ibn Zunbul, Aḥmad ibn ʻAlī al-Munajjim al-Rammāl (d. ca. 960/1552). *Wāqiʻat al-Sulṭān al-Ghawrī*

ma' Salīm al-'Uthmānī（『スルターン＝ガウリーとオスマン朝セリム一世の戦い』）. 'Abd al-Mun'im 'Āmir（ed.）, Cairo, 1997.

al-Jazīrī, 'Abd al-Qādir ibn Muḥammad（d. 977/1570）. *al-Durar al-Farā'id al-Munaẓẓama fī Akhbār al-Ḥājj wa Ṭarīq Makka al-Mu'aẓẓama*（『巡礼の見聞と神に讃えられしマッカへの道に関する秩序正しき貴い真珠の書』）. Muḥammad Ḥasan Muḥammad（ed.）, 2 vols., Beirut, 2002.

al-Maqrīzī, Taqī al-Dīn Abū al-'Abbās Aḥmad ibn 'Alī（d. 845/1442）. *al-Mawā'iẓ wal-I'tibāt fī Dhikr al-Khiṭaṭ wal-Āthār*（『地誌と遺跡の叙述による警告と省察の書』）. Ayman Fu'ād Sayyid（ed.）, 5 vols., London, 2002–04.

———. *Kitāb al-Sulūk li Ma'rifat Duwal al-Mulūk*（『諸王朝の知識の旅』）. Muḥammad Muṣṭafā Ziyāda et al.（eds.）, 4 vols., Cairo, 1939–73.

al-Nābulusī, Abū 'Uthmān al-Ṣafadī al-Shāfi'ī. *Ta'rīkh al-Fayyūm wa Bilādi-hi*. Bernhard Moritz（ed.）, Cairo, 1898; repr. Beirut, 1974.

al-Nuwayrī, Shihāb al-Dīn Aḥmad ibn 'Abd al-Wahhāb（d. 733/1333）. *Nihāyat al-Arab fī Funūn al-Adab*（『学芸の究極の目的』）. 31 vols.,（vol. 1–18）Cairo, 1923–55;（vol. 19–31）Cairo, 1975–1992.

al-Qalqashandī, Shihāb al-Dīn Abū al-'Abbās Aḥmad ibn 'Alī（d. 821/1418）. *Ṣubḥ al-A'shā fī Ṣinā'at al-Inshā'*（『文書術における夜盲の黎明』）. 14 vols., Cairo, 1913–22; repr. 1985.

al-Ṣafadī, Ṣalāḥ al-Dīn Khalīl ibn Aybak（d. 764/1363）. *A'yān al-'Aṣr wa A'wān al-Naṣr*. 'Alī Abū Zayd et al.（eds.）, 6 vols., Damascus and Beirut, 1998.

al-Sakhāwī, Shams al-Dīn Abū al-Khayr Muḥammad（d. 902/1497）. *al-Ḍaw' al-Lāmi' li Ahl al-Qarn al-Tāsi'*（『ヒジュラ暦 9 世紀の名士たちの輝かしき光』）. 12 vols., Cairo, 1934–37.

al-Ṣayrafī, al-Khaṭīb al-Jawharī 'Alī ibn Dāwūd（d. 900/1495）. *Inbā' al-Haṣr bi Anbā' al-'Aṣr*. Ḥasan Ḥabashī（ed.）, Cairo, 1970; repr. 2002.

———. *Nuzhat al-Nufūs wal-Abdān fī Tawārīkh al-Zamān*. Ḥasan Ḥabashī（ed.）, 4 vols., Cairo, 1970–94.

al-Shujā'ī, Shams al-Dīn（d. 8/14）. *Tārīkh al-Malik al-Nāṣir Muḥammad b. Qalāwūn al-Ṣāliḥī wa Awlādi-hi*. Barbara Schäfer（ed.）, vol. 1, Wiesbaden, 1978.

al-'Umarī, Shihāb al-Dīn Aḥmad ibn Yaḥyá Faḍl Allāh（d. 749/1349）. *al-Ta'rīf bil-Muṣṭalaḥ al-Sharīf*. Muḥammad Ḥusayn Shams al-Dīn（ed.）, Beirut, 1988;（日本語訳）「『アフマド・イブン・ファドル・アッラー・ウマリー著　高貴なる用語の解説』訳注（4）」，谷口淳一編，『史窓』，70（2013）, 31–49.

al-Ẓāhirī, Ghars al-Dīn Khalīl ibn Shāhīn（d. 872/1468）. *Zubda Kashf al-Mamālik wa Bayān al-Ṭurk wal-Masālik*. Cairo, 1988–89.

イブン・バットゥータ著，イブン・ジュザイイ編，家島彦一訳註『大旅行記』8 vols.，東洋文庫，1996–2002.

髙松洋一編，渡部良子・阿部尚史・熊倉和歌子訳『マーザンダラーニー著（14 世紀）簿記術に関するファラキーヤの論説 *Risāla-yi Falakīya dar 'Ilm-i Siyāqat*』共同利用・共同研究拠点イスラーム地域研究東洋文庫拠点，2013.

藤本勝次・池田修訳注『イブン・ジュバイルの旅行記』講談社学術文庫，2009.

研究文献（外国語）

'Abd al-Raḥīm, 'Abd al-Raḥmān 'Abd al-Raḥīm. *al-Rīf al-Miṣrī fil-Qarn al-Thāmin 'Ashar*. Cairo, 1986; repr. Cairo, 2004.

'Abd al-Rashīd, Majdī. *al-Qarya al-Miṣrīya fī 'Aṣr Salāṭīn al-Mamālīk 648–923/1250–151*. Cairo,

1999.

Abū Ghāzī, Imād Badr al-Dīn. *Taṭawwur al-Ḥiyāza al-Zirā'īya Zaman al-Mamālīk al-Jarākisa: Dirāsa fī Bay' Amlāk Bayt al-Māl*. Cairo, 2000.

———. "Dafātir al-Rizaq al-Iḥbāsīya wal-Jayshīya wa Ahammīyat-hā al-Arshīfīya wal-Tārīkhīya." *al-Rūznāma: al-Ḥawlīya al-Miṣrīya al-Wathā'iqīya* 2 (2004): 1–33.

———. "Egyptian Archives and the Rewriting of the Mamluk's History." 『イスラーム地域研究ジャーナル』10 (2018): 5–16.

Abu-Lughod, Janet L.. *Before European Hegemony: The World System A.D. 1250–1350*. New York & Oxford, 1989; repr. New York, 1991.

'Afīfī, Muḥammad. *al-Awqāf wal-Ḥayāt al-Iqtiṣādīya fī Miṣr fī al-'Aṣr al-'Uthmānī*. Cairo, 1991.

Aharoni, Reuven. "Bedouin and Mamluks in Egypt: Co-Existence in a State of Duality." In *The Mamluks in Egyptian and Syrian Politics and Society*, edited by Michael Winter and Amalia Levanoni, 407–434. Leiden, 2003.

Amīn, Muḥammad Muḥammad. *al-Awqāf wal-Ḥayāt al-Ijtimā'īya fī Miṣr 648–923 A.H./1250–1517 B.C.: Dirāsa Tārīkhīya Wathā'iqīya*. Cairo, 1980.

———. *Catalogue des documents d'archives du Caire*. Cairo, 1981.

———. "Manshūr bi-Manḥ Iqṭā' min 'Aṣr al-sulṭān al-Ghūrī." *AI* 19 (1983): 1–23.

al-Ashqar, Muḥammad 'Abd al-Ghanī. *Nā'ib al-Salṭana al-Mamlūkīya fī Miṣr (648–923/1250–1517)*. Cairo, 1999.

Ayalon, David. "Studies on the Structure of the Mamluk Army—I." *BSOAS* 15, no. 2 (1953): 203–228.

———. "Studies on the Structure of the Mamluk Army—II." *BSOAS* 15, no. 3 (1953): 448–476.

———. "Studies on the Structure of the Mamluk Army—III." *BSOAS* 16, no. 1 (1954): 57–90.

———. "Regarding Population Estimates in the Countries of Medieval Islam." *JESHO* 28, no. 1 (1985): 1–19.

———. "The End of the Mamluk Sultanate: Why Did the Ottomans Spare the Mamlūks of Egypt and Wipe Out the Mamlūks of Syria?" *Studia Islamica* 65 (1987): 125–148.

———. "Some Remarks on the Economic Decline of the Mamlūk Sultanate." *Jerusalem Studies in Arabic and Islam* 16 (1993): 108–124.

Bakhit, Muhammad Adnan. *The Ottoman Province of Damascus in the Sixteenth Century*. Beirut, 1982.

Baldwin, James E.. *Islamic Law and Empire in Ottoman Cairo*. Edinburgh, 2017.

Barkan, Ömer Lütfi. *XV ve XVIinci Asırlarda Osmanlı İmparatorluğunda Ziraî Ekonominin Hukukî ve Malî Esasları, vol. 1: Kanunlar*. İstanbul, 1943.

Becker, C. and Cahen, Claude. "Abū 'Amr 'Uthmān b. Ibrāhīm al-Nābulusī Kitāb Luma' al-Qawānīn al-Muḍiyya fī Dawāwīn al-Diyār al-Miṣriyya." *Bulletin d'études orientales* 16 (1958–60): 1–78, 119–134.

Behrens-Abouseif, Doris. *Egypt's Adjustment to Ottoman Rule. Institutions, Waqf and Architecture in Cairo (16th and 17th Centuries)*. Leiden, 1994.

Blochet, Edger. *Catalogue des manuscrits arabes des nouvelles acquisitions (1884–1924)*. Paris, 1925.

———. *Catalogue des manuscrits turcs*. 2 vols. Paris, 1932–33.

Borsch, Stuart J.. "Nile Floods and the Irrigation System." *MSR* 4 (2000): 131–145.

———. "Environment and Population: The Collapse of Large Irrigation Systems Reconsidered." *Comparative Studies in Society and History* 46, no. 3 (2004): 451–468.

———. *The Black Death in Egypt and England: A Comparative Study*. Austin, 2005.

Bosworth, Clifford E.. "Misāḥa." *EI 2*.

———. *The New Islamic Dynasties: A Chronological and Genealogical Manual*. Edinburgh, 1996.

Brockelmann, Carl. *Geschichte der Arabischen Litteratur, Zweite den Supplementbännden angepaßte Auflage*. 2 vols.＋3 suppl. Leiden, 1937–49; repr. Leiden, 2012.

Burak, Guy. "Between the Ḳānūn of Qāytbāy and Ottoman Yasaq: A Note on the Ottoman's Dynastic Law." *Journal of Islamic Studies* 26, no. 1 (2015): 1–23.

———. "Evidentiary Truth Claims, Imperial Registers, and the Ottoman Archive: Contending Legal Views of Archival and Record-Keeping Practices in Ottoman Greater Syria (Seventeenth-Nineteenth Centuries)." *BSOAS* 79, no. 2 (2016): 233–254.

Butzer, Karl W.. *Early Hydraulic Civilization in Egypt: A Study in Cultural Ecology*. Chicago, 1976.

Cahen, Claude. "Iḳṭāʿ." *EI2*.

———. "Contribution à l'étude des impôts dans l'Égypte médiévale." *JESHO* 5 (1962): 244–278; repr. In *Makhzūmiyyāt, Études sur l'hisoire économique et financière de l'Égypte médiévale*, 244–248. Leiden, 1977.

Conermann, Stephan and Suad Saghbini. "*Awlād al-Nās* as Founders of Pious Endowments: The *Waqfīyah* of Yaḥyá ibn Ṭūghān al-Ḥasanī of the Year 870/1465." *MSR* 6 (2002): 21–50.

Cooper, Richards S.. "The Assessment and Collection of Kharāj Tax in Medieval Egypt." *JAOS* 96, no. 3 (1976): 365–382.

Dahmān, Muḥammad A.. *al-ʻIrāk bayna al-Mamālīk wal-ʻUthmānīyīn al-Atrāk: maʻa Riḥlat al-Amīr Yashbak min Mahdī al-Dawādār*. Damascus, 1986.

Darrag, Ahmad. *L'Egypte sous la regne de Barsbay, 825–841/1422–1438*. Damascus, 1961.

De Sacy, Silvestre. *Bibliothèque des Arabisants Français, première série*. 2 vols. Cairo, 1923.

———. *Relation de l'Égypte par Abd-Allatif, médecin arabe de Baghdad*. Paris, 1810; repr. Frankfurt am Main, 1992.

De Slane, William Mac Guckin. *Catalogue des manuscrits arabes*. Paris, 1883–1895.

Della Vida, Giorgio Levi. *Elenco dei Manoscritti Arabi Islamici della Biblioteca Vaticana, Vaticani Berberiniani Borgiani Rossiani*. Vatican, 1935.

France. Comission des sciences et arts d'Egypte (ed.) *Description de l'Égypt, ou, Recueil des observations et des recherches qui ont été faites en Égypte pendant l'expédition de l'armée française* (『エジプトの描写，あるいはフランス軍の遠征時にエジプトでなされた観察と研究の集成』). 20 vols.＋3. Paris, 1809–1828.

Dols, Michael. *The Black Death in the Middle East*. Michigan, 1977.

———. "The General Mortality of the Black Death in the Mamluk Empire." In *The Islamic Middle East, 700–1900: Studies in Economic and Social History*, edited by A. L. Udovitch, 397–428. Princeton & New Jersey, 1981.

Elbendary, Amina. *Crowds and Sultans: Urban Protest in Late Medieval Egypt and Syria*. Cairo & New York, 2015.

Encyclopaedia Judaica. 2nd ed. Edited by F. Skolnik and M. Berenbaum. 22 vols. Michigan, 2007.

Fischel, W. J.. "DJAHBADH." *EI2*.

Garcin, Jean-Claude. *Un centre musulman de la Haute-Égypt médiéval: Qūṣ*. Cairo, 1976.

———. "Note sur les rapports entre Bédouins et fellahs à l' époque Mamluke." *AI* 14 (1978): 147–63

———. "The Regime of the Circassian Mamlūks." In *The Cambridge History of Egypt, vol. 1: Islamic Egypt, 640–1517*, edited by Carl F. Petry, 290–317. Cambridge, 1998.

Haarmann, Ulrich. "The Sons of Mamluks as Fief-holders in Late Medieval Egypt." In *Land Tenure and Social Transformation in the Middle East*, edited by T. Khalidi, 141–168. Beirut, 1984.

———. "Joseph's Law: the Careers and Activities of Mamluk Descendants before the Ottoman Con-

quest of Egypt." In *The Mamluks in Egyptian Politics and Society*, edited by Thomas Philipp and Ulrich Haarmann, 55–84. Cambridge, 1998.

Hallaq, Wael B.. "The "Qāḍī's Dīwān (sijill)" before the Ottomans." *BSOAS* 61, no. 3 (1998): 415–436.

Halm, Heinz. *Ägypten nach den mamlukischen Lehensregistern*. 2 vols. Wiesbaden, 1979–82.

Hamilton, Alastair. "Huntington, Robert (bap. 1637, d. 1701)." In *Oxford Dictionary of National Biography*, Oxford University Press, 2004; online edition, Jan 2008 (http://www.oxforddnb.com/view/article/14242 [最終アクセス日： 2018 年 5 月 3 日]).

Hanna, Nelly. "The Administration of Courts in Ottoman Cairo." In *The State and Its Servants: Administration in Egypt from Ottoman Times to the Present*, edited by Nelly Hanna, 44–59. Cairo, 1995.

———. "Egyptian Civilian Society and Tax-Farming in the Aftermath of the Ottoman Conquest." In *Conquête ottomane de l'Égypte (1517): arrière-plan, impact, échos*, edited by B. Lellouch and N. Michel, 211–224. Leiden, 2012.

Har-El, Shai. *Struggle for Domination in the Middle East: The Ottoman-Mamluk War 1485–91*. Leiden, 1995.

Hathaway, Jane. *The Arab Lands under Ottoman Rule, 1516–1800*. Harlow, 2003.

———. "Mamluk "Revivals" and Mamluk Nostalgia in Ottoman Egypt." In *The Mamluks in Egyptian and Syrian Politics and Society*, edited by Michael Winter and Amalia Levanoni, 387–406. Leiden, 2008.

———. "The Mamlūks in Egypt and Syria: the Turkish Mamlūk sultanate (648–784/1250–1382) and the Circassian Mamlūk sultanate (784–923/1382–1517)." In *The New Cambridge History of Islam, Part 2: Egypt and Syria (Eleventh Century until the Ottoman Conquest)*, edited by Maribel Fierro, 237–284. Cambridge, 2010.

Holt, Peter M.. "Al-Ghazālī, Djānbirdī," *EI 2*.

———. *Egypt and the Fertile Crescent 1516–1922*. New York, 1966.

———. "Ottoman Egypt (1517–1798): An Account of Arabic Historical Sources." In *Political and Social Change in Modern Egypt: Historical Studies from the Ottoman Conquest to the United Arab Republic*, edited by Peter M. Holt, 3–12. London, 1968.

———. "The Pattern of Egyptian Political History from 1517 to 1798." In *Political and Social Change in Modern Egypt: Historical Studies from the Ottoman Conquest to the United Arab Republic*, edited by Peter M. Holt, 79–90. London, 1968.

Hordtmann, Johannes H.. "Dhu'l-Ḳadr," *EI 2*.

Humphreys, R. Stephen. "The Politics of the Mamluk Sultanate: A Review Essay." *MSR* 9, no. 1 (2005): 221–231.

Igarashi, Daisuke. "'Imad Badr al-Din Abu Ghazi, *Tatawwur al-Hiyazah al-Zira'iyah fi Misr Zaman al-Mamalik al-Jarakisah*." *MSR* 7, no. 1 (2003): 254–257.

———. *Land Tenure, Fiscal Policy, and Imperial Power in Medieval Syro-Egypt*. Chicago, 2015.

İnalcık, Halil. "Ḳānūnnāme." *EI 2*.

———. "Selīm I." *EI 2*.

———. *The Ottoman Empire: The Classical Age 1300–1600*. London, 1973; repr. New Rochelle, 1989.

Irwin, Robert. "The Privatization of "Justice" under the Circassian Mamluks." *MSR* 6 (2002): 63–70.

———. "Ibn Zunbul and the Romance of History." In *Writing and Representation in Medieval Islam: Muslim Horizons*, edited by Julia Bray, 3–15. London, 2006.

Ito, Takao. “Aufsicht und Verwaltung der Stiftungen im mamlukischen Ägypten.” *Der Islam* 80 (2003): 46–66.

Johansen, Barber, *The Islamic Law on Land Tax and Rent. The Peasants' Loss of Property Rights as Interpreted in the Hanafite Legal Literature of the Mamluk and Ottoman Periods*. London, 1988.

Kazem Zade, Husayn. “Les chiffres siyak et la comptabilite persane.” *Revue du Monde Musulman* 130 (1915): 1–51.

Kumakura, Wakako. “To Where Have the Sultan's Banks Gone? An Attempt to Reconstruct the Irrigation System of Medieval Egypt.” *E-Journal of Asian Network for GIS-based Historical Studies* 2 (2014): 11–21.

———. “Who Handed over Mamluk Land Registers to the Ottomans? A Study on the Administrators of Land Records in the Late Mamluk Period.” *MSR* 18 (2016): 279–296.

———. “The Early Ottoman Rural Government System and Its Development in Terms of Water Administration.” In *The Mamluk-Ottoman Transition: Continuity and Change in Egypt and Bilād al-Shām in the Sixteenth Century*, edited by Stephan Conermann and Gül Şen, 87–114. Bonn, 2017.

Lambton, Ann. *Landlord and Peasant in Persia: A Study of Land Tenure and Land Revenue Administration*. London, 1953; repr., London, 1969.

Lancret, Michel A.. “Mémoire sur le système d'imposition territoriale et sur l'administration des provinces de l'Égypte, dans les dernières années du gouvernement des Mamlouks.” In *Description de l'Égypte,* État Moderne 11: 461–517. Paris, 1822.

Lapidus, Ira M.. *Muslim Cities in the Later Middle Ages*. Cambridge, 1984.

Lellouch, Benjamin. “Ibn Zunbul, un égyptien face à l'universalisme ottoman (seizième siècle).” *Studia Islamica* 79 (1994): 143–155.

———. *Les Ottomans en Égypte: Historiens et conquérants au XVIe siècle*. Leuven, 2006.

Levanoni, Amalia. *A Turning Point in Mamluk History: The Third Reign of al-Nāṣir Muḥammad Ibn Qalāwūn 1310–1341*. Leiden, 1995.

———. “The al-Nashw Episode: A Case Study of “Moral Economy”.” *MSR* 9, no. 1 (2005): 207–220.

———. “Awlad al-nas in the Mamluk Army during the Bahri Period.” In *Mamluks and Ottomans: Studies in Honour of Michael Winter*, edited by David J. Wasserstein and Ami Ayalon, 96–105. London, 2006; repr. London & New York, 2010.

———. “The Ḥalqah in the Mamluk Army: Why Was It Not Dissolved When It Reached Its Nadir?” *MSR* 15 (2011): 37–65.

———. “The Mamlūks in Egypt and Syria: the Turkish Mamlūk Sultanate (648–784/1250–1382) and the Circassian Mamlūk Sultanate (784–923/1382–1517).” In *The New Cambridge History of Islam, Part 2: Egypt and Syria (Eleventh Century until the Ottoman Conquest)*, edited by Maribel Fierro, 237–284. Cambridge, 2010.

Manz, Beatrice F.. “Tīmūrids.” *EI 2*.

Marcinkowski, Ismail. *Measures and Weights in the Islamic World: An English Translation of Walther Hinz's Handbook Islamsche Masse und Gewichte*. Kuala Lumpur, 2003.

Martel-Thoumian, Bernadette. *Les civils et l'administration dans l'État militaire mamlūk, 9e/14e siècle*. Damascus, 1991.

Masters, Bruce. *The Arabs of the Ottoman Empire, 1516–1918: A Social and Cultural History*. Cambridge, 2013.

Meloy, John L.. “Imperial Strategy and Political Exigency: The Red Sea Spice Trade and the Mamluk Sultanate in the Fifteenth Century.” *Journal of the American Oriental Society* 123, no. 1 (2003):

1–19.
———. “The Privatization of Protection: Extortion and the State in the Circassian Mamluk Period.” *JESHO* 47, no. 2 (2004): 195–212.

Meshal, Reem. “Antagonistic Sharīʻ*as and the Construction of Orthodoxy in* Sixteenth-century Ottoman Cairo.” *Journal of Islamic Studies* 21, no. 2 (2010): 183–212.

Michel, Nicolas. “Les Dafātir al-ǧusūr, source pour l’histoire du réseau hydraulique de l’Egypte ottoman,” *AI* 29 (1995): 151–168.

———. “Les rizaq iḥbāsiyya, terres agricoles en mainmorte dans l’Égypte mamelouke et ottoman. Étude sur les Dafātir al-aḥbās ottomans.” *AI* 30 (1996): 105–198.

———. “Villages désertés, terres en friche et reconstruction rurale en Égypte au début de l’époque ottoman.” *AI* 36 (2002): 197–251.

———. “Les « services communaux » dans les campagnes égyptiennes au début de l’époque ottoman.” In *Sociétés rurales ottomanes*, edited by Mohammad Afifi, Rachida Chin, Brigitte Marino, Nicolas Michel et Isik Tamdogan, 19–46. Cairo, 2005.

———. “Disparition et persistance de l’iqṭāʻ en Égypte après la conquête ottomane.” *Turcica* 41 (2009): 247–290.

———. “Spécilaistes villageois de la terre et de l’eau en Égypte (XIIe–XVIIe siècle).” In *Faire la prevue de la propriété: Droits et saviors en Méditerranée (Antiquité–Temps modernes)*, edited by Julien Dubouloz et Alice Ingold, 177–209. France, 2012.

———. “Les circassiens avaient brûlé les registres.” In *Conquête ottomane de l’Égypte (1517): Arrière-plan, impact, échos*, edited by Benjamin Lellouch and Nicolas Michel, 225–68. Leiden, 2013.

Mikhail, Alan. “An Irrigated Empire: The View from Ottoman Fayyum.” *IJMES* 42 (2010): 569–590.

———. *Nature and Empire in Ottoman Egypt: An Environmental History*. Cambridge, 2011.

Minorsky, Vladimir. “Aḳ Ḳoyunlu.” *EI 2*.

Miura, Toru. *Dynamism in the Urban Society of Damascus: The Ṣāliḥīya Quarter from the Twelfth to the Twentieth Centuries*. Leiden, 2015.

Morimoto, Kosei. “What Ibn Khaldūn Saw: The Judiciary of Mamluk Egypt.” *MSR* 6 (2002): 109–131.

Mortel, Richard T.. “Taxation in the Amirate of Mecca during the Medieval Period.” *BSOAS* 58, no. 1 (1995): 1–16.

El-Mouelhy, Ibrahim. *Etude Documentaire Organization et Fonctionnement des Institutions Ottomanes en Egypte (1517–1917)*. Ankara, 1989.

Muḥammad, Muḥammad Aḥmad. *Maẓāhir al-Ḥaḍāra fī Miṣr al-ʻUlyā fī ʻAṣr al-Salāṭīn al-Dawlatayn al-Ayyūbīya wal-Mamlūkīya*. Cairo, 1987.

Muslu, Cihan Yüksel. *The Ottomans and the Mamluks: Imperial Diplomacy and Warfare in the Islamic World*. London & New York, 2014.

El-Nahal, Galal H.. *The Judicial Administration of Ottoman Egypt in the Seventeenth Century*. Minneapolis and Chicago, 1979.

Ota, Keiko. “The Meccan Sharifate and Its Diplomatic Relations in the Bahri Mamluk Period.” *AJAMES* 17, no. 1 (2002): 1–20.

Otar, İsmail. *Muhasebede Siyakat Rakamlari*. Istanbul, 1991.

Petry, Carl F.. *The Civilian Elite of Cairo in the Later Middle Ages*. Princeton, 1981.

———. *Protectors or Praetorians? The Last Mamlūk Sultans and Egypt’s waning as a Great Power*. New York, 1994.

Poliak, Abraham N.. “Les revoltes populaires en Égypte à l’ époque des Mamelouks et leur causes

économiques." *Revue des études islamiques* 8 (1934): 251–273.

———. "Some Notes on the Feudal System of the Mamlūks." *Journal of the Royal Asiatic Society of Great Britain and Ireland* 69, no. 1 (1937), 97–107.

———. "The Demographic Evolution of the Middle East." *Palestine and Middle East* 10, no. 5 (1938): 201–205.

———. *Feudalism in Egypt, Syria, Palestine, and the Lebanon, 1250–1900*. London, 1939.

Popper, William. *Egypt and Syria under the Circassian Sultans 1382–1468 A.D. Systematic Notes to Ibn Taghri Birdi's Chronicles of Egypt*. 2 vols. Berkeley, 1955–57; repr. New York, 1977.

Rabie, Hassanein. *The Financial System of Egypt, A.H. 564–741/A.D. 1169–1341*. London, 1972.

———. "Some Technical Aspects of Agriculture in Medieval Egypt." In *The Islamic Middle East, 700–1900: Studies in Economic and Social History*, edited by A. L. Udovitch 59–90. Princeton, 1981.

Ramzī, Muḥammad. *al-Qāmūs al-Jughrāfī lil-Bilād al-Miṣrīya min 'Ahd Qudamā' al-Miṣrīyīn ilā sana 1945*. 4 vols. Cairo, 1994.

Rapoport, Yossef. "Invisible Peasants, Marauding Nomads: Taxation, Tribalism, and Rebellion in Mamluk Egypt." *MSR* 8, no. 2 (2004): 2–22.

Rapoport, Yossef and Ido Shahar. "Irrigation in the Medieval Islamic Fayyum: Local Control in a Large-Scale Hydraulic System." *JESHO* 55, no. 1 (2012): 1–31.

———.

Richards, Alan. *Egypt's Agricultural Development, 1800–1980: Technical and Social Change*. Boulder, 1982.

Richards, Donald S.. "A Mamlūk Petition and a Report from the Dīwān al-Jaysh." *BSOAS* 40 (1977): 1–14.

———. "Mamluk Amirs and Their Families and Households." In *The Mamluks in Egyptian Politics and Society*, edited by Thomas Philipp and Ulrich Haarmann, 32–54. Cambridge, 1998.

———. *Mamluk Administrative Documents from St Catherine's Monastery*. Leuven, 2011.

Sabra, Adam. "The Rise of a New Class? Land Tenure in Fifteenth-Century Egypt: A Review Article," *MSR* 8, no. 2 (2004): 203–210.

Şahin, Kaya. *Empire and Power in the Reign of Süleyman: Narrating the Sixteenth-Century Ottoman World*. New York, 2013.

Saīd, Ayman Fu'ād. *al-Kitāb al-'Arabī al-Makhṭūṭ wa 'Ilm al-Makhṭūṭāt*. 2 vols. Cairo, 1997.

Saleh, Abdel Hamid. "Les relations entre les Mamluks et les Bédouins d'Égypte." *Annali: Instituto Orientale di Napoli* (n.s. 30) 40 (1980): 365–93.

———. "Quelques remarques sur les Bédouins d'Égypte au Moyen Âge." *Studia Islamica* 48 (1978): 60.

Sato, Tsugitaka. *State and Rural Society in Medieval Islam: Sultans, Muqta's and Fallahun*. Leiden, 1997.

Şen, Gül. "Ottoman Servant, Mamluk Rebel? Narrative Strategies in Sixteenth-Century Ottoman Historiography: The Example of Jānbirdī al-Ghazālī's Downfall." In *The Mamluk-Ottoman Transition: Continuity and Change in Egypt and Bilād al-Shām in the Sixteenth Century*, edited by Stephan Conermann and Gül Şen, 327–342. Bonn, 2017.

Shafei, Ali. "Fayoum Irrigation as Described by Nabulsi in 1245 A.D. with a Discription of the Present System of Irrigation and a Note on Lake Moeris." *Bulletin de la société de géographie d'Égypte* 20, no. 3 (1940): 283–327.

Shaw, Stanford J.. *The Financial and Administrative Organization and Development of Ottoman Egypt*

1517–1798. Princeton, 1962.

———. “Landholding and Land-Tax Revenues in Ottoman Egypt.” In *Political and Social Change in Modern Egypt: Historical Studies from the Ottoman Conquest to the United Arab Republic*, edited by Peter M. Holt, 91–103. London, 1968.

———. “The Land Law of Ottoman Egypt (960/1553): A Contribution to the Study of Landholding in the Early Years of Ottoman Rule in Egypt.” *Der Islam* 38 (1963): 106–137.

———. “Turkish Source-Materials for Egyptian History.” In *Political and Social Change in Modern Egypt: Historical Studies from the Ottoman Conquest to the United Arab Republic*, edited by Peter M. Holt, 28–51. London, 1968.

Shoshan, Boaz. “Grain Riots and the “Moral Economy”: Cairo, 1350–1517.” *Journal of Interdisciplinary History* 10, no. 3 (1980): 459–478.

———. *Popular Culture in Medieval Cairo*. Cambridge, 1993.

Sümer, Faruk. “Ḳarā-ḳoyunlu.” *EI 2*.

The Encyclopædia Britannica: A Dictionary of Arts, Science, Literature and General Information, 11th edition, edited by Hugh Chisholm. Cambridge, 1910–11.

Tucker, William. “Natural Disasters and the Peasantry in Mamlūk Egypt.” *JESHO* 24, no. 2 (1981): 215–224.

Ṭurkhān, Ibrāhīm. *al-Nuẓum al-Iqṭāʻīya fī al-Sharq al-Awsaṭ fī al-ʻUṣūr al-Wusṭā*. Cairo, 1968.

Van Steenbergen, Jo. “Mamluk Elite on the Eve of al-Nāṣir Muḥammad’s Death (1341): A Look behind the Scenes of Mamluk Politics.” *MSR* 9, no. 2 (2005): 173–199.

———. “Tawqīm al-Buldān al-Miṣrīya (C.U.L. MS. Qq. 65). Identifying a Late Medieval Cadastral Survey of Egypt.” In *Egypt and Syria in the Fatimid, Ayyubid and Mamluk Eras IV*, edited by U. Vermeulen and J. Van Steenbergen, 475–489. Leuven, 2005.

Willcocks, William. *Egyptian Irrigation*. 2 vols. London, 1913.

———. *Sixty Years in the East*. Edinburgh & London, 1935.

Winter, Michael. *Egyptian Society under Ottoman Rule 1517–1798*. London and New York, 1992.

———. “The Ottoman Occupation.” In *The Cambridge History of Egypt, vol. 1: Islamic Egypt, 640–1517*, edited by Carl F. Petry, 490–516. Cambridge, 1998.

———. “Ottoman Egypt, 1525–1609.” In *The Cambridge History of Egypt, vol. 2: Modern Egypt, from 1517 to the End of the Twentieth Century*, edited by M. W. Daly, 1–33. Cambridge, 1998.

———. “The Re-emergence of the Mamluks Following the Ottoman Conquest.” In *The Mamluks in Egyptian Politics and Society*, edited by Thomas Philipp and Ulrick Haarmann, 87–106. Cambridge, 1998.

Wittfogel, Karl A.. *Oriental Despotism: A Comparative Study of Total Power*. New Haven, 1957.

Zambaur, E. V.. “Ḥabba.” *EI 2*

al-Ziriklī, Khayr al-Dīn. *al-Aʻlām Qāmūs Tarājim li Ashhar al-Rijāl wal-Nisā’ min al-ʻArab wal-Mustaʻribīn wal-Mustashriqīn*. 8 vols. Beirut, 2005.

研究文献（日本語）

アブー＝ルゴド，J・L著，佐藤次高・斯波義信・高山博・三浦徹訳『ヨーロッパ覇権以前——もうひとつの世界システム』上下巻，岩波書店，2001；［岩波人文書セレクション］岩波書店，2014.

五十嵐大介「アブー・ガーズィー著『チェルケス・マムルーク朝期における農地所有の展開——国庫の土地売却の研究』」『東洋学報』83, no. 4 (2002): 473–479.

――――『中世イスラーム国家の財政と寄進――後期マムルーク朝の研究』刀水書房，2011.
――――「後期マムルーク朝の官僚と慈善事業――ザイン・アッディーン・アブドゥルバースィトの事例を中心に」『アフロ・ユーラシア大陸の都市と国家』中央大学人文科学研究所編，489–537. 中央大学出版部，2014.
石井知章『K・A・ウィットフォーゲルの東洋的社会論』社会評論社，2008.
石黒大岳「ブルジー・マムルーク朝時代におけるナイル満水祭礼の執行者たち――マカームの登場とその背景に関して」『オリエント』45, no. 1 (2002): 120–141.
伊藤隆郎「スルターン＝カーイトバーイのダシーシャ・ワクフ」『アジア・アフリカ言語文化研究』82 (2011): 31–60.
岩本佳子「「スルタン」から「パーディシャー」へ――オスマン朝公文書における君主呼称の変遷をめぐる一考察」『イスラム世界』88 (2017): 29–56.
ウィットフォーゲル，カール著，湯浅赳男訳『[新装普及版] オリエンタル・デスポティズム――専制官僚国家の生成と崩壊』新評論，1991.
太田 (塚田) 絵里奈「後期マムルーク朝有力官僚の実像――ザイン・アッ＝ディーン・イブン・ムズヒルの家系と経歴」『史学』83, no. 2/3 (2014): 163–207.
――――「後期マムルーク朝有力官僚の実像 (2)――ザイン・アッ＝ディーン・イブン・ムズヒルの公務と慈善」『史学』84, no. 1–4 (2015): 135–180.
太田啓子「13–14 世紀のシャリーフ政権――メッカにおける巡礼と商業」『東洋学報』89, no. 3 (2007): 1–27.
――――「ジッダの都市構造と歴史的変容――ブルジー・マムルーク朝期を中心に」『オリエント』50, no. 2 (2007): 161–180.
岡崎正孝「イスラーム帝国における前期的資本家の一側面――とくに，ジャフバズについて」『東洋史研究』20, no. 1 (1961): 23–45.
愛宕あもり「マムルーク朝時代におけるワクフ解消に関する一考察」『四天王寺大学紀要』55 (2012): 37–46.
加藤博『ナイル――地域をつむぐ川』刀水書房，2008.
――――「ナイルをめぐる神話と歴史」『環境と歴史学――歴史研究の新地平』水島司編，113–123. 勉誠出版，2010.
加藤博，岩崎えり奈「エジプトの村落地図」『一橋経済学』4, no. 1 (2011): 131–172.
菊池忠純『中世イスラム時代アラビア語文書資料――研究文献目録 1』アラブ語センター，1988.
熊谷哲也「オスマン・エジプト初期における軍事勢力について――ハーイル・ベクの統治期間を中心に」『イスラム世界』29, 30 (1988): 17–32.
熊倉和歌子「マムルーク朝土地制度史研究における新史料――エジプト国立文書館所蔵オスマン朝土地台帳『軍務台帳』」『日本中東学会年報』25, no. 2 (2009): 59–81.
――――「後期マムルーク朝におけるエジプト土地文書行政の諸相――オスマン朝期『軍務台帳』に見るマムルーク朝土地台帳とその利用」『お茶の水史学』53 (2010): 41–83.
――――「マムルーク朝後期エジプトの土地調査記録の継承と更新――イブン・アルジーアーン『エジプトの村々の名前についての輝かしき至宝 *al-Tuḥfa al-Sanīya*』の再検討を通じて」『東洋学報』92, no. 1 (2010): 95–120.
――――『後期マムルーク朝時代の土地記録とイクター保有――オスマン朝期『軍務台帳』にいたる記録の継承』(博士論文，お茶の水女子大学)，2011.
――――「(書評) アラン・ミカイル著『オスマン朝期エジプトにおける自然と帝国――環境の歴史』『オリエント』55, no. 1 (2012): 62–66.
――――「マムルーク朝後期エジプトにおけるイクター保有の実態――オスマン朝期『軍務台帳』にもとづいて」『史学雑誌』121, no. 10 (2012): 37–58.

———「16 世紀のナイル灌漑と村落社会——ガルビーヤ県の事例」『ナイル・デルタの環境と文明 II』長谷部史彦編，49–75．早稲田大学イスラーム地域研究機構，2013.
———「16 世紀ファイユーム県の水・税・記録管理——オスマン朝エジプト統治初期の水利行政に見る統治体制とその展開」『東洋史研究』73, no. 3 (2014): 471–506.
———「ナーブルスィー著『ファイユームの歴史』アヤソフィア写本に併録されたオスマン朝エジプト統治初年の徴税調査記録」『アジア・アフリカ言語文化研究』89 (2015): 79–118.
———「砂糖から穀物へ——マムルーク朝期のファイユームにみられた栽培作物の転換（特集：環境・農業生産・記録管理——文書史料に基づくエジプト環境史の構築）」『イスラーム地域研究ジャーナル』9 (2017): 56–72.
古林清一「マムルーク朝の商業政策」『史林』51, no. 6 (1968): 31–61.
近藤真美「紙商人心得——マムルーク朝期のエジプトの場合」『Mare Nostrum』11 (1999): 31–43.
佐藤次高「12–14 世紀のエジプト農村社会と農民——ファッラーフーンの農業生産と農業生活の様式」『東洋文化研究所紀要』59 (1973): 1–107.
———「エジプト・スィンヌーリス村の生活誌——13 世紀の歴史から」『イスラム世界の人びと——2 農民』佐藤次高，富岡倍雄編，79–112．東洋経済新報社，1984.
———『中世イスラム国家とアラブ社会——イクター制の研究』山川出版社，1986.
———『マムルーク——異教の世界からきたイスラムの支配者たち』東京大学出版会，1991.
———『イスラームの国家と王権』岩波書店，2004.
佐藤次高編『（新版世界各国史 8）西アジア史 I』山川出版社，2002.
澤井一彰「カーヌーンナーメ（法令集）Kanunname」（オンライン「オスマン帝国史料解題」，NIHU プログラム・イスラーム地域研究公益財団法人東洋文庫研究部イスラーム地域研究資料室（TBIAS），http://tbias.jp/ottomansources/kanunname［最終アクセス日：2018 年 5 月 3 日］）.
清水和裕「後期アッバース朝の私領地における国庫の取り分——『宰相史』の記述を中心に」『東洋史研究』57, no. 3 (1998): 520–551.
———『軍事奴隷・官僚・民衆——アッバース朝解体期のイラク社会』山川出版社，2005.
清水保尚「オスマン朝の財政機構——16–17 世紀を中心に」『オスマン帝国史の諸相』鈴木董編，226–245．山川出版社，2012.
鈴木董「セリム 1 世の対マムルーク朝遠征と征服地における支配体制組織化の過程——トプカプ宮殿付属古文書館所蔵 D9772 号文書の再検討によせて」『オリエント』30, no. 1 (1987): 90–107.
———『オスマン帝国の権力とエリート』東京大学出版会，1993.
———『オスマン帝国とイスラム世界』東京大学出版会，1997.
鈴木弘明『エジプト近代灌漑史研究：W・ウィルコックス論』アジア経済研究所，1986.
高野晶弘『高野版現代アラビア語辞典』，上下巻．「アラブ世界の活字文化とメディア革命」研究会，2007.
高松洋一「緒言——本書刊行の経緯と「イラン式簿記術」の特徴」『マーザンダラーニー著（14 世紀）簿記術に関するファラキーヤの論説 *Risāla-yi Falakīya dar ʻIlm-i Siyāqat*』高松洋一編，渡部良子・阿部尚史・熊倉和歌子訳，iii–xiii．共同利用・共同研究拠点イスラーム地域研究東洋文庫拠点，2013.
多田守「エブッスウド以前におけるオスマン朝の土地政策——カーヌーン＝ナーメの記述を通して」『立命館文学』550 (1997): 45–73.
長沢栄治『エジプトの自画像——ナイルの思想と地域研究』．東洋文化研究所，2013.
橋爪烈『ブワイフ朝の政権構造——イスラーム王朝の支配の正当性と権力基盤』慶應義塾大学

出版会，2016.
長谷部史彦「14 世紀末–15 世紀初頭カイロの食糧暴動」『史学雑誌』97–10（1988）: 1–50.
———「14 世紀エジプト社会と異常気象・飢饉・疫病・人口激減」『シリーズ歴史への問い 1——歴史における自然』，57–82．岩波書店，1989.
———「イスラーム都市の食糧騒動——マムルーク朝時代カイロの場合」『歴史学研究』612（1990）: 22–30.
———「王権とイスラーム都市——カイロのマムルーク朝スルタンたち（論点と焦点）」『イスラーム世界の発展 7–16 世紀（岩波講座世界歴史 10）』樺山紘一ほか編，247–267．岩波書店，1999.
———「カイロの穀物価格変動とマムルーク朝政府の対応（国家と社会経済システム）」『ネットワークのなかの地中海』歴史学研究会編，144–171．青木書店，1999.
———「アドルと「神の価格」——スークのなかのマムルーク王朝（公正：秩序の考えかた）」『比較史のアジア——所有・契約・市場・公正（イスラーム地域研究叢書 4）』三浦徹・岸本美緒・関本照夫編，245–263．東京大学出版会，2004.
林佳世子『オスマン帝国 500 年の平和（興亡の世界史第 10 巻）』講談社，2008.
福田仁志『世界の灌漑』東京大学出版会，1974.
松尾有里子「オスマン朝期中期におけるミュラーゼメット（教授・法官候補）制度——『ルメリ・カザスケリ登録簿』を手がかりに」『日本中東学会年報』11（1996）: 39–69.
松田俊道「マムルーク朝前期上エジプトにおけるアラブ遊牧民の反乱」『東洋学報』74（1993）: 61–88.
———『聖カテリーナ修道院文書の歴史的研究』中央大学出版部，2010.
三浦徹「マムルーク朝末期の都市社会——ダマスクスを中心に」『史学雑誌』98, no. 1（1989）: 1–47.
———「市場社会とイスラム——イスラム史を見なおす」『神奈川大学評論叢書第 6 巻イスラーム世界の解読』御茶の水書房，1995.
———「Sato Tsugitaka, *State & Rural Society in Medieval Islam: Sultans, Muqta‘s & Fallahun*」『法制史研究』48（1998）: 269–274.
森本公誠『初期イスラム時代エジプト税制史の研究』岩波書店，1975.
矢島文夫「エジプトの暦」『地中海の暦と祭り』地中海学会編，18–21．刀水書房，2002.
吉村武典「バフリー・マムルーク朝後期のナイル治水事業——ジスル・マンジャク建設の経緯を中心に」『史滴』32（2010）: 147–162.
———『マムルーク朝時代のエジプト統治に関する研究——ナイル治水と地方行政を中心に』（博士論文，早稲田大学），2014.
———「14 世紀マムルーク朝時代のエジプトにおける地方行政官——ワーリー，カーシフとその変遷を中心に」『史滴』38（2016）: 219–239.